C. R. P. Wells

Os Semeadores de Vida

© 2008, Madras Editora Ltda.

Editor:
Wagner Veneziani Costa

Produção e Capa:
Equipe Técnica Madras

Copidesque:
Silvia Massimini

Impressão e acabamento:
Editora Parma

Dados Internacionais de Catalogação na Publicação (CIP)
(Câmara Brasileira do Livro, SP, Brasil)

Wells, C. R. P.
Os semeadores de vida / C. R. P. Wells. — São Paulo : Madras, 2008.
ISBN 978-85-370-0374-9
1. Objetos voadores não identificados -
Aparições e encontros 2. Vida extraterrestre
I. Título.
08-06188 CDD-001.94

Índices para catálogo sistemático:
1. Contatos extraterrestres : Fenômenos misteriosos
001.94

Proibida a reprodução total ou parcial desta obra, de qualquer forma ou por qualquer meio eletrônico, mecânico, inclusive por meio de processos xerográficos, incluindo ainda o uso da internet, sem a permissão expressa da Madras Editora, na pessoa de seu editor (Lei nº 9.610, de 19.2.98).

Todos os direitos desta edição reservados pela

MADRAS EDITORA LTDA.
Rua Paulo Gonçalves, 88 — Santana
CEP: 02403-020 — São Paulo/SP
Caixa Postal: 12299 — CEP: 02013-970 — SP
Tel.: (11) 2281-5555 — Fax: (11) 2959-3090
www.madras.com.br

Dedicatória

A Christine, minha flor, meu sonho, minha abnegada e compreensiva companheira de todos os momentos, que me fez sentir o que é o verdadeiro amor. A Sixto, meu amado e insubstituível irmão de sangue e de aprendizagem, um companheiro de incríveis e inesquecíveis aventuras que marcaram fundo minha alma.

Ao meu saudoso e especialíssimo Jorge Troccoli, mais que um amigo, um irmão que amo e admiro, com quem muito aprendi e aprenderei. A Rodolfo Aramayo Diez de Medina, um irmão antes que um amigo, que a distância e o tempo separaram. A João Annicelli, de quem lembro com carinho e de cada momento que dividimos em Serra Negra. A Júlio Bracamonte, Salvador Chain e Marcela Galvez, criaturas ímpares e especiais que me abriram seus corações.

A Newton César, meu "pequeno gafanhoto", grande amigo, grande instrutor e uma maravilhosa criatura, que a distância somente unirá ainda mais. A Betina Troccoli, Carla, Fernando, Valmi, Tato, Mariela, Verônica, Ricardo, Rodrigo, Pedro, Diego Alberto, Luiz Tadashi, Fátima, Mário Sérgio, Gilberto, Priscila, Nilson, Marcela, DDG, Flávio, Ester, Sílvia, Alba, enfim, a todos aqueles que, nesse caminhar pelo mundo, me ensinaram a difícil arte de amar.

A meu sempre lembrado Juan José Benítez Lopez que, por sua humildade e honestidade, veio servir a um propósito que ainda desconhece em sua totalidade e extensão, cujo testemunho sincero projetou esse fantástico e maravilhoso trabalho ao mundo.

E, em especial, a meu pai, sem cuja coragem, curiosidade e determinação tudo isso jamais teria acontecido.

A todos esses maravilhosos amigos, dedico esta bem diferente e objetiva visão de Rama e do contato.

Índice

Prólogo 11
Introdução 17
Capítulo I – O Reencontro 26
Capítulo II – Meditando 52
Capítulo III – Os Paradigmas 74
Capítulo IV – Como Tudo Começou 88
Capítulo V – A Experiência 95
Capítulo VI – O Contato 107
Capítulo VII – Os Guias Extraterrestres 120
Capítulo VIII – Uma Incrível Tarefa 144
Capítulo IX – O Homem Rama 165
Capítulo X – Os Xendras 177
Capítulo XI – O "Profundo" 299
Capítulo XII – O "Propósito Superior" 218
Capítulo XIII – A Linguagem Esquecida 229
Capítulo XIV – O que é a Espiritualidade? 250
Capítulo XV – A Largada Final 267
Capítulo XVI – Marcahuasi: "O Altar dos Deuses" 285
Capítulo XVII – Os Povos Escolhidos 301
Capítulo XVIII – O Encontro Extraterrestre de J. J. Benítez 312
Capítulo XIX – A Fase Solar 334
Capítulo XX – Brasil: O Grande Laboratório 350
Capítulo XXI – O Objetivo Final 363
Bibliografia 368

"...Não penseis que vim trazer paz à terra. Não vim trazer paz, mas espada. Com efeito, vim contrapor o homem ao seu pai, a filha à sua mãe e a nora à sua sogra. Em suma: os inimigos do homem serão seus próprios familiares." (Mateus 10:34-36)

"...Então aparecerá no céu o sinal do Filho do Homem e todas as tribos da terra baterão no peito e verão o Filho do Homem vindo sobre as nuvens do céu com seu poder e grande glória. Ele enviará seus anjos que, ao som de grande trombeta, reunirão seus eleitos dos quatro ventos, de uma extremidade até outra extremidade do céu." (Mateus 24:30-31)

"...Em verdade vos digo que essa geração não passará sem que tudo isso aconteça. Passarão o céu e a terra. Minhas palavras, porém, não passarão. Daquele dia e hora, ninguém sabe, nem os anjos dos céus, nem o Filho, mas só o Pai." (Mateus 24:34-36)

"...Depois disso, vi quatro anjos, postados nos quatro cantos da terra, segurando os quatro ventos da terra, para que o vento não soprasse sobre a terra, sobre o mar ou sobre alguma árvore. Vi também outro anjo que subia do Oriente com o selo do Deus vivo. Este gritou em alta voz aos quatro anjos que haviam sido encarregados de fazer mal à terra e ao mar: "Não danifiqueis a terra, o mar e as árvores, até que tenhamos marcado a fronte dos servos do nosso Deus." (Apocalipse 7:1-3)

"...Jesus lhes respondeu:

Em verdade, em verdade, vos digo: quem não nascer do alto não pode ver o Reino de Deus.

Disse-lhe Nicodemos: Como pode um homem nascer de novo, sendo já velho? Poderá entrar uma segunda vez no seio de sua mãe e nascer?

Respondeu-lhe Jesus: Em verdade, em verdade, vos digo: quem não nascer da água e do Espírito não pode entrar no Reino de Deus. O que nasceu da carne é carne, o que nasceu do Espírito é espírito. Não te admires de eu te haver dito: deveis nascer do alto.

O vento sopra onde quer e ouves seu ruído, mas não sabes de onde vem nem para onde vai. Assim acontece com todo aquele que nasceu do Espírito." (João 3:3-8)

Prólogo

A partir do momento em que assumimos a insatisfação consciente de uma vida repleta de incertezas, cujo horizonte parece encoberto, sem esperanças claras e na iminência de um futuro cada vez mais assustador, iniciamos a busca de uma razão que nos permita optar e justificar de maneira plausível os esforços e sacrifícios de uma continuidade. Essa patética condição de presente que vivenciamos nos motiva, obsessivamente, a desvendar uma infinidade de questões relativas ao porquê da vida, das provações e desafios que surgem, pois, sem saber por que ou para quê, insistimos teimosamente em manter-nos vivos e garantir cada segundo, algumas vezes a qualquer preço e sem entender a razão.

Até hoje, para manter-nos participantes no contexto da vida e na busca de um entendimento das macroforças que nos governam, contávamos apenas com um ferramental comprometido com os vícios do sistema. Éramos cúmplices afinal das armadilhas que não levam a nada definitivo e que iludem dramaticamente aqueles incautos desesperados, que persistem na procura de realizar sonhos e promessas de felicidade por meio de uma entrega total aos valores e exigências de uma estrutura embrutecida.

E eis que, nesse panorama, surge uma oportunidade de fugir totalmente dos embustes e armações, tendo à frente uma fonte ilimitada de respostas, não viciadas nem influenciadas por interesses unilaterais. O contato com civilizações de origem extraterrestre emerge como gigantesca esperança de sonhos até então impossíveis de realização. São a via de acesso direto a uma profunda transformação e epitáfio de uma era ultrapassada.

Porém, caberia refletir se temos, neste momento, estrutura, ou mesmo capacidade, para compreender tudo aquilo que nos for revelado e que percebermos ao longo desse fantástico processo do contato extraterrestre.

Todos nós somos detentores de um volume de conhecimentos obtidos por meio da nossa escalada de vida. Normas, padrões, regras sociais, comportamentos adquiridos (bons ou maus), fazem parte de nossa realidade existencial. Todas essas informações processadas, que constituíram elementos básicos da configuração de nossa personalidade e caráter, são afinal limitadas, parciais e incompletas, como é comum no habitat humano.

Cada um de nós afirma ter uma visão própria de si mesmo, do mundo e das pessoas que nos rodeiam, mas será que ela é realmente verdadeira? Será que as conclusões obtidas para estruturar essa visão estão sedimentadas em dados reais, concretos ou consistentes?

A resposta objetiva é não. Todos possuímos conhecimentos que são parciais, já que a informação e vivência obtidas são limitadas às nossas oportunidades. Para entender melhor o que pretendo, lembremos da história dos três cegos que, um dia, caminhando por uma longa estrada, toparam acidentalmente com um enorme elefante. Um deles, apalpando a tromba, afirmava para seus companheiros, inocentemente, que o animal tinha a forma de um tubo comprido, mais grosso na parte de cima que na de baixo, além de ser extremamente maleável. O outro, que apalpava a cauda, o desmentia convicto, afirmando que a forma do animal era semelhante a uma corda grossa meio esfiapada com um tufo de cabelos na ponta. Já o terceiro contrariava efusiva e radicalmente seus amigos, apalpando uma enorme e musculosa pata, afirmando que o animal, pelo que podia constatar, não tinha as formas que ambos descreviam, pois, para ele, parecia perfeitamente o tronco de uma árvore. Nesse tolo e banal exemplo, quem dizia a verdade? Qual dos três cegos estava com a razão? Nessa situação, em quem deveríamos acreditar?

Como podemos observar, ninguém tem uma visão completa de tudo nem poderá ter jamais, por isto é que somos tão diferentes. Mesmo assim, cada ser humano pensa egoisticamente que aquilo que possui é o suprasumo, o máximo dos conhecimentos e informações, ou seja, acredita que detém em seu interior a verdade clara, óbvia, total e evidente, a melhor e única percepção do Universo que o rodeia quando, na realidade, guarda para si mesmo somente um fragmento, uma ínfima fração de um todo maior.

Esse aspecto nos distancia não somente de um relacionamento mais íntimo e profundo entre os seres, mas também de uma compreensão cada vez maior de nós mesmos e do papel que representamos nesse pequeno planeta e no Universo.

Prólogo

Infelizmente, hoje em dia nada mais nos inspira confiança, motivo pelo qual reforçamos drasticamente nosso mútuo afastamento, mergulhando continuamente dentro de nós mesmos à procura de um sentido para a vida e de uma compreensão maior e mais clara das coisas, que nunca chega, para o desespero geral, ou que timidamente se perfila, sem jamais conseguirmos senti-las ou avistá-las totalmente. O que conseguimos, afinal, é aumentar nosso egoísmo; a atomização da personalidade continuamente mais distante das outras, camuflando um desejo agoniante de sobrevivência que tristemente nos separa, a cada momento, da verdadeira razão de existirmos.

Para vir a compreender o que realmente somos, por que vivemos e o que o Universo nos apresenta, é necessário entender que a vida e as relações interdependentes e complementares entre os seres, aqui ou em qualquer parte do Cosmos, são diferentes de como estamos acostumados a vê-las ou interpretá-las. Tudo, lá fora, ocorre em função de regras e normas que desconhecemos, já que as ignoramos ou não as compreendemos por estarmos alienados ou talvez perdidos dentro de um mundo em que tudo está convencionalizado e definido conforme interesses ideológicos e ambições megalomaníacas que, insensivelmente, se sobrepõem aos direitos e às necessidades legítimas do ser humano. Embrutecida, a humanidade continua a serviço de poucos, retroalimentando um servilismo que se arrasta ao longo de séculos. Hoje, até esses poucos que desde sempre foram dominadores desconhecem o verdadeiro sentido das coisas, pois foram também condicionados há gerações, resultando em escravos de suas próprias ambições, limitações e debilidades.

Tudo nesse mundo parece obedecer cegamente a convenções culturais depositadas pelo tempo. Moda, religião, filosofia, ideologia, hábitos e costumes são o reflexo da realidade cultural de um povo ou de uma nação, mas em nenhum momento isso quer dizer que esses aspectos que os identificam sejam realmente os corretos, aqueles que deveriam ser acordes à melhor forma de vida dos seus integrantes.

Cabe lembrar que o sistema vigente em nosso mundo, e instaurado nos atos do cotidiano, foi obtido por processos históricos diferenciados. As guerras, os conflitos sociais, as revoluções, a industrialização e o comércio determinaram a formação de estruturas que se organizaram, se institucionalizaram e passaram a legislar a vida de milhões de seres. Foram raríssimos os momentos em que o homem planejou e desenvolveu sistemas ou estruturas que estivessem em sintonia com suas verdadeiras necessidades. A imensa maioria surgiu atropeladamente, nascendo no interior de outros subsistemas ou servindo a propósitos unilaterais, carregando em si o lastro dos vícios e condicionamentos anteriores. Só em raras ocasiões, o curso da poderosa máquina robotizadora do poder e da competição foi detido para pensar nos anseios reais e próprios do homem. O que houve, na maioria dos casos, foi a modificação superficial dos fatores de submissão e das regras do jogo na luta pela sobrevivência e pelo poder, continuando a ser o pior inimigo, ainda, o próprio homem. Finalmente, a história e os acontecimentos que surgiram, motivados por interesses criados, ideológicos, econômicos, religiosos, raciais, paternalistas ou autocratas, encarregaram-se de fortalecer sempre mais os mecanismos de alienação, consolidando ao longo do tempo uma estrutura opressora terrivelmente forte e auto-sustentável, pois quem luta contra ela é virtualmente marginalizado e abandonado à própria sorte, sem remorso ou piedade.

Já por volta de 1951, um grande pensador e pesquisador chamado Erich Fromm, em seu livro *A linguagem esquecida*, afirmava: "[...] Os seres humanos dependem e precisam uns dos outros. Mas a história até agora só tem sido influenciada por um único fato: a produção material não foi suficiente para satisfazer as necessidades genuínas de todos os homens".

E continua: "[...] A *elite*, obrigada a controlar os não *escolhidos*, tornou-se prisioneira de suas próprias tendências restritivas. Assim, o espírito humano, tanto dos dominados quanto dos dominadores, desvia-se de sua finalidade humana essencial, a de pensar e sentir humanamente, utilizar e ampliar as faculdades de raciocínio e de amor, inerentes ao homem e sem as quais seu desenvolvimento total se torna inválido".

"[...] Nesse processo de desvio e deformação, o caráter do homem se deturpa. Objetivos opostos aos interesses do verdadeiro 'eu' humano passam a ser predominantes. Seu potencial de amor se empobrece e ele é impelido a desejar poder sobre os outros. Sua segurança interior diminui e ele é levado a procurar compensação por meio de uma sede insaciável de fama e prestígio. Ele perde o senso de dignidade e é forçado a se converter em uma mercadoria, indo buscar o respeito próprio em sua *vendabilidade*, em seu sucesso."

Outro escritor, pensador e espiritualista, chamado John Baines, em seu livro *O homem estelar*, afirma: "[...] Privado das possibilidades superiores da mente, o homem pressente de forma obscura sua própria debilidade e impotência diante do destino, a morte, a doença, a guerra, a pobreza e as mudanças perigosas. É por isso que sempre procurou líderes ou chefes cuja fortaleza suprisse sua fraqueza. Guiado pelo desejo, inventou deuses aos quais atribui e pede o poder e a força dos quais ele mesmo carece. Toda a estrutura de nosso mundo civilizado baseia-se na absoluta fraqueza, covardia, impotência, ignorância e indefinição do indivíduo, o qual fabrica sistemas coletivos de proteção, apoio e controle para suprir externamente sua fragilidade interna".

A síntese que podemos realizar de tudo isso se resume em aceitar que, para sair dessa prisão mental, ideológica e espiritual que nos mata dia após dia, e ter a oportunidade de descobrir a vida, é necessário restabelecer a visão clara das coisas, principalmente a respeito de nós mesmos. Mas isso só será possível substituindo os condicionamentos que obtivemos, por intermédio de uma osmose induzida pelo meio, por outros adquiridos e realizados pela compreensão. Quando descobrirmos a fragilidade do sistema em que vivemos e, inteligentemente, iniciarmos a substituição dos valores e dos arquétipos convencionalizados pela cultura e pelo interesse, por outros mais eficientes e mais claros, obtidos como resultado do entendimento com uma realidade universal, estaremos a caminho da autodescoberta. Quando, na prática, viermos a utilizar os valores descobertos, aqueles que reflitam sabedoria, amor, respeito e consideração, assim como senso comum organizado, e, em conseqüência, desenvolvermos critérios definidos e objetivos de análise, estaremos finalmente a caminho de nossa irreversível transcendência interior.

O homem abandonará seu casulo de transformação e tornar-se-á um cidadão cósmico quando souber viver harmonicamente consigo mesmo, compreender como a vida se desenvolve, puder voltar o olhar para seu interior sem preconceitos ou parcialismos e quando entender, em definitivo, a profunda mensagem contida em uma folha ao vento. O homem poderá experimentar, nesse instante, a extensão do seu poder criativo, perceber a capacidade construtiva do seu intelecto, a beleza escondida nos seus sentimentos, a meiga inocência das criaturas e concluir que não está só. Nesse momento, estará unido e irmanado a seus semelhantes, àqueles que, na selva do mundo civilizado, existem com o único objetivo de aprender a viver, compreender o amor, crescer interiormente e a cada dia chegar mais perto de ser consciente, se realizar e ser feliz. E saber que, nesse vasto e maravilhoso Universo, não está isolado nem abandonado à sua sorte. Outros irmãos o aguardam para compartir e lutar a seu lado, na possibilidade de construir uma felicidade maior e universal.

Em suma, o ser humano somente transcenderá se estiver disposto a um confronto, a um questionamento sincero, honesto e puro, em que a imagem de si mesmo, do mundo, do sistema que o cerca, suas crenças, seus objetivos atuais de vida, conhecimentos e bases forem passíveis de revisão, reflexão, análise e reformulação. Em síntese, somente poderá sobreviver a si mesmo, e à sua transição cultural, se estiver firmemente empenhado no propósito de compreender a vida e promover uma reorganização incondicional dos parâmetros e valores que nortearam sua vida até agora.

É na reestruturação de si mesmo, interna, profunda e radical, que encontrará o caminho que o levará ao infinito, e é por isso que esse livro se dirige em particular àqueles que ainda não perderam a esperança de crescer, mental e espiritualmente, que ainda mantêm viva a esperança de dias melhores para o homem e o mundo e que estão no aguardo de um caminho para conquistar seu mundo interior e vir a ser, afinal, o homem do amanhã, que continuará a semear a vida no jardim do Universo.

Introdução

Desde que o ser humano passou a observar as estrelas, dando origem à formação de seus calendários, iniciou uma nova fase na compreensão do Universo e da própria vida. Porém, no mesmo momento em que a inteligência curiosa do homem desvendava o tempo, outras questões ainda mais profundas surgiam. Algumas delas encontraram resposta ao longo de nossa história, mas a grande maioria ainda permanece submersa no campo da especulação e da teoria.

Dentre essas grandes e intrincadas questões, a possibilidade de vida extraplanetária foi concebida somente no mundo da ficção. A religião, a astronomia e a física descartaram drástica e radicalmente qualquer possibilidade de existências alienígenas, embora hoje alguns poucos cientistas se mostrem mais flexíveis.

Mas, mesmo contra a vontade de todas essas instituições e ciências, esse assunto tem vindo à tona continuamente. Foi com o advento da revolução tecnológica e, especificamente, com o desenvolvimento da aviação e a invenção do radar, que o homem se apercebeu da presença de visitantes desconhecidos e a ciência começou a preocupar-se com explicar o surgimento de diversos fenômenos aéreos.

Foi no decorrer da Segunda Guerra Mundial que estranhos objetos foram registrados nas telas dos radares, assim como avistados conjuntamente por aviões inimigos e aliados, provocando pânico e histeria em inúmeras cidades, uma vez que eram confundidos com mísseis teledirigidos ou aviões de bombardeio inimigos.

Quando a guerra terminou, diversos documentos e relatórios foram confrontados, revelando a presença de aparelhos aéreos desconhecidos que, por suas loucas manobras, estonteavam pilotos, técnicos e engenheiros. Mas, até então, cada um supunha que sua origem era totalmente terrestre e que alguma potência inimiga os estaria fabricando.

Foi em uma terça-feira, 24 de junho de 1947, que um piloto civil chamado Kenneth Arnold, proprietário da Sociedade Abastecedora de Material de Incêndio do Grande Oeste, em Boise (Idaho), nos Estados Unidos, decolou de Chehalis a bordo de um monomotor em direção a Yakima, no Estado de Washington, em uma missão rotineira em busca de um avião C-46 da Marinha, dado como perdido entre os Montes Cascade. Naquela tarde, após uma longa volta pela região do sinistro, perto das 15h e bem do lado direito da cabine, surpreendido, avistou nove objetos discoidais voando na direção do Monte Rainier. Objetos de um tamanho que considerou próximo ao de um avião quadrimotor C-54. Espantado pela observação, calculou que os engenhos – ou "pratos voadores", como os denominou – estariam se deslocando a uma velocidade de 2.700 quilômetros por hora. Sem ele perceber, estava lançada a expressão popular que viria a identificar esses objetos e que permaneceria ao longo dos tempos.

Logo depois, em 7 de janeiro de 1948, às 13h15, uma equipe de observadores militares localizados em Madisonville, no Estado de Kentucky, informava à base aérea de Godman que um aparelho redondo, com mais de 70 metros de diâmetro, voava rapidamente em direção a Fort Knox.

Às 13h45, o observador militar da base aérea solicita a identificação do objeto por rádio, enquanto os oficiais em terra o localizam por meio dos binóculos. O comandante da base, coronel Hix, ordena imediatamente por rádio que três caças F-51, que ainda se encontravam no ar, interceptem o artefato.

A pequena patrulha, comandada pelo capitão Thomas Mantell, consegue localizar seu alvo às 14h45, partindo para interceptá-lo. Dois aviões têm de retornar por falta de combustível, e o terceiro, pilotado pelo jovem capitão Mantell, informa por rádio que o engenho está por cima dele e que tentará alcançá-lo para examiná-lo melhor.

A uma velocidade de 500 quilômetros por hora e a 5.000 metros de altitude, Mantell informa tratar-se de um objeto enorme e metálico que continua a ascender. Às 15h15, já a 6.000 metros, o capitão comunica à base que o objeto continua a subir e que abandonará a perseguição por não contar com máscara de oxigênio. É sua última mensagem.

Às 16h são encontrados os destroços do F-51 de Mantell em um raio de vários quilômetros, mostrando que o avião se desintegrou a grande altitude e em pleno vôo. Apesar das intensas buscas, que duraram dias, alguns afirmam que não se encontraram vestígios do corpo.

A partir desse trágico incidente, a Força Aérea norte-americana procedeu à criação do "Projeto Saucer", também conhecido como "Projeto Sign", para pesquisa e levantamento de dados sobre todo tipo de fenômenos aéreos não identificados, sendo seu responsável James D. Forrestal, então Secretário de Estado da Defesa, desaparecido posteriormente em condições até hoje ainda misteriosas. Anos mais tarde, o Projeto Sign foi substituído pelo "Projeto Grudge" que, em 1951, foi também substituído pelo famoso e tão comentado "Projeto Blue Book", sob orientação e coordenação de Edward J. Ruppelt, cuja gestão foi concluída em setembro de 1953.

No dia 17 de dezembro de 1969, uma comissão de inquérito da Força Aérea (USAF), reunida na cidade de Daytona, Ohio, encerrava definitivamente o "Projeto Blue Book", após a publicação da conclusão negativa do relatório "Condom", de autoria do renomado dr. Edward U. Condom. O relatório afirmava, em síntese, que os chamados "discos voadores" não passavam de uma "ilusão" provocada por fenômenos e causas naturais.

Porém, as coisas não eram na verdade tão simples assim. Em 24 de abril de 1949, após a substituição do "Projeto Sign" pelo "Projeto Grudge", Edward J. Ruppelt recebeu um relatório confidencial sobre as possíveis conseqüências e os riscos de pânico generalizado que qualquer divulgação oficial da realidade desses objetos provocaria. O relatório fazia referência enfática ao terrível susto que vitimara milhares de americanos em 30 de outubro de 1938, por ocasião da famosa transmissão de rádio da novela "A guerra dos mundos", do escritor inglês H. G. Wells, transformada em radionovela pelo então jornalista Orson Welles.

E, para completar o quadro, em 12 de janeiro de 1953, uma comissão de peritos e cientistas americanos foi reunida no Pentágono sem conhecimento do público ou da imprensa. Essa reunião, batizada de "O Grande Júri", foi presidida pelo prof. dr. H. P. Robertson, professor de física teórica no Californian Institute of Technology. Entre outros sábios da época estavam presentes: o prof. Luiz W. Alvarez, físico do laboratório Lawrence da Berkeley University, da Califórnia, Prêmio Nobel de Física de 1968; os professores Thorston Page, Lloyd V. Berkner, Samuel A. Goudsmit, o general-brigadeiro Garland, os srs. H. Marshall Chadwell e Ralph L. Clark da CIA e o prof. Allen Hynek, como conselheiro científico.

No decurso da primeira sessão, a comissão recebeu pedido do comando aéreo para chegar a uma conclusão final. As alternativas sugeridas e deliberadas, após a apresentação de inúmeros relatórios e documentos oficiais, eram as seguintes:

1. Todos os relatórios de observações sobre "discos voadores" são explicáveis por fenômenos naturais;

2. Os relatórios de observações não contêm dados suficientes sobre os quais fundamentar uma conclusão;

3. Os "discos voadores" existem verdadeiramente e são engenhos espaciais de origem extraterrestre.

O major Dewey Fouret, integrante da comissão especializada na investigação de testemunhos e relatos, apresentou em seguida um amplo e completo estudo das manobras desses "óvnis" (Objetos Voadores Não Identificados), concluindo finalmente, e sem quaisquer dúvidas, que se tratava de aparelhos de navegação espacial de origem desconhecida e provavelmente extraterrestre.

Infelizmente, no decurso das últimas sessões de redação do relatório final, e notadamente naquela em que a futura linha política deveria ser definida, os homens da CIA intervieram. Pediram que a sombra de mistério que envolve o assunto fosse atenuada e que os serviços militares procedessem a um "abafamento" sistemático de qualquer evidência pública, sem poupar meios para isso. A situação política internacional, com os blocos comunista e socialista (a famosa Guerra Fria), foi a perfeita justificativa.

O mais incrível é que, naquela ocasião, o Exército e a Força Aérea norte-americanos já mantinham em seu poder, desde julho de 1947, os destroços de uma nave extraterrestre e os corpos dos tripulantes capturados, resultado de uma provável colisão nos desertos de Roswell e Secora no Novo México, resgatados pelas equipes da base aérea de Roswell. Nessa época, o major Jesse Marcel, do Serviço de Inteligência, e o general Ramey foram os responsáveis pelas investigações, informando aos jornalistas do *Roswell Daily Record* e à imprensa em geral que um balão meteorológico havia sido confundido com um óvni. E, para dirimir qualquer dúvida da imprensa, mostraram habilmente alguns poucos fragmentos de um balão-sonda. Enquanto isso, sem conhecimento público, um avião bombardeiro B-29 partia da base de Roswell, sob forte escolta militar, com rumo desconhecido e carregando em seu interior os corpos e os destroços extraterrestres.

O filme *Hangar 18*, realizado em 1980 nos Estados Unidos, reproduziu e dramatizou esse episódio no cinema. A trama do filme mostra a manipulação que o governo americano realiza para tornar inócua qualquer ameaça e para afastar os envolvidos, mesmo que para isso tenha de eliminá-los, assim como as deliberações das altas patentes sobre os aspectos políticos e o impacto positivo ou negativo na opinião pública. Tudo isso para, finalmente, dar um destino aos destroços de um disco voador cativo e aos corpos dos seus tripulantes.

As informações relativas ao caso de Roswell foram posteriormente denunciadas, quando se descobriu cartas endereçadas ao alto comando aéreo americano pelo então chefe do FBI, Edgar Hoover, solicitando, em reiteradas oportunidades, acesso aos corpos e aos destroços extraterrestres. Isso, ao que tudo indica, sempre lhe foi negado.

De qualquer forma, interessados pelo assunto, alguns pesquisadores e até uns poucos cientistas acreditam hoje que a presença desses objetos de origem desconhecida não se limita à era moderna. Investigadores, arqueólogos, antropólogos e diversos escritores, como Peter Kolosimo, Erich von Daniken, Serge Hutin, Louis Pauwels, Jacques Bergier e o consultor da NASA Zecharia Sitchin, entre outros, foram responsáveis por dar a conhecer ao público as descobertas arqueológicas que evidenciam a presença de entidades estranhas ao nosso meio, assim como de fatos e situações históricas que têm gerado grandes controvérsias no mundo científico.

Mesmo com um grande número de evidências e mais de cinqüenta anos depois das primeiras investigações, o mundo civilizado ainda afirma não ter certeza da existência dos óvnis. Não porque eles sejam irreais, mas porque aceitá-los implicaria em obrigar o mundo e, principalmente, cada homem e cada governante, a responder perguntas complicadas e incômodas, como: De onde eles vêm? Como são seus mundos? Que regime político eles seguem? Será que estão passando por alguma transição semelhante à nossa ou já passaram? Como estão constituídos socialmente? Como são seus sistemas de produção? Há miséria, inflação, violência, alcoolismo ou drogas em seus mundos? Quais suas fontes de energia? Possuem ou utilizam armas? Em que Deus acreditam? Existe um Deus para eles? Será que conseguiram defini-lo? Têm religião? Conheceram Jesus, Buda ou tiveram alguém parecido? Vivem eternamente ou morrem como nós? Acreditam na existência de uma alma imortal? Aceitam a reencarnação? O que querem de nós, afinal?

Em vista do exposto, será que o mundo moderno estaria realmente apto, preparado, maduro o suficiente para ouvir e encarar as respostas, sem se escandalizar ou chocar-se pelo que possa ouvir?

Seja como for, o público em geral ainda hoje procura e corre atrás de provas da existência e procedência dos óvnis. Provas, segundo dizem, concretas e definitivas. Mas, como vimos até aqui, mesmo que elas existam aos milhares, será literalmente impossível que se tornem públicas. A filtragem e a manipulação dos relatos, informações e notícias fazem parte dos complicados mecanismos de defesa que o sistema vigente "civilizatório" emprega para manter o exercício pleno do seu poder, aliado aos meios de comunicação. A história tem nos mostrado, ao longo do tempo, o incrível poder de alienação política e social que a manipulação da informação exerce junto à opinião pública. Definitivamente, e para nossa infelicidade, conhecemos e conheceremos sempre somente aquilo que para alguns poucos é importante que seja sabido. Os livros da nossa história estão repletos de exemplos para ilustrar essa afirmação. Se o que for trazido a público gerar questionamento, polêmica e forçar uma reformulação contra uma condição vigente e sedimentada, estará irremediavelmente fora do alcance das massas. O que comprometer o sistema sempre será banido do entendimento público, sendo oferecido unicamente o que for considerado "melhor" para manter a "ordem".

Os projetos americanos para a investigação dos fenômenos extraterrestres, que mencionei anteriormente, não foram criados realmente para provar a existência dos "discos voadores" ou de seus tripulantes e comunicar isso ao público. Longe disso. Foram estruturados para descobrir qual a razão de estarem aqui e para destruir qualquer tipo de evidência, informação ou pessoa que viesse a atentar contra os interesses políticos da nação.

A carga ideológica que esses visitantes trazem para a Terra amedronta claramente o poder. E em um mundo tão dividido política, social, racial, étnica e religiosamente como este em que nos encontramos, aparecer uma nova tendência reformista, e ainda por cima totalmente revolucionária em relação ao poder dominante, seria simplesmente desastroso para os muitos interesses e interessados. Os dominadores não estão a fim de abdicar de suas mordomias, vantagens e poder em benefício da humanidade. Enquanto a ignorância e o obscurantismo persistirem, a grande massa terrestre permanecerá submissa e obediente aos desejos e vontades dos seus dirigentes.

É por isso que esse assunto é tão polêmico. Porque ninguém quer admitir que, para além das quatro paredes que nos rodeiam nesse pequeno mundo, existem outras civilizações extraplanetárias cujas "verdades", "ética", "crenças" e "ideologias" não têm nada a ver com as que conhecemos e praticamos.

Além do mais, investigadores de todo o mundo, aqueles pacientes pesquisadores que coletam provas, informações e testemunhos vindos de todas as partes do planeta e que deveriam ser o melhor apoio a essa causa, também não estão isentos de qualquer manipulação. Sejam vítimas ou responsáveis.

Embora para essa gente a presença extraterrestre seja um fato consumado, uma grande maioria ainda considera a possibilidade de contatos programados uma ficção, pois o que eles na realidade procuram não é propriamente o contato, mas provar obcecadamente que sempre estiveram certos ao acreditar em uma vida inteligente fora da Terra. E mais nada além disso, infelizmente, já que definitivamente não saberiam o que fazer com o contato em si, a não ser mostrá-lo como uma atração ou curiosidade, pois estariam realizando um incrível sonho, algo como a consumação de uma desforra contra o mundo que os desprezou e humilhou. Alguns, inclusive, buscam promover-se social e publicamente por meio da pesquisa, de um achado ou de uma descoberta, procurando (em uma atmosfera de mistério) mostrar que estão de posse de algo realmente grande e fantástico e, com isso, destacar-se no cenário da curiosidade mundial. Existem também aqueles que chegam ao extremo de procurar destruir, agredir ou massacrar as possíveis evidências de contato ou de contatados, julgando-se os novos inquisidores de uma "santa causa", sem ter o trabalho e o cuidado de realizar uma investigação profunda e racional sobre os fatos e os envolvidos. Outros, bem poucos, obviamente, trabalham de forma honesta e cautelosa, mas manter-se incorruptível e invulnerável dentro da máquina diária do sistema é, sem dúvida alguma, uma batalha muito difícil de ser continuamente vencida.

Embora todos esses pesquisadores estejam tão próximos de uma realidade fantástica, estão ao mesmo tempo muito longe de crer que algum dia possam fazer parte integrante dela.

A grande maioria contenta-se em coletar evidências, buscar testemunhas, fazer palestras e ganhar destaque, demonstrando que, de posse de uma atividade pouco comum, continuam a participar ativamente dos recalques, censuras, ideais e egoísmos do sistema. Para nossa tristeza e decepção, manifestam, com essas atitudes, que permanecem terrivelmente distantes do que essa pesquisa deveria realmente ser, chegando a manipular o público de acordo com seus próprios interesses.

E os poucos investigadores que poderíamos finalmente indicar, dentro da nomenclatura tradicional, como cientificamente qualificados, vêm tentando uma aproximação com os segredos do Universo e com alguma forma de inteligência alienígena por meios técnicos, no intuito de uma troca provavelmente vinculada aos interesses particulares de alguma instituição ou governo. Obviamente, no desejo de adquirir uma fonte de benefícios ou riquezas científicas e/ou tecnológicas que os ponha em real vantagem em relação aos demais países.

Porém, será que é isso especificamente que os extraterrestres estão dispostos a oferecer? E nós? Será por acaso que já atingimos a maturidade necessária para ouvir, compreender e utilizar o que eles teriam a nos dizer?

Aquilo que será narrado nesse livro não é um caso isolado de contato extraterrestre, nem talvez o mais importante que se conheça dentro da fenomenologia mundial, mas é o único na história da humanidade que tem dado prova concreta de sua objetiva veracidade, ao permitir, por quatro vezes, a presença de jornalistas, canais de televisão e investigadores de várias procedências às experiências de contato programadas com prévio aviso do fenômeno.

As notícias dos primeiros encontros, ocorridos em 1974 e vivenciados por mim ao lado de um grupo de amigos, envolvendo mais tarde jornalistas, pesquisadores e gente de vários países, foram dadas a conhecer ao mundo, pela primeira vez, pelo então jornalista e correspondente para assuntos estrangeiros da *Gaceta del Norte* de Bilbao, Espanha, sr. Juan José Benítez Lopez. Autor, atualmente, de grande número de livros sobre óvnis e de alguns dos mais divulgados e interessantes livros de ficção científica já publicados, como o *best-seller* internacional *Operação Cavalo de Tróia*, já no quarto livro da saga, *A Rebelião de Lúcifer* e *O Testamento de São João*, entre outros, Benítez participou, na condição de convidado, de um contato com extraterrestres marcado por mim com cinco dias de antecedência nas areias de Chilca, Peru, a 60 quilômetros ao sul de Lima, no dia 7 de setembro de 1974. Mais tarde, relatou sua experiência em um livro chamado *OVNIs: SOS a la Humanidad*, publicado em 1975 pela Editora Plaza & Janes, de Barcelona, Espanha, um dos primeiros livros de sua carreira como escritor, ainda inédito no Brasil. Logo depois, retornou novamente ao Peru com o jornalista e fotógrafo Fernando Mugica, recolhendo materiais e experiências para mais um trabalho, lançando no ano seguinte o livro *100.000 Km tras los OVNIs*, da mesma editora, também inédito em português. Hoje, são vários os livros, artigos de revista e jornal, programas de rádio e televisão que contam nossa história, passada e presente.

Atualmente, nosso trabalho permitiu realizar mais um encontro programado de contato extraterrestre com a imprensa. O mesmo ocorreu no dia 23 de janeiro de 1992, às 23h30, nas proximidades da cidade de Santiago do Chile, sob orientação e coordenação do sr. Rodrigo Fuenzalida e seu grupo, contando como convidados a produtora de filmes independente Terranova, responsável pelo programa "Zona Franca", que participou dessa aventura representando o canal 9 Megavisión, daquela capital. Ali, na presença de toda a equipe técnica e de jornalistas, mais uma vez uma nave extraterrestre fez sua aparição. Tudo isso encontra-se registrado em um programa de televisão que foi ao ar nesse país, no mês de julho de 1992, no qual, após entrevistas realizadas conosco, os jornalistas narraram todos os pormenores da incrível experiência de que foram partícipes, sendo essa a quarta desse tipo que o grupo RAMA realiza.

O trabalho que ofereço a seguir será a narrativa do nascimento desses fatos, das pessoas que participaram e ainda participam, dos seus problemas, dificuldades e conflitos, do seu processo, transformaçã o e definição ao longo dos anos, dos inúmeros testemunhos da aparição dos extraterrestres em nossas experiências, das fantásticas revelações obtidas pela contínua relação mantida com esses incríveis seres ao longo de 19 anos de contato, das viagens que realizamos a seus mundos de origem e das terríveis dificuldades que enfrentamos lutando contra um grande e poderoso inimigo, nós mesmos.

Os personagens, as situações e os eventos narrados são verdadeiros, existiram e existem até hoje. As conclusões são fruto e conseqüência direta desse infinito percurso ao interior da consciência universal, adquiridas ao longo dos anos. Os diálogos e as reflexões mencionadas aconteceram realmente, sendo as perguntas e respostas vistas e analisadas com o espírito e a consciência de hoje.

Este documento é uma humilde contribuição para quem deseja iniciar a descoberta de que vivemos para ser felizes.

Capítulo I

O Reencontro

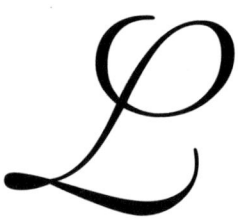entamente, a luz do sol penetrava pelas frestas da janela do quarto, anunciando que mais um dia começava. A majestosa megalópole de São Paulo amanhecia quente, ensolarada, um pouco mais poluída e com seus habitantes deslocando-se rapidamente para o trabalho. Tinha início mais uma quarta-feira tumultuada e agitada, sem fugir ao rigor da rotineira véspera de um feriado prolongado.

Porém, esse feriado de 15 de novembro de 1990, em particular, emendava com a sexta-feira, tornando a correria ainda maior. Para os paulistanos em geral, seria uma fantástica oportunidade de viajar a uma bela praia ou a um lugar agradável para relaxar e deixar de lado as angustiantes lembranças e preocupações de uma vida agitada. Mas, para minha esposa e para mim, marcaria o início de mais uma incrível aventura.

Christine se aprontava para ir ao trabalho, maquiando seu belo rosto refletido no espelho do banheiro, enquanto eu procurava acordar sob o chuveiro. Rapidamente discutíamos os detalhes de nossa longa viagem, acertando o horário em que ela deveria retornar do escritório, a hora de sair para a estrada e as compras necessárias para nos suprirmos durante os dias que permaneceríamos acampados nos verdes e tranqüilos bosques da Serra da Mantiqueira.

Tudo estava organizado. Os apetrechos de *camping* saíam da garagem direto para o jardim, enquanto eu revisava o *check-list* das compras, que estavam por minha conta. Christine dava partida no carro apressadamente, deixando algumas recomendações e reforçando a pontualidade dos horários a ser cumpridos. Um gostoso beijo e um triste olhar de despedida confirmavam que agora tudo estava em minhas mãos.

Três vagarosos meses haviam transcorrido desde que eu recebera a mensagem em que os extraterrestres nos convocavam para mais um encontro. O ano de 1990 marcara um período intenso de saídas a campo, de constantes manifestações dos seres alienígenas, de claras observações de suas naves e de uma grande quantidade de fenômenos provocados no local dos encontros. Mas as condições de preparação dessa vez eram muito mais severas e sem espaço para erros.

Christine havia se mostrado muito nervosa e excitada nos últimos dias, e não era à toa; as expectativas dessa viagem reportavam o advento de uma experiência importante e sem igual. Essa experiência determinaria uma nova fase nos trabalhos e, conseqüentemente, uma profunda alteração das rotinas a seguir.

Enquanto percorria os corredores do supermercado à procura dos mantimentos necessários, meditava em tudo isso em que estávamos envolvidos e, entre divagações, minhas lembranças voltavam no tempo. Fazia pouco mais de dois meses que havíamos retornado da viagem a Cuzco, no Peru, onde pela primeira vez os brasileiros participaram de um encontro mundial com os grupos Rama de outros países, organizado por meu irmão e seus grupos de trabalho. Essa experiência foi importante para todos nós, pois demonstrou que, embora o ser humano seja uma criatura complicada e até inconseqüente às vezes, existem hoje pessoas abertas e bem direcionadas no caminho do desenvolvimento interior.

Mesmo que no passado meu irmão tivesse optado por seguir uma pauta de trabalho particular, acorde com sua forma de entender o contato que juntos havíamos vivenciado, e tentado mostrar aos que o seguiam como se desenvolver, algumas pessoas ao seu redor construíram uma relação dependente, complicada e inconveniente, pois toda e qualquer iniciativa para novas atividades, informações, conhecimentos, etc., emanava necessariamente dele, até mesmo a motivação para a continuidade dos trabalhos e da manutenção e coesão dos grupos.

Esse tipo de relação, paternalista e vertical, que se fundamentou ao longo dos anos pela falta de uma melhor organização no trabalho, uma melhor compreensão dos objetivos do contato, pela distância e pelas contínuas exigências de informação e orientação do crescente público que incrementava as fileiras desses grupos em nível mundial, permitiu facilmente o surgimento de manipuladores e manipulações, intrigas e manobras a serviço de interesses escusos e egoístas, assim como disputas por lideranças locais, nacionais e até internacionais. O que, na realidade, não deveríamos estranhar nem um pouco. Em todo lugar existem pessoas que não estão dispostas a uma reformulação e procuram adequar os caminhos do desenvolvimento à sua forma de ser, evitando assim qualquer mudança e trazendo ao interior desse meio os recalques, os egoísmos e as limitações que possuem e que deveriam, na verdade, superar.

Meu irmão, exausto pelas contínuas viagens, requisitado ininterruptamente pelos grupos em cada canto do mundo, pelo exercício de suas responsabilidades familiares, quase sempre truncadas e sacrificadas pelo contínuo assédio de curiosos, não enxergava claramente o que acontecia ao seu lado. Sua visão estava muito longe no horizonte, focalizada entre o desejo de oferecer um caminho de autodescoberta, procurar fazer sempre o melhor e dar o máximo de si.

Contudo, isso não abalou nossos ânimos nem permitiu que nossa estada naquele paraíso andino deixasse de ser maravilhosa. Lidar com o ser humano implica passar por situações desse tipo e é lógico que nunca faltam aqueles que possuem uma visão limitada das coisas. E, como em toda atividade e lugar, existem as exceções. A convenção nos permitiu conhecer muita gente amável, receptiva e fantástica, que abriu sua simpatia e seu coração, da mesma forma que sua mente, para cada um de nós.

Os dias do encontro em Cuzco, exatamente no sagrado vale de Urubamba, traziam a meus pensamentos e à minha imaginação a saga do império inca. Era incrível pensar que nessas paragens, mais de quinhentos anos atrás, as hostes do inca Pachacutec percorreram as mesmas terras em que me encontrava. Imaginava se, à frente de seus exércitos, esse imperador guerreiro havia provavelmente acampado aqui, nesse preciso lugar, antes de iniciar novas batalhas e submeter outros povos. E ali, naquele lugar, eu e um grupo de pessoas estávamos escrevendo novamente a história do mundo. Uma história em que as únicas batalhas estavam sendo travadas no interior de cada criatura, de cada ser humano comprometido com o futuro do homem.

Era curioso ver como as coisas no mundo mudam. No berço de uma cultura que, séculos atrás, impactou o mundo e os conquistadores espanhóis com seu desenvolvimento, sua organização e sua habilidade, ressurgia dentre os mistérios do tempo uma situação que voltava a surpreender sobremaneira ao mundo, pois o tomara de improviso.

Três contatos programados com antecedência de semanas e contando com a presença de jornalistas convidados, equipados até os dentes de filmadoras e máquinas fotográficas, haviam tido total sucesso ao se confirmarem com a presença de naves de origem extraterrestre, intrigando aquele mundo formal, conservador e cético. E, naquele momento, eu olhava para as cintilantes estrelas do firmamento, refletindo no que viria a acontecer amanhã, daqui a alguns dias ou agora mesmo.

Entre os espectadores e visitantes desse encontro havia também jornalistas chilenos do canal 7 da televisão de Santiago do Chile, gravando entrevistas para o programa "Informe Especial". Depois de ceder algumas entrevistas, aproveitei para conversar com eles um pouco, percebendo sua tremenda curiosidade pelo assunto. Para essas pessoas, entender o que estávamos realizando era complicado. Associavam a ritualismo, cerimonial, a qualquer coisa, menos a algo verdadeiramente importante. Não conseguiam olhar mais à frente, para além das bobagens que alguns falavam ou dos exageros que outros cometiam.

"Meu Deus", eu pensava, "quando será possível que nos olhem com seriedade e percebam, claramente, o grande momento que a humanidade está prestes a enfrentar e a avalanche de oportunidades que estão para ser deflagradas?"

Mesmo com todas as comprovações que já haviam acontecido, a importância do momento passava despercebida para todos, inclusive para grande parte dos participantes. Os jornalistas corriam atrás de um objeto para fotografar ou qualquer erro ou besteira que justificasse seu ceticismo. Algumas das pessoas presentes procuravam talvez por uma comprovação, um fenômeno ou algo para ter o que contar depois, e outros, acredito que bem poucos, pareciam mais seguros e certos de suas intenções e seus objetivos. Porém, e os brasileiros que me acompanhavam? Será que aqui no Brasil, depois de quase 16 anos de atividades, comprovações, contatos e diversas experiências, ainda as pessoas não teriam adquirido uma percepção clara e objetiva de tudo isso que nos envolvia?

Pelo que eu podia perceber, parecia que sim. Os dias que passamos em Cuzco foram, afinal, ótimos, interessantes e importantes. O saldo, no meu entender, foi positivo e significativo. Embora observássemos que ainda há gente mais preocupada com a vida dos outros do que com seu próprio desenvolvimento, existiam outras pessoas incríveis, amigas e atentas, com as quais pudemos trocar idéias, propondo até uma linha de trabalho e pesquisa em conjunto.

Mesmo que o caminho da superação para estados mais elevados de consciência seja, verdadeiramente, um longo e difícil percurso, havia ali pessoas de grande valor e coragem, decididas a trilhá-lo sem demora. Havíamos, pois, descoberto a razão de nossa viagem. Retornamos de Cuzco com a alegria de ter achado gente aberta a uma superação, disposta a dividir e a compartir conosco uma visão renovadora e ágil do processo de crescimento interior. Seres coincidentes conosco em identificar uma forma mais livre de ampliar a compreensão da vida, que tinham muito a nos oferecer da sua própria experiência e vivência, inclusive nos mostrando outros aspectos inovadores e criativos em que nunca havíamos pensado antes. Saímos então firmando o compromisso de realizar uma avaliação total do conseguido até então, elaborar uma proposta de objetivos claros, práticos e estruturar parâmetros que mediriam o desempenho do trabalho e de seus resultados. Tudo isso seria apresentado no próximo encontro mundial.

De volta ao meu presente, entre meus botões e o carrinho do supermercado, relembrava e meditava sobre a importância desse projeto. De como o trabalho e seu resultado pertencem a todos aqueles que se esforçam para crescer e ampliar seu estado de consciência e dentro do qual nosso papel é apenas de meros intermediários, arautos de uma realidade fantástica e maravilhosa ao alcance de todo ser humano, simples introdutores que apresentam o esboço de um caminho alternativo. Meu irmão, eu e aqueles que iniciamos, nos idos de 1974, ou aqueles que iniciam agora, o difícil e complicado trabalho de reformular a percepção que nos leva à compreensão da realidade interior e exterior do ser humano, descobríramos uma trilha secreta que nos levaria aonde ninguém jamais sonhara. Esse caminho mágico se resume na compreensão de que existe muito por aprender sobre a vida, sobre o amor, sobre sermos inteligentes e pensantes, sobre como aproveitar construtivamente nossas habilidades, tornando a vida produtiva, e sobre como realmente mudar o futuro que nos ameaça. O Projeto Rama resultava em uma relação com seres mais avançados que, generosamente, se oferecem àqueles que os procuram com honestidade.

Essa viagem que iniciávamos hoje, que se misturava entre as lembranças de tantas outras saídas e experiências, seria especial e importante, como já mencionei. A Serra da Mantiqueira nos aguardava, altiva, imponente, misteriosa e desafiante. Esse cenário ecológico seria o palco de mais um contato com os extraterrestres, no qual o cronograma de atividades e trabalhos a realizar nos anos vindouros estaria sendo definido. Um plano de ação conjunta – que envolveria não somente o Brasil, mas vários países, tanto americanos como europeus – deveria ser apresentado e, a partir disso, orientar nossas atividades pelos próximos dez anos.

Essa experiência era, de todas as formas, transcendental para o nosso futuro, sendo a única e imediata oportunidade que nos permitiria esclarecer todas as dúvidas a respeito de nossa atual performance e avaliar os resultados obtidos até esse momento, inclusive mundialmente. Em síntese, o destino de todos os grupos, brasileiros e estrangeiros, que estavam vinculados ao nosso trabalho, estava por se definir.

Dessa forma, esperávamos aproveitar ao máximo essa viagem e seus resultados, para retornar a São Paulo com a convicção, a tranqüilidade e a certeza de haver concluído mais um estágio no processo de nosso desenvolvimento, mais comprometidos com o trabalho e conscientes da responsabilidade que nos aguardava.

Os grupos convocados para esse acampamento, embora existissem cerca de 15, eram apenas dois. O grupo 6 de Cotia, São Paulo, composto por seis pessoas, das quais somente Benícia e minha esposa, Christine, estariam presentes, e o grupo 4 de São Paulo, composto por oito participantes, sendo que todos estariam presentes. Eu seria o coordenador da experiência e o intermediário nas atividades de campo.

Em princípio, a idéia era de que Christine e eu iríamos primeiro para preparar e garantir o local, onde mais tarde encontraríamos Newton César, Flávio e DDG. Juntos iniciaríamos a montagem das barracas, arrumando espaço para o resto do grupo que chegaria na quinta-feira pela manhã, dependendo, obviamente, do nefasto trânsito da rodovia Presidente Dutra.

O dia transcorreu rápido entre a arrumação e os preparativos. Por volta das 15h, a bagagem já estava no carro e as compras distribuídas, aguardando a chegada da minha "cara-metade".

Hora e meia depois, estávamos rumando pela marginal do Rio Tietê em direção à rodovia dos Trabalhadores para depois ingressar na Dutra. Uns longos 300 quilômetros nos aguardavam, além de ter de driblar o intenso tráfego que já começava a criar o desconforto típico e habitual de um início de feriado prolongado.

Algumas esgotadoras horas e muitos carros depois, paramos para abastecer em Roseira. Ao retomar o caminho, um terrível engarrafamento na já saturada rodovia, bem na altura da divisa com o Rio de Janeiro, nos fez perder duas horas além do programado. Mesmo assim, nosso humor não sofrera qualquer abalo. A expectativa dessa nova aventura e do que dela decorreria nos mantinha ligados, aguardando os acontecimentos. Sabíamos que tudo estava fazendo parte dessa experiência, que cada movimento era observado, assim como cada pensamento era analisado. Por isso, nossa postura deveria refletir tudo aquilo que aprendêramos ao longo dos anos, pois o momento determinaria se estávamos aptos para receber uma nova e crucial incumbência.

Pela madrugada chegamos ao local combinado, tendo a oportunidade de cruzar com lebres e gambás que atravessavam a estrada em meio às árvores. Como se quisessem nos dar as boas-vindas, essas pequenas criaturas, raridades naturais que o mundo só consegue ver em filmes e que a cada dia se afastam mais de nós, alegraram nossa vista, fazendo-nos lembrar que havíamos penetrado em um outro mundo, distante da civilização e quase virgem, onde a mão do homem ainda não os atingiu.

Para nossa surpresa, mesmo com o atraso, reparamos que nossos companheiros ainda não haviam chegado; mas, sem hesitar, esgotados pelas exigências da viagem, iniciamos a montagem da barraca à luz das lanternas.

Tudo o que nesse momento desejávamos era poder dormir rapidamente ao som das águas de uma pequena cachoeira, que a essa altura seria a melhor canção de ninar.

Bem cedo, pela manhã, os companheiros perdidos chegaram, para tranqüilidade geral. Junto com eles, os demais foram pouco a pouco aparecendo. O único que ficou para chegar no sábado foi Gilberto, em função de alguns compromissos familiares.

Outros dois rapazes, Luiz Tadashi e Diego Alberto, ambos experientes contatados, velhos instrutores e "sobreviventes" dos primeiros grupos que formei em 1976, logo após minha chegada ao Brasil, também haviam sido convocados para essa experiência, mas, por diferentes razões, não conseguiram comparecer.

A quinta-feira, 15 de novembro, prometia muito para todos nós, pois, após 16 anos de trabalho e de preparação com os extraterrestres no Brasil, mais um grupo estaria a se graduar como apto a orientar e preparar outras pessoas na relação de aprendizagem e trocas culturais que esses seres propunham. Na verdade, o grupo 4 seria o que receberia a confirmação de haver atingido um nível aceitável para colaborar no trabalho de formar núcleos de desenvolvimento e contato, sendo que o grupo 6 era apenas um convidado para o evento.

Durante a manhã e a tarde do dia 15, passamos a nos organizar na distribuição do espaço, erguer o restante das barracas, montar a cozinha, improvisar um banheiro, achar madeira e pedras para uma fogueira, empregando o restante do tempo para sanar algumas dúvidas sobre o que deveríamos esperar no decorrer dos dias que permaneceríamos acampados. Já no fim da tarde, por volta das 18h, procuramos nos reunir ao redor da fogueira, dando começo ao trabalho que nos trouxera de tão longe. Rodeados por uma tranqüilidade muito especial, própria de um ambiente ainda selvagem, pelos sons das águas e dos animais, fomos relaxando vagarosamente, sentindo a brisa fria da montanha acariciando nossos rostos e, aos poucos, lentamente, elevamos a mente ao espaço infinito, à procura de mais um contato mental com os extraterrestres e no aguardo de instruções para as próximas horas.

Enquanto o manto da noite nos cobria de friagem e as estrelas aumentavam seu brilho, as respostas às perguntas feitas aos extraterrestres fluíam suavemente por cada componente do grupo. Um a um, os convocados registravam em seus cadernos de anotações as mensagens que os seres transmitiam. Concluída a recepção, todos passaram a ler o que receberam, constatando, mais uma vez, que as mensagens coincidiam no conteúdo e que as instruções eram claras e objetivas. Em síntese, os seres informavam que manifestariam sua presença e seu apoio por meio da aparição de suas naves e sondas-robô, confirmando assim que as condições de controle estavam acionadas e que os testes finais seguiriam seu curso. Por nossa parte, solicitavam que começássemos aquela noite com trabalhos individuais de auto-reflexão e *autocontrole*,[1] sendo necessário para tal propósito que um lugar especial fosse escolhido. Como de costume, já que o local em que estávamos acampados era muito conhecido por todos nós (em função de ser utilizado continuamente para encontros desse tipo), o lugar para a experiência seria uma elevação montanhosa coberta de bosques, denominado por todos os grupos de "autocontrole[1]".

A seqüência em que as pessoas deveriam ir até o lugar de trabalho, isto é, para realizar o autocontrole, também havia sido recebida, motivo pelo qual passamos a nos organizar e iniciar as atividades. Enquanto o grupo se preparava psicologicamente e o primeiro aguardava sua vez, uma luz apareceu no céu a baixa altitude, deslocando-se suavemente. Instantaneamente olhamos para nossos relógios, confirmando de imediato um dos horários comunicados pelos extraterrestres como indicador de que tudo estava "nos conformes". O estranho objeto luminoso era formado por uma luz amarelada única, não sendo possível observar qualquer outra cor. Sua trajetória foi reta a princípio, vindo do sul para o norte. Logo depois, outro objeto surgiu, seguindo-o a bem curta distância por trás. O primeiro acelerou, saiu do mar (leste), mudando seu curso em direção às montanhas (oeste), traçando a seguir uma pronunciada curva em sentido horário. O segundo objeto continuou, acelerando em direção norte, enquanto o primeiro também passava a acelerar sobre nós calmamente, invertendo a curva em sentido anti-horário. A essa altura estávamos beirando as 20h30; nenhum som de turbinas que se assemelhasse a um avião ou a qualquer outra aeronave acompanhara o objeto. Tudo permanecia em total silêncio. Dentre as mensagens recebidas pelo grupo, a passagem de naves havia sido registrada e os horários começavam a "bater".

Enquanto comentávamos a observação do objeto, uma rápida luz avermelhada foi vista deslocando-se pelo mato, fazendo loucas evoluções, driblando as árvores e internando-se mato adentro. Era uma *kanepa*,[2] ou

---

1. AUTOCONTROLE: É um tipo específico de prática realizada de maneira individual ou em grupo em um local isolado, com a finalidade de trabalhar o domínio consciente do medo.
2. KANEPA: Nome técnico indicado pelos extraterrestres e também comumente conhecida por kanepla (uma corrupção do nome). Trata-se de um aparelho ou sonda de formato esférico, semelhante a uma bola, que transmite imagens e informações a uma nave extraterrestre próxima.

"sonda-robô", empregada pelos extraterrestres para acompanhar de perto os trabalhos. Uma maneira bastante eficiente de manifestar concretamente sua presença e seu apoio ao grupo, além de ratificar que tudo estava bem e que os objetivos que nos haviam levado até tão longe seriam mantidos.

Esse tipo de fenômeno havia passado a ser comum nas *saídas de campo*,[3] demonstrando a existência de um processo organizado de orientação e parceria por parte dos seres extraterrestres para conosco. Esses *shows* oferecidos não eram prêmios ou formas de estimular a curiosidade pelo fenômeno, mas uma maneira objetiva de oferecer a comprovação palpável de estarmos muito próximos de atingir o nível mínimo de preparo para ter acesso a um intercâmbio de cultura para cultura com uma sociedade pelo menos mil anos mais avançada.

Enquanto o tempo passava, o grupo começava a ficar um tanto nervoso e inquieto com o movimento das *kanepas*. Embora as mensagens apontassem o sábado como o dia mais importante, uma vez em campo tudo seria possível, mais ainda nesse acampamento, já que o objetivo era definir e encorajar um grupo a iniciar mais pessoas nesse processo de contato e aprendizagem e finalizar sua preparação, para permitir-lhes enfrentar um mundo cético em nome de seres extraterrestres que, generosamente, desejam mostrar, a princípio, como a vida inteligente pode, de maneira simples, desenvolver um sistema organizado e coerente de sociedade, em que pobreza, miséria, violência e fome deixem de existir definitivamente.

Um pouco tensos, mas seguros de nossos propósitos, um a um fomos realizando o autocontrole, havendo decidido previamente que, ao final das experiências, deixaríamos para fazer uma avaliação do ocorrido somente no dia seguinte.

Às 23h30, mais uma luz a grande altitude sobrevoou o vale, dando por encerradas as atividades do grupo dessa noite. Porém, eu ainda deveria ir até o local de autocontrole para finalizar os trabalhos e receber instruções sobre o dia seguinte, assim como os comentários relativos às experiências da equipe.

Finalmente foi a minha vez de subir a montanha e internar-me mato adentro. Enquanto o grupo jantava e comentava o último *avistamento*,[4] alguns acompanhavam silenciosamente minha vagarosa subida. Minutos depois de haver desaparecido entre as sombras, a única percepção do meu caminhar estava anunciada pelo feixe perdido da minha lanterna. Nesse

---

3. SAÍDA DE CAMPO/PRÁTICA DE CAMPO: Refere-se à viagem realizada a um determinado lugar por iniciativa própria ou por indicação dos extraterrestres com o fim de treinar o grupo, promover alguma experiência ou realizar algum tipo de contato.
4. AVISTAMENTO: Observação a distância de um objeto sobrevoando o local em que o observador se encontra.

momento, uma pequena bola de luz avermelhada correu no ar pela parte externa do bosque a grande velocidade, sendo vista e acompanhada pelo grupo a distância, ingressando rapidamente entre as árvores em um movimento errático e seguindo bem na direção em que minha lanterna se desligava.

Naquele momento, sem perceber ainda a presença do pequeno visitante, eu passava a sentar-me em uma pequena cadeira de armar no chamado "ringue" de práticas. Esse era o local denominado de autocontrole 1. Um ponto perdido entre enormes árvores que faziam quase um perfeito círculo demarcado por tiras de papel higiênico branco, que utilizávamos para distinguir, sem erros, o lugar correto para se posicionar e em cujo centro jazia uma singela cadeira de *camping*.

Enquanto recobrava o fôlego gasto na subida, observei ao longe a *kanepinha* vermelha que corria pelo mato da direita para a esquerda, realizando vários círculos ao meu redor e parando bem à minha frente, suspensa no ar e sem emitir qualquer som. Fiquei extasiado pela observação que, a despeito de ter até esquecido quantas vezes já vi acontecer, nunca deixou de me impressionar. Aquilo sempre me fascinou, pois de repente estava diante de um artefato de rara beleza, fruto de uma tecnologia distante.

Em frente ao pequeno visitante estacionado a poucos metros de mim, aproveitei para respirar fundo, relaxar, concentrar-me e entrar em contato mental com os extraterrestres com os quais trabalho há tantos anos. Sem dúvida alguma, estava sendo claramente observado por eles nesse instante por meio da *kanepa*, essa espécie de sonda-robô que possui um olho eletrônico e é dotada de um conjunto de sensores que, simultaneamente à observação, transmite os sinais das informações recolhidas a um computador central localizado no interior de uma nave. Além das imagens captadas, não importando ser noite ou dia, a sonda registra perfeitamente, também, toda e qualquer mudança ou perturbação orgânica da criatura em foco, seja ela metabólica, química, térmica, anímica ou circulatória, acompanhando, efetivamente e sem margem de erros, o desempenho da pessoa em teste. Além do mais, as sondas podem ficar literalmente invisíveis ao olho humano se assim o desejarem, permitindo que sua massa vibre a uma velocidade superior àquela que a retina humana pode captar, mas permanece visível para o registro em filme de qualquer máquina fotográfica. A *kanepa* tem a forma de uma esfera metálica de cor prateada, polida, que se move erraticamente e a grande velocidade. Possui um "olho" ou câmera que emite uma luz, deixando-a facilmente visível à noite. Essa luz pode ser branca, avermelhada, laranja, azul ou amarela. Em alguns casos, dispara *flashes* de luz branca de grande potência, mesmo quando totalmente invisível, que ilumina uma grande área, confundindo-se facilmente com a luz de um relâmpago. Seu tamanho pode variar de uma bola de futebol de salão até três vezes o tamanho de uma bola de basquete. O tamanho e a cor da luz estão em relação direta à função para a qual está destinada.

Com o objeto diante de mim, iniciei minha concentração, solicitando mentalmente o nome do extraterrestre que desde 1974 me acompanha nesse trabalho. Sem perda de tempo, senti sua voz em minha mente enquanto a *kanepa* permanecia silenciosa, flutuando no ar, afastando-se de mim lentamente. Prontamente, obtive comentários e uma avaliação direta sobre o comportamento e estado atual do grupo, assim como da minha performance, seguindo-se objetivamente novas instruções para o dia seguinte. Aproveitando a oportunidade, solicitei a consideração de um contato direto com ele e com o "Conselho de Treinamento" para solver algumas dúvidas bastante sérias, assim como um esclarecimento completo sobre algumas coisas que me preocupavam no âmbito internacional. Respondendo, pediu-me calma e paciência. Minha solicitação seria avaliada em vista de sua importância, devendo aguardar uma resposta em outro momento.

Um pouco inconformado por não obter uma imediata resposta às minhas preocupações, respirei fundo e abri os olhos. A pequena sonda não estava mais por perto e as sombras da noite tomavam conta de cada canto do bosque. Tranqüilo por haver achado acolhida às minhas reivindicações, iniciei a longa descida da montanha. Chegando minutos depois ao acampamento, encontrei apenas alguns poucos ainda acordados e que haviam observado a *kanepa* no momento em que ela velozmente ingressara no bosque. Perguntado sobre o que ocorrera durante minha prática, limitei-me a informar que nada de especial sucedera e que o mais importante ainda estava por vir. Entre duas canecas de sopa quente, despedi-me dos últimos três que permaneciam acordados. Cansado, fui direto para a barraca, onde minha bela loira estava "mais pra lá de Bagdá", em seu último sono.

O tempo parecia colaborar maravilhosamente conosco. As noites menos frias que de costume, os dias quentes e ensolarados, facilitavam o rendimento dos trabalhos e mantinham o grupo animado. "Tomara que continue tudo assim", pensava comigo.

A sexta-feira chegou despontando com um fotogênico dia. O sol forte e um céu azul espetacular convidavam para um gostoso banho nas límpidas águas do lago. Flávio não esperou ninguém para mergulhar e complementar o banho com as deliciosas águas frias da cachoeira. Newton César e DDG juntaram-se a ele em seguida, e logo Marcela, Nilson, Mário Sérgio, Benícia e Christine, enquanto Fátima e eu observávamos a festa. Após o refrescante mergulho, um banho de chuveiro quente (recente invenção do nosso "Professor Pardal", vulgo Mário Sérgio) completava as mordomias daquele lugar paradisíaco.

O dia foi repleto de atividades e brincadeiras. Cada um relatou suas experiências no autocontrole e como reagiram à situação. Embora nada de especial tivesse ocorrido, a tensão e a expectativa haviam sido grandes. Durante esse dia, todos procuramos relaxar porque, bem no fundo, sabíamos que durante a noite tudo seria bem diferente. Permaneci calado, não comentando nada sobre minha experiência, a fim de evitar perturbar meus companheiros e alimentar, ainda mais, a ansiedade já reinante. E assim transcorreu o tempo rapidamente e o fim da tarde foi chegando.

Por volta das 18h, o grupo voltou a reunir-se ao redor da fogueira e, mais uma vez, foi retomado o contato mental (também chamado "comunicação"), solicitando um programa detalhado do que deveríamos seguir. Enquanto o grupo realizava sua comunicação, aproveitei para repassar as instruções que recebera do meu preparador extraterrestre na noite anterior e realizar algumas perguntas.

Finalizada a recepção das mensagens, fomos surpreendidos pela observação de um objeto luminoso que atravessava o espaço horizontalmente, de ponta a ponta, a uma fantástica velocidade e a bem baixa altitude. Rapidamente fizemos alguns cálculos para determinar a velocidade do objeto, chegando a estimar uns 5.000 quilômetros por hora. Era algo lindo e impressionante, uma bola de luz com uma trajetória retilínea constantemente acelerada, cujo deslocamento horizontal deixaria qualquer cético embasbacado.

Refeitos da emoção da observação, voltamos a nos sentar ao redor da fogueira para analisar as mensagens recebidas. Novamente solicitavam experiências de autocontrole e a seqüência das pessoas confirmava que, mais uma vez, eu seria o último.

A experiência teve início sem qualquer interrupção ou avistamento. Christine era a segunda da noite e, enquanto se dispunha a iniciar lentamente sua subida até a montanha, Benícia retornava. Subitamente avistamos a luz de mais uma *kanepa*, dessa vez amarelada, correndo graciosamente pelo interior do bosque e iluminando tudo ao seu redor. Distraída pela subida, Christine nem se deu conta da presença da sonda. Dessa vez, a sonda havia penetrado no mato antes que o restante da equipe completasse sua experiência, e o fato de todos terem visto o pequeno objeto entrar no bosque antes de concluírem suas práticas deixara o ambiente um pouco mais nervoso que de costume. Cada um preferia se isolar e aguardar sua vez em silêncio. A apreensão e a tensão eram grandes e o encontro com o inesperado, assustador.

As pessoas foram subindo ordenadamente, obedecendo à seqüência indicada pelos extraterrestres. Após Christine, havia sido a vez de Flávio e, a seguir, DDG. Meia hora depois, cheguei ao lado de Newton César informando-lhe que se preparasse, pois DDG já estava sendo dispensado pelos extraterrestres. Newton César olhou para mim com um ar interrogativo, respondendo que DDG ainda não havia retornado. Retruquei comentando que estava em contato mental com os extraterrestres, acompanhando o desempenho de cada um no seu autocontrole, da mesma forma como fizera em outras oportunidades, insistindo em que começasse sua subida para não atrasar os horários, pois encontraria com DDG no caminho. Newton César entendeu e, sem responder, lembrando de outras vezes em que me vira acompanhar o trabalho de igual forma, pôs-se a caminho.

Faltando uns 10 metros para chegar ao bosque, Newton César topou com a luz da lanterna de DDG que, conforme lhe havia dito, acabara de finalizar sua experiência. Esboçando um leve sorriso, trocou algumas palavras com DDG, que se surpreendeu pelo encontro, continuando depois silenciosamente mato adentro e sentindo os extraterrestres incrivelmente próximos.

Logo seria a minha vez de subir e, entre pensamentos furtivos, Christine chegou ao meu lado dando-me um gostoso abraço, comentando em voz baixa algumas dúvidas sobre sua experiência. Nosso diálogo foi interrompido abruptamente pela observação de mais um objeto que percorria o céu, cruzando-se mais adiante com outro. Calmos, olhávamos para aqueles dois pontos brilhantes que rapidamente ascendiam em direção ao espaço, perdendo-se logo de nossas vistas.

Enquanto olhava para cada rosto ali presente, lembrava que os extraterrestres dariam as comprovações necessárias para que o grupo tivesse plena e total certeza de que o contato, além de real, dependia unicamente de um estado de consciência coerente com os objetivos da vida e com o propósito que nos unia e, enquanto esse trabalho de desenvolvimento interior levasse à obtenção desse estado, os contatos e as experiências tenderiam a ser cada vez melhores e mais íntimos. Tudo o que acontecesse nesses dias seria o indicador mais objetivo desse estado. Meus instrutores espaciais saberiam guiar meus passos e orientar a força do meu espírito.

"Que será dessas pessoas? Logo outros tomarão seu lugar e assim a cadeia continuará, mas eu, onde estarei?", pensava na incerteza.

Chegando ao lado de Marcela, comuniquei-lhe que se pusesse a caminho porque Newton César acabara de concluir sua prática. Ela olhou para mim e, sem responder, começou a subida. De igual maneira que anteriormente, cruzou no caminho com Newton César, que havia sido dispensado pelos extraterrestres em "comunicação".

Em um determinado momento, dessa vez duas luzes amareladas foram vistas correndo pelo bosque, separando-se e seguindo em direções opostas, o que determinava nitidamente a presença de duas *kanepas*. Simultaneamente, mais objetos foram observados próximos, contornando o vale. Justo no momento em que todos estávamos juntos, bem no fim do autocontrole, uma pequena frota em vôo, composta de quatro objetos, sendo três em formação triangular e o quarto à frente, sobrevoava silenciosa e calmamente as montanhas à nossa direita, traçando uma vagarosa curva. Aquilo foi um espetáculo inesquecível para todos os presentes, coroando essa noite de forma magistral.

Finalizado o *show* aéreo, segui em direção à montanha. Era minha vez de ir ao autocontrole. Um tanto aflito e impaciente, aguardava a resposta dos extraterrestres, que até aquele momento não davam sinais de qualquer retorno. Chegando ao "ringue", procurei me acalmar e relaxar, sentando dessa vez no solo em frente à árvore. Enquanto olhava as faixas de papel higiênico branco balançando ao vento, presas entre os arbustos ao meu redor, utilizadas para sinalizar todo o caminho até chegar ao "ringue", desligava a lanterna e passava a meditar sobre tudo o que havia ocorrido durante esses dois fantásticos dias, refletindo, ansiosamente, no aguardo de uma palavra dos extraterrestres.

Breves minutos depois, meu instrutor sideral penetrava furtivamente em meus pensamentos para me informar que no dia seguinte, sem mais delongas, eu teria as tão procuradas respostas a todas as minhas perguntas.

Tranqüilizado pela afirmação, agradeci o apoio que estavam oferecendo ao grupo, ao que meu instrutor interplanetário retrucou imediatamente, comentando que os fenômenos objetivavam claramente reforçar a realidade do contato e que, somente com essa certeza, as pessoas envolvidas poderiam lançar-se ao mundo; porém, mesmo com todas essas provas, nem todos conseguiriam chegar lá. Tocado pelas palavras do extraterrestre e um tanto triste pela afirmação, levantei-me retornando ao acampamento. No caminho, infinitos rostos percorriam meus pensamentos na lembrança de quantas pessoas um dia estiveram aqui em uma situação parecida e onde estariam hoje. "Quanto trabalho, quanto tempo gasto e pouco resta. Como Jesus já dissera: o Reino dos Céus é como um rei que celebrou as núpcias do seu filho, enviando seus servos para chamar os convidados para as núpcias, mas eles não quiseram vir... Pois é, são muitos os chamados, mas bem poucos os que sabem ouvir o chamado", refletia eu.

Christine me aguardava preocupada junto com os demais, pois os comentários não deixavam de demonstrar como cada um estava sensibilizado com a farta evidência da presença extraterrestre. Ao todo, haviam sido observados onze objetos, incluindo as quatro naves em formação, além das *kanepas*. Gradativamente, a consciência da importância do que estávamos realizando tocava bem no fundo dos presentes, embora, entre meus pensamentos, eu me perguntasse quem afinal resistiria a tudo o que ainda faltava. Cansados e mais convencidos do trabalho que ainda nos aguardava, fomos dormir, deixando para o dia seguinte o relato das experiências.

O sábado, 17 de novembro, amanheceu com um delicioso sol forte e um céu azul maravilhoso. Na parte da manhã fizemos uma auto-reflexão sobre os acontecimentos da noite anterior, concluindo por consenso que a presença e o apoio extraterrestre eram totais e que, de igual forma, a responsabilidade e o compromisso de cada um cresciam proporcionalmente aos acontecimentos. Entre piadas e comentários, procurava ver bem no âmago, no íntimo de cada um o que se escondia, buscando desvendar pretensiosamente seu futuro. Quantas pessoas, ao longo desses anos, eu havia tentado preparar, guiando-as até esse ponto, e quantas não haviam conseguido enfrentar o compromisso de uma mudança profunda e radical de base íntima. Quantas decepções, quantos recomeços, quantas traições e quanta incompreensão em tantos anos. Se, desse grupo, um pelo menos vingasse, meu esforço teria valido a pena, porque o mundo teria mais um caminho alternativo consolidado e firme para seguir, mais uma esperança para alentá-lo e mais um trabalhador para lavrar e semear o campo de um novo e melhor amanhã.

Durante o decorrer da tarde, aproveitamos para discutir diversos assuntos e solucionar algumas das dúvidas geradas pelas próprias experiências. No final do dia, por volta das 18h, passamos a retomar o contato e, por meio da comunicação, obter instruções mais detalhadas para as experiências que deveriam ocorrer durante a noite.

Nas mensagens colhidas pela maioria, fui apontado para coordenar os trabalhos, os quais deveriam ter início às 20h, impreterivelmente, em um determinado lugar bem no interior do bosque. Além do mais, meu instrutor sideral me informava, na mensagem que recebera, que também devia preparar-me, pois às 21h30 haveria um encontro físico, a ser testemunhado por todos os presentes.

A mensagem foi recebida por mim diretamente, razão pela qual fiquei quieto e não comentei com ninguém. Uma vez concluída a leitura e a discussão das mensagens, chamei Christine em um canto e comentei a experiência que os extraterrestres estavam preparando. Ela ficou preocupada, pensando que eu seria levado embora e que não retornaria mais, dúvida e preocupação que externou apavorada. Acariciando seus longos cabelos e apertando-a contra meu peito, procurei acalmá-la, explicando que por nada desse, ou dos outros mundos, a deixaria ou permitiria que isso fosse suceder, e que esse contato, em particular, era muito importante, pois me permitiria saber diretamente deles o que esperar daqui para a frente, organizando de melhor forma a nossa vida.

Esse encontro, que bem no íntimo eu desejava como única via de solução para as nossas incertezas, esclareceria definitivamente minhas grandes dúvidas sobre o panorama dos eventos pelos quais o trabalho estava passando, tanto aqui no Brasil como nos outros países. De igual maneira, teria a oportunidade de fazer um balanço de todo o trabalho realizado por mim com os próprios extraterrestres e definir a linha mestra a seguir nos próximos anos. Saberíamos que atitude assumir, o que fazer, como fazer, com quem, quando e qual o objetivo final de todo esse esforço. Meu destino deveria ser traçado nas próximas horas e o futuro de Rama seria reafirmado ou corrigido.

Por volta das 19h45, o grupo composto por Newton César, Nilson, Marcela, Mário Sérgio, Fátima, DDG, Flávio e Gilberto preparava-se psicologicamente para enfrentar essa que seria sua prova derradeira. Christine e Benícia os abraçavam, desejando-lhes sorte e procurando aliviar o nervosismo reinante no ambiente. Finalmente nos dirigimos em silêncio ao interior do bosque em um lugar previamente escolhido, enquanto Benícia e Christine permaneciam no acampamento. Chegando ao local, o grupo se dispôs em círculo iniciando alguns exercícios sob minha orientação, para relaxar e aliviar a tensão. Pouco tempo depois, uma névoa brilhante ficou ao nosso redor, sendo percebida pelo grupo, enquanto um objeto luminoso, uma *kanepa*, corria em nossa volta. Uma forma de energia compacta e nebulosa se formou de um lado e outras *kanepas* luminosas correram até o meio do grupo, lançando um *flash* de luz. Enquanto isso, na beirada do bosque, Benícia e Christine haviam sido levadas para perto por uma enorme e incontida curiosidade, presenciando todos os fenômenos. O grupo estava tomado por uma incrível calma, o que permitiu levar a bom termo todas as provas a que foram submetidos. As experiências haviam finalizado e o grupo estava graduado para difundir a mensagem. Todos alegres e satisfeitos, cumprimentavam-se entre abraços e beijos. Benícia e Christine juntaram-se às felicitações, comentando o que haviam presenciado enquanto o grupo se encontrava no bosque. Eu senti nesse momento uma chamada mental e, automaticamente, me despedi de Christine com um beijo e me dirigi ao ponto combinado.

Todos os presentes acompanhavam passo a passo minha subida pela montanha, achando que me encaminhava para mais uma prática de autocontrole. Somente Christine sabia para onde me dirigia e, preocupada, não conseguiu conter algumas lágrimas. Nesse instante, para surpresa de todos, um enorme resplendor se formava por cima de onde me encontrava. Era uma luz brilhante que tomava conta de toda a montanha, irradiando um fulgor estranho e ao mesmo tempo maravilhoso, que subitamente desapareceu, levando-me com ela.

Imediatamente, um objeto luminoso estacionava bem na vertical do grupo. Eram 21h quando uma nave parava, exatamente no momento em que eu havia me desvanecido, e uma pequena *kanepa* vermelha se deslocava velozmente para fora do bosque em que, segundos atrás, eu ingressara.

Enquanto subia pela montanha chegando ao "ringue", uma luz semiesférica formou-se à minha frente. Já conhecia aquilo de outras experiências. Era um portal interdimensional me convidando a entrar. Sem pensar duas vezes, dei um passo adiante.

Atravessando a luz, fui rapidamente transportado ao interior de uma sala circular de aproximadamente 15 metros de diâmetro, totalmente forrada no piso por um tipo de carpete, as paredes lisas e metálicas, bem iluminada de forma indireta. À minha frente estava um ser de mais de 2 metros de altura. Era meu instrutor sideral, GODAR, que me aguardava de pé ao lado esquerdo de uma longa mesa curva, localizada em uma espécie de palco, de onde outros seres similares a ele me observavam. Estava mais uma vez diante do chamado "Conselho de Treinamento". Um grupo de seres destacados para coordenar as ações de treinamento e preparação de seres humanos no programa chamado "Plano Piloto", uma variante experimental do trabalho original aplicada inicialmente no Brasil. Dentre os cinco sentados, somente pude reconhecer efetivamente três, que eram: ONAR, ANDAR e ASTAR. Os outros dois eram desconhecidos para mim.

O lugar era o interior de uma nave extraterrestre, exatamente o mesmo que eu visitara dois anos antes em uma experiência na Serra de Taubaté, em São Paulo. As características da cena eram idênticas. Parecia estar voltando dois anos no tempo, pois a disposição dos seres estava reproduzida exatamente igual, acho inclusive que até a roupa era a mesma.

De qualquer forma, estava muito emocionado pelo reencontro; demorei um pouco para me acalmar e poder ordenar meus pensamentos. GODAR se aproximou de mim e me acenou, solicitando que eu chegasse mais perto da mesa. Ainda trêmulo pela emoção, avancei alguns passos. Respirando fundo e relaxando as batidas do coração, preparei-me para falar.

Nesse instante, ouvi GODAR dizer:

– O momento é bastante difícil para o seu mundo e a tendência é agravar-se ainda mais. Porém, essa situação definitivamente terá de achar uma solução. É provável que esta chegue mais rápido do que se espera, mas seu custo será alto demais. A cada dia que passa, a raça humana complica e agrava suas possibilidades de sobrevivência, obstaculizando a percepção de vias alternativas de melhoria e vindo a se afastar de qualquer oportunidade de uma rápida retomada. Portanto, estamos empenhados em colaborar para levar a Terra a uma condição digna e inteligente de vida, continuando a trabalhar com seres humanos que estejam realmente dispostos a rever sua condição de satisfação e a aprender a viver dignamente como criaturas pensantes e livres, na plenitude do seu potencial e capacidade. Não podemos perder mais tempo com grupos ou pessoas que busquem satisfazer apenas uma curiosidade ou promover-se por meio das experiências. É prioritário identificar aqueles que realmente possam contribuir positiva e construtivamente para o desenvolvimento de estados de consciência mais amplos. Nesses anos com vocês, tivemos condições de observar e acompanhar cada momento dos processos que influenciam as tomadas de decisão, que estimulam a curiosidade e o desenvolvimento, que motivam a coragem e a determinação, que dificultam a compreensão, o entendimento, a amizade, a humildade, a renúncia, que fanatizam, em vez de libertar, que mistificam e dogmatizam, ao contrário de ensinar. Entre milhares, são poucos os aptos, os capazes de se entregar desinteressadamente a um trabalho de ajuda mútua, sem se deixar seduzir pelo poder da informação ou pelo poder da vaidade. É difícil canalizar sua energia em um esforço conjunto de resgate, revisão e questionamento dos erros, desacertos e atropelos que cometeram. São poucos aqueles que estão no limiar do despertar e têm a força de vontade e a determinação necessárias para construir, com as próprias mãos, um mundo melhor e mais digno de ser vivido. Portanto, aproveitaremos esse momento para corrigir certos defeitos dentro do processo e para formalizar nosso direcionamento àqueles que realmente estão dispostos a compreender quem verdadeiramente são, e a caminhar longe na descoberta de uma vida plena, harmônica, consciente e feliz.

Impressionado pelas palavras, embora, em relação à forma de trabalho que já estávamos desenvolvendo isso não significasse nenhuma mudança, continuei a ouvir atentamente o que GODAR me comunicava:

– Em verdade nada mudará, pois os objetivos e as metas estão exatamente como quando iniciamos esse projeto. A única diferença que podemos apontar é que, a partir de agora, seremos mais diretos na forma de agir, não perdendo tempo com pessoas que dissorçam a mensagem e o propósito, pois o tempo está cada vez mais curto. Consideramos que grande parte dos grupos de outros países se encontra em absoluta anarquia e descontrole, em uma total e absurda mistificação, havendo perdido totalmente seus parâmetros de referência. Participavam de uma absoluta ficção, confundindo infantilmente qualquer manifestação, mesmo natural, com um sinal nosso. Em nenhum momento questionaram nossa escassa presença, nossos atrasos ou nossa total ausência, como forma de mostrar suas incoerências. Pois buscavam simplesmente a vivência única de uma experiência para ter o que relatar, sem parar para pensar em seu real significado. A solidão interior e a fome de amor foram mais fortes que a objetividade e o senso comum. Porém, muitos ainda são resgatáveis e outros tantos aguardam por serem redirecionados.

– Quer dizer que para nós tudo continua normal? Que nada foi modificado? Podemos então seguir desenvolvendo novos grupos aqui e fora do Brasil? – perguntei, mais calmo.

– Sim, o Brasil tem sido um projeto à parte que está dando bons resultados, assim como os demais países que partilham desse intercâmbio. Até aqui, havíamos procurado apoiar todos os grupos Rama no mundo, na intenção de manter clara e evidente a existência do contato entre duas sociedades, com o fim de mostrar que o mundo está na iminência de um intercâmbio com sociedades mais avançadas, podendo resultar em um benefício comum. Agora, viremos a apoiar as pessoas que se mantiverem fiéis aos seus propósitos, em sintonia conosco, assim como os grupos que estão trabalhando verdadeiramente unidos, irmanados no compromisso de uma transformação, e não na burocracia ou na busca de poder e prestígio. O projeto Rama estava transformado em um movimento messiânico, pseudo-religioso-cristão, totalmente fora do que verdadeiramente deveria ter sido. É incrível constatar que, mesmo transcorridos mais de 2 mil anos, a mistificação e a deturpação continuam. Já com o desenvolvimento e a implantação do "Projeto Emanuel", observamos o mesmo comportamento e o mesmo desvio. Na tentativa de falar com propriedade, de nada valeu empregar exemplos, analogias e palavras simples que ilustrassem suas intenções. Seus ensinamentos e orientações derivaram em várias religiões, por causa da manipulação ignorante. Consideramos que agora, nessa época, seria mais difícil repetir-se esse fenômeno, mas constatamos que o ser humano mudou pouco. A falta de uma reflexão profunda, de uma análise detalhada e de um questionamento construtivo são as piores falhas do ser humano, pois na maioria dos casos em que busca aplicá-los é com fins destrutivos, para medir forças ou para competir. Se o "Eleito" retornasse agora mesmo, não nos surpreenderia que, em vez de ser crucificado, fosse assassinado por medo, como agitador político, subversivo ou terrorista. É provável que as

Igrejas nascidas dele fossem as primeiras a procurar destruí-lo, por temor de que contestasse a forma como conduzem a doutrina. Assim como, no exemplo desse triste passado, as pessoas procuraram Rama mais como um refúgio para sua solidão, ansiedade e desesperança que para compreender verdadeiramente o que poderíamos lhes oferecer. Só o que conseguiram enxergar foi uma simples oportunidade de dias melhores, de promessas de uma esperança, esquecendo-se de que seriam elas mesmas que teriam de construí-la.

– GODAR, será que o ser humano ainda não se libertou de suas deficiências totalmente, frutos dos processos experimentais e das mutações ocorridas no passado, inclusive pelas interferências genéticas que vocês propiciaram?

– Agora seria a época em que a raça humana deveria ter superado as deficiências que interferiram em sua evolução. Se não todos, pelo menos alguns estariam já a despertar do sonho. Embora a origem ancestral humana seja comum à nossa, as experiências ocorridas no passado e a ação ambiental e química que o planeta arremeteu contra o seu desenvolvimento genético deveriam estar minimizadas. É provável que, irremediavelmente, somente alguns poucos humanos consigam libertar-se das travas do passado e dos obstáculos que o presente está construindo. De qualquer forma, são estes que você deve procurar.

– GODAR, atualmente está havendo um crescente número de contatos extraterrestres em que quase todas as pessoas estão sendo submetidas a experiências e que, conscientemente, de nada se lembram. Por que essa contínua insistência, já não realizaram experiências suficientes com seres humanos?

– Lembre-se de que o ser humano é subproduto de mutações ocorridas ao longo de milhões de anos de evolução de nossas antigas colônias. O meio ambiente, aliado a uma alimentação com uma estrutura bioquímica estranha à sua origem, mudou pouco a pouco sua configuração genética, afetando seu psiquismo e o desenvolvimento do seu cérebro. Isso transformou seu comportamento, sua percepção, sua coordenação e confinou potencialidades fantásticas. Quando a humanidade iniciou seu desenvolvimento cultural, essa demência inatural ou configuração psicótica, produto das mutações, deveria ter sido superada por meio de uma seletividade natural, eliminando os indivíduos mais problemáticos e permitindo que os mais aptos transferissem geneticamente suas qualidades à sua descendência. Porém isso não ocorreu, porque suas guerras requereram um contingente humano mais habilitado e considerado mais capaz. Dessa forma, historicamente, a cultura humana sempre eliminou gradualmente o que havia de melhor, inclusive paranormalmente. Isto é, quando a raça humana começou a melhorar acarretando a aparição das manifestações que vocês chamam de paranormais, a religião se encarregou de destruí-las por considerá-las pactuantes com entidades demoníacas. Dessa forma, o melhor do ser humano sempre é destruído, enquanto o tecnicamente pior se preserva. Os fisicamente menos aptos, os mentalmente deficientes, os geneticamente frágeis são os que progridem sob a proteção do que chamam de civilização. A própria criminalidade e violência crescem à medida que seus responsáveis são protegidos, transferindo geneticamente suas qualidades à descendência. Por isso, estamos realizando um acompanhamento regular do seu desenvolvimento genético para estimar o momento em que suas potencialidades mentais poderão ser detonadas e medir sua periculosidade. Porque, se isso ocorrer sem que os aspectos de comportamento e percepção tenham sido corrigidos, vocês serão uma ameaça para toda e qualquer forma de vida, inteligente ou não. Essa é uma das razões pelas quais estamos tão atentos com relação a vocês.

– Bom, entendo que devemos ser uma dor de cabeça e tanto para todos vocês. Essa instabilidade geral que nos caracteriza pode realmente nos destruir. Mas, por nossa parte, devo entender que só o que vai mudar, de maneira geral, é que as experiências e o contato estarão, especificamente, limitados àqueles que realmente abriram o véu do tempo, àqueles que estão emergindo do casulo após a metamorfose? Àqueles que no seu despertar para a consciência procurem, de forma honesta, construir um mundo melhor de maneira prática? Àqueles que, sem falsidades nem espiritualismos hipócritas ou altruísmos baratos, que escondem uma auto-afirmação egoísta, continuarem persistentes na tarefa de se estruturar em benefício da humanidade e descobrir sua verdadeira identidade?

– Sim.

– Quer dizer então que nem o cinismo de uma falsa modéstia nem protagonismos disfarçados, escondendo-se por trás daqueles que trabalham, valerão? Nem dogmatismos retrógrados nem mistificações que transformam nosso trabalho em uma idéia de religião ou em qualquer espécie de cristianismo extraterrestre, por mais "boa vontade" que tenham, valerão? É isso?

– Sim.

– Querem dizer que devemos concentrar nossos esforços em um processo mais seletivo e identificar os que estão prontos, aguardando?

– Sim. A partir desse momento, apoiaremos tão-somente aqueles que quebraram as barreiras da limitação e procurarem, honestamente, o verdadeiro crescimento interior; aqueles que não se detenham no tempo e os que continuamente mantenham presente que, para evoluir ou progredir, é necessário desenvolver estados de consciência dinâmicos e profundos. A percepção de si mesmo e da relação que se mantém com os demais deve ser clara, sem ofuscamento ou interferências provocados por atitudes impulsivas, por moralismos falsos, disputas de poder ou pela limitação do comodismo. Continuaremos a procurar seres humanos que tenham aberto os olhos da mente, tenham quebrado as correntes da ignorância e do obscurantismo espiritual e que, agora, estejam atentos para perceber o valor da vida, pois, cansados de se perder em devaneios sentimentalóides, serão receptivos a compreender uma realidade existencial mais ampla e plena.

– Que podemos esperar de vocês daqui para a frente? Que estão esperando de nós? – perguntei mais tranqüilo.

– Aquilo que foi, desde o início de tudo, o principal motivo de nossa aproximação. O resgate de uma humanidade construída das cinzas de civilizações vindas de outros mundos, a identificação de uma razão para permitir-lhes crescer, a descoberta de seres que mereçam ter um futuro, a contínua oferta de orientar seu entendimento para a compreensão de que o ser humano não é uma criatura confinada em uma realidade social, espiritual, política, ideológica e econômica rígida nem estanque. Que existe muito a ser descoberto e compreendido para atingir níveis dignos de existência, e que estamos aqui e agora sendo responsáveis, por desejo próprio, por ajudá-los a caminhar pelo Universo. Estamos aqui para dar-lhes a condição de justificar à ordem universal sua existência e continuidade, alertá-los de que, se não reorientarem seu rumo, poderão perder absolutamente tudo. Somos humildes em relação ao que existe por aprender, mas é com amor e respeito que vemos aqueles que desejam elevar-se, reconhecendo que, entre vocês, existem criaturas que estão acordando de um sonho ancestral e clamam, saudosos, por uma oportunidade de viver novamente em plenitude, e é por isso que continuaremos a seu lado. Enquanto sua relação conosco for honesta, pura em seus objetivos, continuaremos a trabalhar em conjunto. Toda a vida desse abrangente Universo foi criada por um motivo, o que ocorre com um afeta, em muitos casos de maneira irremediável, os outros que o cercam. A criatura inteligente é, sem dúvida, a maior responsável pelas transformações positivas ou negativas nesse cenário interplanetário. Somente sabendo desempenhar corretamente seu papel, realizará um maravilhoso trabalho colaborando para a perpetuação e continuidade dos processos naturais de seletividade. Caso contrário, estará permitindo a possibilidade de comprometer a vida já existente e condená-la a um processo de extinção sem retorno, ou provocar algum tipo de destruição em escala universal. Continuaremos com vocês por enquanto, na procura por pessoas que, sendo responsáveis no seu contínuo caminhar pelo mundo, são humildes na aceitação, abertas e receptivas ao conhecimento. Pessoas estas que abrigam em seu interior um amor profundo pelo ideal de uma vida plena, saudável, feliz, livre e produtiva, que vivem na esperança e na oportunidade de construir um futuro melhor e mais humano. Pessoas para as quais todas essas coisas cheguem a ser mais importantes que o seu próprio sacrifício, que o tempo de lazer gasto e comprometido no esforço dessa realização, que as dificuldades enfrentadas pela incompreensão popular, que encarar a solidão e o desrespeito para galgar os primeiros passos na construção de um mundo mais digno de ser vivido; um novo mundo capaz de ter um espaço entre as sociedades humanas e as interplanetárias, reconhecido como um mundo verdadeiramente evoluído e espiritualizado.

As palavras de GODAR tocaram no fundo da minha alma, abalando meus sentimentos e fazendo rolar uma furtiva lágrima. Nada mais precisava ser dito. Tudo estava claro e nada havia mudado. O compromisso crescera em responsabilidade e o trabalho ficara confirmado. O extraterrestre ONAR se levantou olhando para mim e disse:

– Vá em paz. Continuaremos a auxiliar aqueles que saibam dar valor à vida, que cheguem ao ponto em que nem as idéias, nem os ideais, nem os sonhos, nem os erros sejam mais importantes que oferecer, por amor, a oportunidade de compreender o ato da vida. Porém, amar é respeitar o momento de cada criatura em seu eterno caminhar pelas trilhas do desenvolvimento. Nada justifica criticar, julgar ou rotular. A princípio, ninguém é juiz de ninguém. Desde o mais humilde ao mais arrogante, cada um vive seu momento e assim deve ser respeitado. Somente quem ama e respeita a vida mais que a si mesmo encontrará seu lugar ao nosso lado. Amamos tanto a vida que estamos e estaremos sempre ao lado de quem queira compartilhar a oportunidade de transformar esse amor universal em uma realidade ao alcance de todos os seres que desejem construí-la no fundo dos seus corações. Quem põe suas diferenças acima do amor, estará condenado a viver sempre só. O segredo da harmonia, da coerência, do desenvolvimento, da vida, da liberdade e da realização está em saber amar com consciência. Porém, amar também é não ser cúmplice nem conivente com os erros dos outros. A partir do momento em que a liberdade alheia é invadida ou ameaçada, foi dado o direito de resposta. Amar é saber dar quando, como e onde o que é preciso ser dado, e não o que sobra. Muitas entidades interplanetárias se ressentem do que vocês fazem e são, ambicionando utilizá-los como objetos de experimento, e seu mundo como laboratório. A ética universal se verte a serviço das maiorias, quando é uma minoria que obstaculiza ou ameaça o curso natural das coisas. Precisam inverter logo esse quadro, pois, a cada momento, se distanciam mais de merecer a continuidade de sua liberdade. Prossigam com sua tarefa e preservem seu compromisso com a vida.

Profundamente impressionado pelo conteúdo das palavras, olhei para GODAR, que vinha lentamente em minha direção, indicando-me com sua enorme mão o caminho em que uma nova porta interdimensional havia se aberto. Enquanto virava sobre o lugar e dirigia meus primeiros passos, GODAR me dizia suavemente:

– Na próxima vez em que você vier a esse local de práticas, nos encontraremos mais uma vez. Novas orientações são necessárias para a continuidade dos trabalhos. Vá em paz agora, pois você não tem com que se preocupar. Ninguém poderá jamais retirar de vocês o que já foi conquistado, somente vocês mesmos. Continuem firmes em seus propósitos e continuaremos ao seu lado.

Ainda meio atordoado com tudo, caminhei em direção à luz, ingressando em seguida nesse novo portal de energia que havia se aberto atrás de mim. Repentinamente, saí no breu da noite. Tudo estava escuro, não enxergava absolutamente nada à minha frente e estava totalmente desorientado. Não conseguia identificar onde me encontrava. Instintivamente e um tanto assustado, procurei minha lanterna.

Eu ouvia as vozes das pessoas do grupo. Não tinha noção de onde estava e, aos poucos, percebi que não me encontrava na montanha, mas a menos de 7 metros do acampamento e do outro lado do riacho. Havia sido transportado para o outro extremo do lago, a mais de 100 metros do lugar onde ingressara no portal interdimensional. Isso era completamente anormal, já que habitualmente éramos sempre devolvidos ao mesmo lugar da partida. Estava meio tonto e mal conseguia entender o que estava ocorrendo.

De repente, senti um abraço forte e um beijo. Era Christine que, sem poder se conter, derramava algumas lágrimas ao me apertar contra ela. Com a minha chegada, sua alma voltava ao corpo. Todos, como uma avalanche, caíram sobre mim, perguntando de tudo ao mesmo tempo. Newton César pegou rapidamente no meu braço para olhar no mostrador do relógio, constatando uma evidente diferença no registro das horas.

Eles haviam me visto aparecer no meio do nada, repentinamente. Materializara-me no instante em que todos os componentes do grupo estavam olhando em uma mesma direção. Mário Sérgio, que o tempo todo brincava com Christine dizendo que a minha demora implicava ter sido levado a um outro planeta, havia recebido, fortemente, a estranha intuição de pedir ao grupo para mudar de lugar. Ao seu comando, todos os componentes do grupo passaram para o outro lado do acampamento, ficando exatamente de frente para o lugar onde eu seria materializado, com apenas alguns segundos de diferença.

No momento em que todos foram ao meu encontro, eu não sabia o que estava ocorrendo, tudo havia acontecido rápido demais para entender. Segundo o grupo, eu havia me ausentado por pouco mais de 35 minutos, um período extenso, de acordo com meus hábitos nas práticas de autocontrole, mas meu relógio marcava uma hora e meia a mais.

As pessoas estavam embasbacadas, não podiam crer no que haviam presenciado. Uma pessoa havia sido materializada do nada à sua frente, aparecendo repentinamente. O mais curioso de tudo foi que Mário Sérgio, como se tivesse sido combinado, havia sentido a necessidade de, poucos segundos antes da minha aparição, levar o grupo exatamente em frente ao lugar em que eu surgi, dando a todos a oportunidade de presenciar perfeitamente a materialização, sem qualquer erro. A não ser assim, o grupo estaria do outro lado das barracas, não tendo nenhuma condição de observação. E, para tornar a coisa ainda mais louca, meu relógio acusava uma hora e meia a mais, vivida provavelmente em uma outra realidade de espaço-tempo. Havia sido uma noite incrível.

Mais uma vez, os extraterrestres haviam nos proporcionado uma grande experiência. A convicção de que o contato é real, existe e está ali para garantir nosso desenvolvimento e mostrar que, se outras humanidades conseguiram transcender suas dificuldades, nós também podemos. Precisamos simplesmente acreditar que isto é realmente possível e que somos capazes de consegui-lo. Se não todos, pelo menos aqueles que se proponham a realizá-lo.

Naquela noite, quase não pudemos dormir. Estávamos eufóricos e contentes. Rama é realmente algo muito especial para todos nós, pois está no coração dos que sonham e trabalham para construir o dia em que esse planeta será o lar de seres dignos e humanos, em que a violência será uma triste lenda de um passado distante, em que a fome e a miséria serão fantasmas exorcizados, em que a luz de corações puros e espiritualizados guiará os passos das gerações futuras.

Um longo caminho nos aguardava pela frente, tanto para voltar a São Paulo como para ser realizado no mundo. Todos aos poucos se retiravam para dormir, entre brincadeiras e risadas alegres. Somente permanecia o som apagado dos comentários do sucedido no interior das poucas barracas que permaneciam acesas. Ainda fora da nossa barraca, eu contemplava o acampamento deserto e na penumbra. A noite estrelada e o silêncio ao meu redor convidavam para uma longa meditação. Aproximei-me da fogueira, quase extinta, e milhares de pensamentos percorriam minha mente enquanto meus olhos fitavam as estrelas e minhas mãos acariciavam o rosto quase adormecido de Christine. No aprofundar da meditação, meus pensamentos se distanciavam aceleradamente do acampamento.

"Qual será o destino dessas pessoas?", perguntava-me. "Daqui a um ano, onde elas estarão e fazendo o quê?"

Algumas estrelas cadentes quebraram minha concentração e, enquanto ajeitava e cobria o corpo adormecido da doce Christine, minha mente começava a fazer um mergulho no véu do tempo, relembrando tantos e incontáveis momentos e pessoas. Quantas experiências e palavras ditas, e agora, todo um futuro que me aguardava. Novos rumos, novos horizontes.

Toda uma história para contar, toda uma aventura que jamais teve igual. Uma vivência que mais parece uma lenda, situações que mais parecem a epopéia de uma raça, contos que lembram mais um instante no caminhar da evolução.

Não sou mais que todos, não sou mais que ninguém. Apenas alguém que adentrou na vida buscando as respostas que o tempo e o homem desprezaram. Sou você, que lê essas linhas, no tempo, no futuro, no seu futuro.

Capítulo II

Meditando

Parece-me um tanto tolo que, nos bilhões de anos da existência do Universo, a presença do ser humano na superfície desse modesto planeta esteja resumida, segundo a antropologia, a pouco mais de 2 milhões de anos, sendo que iniciou sua sedentariedade entre 20 mil e 8 mil anos, e sua civilização há pouco mais de 5 mil anos, apenas.

Durante esse período, a necessidade de sobreviver sempre foi o móvel de suas atividades. Lutando contra o meio, vencendo por intermédio da criatividade, impondo-se violentamente ou destruindo aquilo que interferisse nos seus objetivos, o ser humano conquistou seu espaço para se firmar e ficar a qualquer custo. Porém, ao que tudo indica, a obsessão pela luta parece não haver cedido, e o pior é que não é uma luta sadia, bem pelo contrário, é uma luta tão cruenta como aquelas travadas nos primórdios dos tempos, em que vencer era questão de vida ou morte, não importando as conseqüências. As armas se sofisticaram, o cenário mudou, as vestes foram trocadas e o único que em absoluto não teve alteração foi esse curioso espécime chamado de *Homo sapiens*.

Nesses longos 2 milhões de anos, até o nosso momento, a vontade compulsiva de sobreviver continua tão enraizada e atual como sempre. Claro que se não fosse assim dificilmente estaríamos aqui agora. Mas talvez essa vontade de sobrevivência seja até mais selvagem e violenta hoje do que no passado, provavelmente em vista da pressão exercida continuamente pelos conflitos sociais e pela insegurança que o sistema inflige. As antigas esperanças espirituais que amenizavam seu sofrimento fogem diante do avanço tecnológico e do crescimento de uma sociedade materialista, obrigando-o a reformular aceleradamente os argumentos e as justificativas de suas crenças, para manter viva, a qualquer custo, a razão de um por que sofrer; um paliativo triste para alienar-se e garantir a motivação de viver, pelo menos, mais um dia. Essa situação põe o homem em xeque com uma medonha e sombria realidade. Passa a viver cada vez mais angustiado e pessimista ao contemplar um mundo no qual o comprometimento do espaço físico e da moradia são a cada momento mais críticos, nascendo nada menos do que uma média de 150 novos indivíduos por minuto. Um mundo em que as fontes de alimento diminuem, o solo empobrece em uma destruição de 26 bilhões de toneladas de sua camada superior a cada ano, dando espaço a 6 milhões de hectares de novos desertos.

E, para piorar o quadro, a água contamina-se diariamente diante de nosso impávido olhar e sua falta se faz presente dia após dia. Pode parecer ridículo, mas, na Antiguidade, as necessidades de um indivíduo qualquer não passavam de uma média inferior a 5 litros de água por dia. Obviamente, sua higiene naqueles tempos era precária. Atualmente, apenas para a higiene pessoal e doméstica é necessária, diariamente, uma quantidade dez vezes superior por habitante. Embora isso ainda pareça pouco, existem alguns casos de núcleos urbanos em que são gastos o absurdo de 500 litros diários de água por pessoa.

A quantidade de água potável estimada no planeta está em torno de 7 a 8 milhões de quilômetros cúbicos, sendo reposta unicamente pelas chuvas. Porém, a crescente poluição diminui diariamente a qualidade da água pluvial.

Pode parecer que, pelos números, não haja muito motivo de preocupação imediata, mas, se pensarmos em uma grande cidade com aproximadamente 14 milhões de habitantes como São Paulo, com suas fábricas, parques e jardins, a situação será bem diferente. De 13 a 14 milhões de litros de líquidos orgânicos serão expulsos pelos 14 milhões de bexigas que não param, enviados diariamente ao mar. Além de 7 milhões de quilos de excrementos que chegarão ao mesmo destino todo dia. E, para completar, teremos uns 7 milhões de litros de água suja que arrastará tudo isso para o mar ou para um rio. E isso será todos os dias, ininterruptamente, ano após ano. Pensemos em quanto já foi jogado nos rios e nos mares até o dia de hoje em todo o mundo!

Uma dramática investigação realizada no Mediterrâneo pelo eminente oceanógrafo francês Jacques-Yves Cousteau permitiu a incrível confirmação de que suas águas estariam mortalmente contaminadas. E que, caso sua contínua poluição seja interrompida de imediato, serão necessários, mesmo assim, no mínimo dois séculos para que suas águas sejam regeneradas por completo.

O desmatamento então, nem deveríamos sequer parar para pensar, pois progride à razão de 11 milhões de hectares de florestas tropicais anualmente, refletindo uma economia predatória que, apesar da preocupação dos ecologistas, se mantém ativa e constante.

Esses números aterradores e pessimistas, presentes no estudo anual do Fundo de Populações da Organização das Nações Unidas, demonstram que algo tem de ser feito, e de imediato, pois mostra que, ao ritmo de 150 crianças por minuto, nascem o absurdo de 220 mil pessoas por dia. Mantida a média de aumento, nos próximos 13 anos a população da Terra será acrescida em pelo menos 1 bilhão de indivíduos, que, em 1850, era a população total do planeta. Ou seja, a humanidade levará apenas 13 anos para gerar o equivalente à população que levou mais de 80 mil anos para se formar. Que podemos esperar para os 13 anos seguintes, então? O que acontecerá com o mundo?

Esse crescimento acelerado, desordenado, que dará ao planeta no ano 2000 uma população de 6 bilhões de habitantes, ocorrerá basicamente nas regiões mais pobres do mundo (América Latina, sul da Ásia e África). Nesse ano, 11 das 13 maiores megalópoles da Terra estarão no chamado "Terceiro Mundo". E, segundo os estudos realizados pela ONU, o Brasil terá o triste recorde de contar com duas dessas enormes concentrações de miséria. Uma será São Paulo, com 24 milhões de habitantes, sendo a segunda maior cidade do mundo (perdendo apenas para a Cidade do México, com 25,8 milhões). A segunda será a maravilhosa cidade do Rio de Janeiro, que não continuará tão maravilhosa com seus 13,3 milhões de habitantes, classificada no *ranking* como a décima maior cidade do mundo. Independentemente desse exercício futurista, 49% da população brasileira já vive abaixo da linha de pobreza, de acordo com os índices estabelecidos pela ONU, 39% abaixo da linha de indigência, 20% são analfabetos, 9% detêm 40% da renda total do país, sendo que a miséria cresce em uma taxa de 4% ao ano.

A tudo isso, podemos somar a recrudescente falta de oportunidade de colocação no contexto trabalhista e, bem a contragosto, só nos resta aceitar passivamente que a cada dia ficará mais difícil. Das possibilidades de ensino e formação, não há como esperar menos. Em vista da situação social e econômica, as condições de uma vaga ou espaço nas escolas públicas e faculdades estaduais são a cada ano mais disputadas, e, nas particulares, mais seletivas pelos seus custos. Como conclusão final dessas maravilhosas e promissoras perspectivas, não podemos esperar que a criatura humana, que luta e sofre nesse cenário, permaneça indiferente e seja passiva, pelo menos seria normal haver alguma reação a favor de uma reforma, a não ser que, de alguma maneira, exista um condicionador oculto que a submeta a essa condição e a obrigue a ser cada vez mais confusa. Será que o homem é uma criatura que existe dentro de uma normalidade real dentro do processo universal? Ou seu pecado adâmico foi ser um engenho inatural parido à margem das leis cósmicas? Na descoberta de nossa identidade está a resposta.

Que mundo assustador e que futuro desmotivante para uma criatura que parecia ser uma obra divina, orientada para ser capaz de lavrar sua felicidade. Teoricamente, deveríamos evoluir para achar o caminho certo a trilhar em direção a uma realização. Pelo menos, isso seria o coerente, o racional e o mais óbvio, mas parece que o homem está cada vez mais longe de acertar e mais distante de querer ser salvo de si mesmo, porque, em vez de achar soluções, procura desculpar seu sacrifício e torná-lo um mal necessário. Quanta complicação e que dificuldade para perceber o que é óbvio. Quanta teimosia e intransigência para deixar-se guiar. Quantas experiências fracassadas e quantas tentativas inibidas pelo medo. Até quando o ser humano terá pena de si mesmo?

Quando desvendo o tempo para trás, procurando lembranças nas regiões abissais de minha mente, parece absurdo perceber que se passaram quase duas décadas desde que tudo isso começou e mexeu comigo. Vejo, entre pensamentos, passarem os rostos de tantas pessoas que conheci: boas, difíceis, céticas, sérias, alegres, simpáticas, divertidas, teimosas e desconfiadas, que mesmo assim aprendi a amar. E penso nos tantos outros que ainda conhecerei.

Caminho mentalmente pela rua entre imagens do dia-a-dia, e observo gente que anda de um lado para o outro. Procuro imaginar que ímpeto os move, o valor que suas vidas representam, seu passado e seu futuro. Procuro ler em seus rostos que força interior os preenche e que destino os trouxe ao meu mundo. E enxergo claramente que o tempo é um inimigo comum severo e frio na vida do homem. A vida transcorre à frente de todos em um terrível e rápido abrir e fechar de olhos. Quando acordamos, podemos ver tristemente que a juventude passou, que agora não há mais oportunidades e que os erros cometidos no passado permanecerão como uma marca indelével.

Não temos os artifícios para retornar ao momento dos fracassos ou das situações que agora saberíamos enfrentar. Não há sequer perdão para as escolhas desafortunadas que fizemos nem clemência para a dor do perdido.

Somente nos resta lamentar os ensejos que deixamos passar, as pessoas maravilhosas a quem não soubemos corresponder, as que nos esqueceram e que fugiram sem jamais retornar, aquelas iniciativas que nunca tomamos e a coragem que um dia faltou.

Porém, até que ponto somos realmente responsáveis ou culpáveis pelos infortúnios da vida? Afinal, ninguém nos ensinou nem mostrou como verdadeiramente é viver! Muito menos nos assinalaram claramente o caminho a percorrer nesse labirinto de idéias e que objetivo segue a vida. Qual sua direção? Como caminhar para não sofrer? Por que devemos viver? E para onde ir? Qual nosso destino? Somente resignação e conformismo deve ser nossa sina? Somente o espiritual, nossa motivação?

Nascer neste pequeno mundo apresenta-se como uma incrível e terrorífica aventura, já que nossos mestres são tão ingênuos, primários e ignorantes quanto somos nós, pois eles também estão aprendendo a viver no contínuo e na inércia de seus próprios movimentos. As várias experiências de suas vidas somente podem mostrar um pálido reflexo, uma tênue indicação do que podemos aguardar, enfim, as oportunidades ocorrerão de maneira diferente para cada um. Inclusive, é impossível que duas pessoas, passando pela mesma situação simultaneamente, tenham a mesma impressão e a mesma reação. Cada ser humano foi modelado e desenvolvido em ambientes próprios, desde sua gestação até o seu contato com as mais diversas circunstâncias, eventos e impactos. Dessa forma, estará adquirindo dados e elementos para a estruturação de uma linguagem particular e própria, que decodificará, interpretará e avaliará, daqui para a frente, toda e qualquer nova experiência. A vida terá tantas facetas e pontos de vista quantas forem as pessoas que temos no mundo.

O incômodo de tudo isso é que ninguém nos perguntou em algum momento se desejávamos vir para esse mundo e nem sequer nos consultaram para saber se gostaríamos de enfrentá-lo. Mas, de qualquer maneira, seja qual for a razão cósmica que determina essa condição, viemos parar aqui. E agora, a situação é "cada um por si".

Infelizmente, a realidade é bem isso que mostrei. Fria e inflexivelmente, o prazer e a dor, a sorte e o azar, a vida e a morte fazem parte de um processo contínuo dentro do cenário universal, lembrando às vezes uma roleta ou uma loteria em que a qualquer momento alguma destas pode nos tocar, para bem ou para mal. Paradoxalmente, nascemos para morrer no Universo concreto, e a vida em si mesma parece existir como uma tola agonia, em que inexoravelmente o fim chegará até nós, porque, em tudo o que existe ao nosso redor, essa é a única certeza que possuímos. E quando chegar, quando esse parcial fim nos alcançar, será que estaremos preparados para encerrar a vida, esse ciclo vital, parte de uma realidade concreta? Ou essa vida foi gasta em vão?

No geral, dura, rígida e insensível, a vida nos castiga ou recompensa seguindo uma estranha e complicada lógica. Analogamente a quando enfrentamos um jogo, o desconhecimento total ou o conhecimento parcial das regras nos põe em uma situação complicada e difícil. Somente depois de alguns jogos perdidos ou ganhos pela sorte, e de haver apanhado um bocado é que, mais ou menos, conseguiremos nos defender conscientemente e, quem sabe, não venhamos mais a perder ou, se isso acontecer, que seja pelo menos por pouco.

Ao longo da vida, quem poderia dizer sinceramente se no balanço final, real e honestamente ponderado, ganhou ou perdeu? Quem poderia dizer se venceu o enigmático, misterioso e fantástico jogo da vida? Que tipo de "sucesso" caracterizará o vencedor? O que nos diz verdadeiramente que esse jogo foi ganho? E, talvez o mais complicado de tudo, o que é realmente o jogo da vida?

Parece-me que essas perguntas são um tanto difíceis de responder. Se questionada, cada pessoa pode dar uma resposta diferente, já que "sucesso" ou "vencer na vida" podem ter uma conotação particular para cada ser humano.

Não é de espantar que esse conceito se preste a confusões e que tenha um significado variado para cada criatura em particular. Embora uma imensa maioria associe a idéia de sucesso com a aquisição de bens e fortunas materiais, com uma destacada posição social cujo *status* a distinga, e com a obtenção de prestígio ou reconhecimento intelectual, a síntese conceitual da minoria estará vinculada de maneira semelhante aos mesmos princípios de segurança e conforto, porém talvez de uma forma menos obsessiva.

Todos sonhamos, em algum momento, e desejamos poder realizar algum dia nossos ideais. Ter uma bela casa, um bom carro do ano, uma total estabilidade financeira, viajar à vontade, não depender do trabalho para viver, a companhia ideal do sexo oposto para satisfazer-nos e, se tudo der certo, talvez uma família.

Bem, acredito que uma grande maioria concorde comigo nessa modesta avaliação. É provável que alguns acrescentem alguns detalhes, mas no geral é bem isso. Afinal, nosso ideal de viver bem é ter poder, riqueza e estar por cima de tudo e de todos.

Acho que não posso estar errado em pensar que esses ideais são produto de toda uma megaestrutura ou sistema que não somente alimenta a ilusão de conseguir tudo isso, mas retroalimenta seu funcionamento com a manutenção dessa crença, reforçando continuamente a adesão de novos participantes e estimulando a permanência dos anteriores e dos novos dentro dele como única via de sobrevivência. É como se as pessoas fossem programadas, geração após geração, para perpetrar as mesmas escolhas, manter os mesmos hábitos e buscar os mesmos objetivos de vida, com a única diferença de que os adereços são trocados para garantir o movimento e a renovação fictícia das vantagens. É como comprar o carro do ano. O que ele tem de fundamentalmente melhor e realmente diferente do carro do ano anterior? Em si, nada. Provavelmente os opcionais, um pouco de potência a mais e alguma outra decoração que o diferencie esteticamente, mas na realidade é o mesmo carro. A função que objetivou sua fabricação continua a ser satisfeita plenamente: transportar. Assim como adquirir um carro zero é símbolo de *status* e sinônimo de poder pela condição de consumismo que representa, não importando se continua a ser o mesmo veículo maquiado, o ser humano é impelido a ter cada vez mais e garantir-se continuamente, sem importar se o que possui já é suficiente. Em um sistema competitivo e divisionista, estar satisfeito é perigoso, pois será confundido com estagnação, ignorância, conformismo e falta de ambição na vida. Dessa forma, o sistema estimula o consumo como desculpa para a satisfação, sugerindo limites míticos, promovendo porém paralelamente a insegurança da continuidade do adquirido, seja por meio do furto, da perda, da desvalorização ou de uma má aplicação. Esse pavor terrorífico da incerteza, cultivado subliminar e diretamente pelos meios de comunicação, pelos arquétipos idealizados do vencedor e do derrotado, pelos mitos do rico proeminente e do pobre miserável, sem espaço nem futuro, faz parte ativa e fundamental da máquina motivadora e motora dos pensamentos e projeções de vida.

Basta lembrar um pouco do violento dia-a-dia que nos acomete para perceber como a situação nos leva à luta e à competição. A procura obsessiva de tranqüilidade e conforto econômico, de uma atividade remunerada firme ou de uma renda permanente sintetizam o universo das ambições humanas e refletem a pobreza interior que mina a integridade do homem.

É só fazer um simples retrospecto de nossa própria vida, passo a passo, para perceber as contradições que afetam os desígnios de homens e mulheres, seja qual for sua condição social, cultural ou doutrinária. Nem as idades fazem qualquer diferença.

A vida que levamos oferece exemplos diários das cobranças de comportamentos acordes às necessidades do sistema, em que representar é fato corriqueiro. Todos somos fantásticos atores na novela da vida, e os que não forem, serão sumariamente marginalizados e destruídos.

É fácil analisar essa afirmação. Exemplos não faltam para ilustrar essas palavras. Basta nos lembrarmos por um instante das pressões sofridas durante a nossa adolescência, quando, por volta dos 17 ou 19 anos, começaram as cobranças sobre o nosso futuro profissional. Não faltaram pessoas que perguntaram qual a profissão que pretendíamos seguir ou qual a faculdade que íamos cursar. Os palpites então devem ter sido inúmeros e, se tivéssemos deixado, poderiam ter sido muitos mais. Se usávamos roupas diferenciadas, fora de qualquer moda, não fumávamos, não bebíamos, não participávamos de badernas, não significava que tínhamos caráter: simplesmente, para a sociedade jovem, não sabíamos o que era bom e estávamos por fora. Em outras palavras, éramos esquisitos. Se estávamos trabalhando para manter nossos estudos, éramos jovens responsáveis, porém pobres. Se não trabalhávamos, teríamos de ser de excelente família e bem resguardados economicamente para estudar. Se pobres e surpreendidos em uma festa, éramos farristas e irresponsáveis. Se bêbados e arruaceiros, porém com dinheiro, estávamos simplesmente em um momento de sadia descontração. Se andávamos de ônibus, nosso futuro seria forjado a ferro e fogo, se já tínhamos carro, e ainda do ano, nosso futuro seria fácil e promissor, pois nossa família estava maravilhosamente posicionada, nos proporcionando o melhor amparo. Inclusive legal, para qualquer encrenca.

Para as meninas então a coisa é bem diferente, para não dizer diametralmente oposta. Estando na faixa dos 17 anos, as perguntas serão sobre namorados, se namora firme, que faculdade pretende seguir (embora todo o mundo saiba que é bem provável que nunca pratique e, se o fizer, não será por muito tempo). E, chegando por volta dos 25 anos, as perguntas visarão diretamente ao casamento. Se casada, perguntarão sobre o filho; tendo vindo, será sobre o segundo. Se trabalha como secretária, precisará ter um bom jogo de cintura para fugir das cantadas dos colegas e principalmente dos chefes e manter, ao mesmo tempo, o emprego. Se rica, será difícil encontrar um homem que realmente a deseje por ser simplesmente o que é. Se empresária, então, será difícil que consiga achar homens que não lhe tenham medo.

Se for um tanto conservadora, bem familiar, ótima dona-de-casa, "prendada" e prestimosa, estará se transformando em fantástica e brilhante candidata a esposa ideal e, consecutivamente, mãe de alguns filhos. Totalmente voltada para o lar e sem o mínimo tempo para desenvolver-se, intelectual e culturalmente, seu universo se verá resumido às quatro paredes que a cercarão pelo resto dos seus dias. E, cumprindo com o protocolo usual, ficará sempre em casa "bonitinha", desempenhando suas tarefas diariamente para alegria e orgulho do seu marido.

Caso seja solteira, tenha mais de 27 anos, uma profissão estável, morando só ou com a família e muito satisfeita por não ter um compromisso definido, o conceito popular dirá que alguma coisa vai mal ou está errada. Para início de conversa, vão dizer que "ficou para titia", ou vão até mesmo duvidar de suas preferências sexuais, alegando que não são normais, que é algum tipo de enrustida ou até uma neurótica.

Se por acaso for muito liberal, os adjetivos qualificativos virão voando e com uma profusão assustadora, ao mesmo tempo que passa a ser considerada, pelo grande público masculino, como uma excelente possibilidade de aventura.

No trabalho, em uma atividade profissional na qual, historicamente, o homem era dono e senhor desses horizontes, a prova será desafiante do início ao fim. Uma batalha a seguirá por toda a vida, tendo de demonstrar que é tão boa – senão melhor – quanto qualquer homem para merecer, pelo menos, um espaço de respeito. Mas nem pensar em chegar ao topo, esse lugar jamais poderá lhe pertencer, salvo raríssimas exceções.

Lembro de uma frase popular interessante a respeito de tudo isso: "As meninas boas vão para o céu, e as meninas más, para qualquer lugar". Isso reflete bem o que representa ser uma mulher livre e independente, com as mesmas regalias e liberdades que um homem. A idéia de uma jovem com os mesmos direitos de um homem ou rapaz da sua idade a coloca em uma condição de imprópria, impura e vulgar, pois assustará seus parceiros, já que estes se sentirão competindo, comparados e exigidos a demonstrar uma performance superior.

De uma sociedade machista, em que dizer "homem" é sinônimo de humanidade e na qual se fala em Deus atribuindo-lhe o sexo masculino (já que é bom lembrar que Deus é pai e em nenhum momento alguém disse que fosse mãe), não podemos esperar menos, pois até o primeiro conceito de mulher é o de traidora, sedutora, ingênua, irresponsável e gananciosa, imortalizado na imagem da Eva bíblica. A mulher, segundo o apóstolo São Paulo, foi feita por Deus com a única intenção de servir ao homem, tendo em vista que esse fora criado para servir a Deus. A mulher não possuía, nem possui, segundo ele, o "nível" necessário diante de Deus. Ela fora feita do homem e, conseqüentemente, dependente dele, como consta no texto: "[...] Quanto ao homem, não deve cobrir a cabeça, porque é a imagem e a glória de Deus; mas a mulher é a glória do homem. Pois o homem não foi tirado da mulher, mas a mulher, do homem. E o homem não foi criado para a mulher, mas a mulher, para o homem" (1 Coríntios 11:7-9).

Mas hoje, infelizmente, até elas caíram na armadilha. A própria mulher busca imitar freneticamente o homem na tentativa de afirmar sua personalidade e definir seu próprio espaço. Em uma luta, na maioria das vezes, cruel, fria, exagerada e desesperada, afetando sua beleza física e interior, comprometendo radicalmente sua delicada feminilidade, sensualidade e sensibilidade naturais.

Pensando melhor, caberia perguntar: qual seria o verdadeiro papel ou comportamento para ambos os sexos? Qual o modelo que a humanidade precisaria obedecer para ser acorde com a real natureza do ser inteligente e humano?

    Mesmo em uma sociedade masculina, o homem também não foge a suas obrigações para com o sistema. Sendo um jovem por volta dos 25 anos, deve estar formado e provavelmente procurando cursos de extensão, ambicionando um cargo de chefia e quem sabe uma gerência. Se na porta de casa está estacionado um carro do ano e é seu, bom, parabéns, está a caminho de ser mais um dos 30% de jovens bem-sucedidos, mas ainda falta saber se começou a pagar as prestações de um "apertamento", se possui algumas aplicações em ações ou em fundos de renda.

    Se as respostas forem afirmativas, um terço das preocupadas mamães de grande parte das meninas do nosso Brasil deve estar no seu encalço, pois eis um partido e tanto. Mas as outras 60% devem andar na pegada daqueles pouquíssimos que têm tudo sem pagar, graças à família, e ainda ganham sem suar. Sendo que, além de haver freqüentado várias faculdades e ter feito cursos complementares nos melhores lugares, possuem o tempo necessário para ponderar se trabalharão com os parentes ou abrirão suas próprias empresas.

    Já no caso de ser um funcionário sem maior expressividade, um assistente talvez, que anda de ônibus porque o salário não lhe permite a aquisição de um veículo, ou que tenha economizado o bastante para obter um "calhambeque" um tanto fora do ano, mas que anda como uma grande orquestra, proporcionando um dispendioso "concerto" em cada esquina; morando em casa de parentes ou com grande dificuldade de aluguel, que suga irremediavelmente o modesto salário; que não consegue tempo para estudar, pois precisa trabalhar horas extra; então, como diriam vulgarmente, não tem tempo para ser bem-sucedido e está condenado a ser um "joão-ninguém".

    Parece absurda essa reflexão, mas tudo isso faz parte da realidade diária de muitos seres humanos. E é mais absurdo ainda ver que, no subconsciente das pessoas, naquela região arquetípica, existe uma receita ou dica, repetida na tão famosa sabedoria popular, dizendo que, para vencer finalmente na vida, são necessárias duas condições: ou nascemos em bom berço (de preferência de ouro) ou teremos de lutar feito loucos, ser bastante vivos, dinâmicos, ágeis, "espertos", um tanto malandros e, principalmente, não ter nenhum escrúpulo. É claro que as receitas tradicionais não acabariam por aqui. Dar o famoso "golpe do baú", ganhar na "Loteria", na "Loteca", na "Loto", na "Sena", etc., também fariam parte, mas com probabilidades ligeiramente mais remotas de se realizarem.

    Socialmente, todo e qualquer indivíduo, aqui ou em qualquer parte do mundo, está indiscutivelmente obrigado a cumprir papéis determinados pela cultura local, os quais deverá representar gostando ou não, para vir a se integrar no contexto institucional humano. Pois só assim terá a oportunidade de sobreviver.

Em uma sociedade altamente competitiva como a nossa, cada integrante é um concorrente, homem ou mulher. Um inimigo, que pode tomar seu lugar a qualquer momento e ponto que procure. Uma simples distração, um leve despreparo, uma estratégia mal elaborada, uma palavra mal dita e pronto, deixou passar uma boa oportunidade de emprego, uma apetitosa oferta de compra, venda ou, até, a pessoa que paquerava ou com a qual dividia sua vida.

Nessa condição, a relação homem-mulher é, a princípio, difícil, pois a síndrome da competição se interpõe. É quase impossível desvincular-se dos arquétipos, dos padrões comportamentais ou dos condicionamentos que demarcam as características típicas de uma relação, a não ser que a busca de uma felicidade conjunta seja efetuada à margem das convenções sociais e culturais. Para poder amar e ser feliz, desempenhar papéis e condutas acordes a um progresso qualitativo, uma revolução deverá ocorrer no interior tanto do homem como da mulher. A percepção mútua deverá varar as barreiras ideológicas, as limitações do sexo, as mesquinharias da tradição e as convenções institucionalizadas para permitir atingir o gozo pleno de uma relação sadia. Uma relação deve ser uma descoberta de conteúdo, uma oportunidade de desenvolvimento e satisfação realizada em parceria, e jamais uma experiência de sorte.

Na arena da vida social, em que todos somos gladiadores lutando pela promessa de uma fictícia liberdade, são muitas e diversas as armas que existem à disposição. Nesse cenário de infinitos atores para um palco cada vez menor, é fácil ser destruído moral e socialmente, para eliminar qualquer concorrência. Basta ser rotulado. Como pensa, como se veste, como caminha, como usa o cabelo, que lugares freqüenta, onde e o que estuda, onde e se trabalha, sua educação, seus modos, o que fala, como fala e até o que come, são elementos mais que suficientes para julgá-lo responsável, interessante, simpático, inteligente, ambicioso, bom, promissor, com bom ou mau futuro, enfim, para dar-lhe um lugar no jogo da vida e indicá-lo como uma interessante ou inconveniente relação em potencial, da qual, obviamente, poderá ser obtido ou não algum tipo de benefício.

Será que a vida se resume em existir em um constante e assustador digladiar humano? A representar, assumindo máscaras que disfarcem as verdadeiras aspirações? Ocultar os reais sentimentos para achar um espaço no mundo? Mentir continuamente ao mundo e a si mesmos na tentativa de um conformismo, tratando de amenizar a frustração, a repressão, a insatisfação e a insegurança?

Como cada pessoa vê, enxerga a vida? Como um ser tão inteligente pode haver criado uma armadilha de tal poder? Na qual, preso e limitado, se agita interiormente com um sentimento de angústia que o corrói? Onde erramos?

Quando uma pessoa faz uma viagem a algum lugar exótico ou especial, e somente vai uma única vez, dificilmente poderá dizer com propriedade se aproveitou totalmente, ou que não perdeu nenhuma oportunidade na visita. Suas impressões serão relativas, pois, se chegou com mau tempo, as paisagens terão oferecido um impacto totalmente diferente daquele que seria com um esplêndido e maravilhoso sol e céu aberto. Se as acomodações e o atendimento foram impróprios, se as visitas foram realizadas a todos os lugares interessantes ou se o *tour* foi superficial, obviamente nunca se saberá com certeza, já que o resultado da vivência e da experiência será muito duvidoso quanto a um verdadeiro aproveitamento e ao conceito formado decorrente das oportunidades.

Lembro de um caso em que me vi em uma situação semelhante. Na primeira vez que fui à maravilhosa ilha de Fernando de Noronha, a 350 quilômetros de Natal, no interior do Atlântico, passei por uma fantástica experiência de vida.

Como marinheiro de primeira viagem, desconhecia totalmente a geografia da ilha, seus atributos e principalmente os lugares que deveria ou poderia visitar. Como mergulhador amador, estava por demais entusiasmado em cair nas verdes águas do litoral e participar de uma aventura submarina sem igual. Como gaiato no navio, fui obrigado a obedecer rigidamente às orientações dos guias e às seqüências estabelecidas dos passeios, realizando as visitas às praias e lugares conforme éramos levados.

Entre algumas consultas, perguntas e curiosidades, fiz grande amizade com os guias, assim como com alguns ilhéus. Amizade esta que me garantiu conhecer lugares que não somente estavam fora do roteiro, como não faziam parte de qualquer promoção. E, graças a isso, vir a tomar consciência de que, dependendo da maré, alguns locais poderiam estar impróprios para o mergulho e comprometidos na sua beleza.

Ao todo, viajei três vezes para esse paraíso perdido no oceano e pelo qual fiquei profundamente apaixonado. Vim a conhecer a época certa para visitá-lo e explorar ao máximo seus recursos, identificando, em vários casos, a hora das mudanças de maré que, de forma radical, alteravam totalmente o impacto da paisagem e a possibilidade de um mergulho espetacular.

Um dia, conversando com um grupo de amigos em São Paulo, comentei sobre uma de minhas inesquecíveis viagens a Noronha, no que fui interrompido pelo comentário de um deles. Ele chegara a viajar para a ilha durante as férias, sendo que na sua estada o clima estava horrível, somente chovia, ventava e o tempo todo o mar estava agitado, transformando seu primeiro contato com meu maravilhoso paraíso em um medonho e entediante inferno.

Da mesma forma como meu amigo se frustrou em seu encontro com meu paraíso, milhares de pessoas no mundo se frustram constantemente em seu encontro com a vida, o que se torna algo muito sério, tendo em vista que a estão enfrentando pela primeira, única e última vez. É, porque todos estamos aqui e agora, enfrentando a vida pela primeiríssima vez, pelo menos de maneira consciente. Mesmo que exista a reencarnação, ou que se acredite nela, a passagem pela vida concreta somente tem a consciência desse presente. Se alguém se lembrasse, perfeitamente, de alguma vida anterior, com detalhes e tudo mais, estaria se proporcionando uma grande dor de cabeça. Porque, se uma criatura qualquer vier a lembrar consciente e claramente das experiências anteriores, isto é, dor, sofrimento, alegrias, perdas, opções e escolhas que se realizaram como resultado de uma aprendizagem no transcurso daquela vida em particular, a atual e presente de nada servirá e em nada será válida. Estará totalmente interferida pela bagagem anterior, não tendo qualquer sentido para ser vivida, já que, como oportunidade de desenvolvimento, não oferecerá qualquer resultado. Assim, cada existência, cada vida concreta é e terá de ser sempre única, em sua vivência e em sua lembrança.

Na verdade, não tem muita importância saber se a reencarnação existe ou não, o que importa mesmo é saber que essa vida que estamos vivendo agora é a grande oportunidade que temos de realizar ou não grandes feitos, de aprender, de evoluir e de ser felizes. Não importa se haverá ou não outra vida depois dessa, pois, se existir, deverá ter uma outra função e não há qualquer obrigação em reencarnar somente na Terra, pode ser em qualquer lugar do Cosmos. Se estamos aqui agora é porque o momento é esse e temos de saber aproveitá-lo.

Se meu amigo tivesse viajado novamente a Noronha na época ideal e com as condições de tempo e clima apropriadas, é bem provável que sua impressão sobre a ilha mudasse e que até viesse a se apaixonar por ela como eu. Mas penso profundamente que é bem possível que centenas de milhares de pessoas, viajando para algum interessante e remoto lugar, tenham vindo a descobrir bem posteriormente que, por algum eventual esquecimento na planificação ou por falta de uma melhor orientação, tempo limitado, informação ou distração, deixaram de ver e apreciar alguma parte importante ou ponto de interesse daquele lugar distante e caro que visitaram. Motivo pelo qual é bastante provável que alguns estarão planejando voltar nas próximas férias ou quando as condições econômicas, de disponibilidade de tempo ou climáticas o permitirem. Porém, poucos podem se dar esse luxo. No percurso da estrada da vida, dificilmente uma oportunidade poderá se repetir igualmente duas vezes. Se alguém teve a sorte, o preparo, o tempo ou a condição de estar no lugar certo, na hora certa, com o conhecimento certo, é bem possível que isso venha a ocorrer uma única vez em toda a sua longa vida.

A vida é uma visita a um lugar chamado Terra, onde não haverá como retornar conscientemente para realizar o que não conseguimos, para preencher aquilo que esquecemos ou vimos superficialmente. É uma visita e uma passagem somente de ida, com um *city-tour* sem repetição e sem atrasos, pois não haverá uma segunda oportunidade para agir. O trajeto que desenvolvermos, as amizades que conquistarmos, o relacionamento com nossos guias e a atenção que mantivermos para os detalhes serão as ferramentas que nos permitirão construir um acervo sobre o que o mundo é e, principalmente, sobre o que a vida afinal nos pode oferecer a favor ou contra. De tudo isso se depende para que nossa estada, nesse paradoxal lugar chamado Terra, seja um paraíso ou a descoberta de estarmos em um terrível inferno. E o pior, dessa aventura dependerá a imagem que deixaremos aos que nos seguem, alimentando uma esperança ou predispondo-os negativamente.

Por outro lado, acho bom lembrar que o que aprendemos da vida, até agora, tem sido a síntese da passagem histórica de milhares de pessoas. Uma única passagem, em uma única direção e sem direito a retorno, pelo menos consciente. E é importante observar que o resultado de uma única visita a qualquer lugar é sempre suspeito, porque, embora as pirâmides do Egito continuem onde se encontram há mais de 4 mil anos, contínuas descobertas ocorrem em seu interior a cada ano, revelando, a cada momento, que a história nem sempre é como acreditávamos ser. Assim, a percepção de cada lugar muda, à medida que é melhor e mais conhecido.

Historicamente relembro que o único conhecimento, as únicas respostas ou orientações relativas à vida, aos seus mistérios e estranhos rumos, estavam contidos nos textos religiosos, filosóficos ou esotéricos. No primeiro caso, os dogmas mostravam claramente uma política de humildade, subordinação e absoluta resignação. Qualquer sofrimento, desgraça, sacrifício e mesmo alegria era por desígnio divino. Tudo o que ocorresse fazia parte dos desejos e vontades de Deus. Porém, acho que, se Deus tivesse realmente de passar o resto da eternidade testando pessoas, ouvindo reclamações, atendendo pedidos e socorrendo necessitados, estaríamos obrigados a admitir que, como construtor e artífice da criação, foi um fracasso total, já que criou um ser tão imperfeito e pecador, que não tem as mínimas condições de valer-se por si só. Sob essa ótica, o homem haveria sido criado tão frágil e irresponsável que necessitaria de uma tutela divina constante e da ameaça da punição para manter-se "bom". Considero eu que é ridículo pensar que, se Deus em seu infinito poder é onipotente, onipresente, onisciente e, em síntese, conhece tanto o passado como o futuro, indiscutivelmente saberá quando e como deveremos pecar, cometer atos impuros, roubar, matar, etc. Então, por que nos criar se sabia, com a antecipação do seu poder, que seríamos tão imaturos, irresponsáveis e violentos?

Parece-me um tanto estranho que Deus propositalmente criasse um ser propenso a pecar. E, mais ainda, sabendo em que momento, de que forma e quantas vezes pecaria e qual seria o destino final da própria humanidade. Deus tem de saber, pelo seu poder, qual será o nosso destino e quando se realizará. Agora, se durante o processo que nos levará ao destino final, em algum momento, "Ele" realmente age, interfere favorecendo ou intercedendo por alguém, acabou de admitir que sua maravilhosa obra está despreparada para a vida. Admitiria na hora que não previu, no momento de criar, as possíveis reações, os problemas ou as exigências a que seria submetido o ser humano e que, para continuar a existir e cumprir seu destino, precisaria totalmente d'Ele.

Extrapolando, poderia até pensar também que é possível que isso fosse proposital, ou seja, que o homem fosse criado imperfeito para depender de Deus e, nesse caso, seria uma criatura manipulada e submetida, já que nunca teria capacidade de valer-se por si mesma e muito menos teria livre-arbítrio. Mas, de qualquer maneira, se o homem foi criado para discernir, para atuar com liberdade, assumindo o caminho escolhido, caberia a esse mesmo indivíduo aceitar as desventuras acarretadas pela escolha, pois o erro faz parte do discernimento. Se Deus penetra nos caminhos dessa criatura humana, jamais permitirá que aprenda a valer-se por si mesma, sempre será dependente, e o único e total responsável pelo fracasso do homem na sua relação com a vida teria de ser, obrigatoriamente, o próprio criador, Deus. Se "Ele" nos fez, e somos o reflexo do seu poder e conhecimento, estaríamos então perdidos. Deus não passaria de uma entidade autocrática, porém protetora e paternalista que, nessa dinâmica de relação, provocaria inequivocamente a acomodação, demonstrando um enorme despreparo e irresponsabilidade para ser Deus. E, em função das imperfeições com as quais fomos criados, já que estamos vindo de um Deus parcial, limitado e inseguro, de acordo com essa linha de raciocínio, não poderemos jamais esperar uma vida livre e plena, pois nunca poderemos saber se estamos pensando por nossa própria conta e vontade, se cada ato que executamos é um ato desejado por nós ou por Deus, ou se o sentimento de culpa faz parte de tudo para garantir a dependência. De qualquer forma, esse Deus criador seria tão falho para ser Deus como nós para sermos homens.

Se aceitarmos que existe verdadeiramente liberdade, livre-arbítrio e uma justiça universal, somos obrigados a concluir que Deus não pode ser isso que foi dito, que não nos criou para sermos marionetes nem robôs. Por que então nos criou e para quê? Para entendermos tudo isso, é fundamental preparar a mente para compreender que nossa existência está amarrada fortemente ao porquê da criação e, para tanto, temos de ir por partes.

Se toda essa elucubração deixa tonto a qualquer um, é pelo menos um ato de procurar compreender o sentido de estarmos, nesse preciso instante, tomando consciência de que existimos por uma razão maior do que o mais absurdo sonho ou ideal jamais imaginado.

Loucura seria estarmos ainda estagnados, satisfeitos com o mistério vedado, com o dogma distante, na condição apática e passiva da submissão e da mansidão. Mas não faz muito tempo que o homem começou a quebrantar as correntes da ignorância.

É absurdo descobrir que o homem somente se preocupou em pensar e refletir um pouco mais livremente, fora da religião, por volta de 1866. Até essa época, o mundo científico ocidental estava praticamente apoiado, para a interpretação da vida e do mundo, em um único livro chamado Bíblia. Não é pois estranho conceber que, no ano de 1543, quando o astrônomo polonês Nicolau Copérnico demonstrou os dois movimentos dos planetas (sobre si mesmo e em torno do Sol), apresentou sua descoberta com profundo receio, alegando ser apenas um cálculo coerente com a observação e não uma visão real do Universo. Para sua sorte, ele era sacerdote e sobrinho do bispo de Ermland, Lucas Waczenrode. Sua formação de matemático, médico e advogado lhe valeu uma relativa simpatia pelo papa Clemente VII e uma briga com o reformista Martinho Lutero. A mesma sorte não ocorreu com o frade dominicano Giordano Bruno que, mais ousado que Copérnico, acabou nas mãos da Inquisição em Veneza. Durante seis longos anos foi torturado para abjurar suas idéias, vindo a morrer na fogueira no dia 17 de fevereiro de 1600, aos 52 anos.

Essa loucura não parou por aí. O próprio Galileu Galilei, em 1633, foi condenado pela Inquisição à prisão domiciliar por apoiar a teoria de que a Terra gira ao redor do Sol. Em 1655, também outras pessoas foram queimadas vivas em nome da verdade, como Issac de La Payrere, em Paris, por afirmar que Adão e Eva seriam o casal que dera origem a uma única raça, provavelmente a judaica. E, para deter e punir os massacres que estavam sendo deflagrados na América por volta de 1512, o papa Júlio II foi obrigado a decretar que os índios do recém-descoberto continente também eram seres humanos, descendentes adâmicos e que, conseqüentemente, possuíam uma alma imortal.

Já no campo da filosofia, as concepções relativas à vida e ao mistério da criação são um tanto mais amplas, profundas e inteligentes. Porém, seu desenvolvimento ao longo da história não foi fácil nem totalmente livre. Os gregos, desde Sócrates a Platão, consideravam que a criação existira desde um princípio, processando-se tudo sem alterações ou transformações. Unicamente existiam formas interdependentes, interligadas de uma forma lógica. Somente com Aristóteles vem uma corrente que estabelece a existência de um sistema dentro da natureza, mas essas idéias não conseguiram a transcendência que deviam ter tido, porque as crenças religiosas da época interferiram em seu desenvolvimento. Na filosofia, a dialética caminhou às vezes margeando abismos ideológicos que, sem o cuidado e a prudência necessárias, teriam comprometido totalmente o despertar da humanidade para inúmeras questões. Assim, durante séculos, o homem procurou, por meio da filosofia, perguntar a si mesmo qual devia ser sua atitude diante do mundo e dos conflitos que vive. As respostas foram sempre muitas, mas, qualquer uma que ele viesse a escolher, estaria sempre limitada ou, no geral, inadequada. Isso não é de estranhar. Embora alguns filósofos e homens sábios intuíssem que a grande maioria desses problemas possuía soluções, seja por intermédio de uma mudança de atitude, seja de um maior desenvolvimento interior, ficaram sempre obscuros os conceitos relativos a qual é a atitude correta e o que é afinal o desenvolvimento interior. O que dizer então dos conceitos do bem e do mal, moral e imoral, tão importantes, decisivos e determinantes e que, no fim das contas, resultam ser totalmente regionais, culturais e religiosos?

É inútil buscar obcecadamente soluções para problemas ou conflitos surgidos no interior de um determinado estado de consciência, se sabemos, ainda por cima, que o estado de percepção em que nos encontramos é limitado. Principalmente se essas soluções são imaginadas com a mentalidade desse mesmo estado. Só é possível encontrar caminhos alternativos e soluções práticas quando compreendemos profundamente os mecanismos que nos levaram ao conflito. E, para isso, é necessária uma avaliação, uma ponderação ampla, completa, participativa, porém dirigida a um determinado foco, a um objetivo de interesse geral que não deturpe o processo, mas que ao contrário o complete, justifique e estimule a ser cada vez mais conhecido.

Por outro lado, os mecanismos empregados para encontrar soluções, como a filosofia nesse caso, continuam viajando longe demais, perdendo-se em incríveis devaneios em torno de uma "sagrada missão" que, ao invés de promover um caminho prático de alternativas viáveis, procuram a extrapolação das idéias, penetrando em sonhos exuberantes e irreais, em que os ideais se confundem com a exaltação do ego, com o proselitismo, com a auto-afirmação intelectualóide e com a alienação. Atos que confundem e induzem, camufladamente, à manutenção e ao reforço do comportamento-"padrão" que o sistema exige. Sob a mira dos magos da palavra, sob a tutela dos mágicos que manipulam as necessidades interiores, a dialética e a demagogia encontraram um espaço fantástico para se perder em tolas e banais conjeturas, cujas bases manter-se-ão presas aos condicionamentos religiosos, culturais e ideológicos vigentes, que uma minoria teima em manter. Obviamente, para preservar seu poder e domínio.

No esoterismo ou no misticismo, não será diferente. Pois encontraremos um misto de religião e filosofia alternativa, em muitos casos, realizada e idealizada de maneira berrante, para servir aos interesses de poucos, e na intenção óbvia de submeter muitos. As desculpas, o conformismo, as saídas, as fugas e principalmente a culpa de tudo estará no "carma" ou também na "causalidade". De uma maneira fora do comum, mas pertinente, a submissão, a resignação à vida, ao sofrimento e às carências encontraram uma fácil explicação, estimulando a passividade e eliminando a culpa. "Tens de sofrer irremediavelmente para pagar teu carma", "encarnaste em um planeta de expiação para purgar teu débito", "foi o destino, pois estava escrito nas estrelas" ou "foi o resultado causal das *energias* que, ao serem agitadas, desataram suas forças".

Na mística, há uma necessidade de abandono do uso da razão. Uma espécie de fuga obcecada do sentimento de culpa promulgada pelas religiões e filosofias ocidentais que, mesmo dogmáticas, obrigam a uma permanente atenção para não ceder às tentações. O temor a Deus, ao pecado, à falta, à punição, à quebra das normas, etc., estabelece um comportamento reprimido, puritano e medido, mas internamente falso. A sensação de ser observado e continuamente censurado escraviza o comportamento humano. Nas religiões orientais não existe culpa, tudo é fruto de agentes externos e forças que confabulam, é a teoria da libertação. Não há deuses que articulam a punição, não há castigo deflagrado em um inferno eterno, somente a transição para outra situação de vida. Não há por que temer, não há por que se censurar, o comportamento deve ser livre e sem preconceitos, amor é a palavra de ordem e sua prática, uma obsessão.

Essa é a principal razão pela qual se pode observar uma migração quase massiva em direção às religiões e filosofias orientais. É evidente uma plena e absoluta substituição do pensamento controlado, das regras e culpas, da repressão formal e do moralismo hipócrita pelos "sentir livremente" e "intuir", em que não há fronteira para os sonhos nem limite para os delírios, pois não há obscenidade, não há temor nem culpa, somente palavras de amor, compreensão e perdão incondicional sem cobrança.

Nesse mundo mágico se revela o interior contido, em que os segredos e as culpas se manifestam simbolicamente e a presença de uma total carência afetiva, fruto de um regime autoritário, conformista e punitivo, eleva seu desabafo silencioso até os planos idílicos da iluminação. Tudo isso, simples reflexo de uma vida bizarra, gestada em uma sociedade fria e calculista, que agora encontra um sentido para a vida no resgate de emoções e sentimentos. Outrora provavelmente perdidos ou até esquecidos no emaranhado das intrigas do disputado jogo da vida.

A busca de uma espiritualidade, por meio da exaltação das emoções, demonstra a terrível falta de afeto que o sistema e as instituições perpetraram entre os seres humanos, assim como a torturante sensação de solidão que os abate.

Os seres sensíveis, aqueles ainda humanos, renegam totalmente o mundo autoritário e racional que os governa, procurando, na interiorização, na mística e na espiritualidade, dar vazão a suas necessidades de amor, compreensão, beleza, segurança, atenção, confiança, liberdade, fé e esperança.

Por intermédio dessa passagem mágica chamada "mística" ou "espiritualidade", a imaginação ganhará asas, permitindo achar, além desse conturbado mundo, uma razão que a própria razão desconhece, uma explicação além da compreensão, uma vida longe da mesquinharia do cotidiano, em síntese, um lugar ideal, um "oásis" longe da realidade, em que poderão vivenciar a concretização dos seus mais preciosos sonhos e desejos. Nesse lugar, tudo vale.

Tenho às vezes a impressão de que o homem gosta de pensar que é uma pobre criatura no meio de um furacão de formas, deuses, energias, estrelas e destinos que traçam o decorrer de sua vida. E que, independentemente da sua vontade, deverá humilde e passivamente se submeter para sobreviver.

Esses acidentes, se assim os podemos chamar, no processo de desenvolvimento humano para níveis mais elevados de consciência demonstram a ignorância do homem em relação a como a vida se articula, resultando em um bom exemplo de que pouco sabemos desses aspectos e da interação desses mecanismos.

De jeito simples, fugindo de qualquer responsabilidade, idealizamos e construímos mitos, religiões e crenças para justificar a necessidade dos sofrimentos. Criamos e demos forma a mitologias que asseguraram a compreensão de eventos, alegrias, provações, tristezas. E moldamos, de acordo com nossos desejos, os seres invisíveis responsáveis pelo destino, prazer ou infortúnio de cada vida. Colocamos nas mãos do imaginário o sentido de uma existência e seu fim para, dessa forma, omitir os verdadeiros e únicos responsáveis a ser questionados: nós mesmos.

Desde a nossa origem ancestral, projetamos no tempo o comportamento primitivo que caracteriza todas as criaturas, apresentando o quadro típico da constante luta pela sobrevivência do mais forte. Lamentavelmente, temos mantido essa condição ativa por séculos, como algo natural, comum e necessário para o desenvolvimento de uma sociedade. Até nas lendas, nos mitos e nos deuses podemos ver essa atitude, sempre um querendo aproveitar-se do outro na primeira oportunidade. Sempre incentivando a polaridade, as duas inevitáveis posturas, aquelas que segmentam e dividem drasticamente os seres humanos em dois times de gladiadores, os submetidos e os dominadores.

A espécie humana encontrou na religião, na filosofia, no esoterismo, na política, na administração, uma justificativa divina ou funcional para continuar a exercer o domínio por meio da manipulação e a subjugação por meio da dependência. Mas essa percepção não passa "à toa" pelo mundo, bem ao contrário do que se pensa, é essa compreensão que provoca o conflito. Porém, o ser humano tem de aceitar, passivamente, essa situação, já que faz parte dessa "realidade natural" projetada e mantida, a condição de existirem dois níveis de sobrevivência, a do líder e a do liderado. Em outras palavras, na nossa cabeça só existem dois lados da moeda, o do dirigente e o do dirigido, cabendo a cada um saber como se posicionar no lugar que lhe toca para garantir seu "lugarzinho ao sol".

Mas será que essa condição, a de existirem dois níveis hierárquicos em uma relação vertical, é realmente necessária, obrigatória para o desenvolvimento de qualquer sociedade?

Nessa reflexão, é patente que, para o homem moderno, as perspectivas de uma vida (se a isso pudesse chamar de vida) passível de mudanças favoráveis e um futuro promissor, são desmotivantes. Tensão, esgotamento, estresse, apatia, neuroses, psicoses, enfim, um conjunto de males abate-se constantemente sobre essa criatura pensante, que provavelmente nem imagina que outra forma de vida ou outra maneira de viver possa existir. As exigências de participação dentro do sistema cobram um preço alto demais. Além de consumirem seu tempo, energia e saúde, escravizam-no perpetuamente a uma corrente que nem sempre é percebida.

Não são todos – nem a maioria – que conseguem entrever sua condição escrava. O homem está tão condicionado a essa aberrante forma de viver que ser vítima é a condição natural. E o pior é que não se vê conceitualmente como vítima, mas como alguém perfeitamente integrado e acorde com as exigências da vida, e como um ser realista em relação ao que a existência demanda. Trabalhar até a exaustão, viver competindo, "passar a perna" em seu concorrente antes de ser pego por ele, ganhar dinheiro cada vez mais, comprar, ter, possuir, ser o melhor, o primeiro, ter destaque, auto-afirmar-se, ter reconhecimento, ser líder, ter "sucesso", são conceitos que o sustentam e estimulam a agir no âmbito desse jogo. E o mais incrível é que considera tudo isso normal. Todos esses aspectos manter-se-ão como objetivos constantes da sua vida. Porque, mesmo sendo sofrida sua sobrevivência, com lutas, segregação, violência, dificuldades, egoísmos, etc., tem de subsistir, e essa diretiva que lhe foi incutida desde que nasceu o seguirá até a morte, se bem, espero, que a mesma não seja decorrência dessa perseguição.

A evidência de que o homem não faz, na maioria dos casos, idéia da sua condição escrava é tão óbvia quanto absurda. Essa afirmação me relembra a época republicana, quando foi dada a liberdade aos escravos negros. A libertação deu-se em vários países em um mesmo período, como nos Estados Unidos, Peru, Brasil e outros, oferecendo enfim aos libertos uma nova vida. Porém, para surpresa geral, a grande maioria queria retornar ao lar de seus patrões, e essa loucura tinha uma incrível lógica.

Acostumados por gerações a depender de um comando, de uma estrutura que os alimentava e abrigava, que orientava seu rumo, com um grande número de analfabetos sem a mínima preparação, e finalmente, sem lugar para onde ir, foram lançados a um mundo hostil e desconhecido do qual não faziam idéia nem parte. Totalmente inadaptados à nova realidade de liberdade, em que a sobrevivência era seu único e mais precioso objetivo, sofreram o preço da nova condição. A fome, a miséria, a doença e o subemprego passaram a ser a triste rotina de seus dias.

O homem moderno assemelha-se ao antigo escravo. Não sabendo obter sua liberdade, e muito menos o que isso possa vir realmente a significar, já que não imagina para onde ir ou o que fazer com ela, prefere continuar subordinado e dependente de um sistema que usufrui diariamente de sua vida. Negando-se a admitir que exista outra forma de "viver a vida" e de encarar o mundo que o circunda.

Da mesma maneira que o cativo, o homem passa seus tristes e sofridos dias escondendo dele mesmo as vontades, os desejos e os sonhos de liberdade que a cada momento cruzam seus pensamentos e que, furtivamente, acalentam a esperança de que um dia tudo mude. Procura, resignado na evidência de quem está submetido a uma ordem dominante, substituí-los ou até negá-los para continuar a encarar os valores e as condições que esta estabelece, já que, para sobreviver, não lhe cabe questionar. Pois, caso o faça, estará se tornando um elemento perigoso e incitador à contestação, que nenhum patrão estará disposto a tolerar. O que lhe resta, sob essa ótica, é pois apenas sonhar e fantasiar. Idealizar mundos e seres que virão, algum dia, resgatá-lo dessa situação.

Dentro desse tortuoso e enigmático panorama, havia observado e concluído que, verdadeiramente, era necessário que surgisse, no contexto humano, a possibilidade de um novo processo que indicasse a razão, o motivo real da existência do ser humano nesse determinado espaço-tempo cósmico, e, obviamente, qual deveria ser o papel universalmente histórico que tem a representar. Pois viver 50, 60 ou até 80 anos para estudar, trabalhar, competir, sofrer, criar filhos e morrer acabava sendo um objetivo ignóbil e inglório para uma criatura tão maravilhosamente complexa.

Eu soube desde sempre que as respostas a todas as minhas perguntas me aguardavam em algum determinado lugar. E olhando para trás no tempo que passou, relembro os momentos em que as trevas encobriram minha percepção do mundo. Quando, inseguro, percorri diversos lugares à procura de esclarecimento e só obtive mais dúvidas e confusão. Quando, humilde na minha ignorância, me submeti passivamente à irresponsabilidade de alguns aproveitadores. E como, incauto, tive de sofrer a decepção e o recomeço. Mas esse desejo profundo de saber quem sou, esse fogo interior de descobrir minha verdadeira identidade cósmica, continuou a motivar essa busca desesperada por respostas. E é isso que pretendo compartilhar com você, que está aqui, agora, penetrando em minhas lembranças.

Todas essas inquietudes, todas essas dúvidas que um dia eu tive, dividirei com você. Mas, antes de penetrar nesse fantástico e maravilhoso percurso, muitos pensamentos precisam ser partilhados, para que o entendimento de cada resposta, de cada palavra, cumpra com seu objetivo. E, ao final desse compartir, nossos pensamentos possam vir a ser, talvez, apenas um.

Capítulo III

Os Paradigmas

Em vista do que pude constatar ao longo de todos esses anos de preparação, crescimento, conhecimentos adquiridos, contatos e experiências com sociedades extraplanetárias, e do cenário que meu próprio mundo oferece para ser contemplado, nada me resta a não ser aceitar, com pesar, que a raça humana morre um pouco a cada dia. Morre em esperanças, em sonhos, em ideais, em amor, em confiança, em perspectivas e em qualidade de vida. Só uma ínfima parcela corre os riscos de se aventurar por caminhos de esperança e libertação.

Quando avisto os jovens caminhando apressados indo para as escolas e faculdades, pergunto-me sobre o mundo que encontrarão ao se formarem. Quando observo os executivos em uma empresa, correndo de um lado para outro, tomando importantes decisões, e os operários trabalhando, posso ver um conglomerado de aflitas existências, que buscam firmar seus lugares, garantindo um espaço na batalha pela sobrevivência. E quando procuro uma aproximação, sinto pessoas, seres humanos receosos, tensos, preocupados e temerosos do que a minha pessoa possa representar: uma ameaça, um interesse, uma companhia, um aliado ou um mortal inimigo pronto para disputar qualquer coisa. As relações humanas estão se dando única e exclusivamente por necessidade. Uma necessidade forçada e obrigada pelas circunstâncias.

As pessoas de hoje buscam isolar-se, distanciar-se dos demais, seja física ou psicologicamente. Você pode estar no meio de um grupo de amigos e ao mesmo tempo muito distante; viver no meio de uma gigantesca cidade e estar só; ter um círculo relativamente grande de amigos e ser simplesmente uma imagem forjada, uma máscara que nunca revela seu interior, que jamais se arrisca a expor seu verdadeiro eu, mantendo-se em grupo apenas para usufruir das vantagens sociais que as pessoas podem vir a oferecer-lhe, ou simplesmente de uma companhia. Um acompanhante com o qual procurará esquecer o pesado vazio interior que o aflige.

Da mesma forma e com a mesma facilidade com que os animais aprendem a se defender dos predadores, as pessoas constroem sua camuflagem. Dependendo do cenário ou das circunstâncias, as máscaras variam, podendo manter a aparência de pessoa forte, séria, segura, auto-suficiente ou intelectual, outras mais sedutoras, mais singelas, delicadas, misteriosas e dominadoras. Até a alegria pode resultar em uma paródia, uma representação em que o público acaba sendo, quase sempre, o próprio ator.

É triste que séculos de evolução tenham resultado em uma existência falsa, hipócrita, cujo cinismo chegue ao ponto em que a mentira seja a única verdade. Viver escondido por trás de uma personalidade totalmente diferente se transformou em um hábito, algo comum e normal. A filosofia da sobrevivência humana firmou o conceito do individualismo e do distanciamento como algo fundamental. Orientou os seres humanos a procurarem não se expor, não se mostrar em hipótese alguma, guardando para si seu íntimo, sua realidade interna. Assim, o pensamento geral lhes diz que, mostrando-se, ficarão vulneráveis ao julgamento popular, a ser rotulados e, conseqüentemente, permitirem que seus inimigos, os homens, isto é, seus semelhantes, os destruam para vir a assumir o espaço que deixaram, restando aos vencidos a marginalização e o difícil recomeço.

É apavorante ver o preço que pagamos pela civilização. Por um lado, teoricamente melhoramos ao obter conforto, facilidades, saúde e transporte, mas, por outro lado, temos de pagar um alto valor por isso: a legitimidade de ser o que realmente somos. E será que alguém sabe afinal como somos ou como deveríamos ser?

Está claro que o quadro tem de mudar, não podemos progredir materialmente a um custo tão alto. Continuamos a crescer populacionalmente, sendo que nos orgulhamos em afirmar que chegamos a um avanço tecnológico tal que vamos dispensar a mão-de-obra, poupando as pessoas dos riscos de certos trabalhos. E essas pessoas, como ficam? Reduzimos a oferta de emprego por meio da tecnologia e aumentamos a população em uma relação inversamente proporcional. O ensino especializado fica cada vez mais caro e mais longe do alcance da população. A oferta de energia diminui, assim como o espaço de circulação, e se insiste em produzir mais veículos a cada mês e construir mais moradias. Desenvolvemos uma medicina altamente sofisticada da qual nos jactamos, e que pelo seu custo está à disposição de uma absurda minoria. É óbvio que estamos demonstrando sermos totalmente incoerentes.

Durante muitos milênios, temos vivido nas sombras do dogmatismo e da alienação cultural. Somente que, assim como nas histórias de faz-de-conta, o feitiço virou contra o feiticeiro. Aqueles que anteriormente dirigiam o processo contaminaram-se dele, e hoje estão tão alienados e dependentes quanto os submetidos. O sistema desenvolveu uma tática simples e eficiente para se manter ativo, dividir para vencer. Somos todos diferentes e inimigos, só o sistema salva, só com ele você sobrevive, sem ele, é marginalizado e morre. É chegado o momento de uma grande transformação que, além de necessária, deverá mudar o curso da nossa história. Pois foi por meio de grandes alterações, mudanças radicais e determinantes, que a humanidade modificou o curso da sua história política, social, econômica, tecnológica e místico-religiosa.

Existe uma forma de vida totalmente diferente e maravilhosa aguardando para ser conhecida, compreendida e aplicada. Mas, para chegar até ela, é importante entender que o homem esteve até agora cego, surdo e virado na direção oposta. Não conseguia vê-la ou ouvi-la, em vista de que seus paradigmas não lhe ofereciam nem lhe permitiam essa condição.

Lembro-me de uma pequena e simpática história que ouvi um dia e que considero pertinente para que se entenda melhor o que quero dizer, pois me permitiu compreender claramente tudo nesse processo e, principalmente, como as coisas devem ser encaradas quando surgem:

"Era uma vez dois sapinhos que saíram para passear. Pulando e pulando, chegaram até o estábulo de uma linda fazenda em que havia um enorme balde. Mortos de curiosidade sobre o que havia no seu interior, pularam às cegas para dentro.

Para sua surpresa e desgraça, descobriram que estava cheio até a metade de creme. Na iminência de morrerem afogados, lutaram desesperadamente para sair. Cinco minutos, quinze minutos, trinta minutos se passaram. Finalmente o sapo maior virou-se para o sapo menor e disse: 'Eu não agüento mais!'. Ele estava tão exausto de tentar pular que afundou no creme e se afogou. O sapo menor estava exausto também, mas por alguma razão continuava a lutar. Contudo, pouco tempo depois, suas forças também acabaram. Sabia que conseguiria dar apenas mais três pulos. E já em pânico deu o primeiro e foi terrivelmente difícil, deu o segundo e foi como carregar o balde junto. Deu o terceiro e último pulo e, ao fazê-lo, naquele exato momento, o creme se transformou em manteiga. Espantado e feliz, o sapinho ficou de pé naquela superfície sólida e amarela, pulando em definitivo para a liberdade."

Embora não conseguisse entender perfeitamente o que havia acontecido, o sapinho dessa história lutou até o fim das suas forças para conseguir sair. O primeiro não teve tanta sorte, mas o segundo conseguiu, pois teve tempo de aguardar que uma grande transformação ocorresse em seu meio, proporcionando-lhe uma via de salvação. Porém, nem todas as pessoas do mundo poderão ter o fôlego necessário para aguardar o momento em que sua luta resulte em uma transformação favorável, ocorrida como conseqüência dos impactos da atividade humana.

Mudanças, transformações surpreendentes, abruptas, radicais, a princípio impossíveis de acontecer e até aparentemente revolucionárias, como a experimentada pelo sapinho da história, ocorrem constantemente em nosso mundo. São mudanças importantes que, em qualquer campo da atividade humana, alteram totalmente as regras do jogo da vida. E, quando as regras mudam, o mundo muda automaticamente.

Nesses últimos cem anos, vivemos observando constantes e incríveis mudanças. Normas, procedimentos, regras são viradas de cabeça para baixo quase constantemente.

Basta uma pequena reflexão para lembrar de mudanças profundas do dia-a-dia, como: a de quem se preocupa com a ecologia e a poluição, à rígida proteção ambiental. De negros e minorias lutando pelos seus direitos básicos, e tais direitos lhes sendo garantidos por leis estaduais e federais. De aviões de passageiros ao ônibus espacial. De uma posição sobre o petróleo que jamais acabaria a saber que não existe muito sobrando. De carros grandes e pesados que faziam três quilômetros por litro a carros pequenos e leves que fazem 12 quilômetros. De computadores enormes custando milhões de dólares para computadores de mesa com a mesma potência, que quase qualquer um pode comprar. Da morte quase certa ao sofrer um enfarte à substituição artificial de um coração. De ligações interurbanas por fios a ligações interurbanas por satélite. Do lugar da mulher em casa nas tarefas domésticas ao lugar da mulher em qualquer lugar onde queira estar. Da divisão das duas Alemanhas à queda definitiva do muro de Berlim e sua unificação. De uma União Soviética Socialista a uma "Perestroika" de economia de mercado e o fim do comunismo soviético. De uma liderança norte-americana na produção de veículos a uma virada pela produção japonesa. Se alguém tivesse previsto essas mudanças antes que ocorressem, muitos diriam que eram impossíveis. E, no entanto, cada uma delas ocorreu.

Tudo isso parece tolo e banal. Mas é mais absurdo lembrar que, nos idos de 1937, um americano chamado Chester Carlson, que não tinha nada além de um diploma de bacharel em ciências, desenvolveu o projeto de um aparelho que ele chamou de eletrofotografia.

Um dia, como tantos, ele foi visitar o gerente da Kodak americana, na intenção de mostrar e vender sua invenção. Na sala, fez uma demonstração. O cientista esfregou com um pano de algodão uma placa de zinco revestida de enxofre, de modo que ela ficasse carregada de eletricidade estática. Em uma lâmina de vidro de microscópio, escreveu com tinta nanquim algumas palavras.

A lâmina então foi encostada à placa e os dois submetidos por alguns segundos à luz de um refletor. Aconteceu que os raios de luz dispararam a carga na chapa, exceto nas partes tampadas pelos dizeres escritos com nanquim. A placa foi então pulverizada com um pó químico de cor preta chamado licopódio, sendo o mesmo atraído apenas pela parte da placa que ficou energizada, deixando-a em evidência.

Chester comprimiu então a placa contra uma folha de papel parafinado. Nesta, apareceram os dizeres tingidos pelo pó, que foram depois fixados pelo calor. O gerente olhou, achou interessante e acompanhou o cientista até a porta. Não faço a mínima idéia do que pode ter dito, mas definitivamente não comprou o invento. Somente por volta de 1947 foi que Chester conseguiu lançar a máquina que revolucionou o sistema de reprodução. Havia inventado a xerox, mas naquela época ninguém via utilidade nessa esquisita forma de fotografar. Hoje ninguém consegue viver sem uma.

E se o homem pudesse reconhecer a iminência de uma grande idéia e suas conseqüências? Se pudesse apenas prever as mudanças? Não importa como, mas teria feito uma grande diferença. No mínimo, poderia haver tirado mais proveito da situação, ou estaria sujeito a menos sustos, menos surpresas e, talvez, teria poupado muita violência, fome, miséria, sofrimento, destruição e até morte.

O Universo permitiu à raça humana a capacidade de pensar, raciocinar, ponderar e avaliar. Não com o objetivo de ceder poder para dominar os mais fracos ou submeter a natureza aos seus caprichos, mas para construir uma forma de vida digna. Onde todos, humanos ou não, pudessem viver em harmonia.

Porém, para que isso seja realmente possível, o homem deveria encontrar um caminho que lhe permitisse estar atento a essas oportunidades de transformação. Um processo ou sistema de aprendizagem que o resgatasse para trazê-lo de novo a um percurso sadio de desenvolvimento.

Onde se escondia o segredo? Onde estava localizado o principal problema do homem?

Poder prever essas mudanças especiais, identificar as oportunidades e estar preparado para elas seria uma vantagem incrível, e isso é realmente possível. Mas, para poder prever esse tipo de mudanças especiais, iniciar qualquer processo de compreensão sobre a vida e retomar o caminho do desenvolvimento, é preciso entender o poder e a influência dos PARADIGMAS.

PARADIGMA não é uma palavra comum. Pelo menos não é vista sendo usada todo dia. A raiz grega da palavra significa PADRÃO. Outra definição, que inclusive é a que nos interessa, diz que um paradigma é um conjunto de regras e regulamentos que definem fronteiras. Em outras palavras, essa é a função do padrão, definir limites, isto é, os extremos. Mas é importante que fixemos o sentido de "regras" e "regulamentos", pois é isso que estaremos continuamente analisando.

Os paradigmas influenciam poderosamente a forma como os cientistas vêem o mundo. Isto é, regras e regulamentos solidamente estabelecidos atuam como filtros e selecionam as informações que chegam à mente do cientista. As informações que estão em pleno acordo com o paradigma do cientista têm um caminho fácil para um reconhecimento imediato. Na verdade, o cientista vê esse tipo de informação surpreendentemente bem. Com muito detalhe e compreensão.

Contudo, as informações que não estão de acordo com o paradigma desse cientista serão, ao longo do tempo, aceitas com grande limitação e/ou dificuldade.

Em alguns casos, os cientistas chegam a dissorcer a informação para que ela se adapte a seus paradigmas, em vez de aceitarem que a mesma é uma exceção às suas regras, e, em casos extremos, o cientista será literalmente incapaz de ver ou reconhecer a informação, já que pelos seus paradigmas tal informação é invisível.

Os paradigmas são sinônimo de valores que, incorporados ao longo da vida, filtram constantemente o contato que mantemos com o mundo e o resultado de novas experiências. Vemos o mundo por meio de nossos paradigmas o tempo todo. Mas isso não significa que podemos ver tudo o que queremos ver inteiramente, criando um novo conjunto de regras. Não: na verdade, pegamos informações válidas do mundo real, mas o que fazemos é que selecionamos dessas informações as que melhor se adaptem aos nossos paradigmas, isto é, interpretando-as e deformando-as, tentando ignorar as demais.

Como resultado, o que pode ser perfeitamente óbvio para uma pessoa, na verdade pode ser totalmente imperceptível para outra pessoa com um outro paradigma. As implicações disso se refletem diariamente em nossos atos. Cada ação, cada hábito, cada comportamento, cada associação de idéias estará sob total influência dos paradigmas que assimilarmos ao longo das nossas vidas. É por isso que, com freqüência, não conseguimos ver partes importantes da nossa vida, do jogo que ela faz, ou do futuro, até que seja tarde demais.

É um fato, e uma verdade para todos, que temos regras e regulamentos em nossas vidas. E quem não as tem? Seja uma religião, uma instituição militar, uma empresa, um time de futebol, seja a forma de um jogador chutar a bola ou de a mamãe limpar a casa, lidamos com paradigmas constantemente. E são essas regras e regulamentos que configuramos no passado que nos impedem de ver claramente a vida, o que somos, com quem nos relacionamos e de prever com sucesso o futuro, porque tentamos fazê-lo olhando apenas por meio de nossos velhos paradigmas.

Então, nos anos de 1960, o homem olhava para a frente no tempo e concluía seguro: a gasolina será barata e disponível em abundância para sempre; quatro filhos é o número ideal; cabelos compridos, brincos, maquilagem e cabeleireiro são para as mulheres; mulheres devem ficar em casa; o aborto é assunto proibido. E, caramba, como estava errado. E o triste de tudo é que ainda continua errado por causa da força dos paradigmas. Eles influenciaram e impediram que o homem visse o que realmente estava acontecendo ao seu redor.

Os paradigmas chegam ao ponto de alienar tão terrivelmente o homem que o tornam incapaz de reconhecer ou identificar quando é hora de mudar de atitude. E isso não é de agora. Essa situação se alastra desde as origens de nossa civilização e o surgimento de nossa cultura. Por isso é que as mudanças ocorreram sempre tão vagarosamente, na iminência de uma grave necessidade, ou radical e abruptamente por meio das guerras, pela simples imposição. Por essa razão é que, em pleno século XX, ainda temos grupos humanos vivendo em tribos com hábitos e costumes tão primitivos.

Quando paro para rever esses momentos do mundo, parece-me retirar cada imagem do absurdo. Os paradigmas têm atuado como uma droga que animalizou, como uma venda que cegou e como uma medicina que, utilizada de forma errada, pode matar. Em vez de ajudar, servir de base para o entendimento, tornou-se uma arma contra nós mesmos, cavando uma armadilha cada vez mais funda e da qual será cada vez mais difícil sair.

Lembro como, desde antigamente até hoje, os paradigmas institucionalizados foram e continuam sendo responsáveis pelo caos total que vem dividindo nosso mundo. E que, de maneira radical, interferiram e seguem interferindo profundamente no avanço do conhecimento humano. Exemplos não faltam para ilustrar essa afirmação. Basta apelar para as religiões que sacrificaram na fogueira homens que desafiaram seus dogmas, pois questionavam, por meio de suas descobertas e teorias, as informações simplistas que outorgavam às divindades a autoria da criação, as manifestações dos fenômenos naturais e seus efeitos.

Alguns casos famosos podem parecer hoje ridículos, como a proibição em 1163 do estudo da física pelo papa Alexandre III, ou a decisão do parlamento francês em 1380 de proibir o estudo da química, reportando-se ao decreto do papa João XXII. Também temos aquele de James Ussher, arcebispo de Armagh, na Irlanda em 1650, que afirmou que a criação havia tido lugar em 4004 a.C. E mais tarde, em 1700, o do mestre do St. Caterines College, em Cambridge, Inglaterra, dr. John Lightfoot que, baseado no Antigo Testamento, complementou os cálculos afirmando que tudo teria ocorrido no dia 23 de outubro, às 9h30.

Já no século XVIII, para os ditos "cientistas", a Terra possuía uma antiguidade não superior a 80 mil anos, pois esta era calculada em função de alguns estranhos achados. Mas o homem ainda provinha de Adão e Eva, e os restos fósseis encontrados eram de animais anteriores ao dilúvio universal. Somente em 1871 a teoria de um processo evolucionista foi aceita, porém com grandes divisões por parte dos cientistas. No século XIX, quando da invenção da locomotiva a vapor, os cientistas da época afirmaram categoricamente que o organismo humano jamais poderia suportar velocidades superiores a 20 quilômetros por hora. No início do século XX, o sonho de fazer voar um objeto mais pesado que o ar era impossível. Viajar para os planetas, então, uma imaginação de louco.

Seja como for, as pessoas que participaram dessas épocas tinham para si essas afirmações como leis inquebrantáveis e verdades irrefutáveis. Viveram e cresceram nesses paradigmas e, portanto, eram cegos para qualquer outra realidade. E como estavam absurdamente errados.

É incrível, mas ainda hoje existem pessoas cujos paradigmas são tão fortes, pois vivem agarrados a eles, que até o mais óbvio acaba sendo absurdo e irreal.

Para alguns, o homem não chegou à Lua. Estes afirmam que o que vimos foi uma encenação feita pelos norte-americanos para lograr o mundo. Para outros, a "Perestroika" dos soviéticos também é uma encenação com objetivos e interesses voltados a uma participação e representação majoritárias no Mercado Comum Europeu: a divisão da ex-União Soviética em países independentes socialistas poderia representar, no cômputo geral, um número perigosamente superior ao dos países não socialistas.

Quanto absurdo e quanta desconfiança. O medo se tornou, infelizmente para todos nós, o pior dos paradigmas. Um paradigma que escraviza silenciosamente e que, a cada dia, domina mais nossa vida e entorpece nossos sentidos.

Contudo, se as surpresas do mundo que nos rodeia são inúmeras demais para manter-nos presos a convenções ou esquemas, que dizer então das maravilhas que o Universo nos esconde?

O próprio ser humano é, em si mesmo, uma inesgotável fonte de surpresas, já que encerra um sem-número de potencialidades fantásticas que ainda não conhecemos. Não é somente no campo paranormal que existe muito a ser explorado e que muitos consideram inacessível. As próprias condições físicas do homem são tão fantásticas como aquelas típicas dos super-heróis dos quadrinhos.

Parece loucura afirmar que sejamos tão poderosos assim, mas é fácil comprová-lo. Depois que milhões de pessoas no mundo inteiro aderiram ao *jogging* ou *cooper*, à aeróbica, ginástica, etc., o paradigma do físico tornou-se algo típico dos anos de 1990. Dentro dessa prática esportiva existem várias regras sobre exercícios, mas quantas pessoas gostariam de participar de uma corrida de 100 quilômetros?

Para nossa cultura, as palavras "100 quilômetros" e "correr" simplesmente não combinam. Dirigir sim, correr não. Mas ao norte da cidade do México corridas de 100 quilômetros são comuns entre os índios Taratumans. Fazem isso regularmente, como parte de um ritual religioso.

Por que é tão fácil para eles e impossível para nós? Porque simplesmente correr faz parte dos paradigmas deles.

A maior competição da nossa cultura, a maratona de 42 quilômetros, é brincadeira de crianças para esses índios. Não porque exista alguma diferença genética ou algo similar com relação a eles. O importante é observar que qualquer um de nós, se fosse educado naquelas regiões, correria exatamente como eles, porque teríamos aprendido seu paradigma de corrida.

Um outro exemplo que vi no filme *Descobrindo o futuro*, de um americano chamado Joel Barker (filme este que me permitiu apresentar todos os pontos aqui abordados), pode ilustrar ainda melhor a ação dos paradigmas. Este, segundo o filme, foi registrado no centro técnico vocacional de uma faculdade norte-americana na qual um grupo de jovens universitários quebrou, sem grandes dificuldades, um dos paradigmas mais interessantes da nossa tecnologia automotiva. Em 1976, esses alunos, do curso avançado de tecnologia de combustíveis, decidiram construir um carro verdadeiramente econômico. E ao final de um longo período de projetos, suas características eram as seguintes: pesava mais de 1.000 quilos, ou seja, mais de 1 tonelada; ia de 0 a 100 quilômetros por hora em menos de 10 segundos e fazia uma média de 27 quilômetros por litro de gasolina, com um motor de apenas 16 HP (cavalos de força).

Bem, qualquer pessoa que entenda um pouco sobre carros sabe perfeitamente que isso é impossível. Não se pode mover um veículo tão pesado, àquela velocidade, com um motor de somente 16 cavalos. No entanto, sem muito esforço, os alunos fizeram exatamente isso. Como?

Da maneira mais fácil, utilizando um paradigma diferente. Esses alunos, que não estavam no curso de mecânica automotiva avançada, faziam parte do curso de tecnologia avançada de combustíveis. E sabiam que, se utilizassem seus próprios paradigmas, poderiam reutilizar a energia que carros comuns desperdiçavam.

Em realidade, esse veículo não passava de um projeto bastante simples. Quando esse carro diminui a marcha, não usa só freios normais que geram calor e atrito. Em seu lugar, as rodas traseiras acionam uma bomba hidráulica que bombeia fluido hidráulico para uma câmara gerando pressão. Pressão esta que provoca resistência, e isso reduz a velocidade do carro. Quando esse veículo pára não utiliza o motor, logo não usa redução de marcha. O motor aciona a bomba hidráulica que bombeia mais fluido sob pressão para a câmara de armazenagem.

Resultado: quando esse carro começa a acelerar depois de uma parada, a aceleração vem não do pequeno motor, mas de toda a energia que foi armazenada na câmara. Com isso, é possível acelerar mesmo com o motor desligado, pois na câmara continuará a existir pressão.

Portanto, o pequeno motor a gasolina apenas mantém a velocidade do carro constante, até chegar a 27 quilômetros por litro. Como se pode ver, foi um projeto bastante inteligente.

Mas a questão do paradigma é essa. Se os alunos que criaram esse veículo fossem mecânicos de carros, você acha que o teriam sequer imaginado? Acredito que a resposta seja não, porque o paradigma da mecânica de carros não prevê armazenamento de energia, mas apenas seu consumo.

Não posso nem quero dizer com isso que esse carro é perfeito. Ele tem uma série de defeitos, mas consegue demonstrar o quanto os paradigmas podem ser poderosos.

O que pode ser impossível com um paradigma, pode ser fácil de ser realizado com um outro.

É assustador aceitar, mas os paradigmas influenciam drasticamente nossas opiniões, gostos e tomadas de decisão, tendo em vista que alteram perigosamente nossa percepção. E o detalhe é que paradigmas podem também ser adquiridos e induzidos.

Acho que está claro que, se quisermos fazer uma boa avaliação da nossa vida presente, compreender a passada e realizar as previsões para o futuro, é preciso que conheçamos os paradigmas atuais que nos governam e descubramos como finalmente nos influenciam, e só assim poderemos olhar para ver claramente o que nos rodeia e nos aguarda.

Vemos pois que os paradigmas são uma faca de dois gumes: usada de um lado, corta a informação que se adéqua a eles em detalhes muito finos e precisos, mas, quando usada do outro lado, ela corta para longe as informações que são contrárias ao paradigma. Você vê apenas o que seu paradigma lhe permite ver, e não a realidade. Isto é, em alguns casos verá parcialmente, quase nada, ou até nada, da informação que não se adequar a seu paradigma.

Em síntese, posso dizer, apoiando-me no trabalho de Joel Barker, que os paradigmas são comuns e normais, pois temos regras e regulamentos em muitas situações de nossa vida, sejam elas profissionais, pessoais, familiares, espirituais ou sociais. Os paradigmas são úteis e necessários, já que na verdade nos dizem onde usar nosso tempo, o que é importante para nós e o que não é. Ajudam-nos a solucionar problemas, definindo as prioridades de importância e o caminho a seguir para sua solução. Mas também, por outro lado, podem nos pôr em sérias dificuldades ao impedir uma apreciação clara de idéias novas.

Porém, um alerta importante: às vezes, seu paradigma pode acabar sendo "O Paradigma". Quer dizer, a única forma de fazer alguma coisa. Quando se depara com uma idéia alternativa, você a rejeita de cara e isso pode levar a uma confusão nociva. A isso se chama de "Paralisia do Paradigma". É a doença fatal da "certeza". É fácil de contrair e é muito perigosa, pois será dificílima de curar. Muitas pessoas e instituições que a contraíram foram posteriormente destruídas, pois jamais imaginaram que poderiam estar totalmente erradas.

Quem é pessimista e derrotista, dono de paradigmas rígidos, que não acredita que algo pode ser feito, deve sair do caminho daqueles que o estão fazendo.

As pessoas que criam novos paradigmas, aqueles que propõem sempre novos caminhos, que estabelecem rumos arrojados e se antecipam radicalmente a seu tempo, se diferenciam do resto e tendem a ser forasteiros. Podem ser jovens ou velhos, a idade é irrelevante. O ponto-chave aqui é que não fazem parte da comunidade estabelecida de paradigmas. Não investem nos velhos paradigmas e, como não investem, não perdem nada criando novos.

Se alguém quiser ter a oportunidade de ver e perceber os novos paradigmas surgindo em seu campo, é preciso olhar bem além do centro em que os paradigmas normalmente se encontram, é preciso olhar nos extremos. Pois é nos extremos das convenções e dos sistemas que surgem as transformações. Os adeptos dos velhos paradigmas que optam por aceitar os novos no início de seu desenvolvimento têm de ser muito corajosos. Não existe evidência concreta que prove a validade ou o funcionamento dos novos paradigmas, pois são únicos.

A pessoa que abraça um novo paradigma no estágio inicial deve normalmente fazê-lo em desafio à evidência criada pela solução anterior. Precisa, portanto, acreditar que o novo paradigma dará certo para muitos problemas que existem, sabendo apenas que os velhos paradigmas não deram certo para uns poucos. Uma decisão desse tipo só pode ser tomada pela fé ou pela confiança.

Esses pioneiros assumem grandes riscos profissionais e existenciais quando promovem essa mudança de um paradigma para outro totalmente diferente, porque, se o novo paradigma acabar em um beco sem saída (e às vezes isso acontece), perdem toda a credibilidade dos adeptos do velho paradigma.

Qualquer pessoa pode optar por mudar seu paradigma. Os seres humanos não são geneticamente condicionados a apenas uma forma de fazer as coisas. Podem optar por ignorar um conjunto de regras e adotar outro conjunto. Podem optar por inúmeras coisas, sempre e quando estejam realmente dispostos a se despojar dos esquemas anteriores.

Em vista dessa última afirmação, Sílvia, uma amiga muito querida do Rio de Janeiro, me lembrou, um dia desses, de uma frase que ela aprecia bastante e que, segundo acha, veio do grande industrial Henry Ford: "Nossos melhores sucessos foram devidos a deixarmos os loucos insistirem no que os sábios haviam abandonado".

Isso me sugere um outro maravilhoso exemplo, também de Joel Barker, para preparar o caminho para o resto da leitura. O que segue neste livro poderá ser a quebra de todos os seus paradigmas e, portanto, é de minha responsabilidade oferecer um novo e diferente modo de perceber o mundo. Para tanto, eis aqui a história:

"Havia uma vez um jovem com um carro muito veloz que gostava de dirigir nas montanhas da Califórnia, onde as estradas só tinham duas pistas. Eram estreitas e cheias de curvas perigosas, mas ele era um ótimo motorista e podia cuidar disso.

Certo dia, dirigia em sua estrada predileta e, quando se aproximava da curva de que mais gostava, apareceu um carro sem controle. Ele foi para um lado, outro lado e, no momento de cruzar com o carro desgovernado, conseguiu desviar e o outro passou tirando um fino.

Em seguida, uma linda mulher pôs a cabeça para fora da janela e gritou o mais alto que pôde: 'Burro!'

Ele estava duro de susto e gritou: 'Burra!' E pensou consigo: 'Que audácia a dela me xingar. Eu estava na minha mão, ela é que estava fora de lugar.'

E, sentindo-se vingado porque conseguiu responder antes que ela fosse embora, acelerou até o fundo, entrou na curva fechada e atropelou um burro."

Essa é a história típica de um paradigma. O rapaz reagiu com um velho conjunto de regras. "Ela me xingou e eu vou responder à altura". Mas na verdade ela estava tentando preveni-lo.

Da mesma maneira, tenho observado muita gente durante os longos anos em que venho percorrendo o mundo com uma visão da vida totalmente modificada. Gente que vive ouvindo "burro" na estrada e nas curvas fechadas da vida. Obviamente, por não entenderem que seus paradigmas as afastam, dia a dia, de vislumbrar um atalho para a felicidade e a realização. Um caminho maravilhoso que está à espera daqueles que desejem trilhá-lo.

Existem formas, oportunidades e alternativas sempre à disposição daqueles que estão atentos. Não estamos sós no Universo, nem sequer abandonados à nossa sorte. Existem outros que, como nós, procuraram descobrir o verdadeiro sentido da vida e, afinal, o acharam. Hoje, esses seres desejam compartilhá-lo com outros que, desejosos de viver em plenitude, se despojam das ataduras que fechavam seus olhos, e que, passo a passo, substituem os velhos paradigmas pelas regras que universalmente governam o destino do Cosmos.

Os paradigmas existentes em todos nós, caro leitor, estão e continuarão a estar encobrindo a percepção dessa incrível e desconcertante oportunidade de progresso real de vida, enquanto você não decida ampliar sua mente, liberar seu espírito e abrir seu coração a essas palavras.

Tenho certeza de que para você e para aqueles que tiverem flexibilidade de paradigmas, o que lerão nestas linhas serão oportunidades, mas, se tiverem paralisia de paradigmas, o que lerão serão tolices, ameaças e loucuras de uma mente desvairada.

Nesses anos de uma nova vida, aprendi muito e continuo na difícil arte de aprender. O que essas fantásticas sociedades de origem extraterrestre têm a nos mostrar é mais do que um simples avanço tecnológico, é o resultado de um processo gradual e crescente de humanização e desenvolvimento. Eles são a evidência concreta de uma civilização que conseguiu transcender os percalços do processo evolutivo de uma sociedade tecnificada e populosa, atingindo o limiar de uma utopia cultural em que a mente e a alma se misturam em uma estonteante e sedutora realidade.

Eles são a trilha de volta para casa, uma alternativa para encontrar o distante e malcuidado caminho da vida. Semeadores de um conhecimento e de uma experiência. E eu, um forasteiro que assumirá os grandes riscos de não formar parte nessa comunidade humana estabelecida de preconceitos, regras, valores e/ou paradigmas culturais, sociais e dogmáticos. Procurando mostrar, atrevidamente, onde a humanidade errou e o que pode ser feito para alterar o rumo da sua iminente autodestruição.

Tanto tempo transcorrido em uma história que parece sem fim, e ainda não conseguimos aprender a lidar com a nossa capacidade de compreensão.

Não podemos mais permanecer em uma mentalidade retrógrada, nem continuar a pensar que somente a ciência ou a total espiritualidade são a única via de salvação e progresso. Não somos mais o centro do Universo nem somos o filho preferido de Deus. Não somos especiais nem únicos. Apenas criaturas a caminho de sua maturidade enfrentando os riscos de sua transição.

A nós, à nossa geração, nos foi dada a tarefa da mudança. A mim e a você que procura existir sem sofrer do mal da certeza, que procura fugir da paralisia dos paradigmas, nos foi encomendada a tarefa de gestar uma mudança sem precedentes.

É chegado pois o momento de mais uma revolução como jamais houve desde os últimos 2 mil anos. Uma revolução mental, espiritual e cultural que, além de necessária, clama poderosamente para retomar a trilha universal da realização inteligente.

Um novo amanhã se seguirá. Após a tempestade de um mundo em caos, fruto da ignorância, uma nova alvorada encontrará aqueles que souberam ser flexíveis à fúria do vento, como uma árvore apostada, enraizada e firme que se dobra humildemente diante da violência dos elementos, fincada no propósito de evoluir construtivamente. Mas, quem tiver permanecido rígido ao vento da verdade, da razão e da definição, estático diante do vendaval que limpa e purifica, ou duro, inflexível pela arrogância, haverá tombado definitivamente sem ter mais a oportunidade de, algum dia, continuar a crescer, pois agora é tarde demais.

Enquanto existirem corações puros e mentes atentas há esperança.

Capítulo IV

Como tudo Começou

Mais um dia, o sol dourava as extensas cordilheiras que se erguem ao longo do litoral peruano, até chegar a tocar delicadamente as frias e cinzentas águas do Oceano Pacífico. Os picos nevados dos Andes, cuja majestosa beleza inspirou desafiantes, esportistas e aventureiros, que alimentou a imaginação de poetas e sonhadores, dominavam placidamente, ao longe, o berço da misteriosa civilização inca.

Entre montanhas, áridos desertos e o litoral, a cidade de Lima, centenária capital do Peru, fundada em 1535 pelo lendário conquistador espanhol dom Francisco Pizarro, surge pacata e tranqüila com suas singelas casas e poucos prédios, em uma configuração típica dos primeiros anos da década de 1950.

Porém, nesse calmo e aconchegante cenário, nem tudo é tão romântico assim. Na cidade limenha, uma das salas de cirurgia de um grande hospital é palco de uma intensa movimentação. Médicos e enfermeiras lutam, mais uma vez desesperadamente, para salvar a vida de um jovem paciente trazido às pressas.

Ferido gravemente, vítima de um violento acidente de motocicleta ocorrido durante uma corrida, o jovem piloto dependia, indefeso, da rapidez no atendimento e da destreza profissional dos médicos. Aquele que até então tinha sido um arrojado e garboso galã, garoto dinâmico e de grande sucesso com as mulheres, encontrava-se entre a vida e a morte. Caso sobrevivesse, ameaçava continuar inconsciente e vegetando pelo resto da vida, ou com alguma seqüela que o tornaria mental e fisicamente deficiente.

Sua mãe, dona Virgínia, viúva e que perdera havia pouco tempo o segundo filho varão em um acidente aeronáutico, rezava fervorosamente dia e noite ao lado do leito de Carlos. Firme e convicta, com espírito de ferro, não se entregava ao desespero. Virgínia e Rosa, as únicas filhas restantes e mais jovens, procuravam consolá-la. Infelizmente, as chances eram remotas. Recuperar-se totalmente e bem, somente seria possível por meio de um verdadeiro milagre. Mesmo que submetido a uma difícil intervenção, era provável que não resistisse sequer à anestesia. De qualquer maneira, algo teria de ser feito e, com fé inabalável, dona Virgínia saiu à procura do melhor especialista da época e lhe implorou que a ajudasse. Comovido pelo desespero dessa senhora, o médico aceitou o caso.

Lentas e penosas horas de cirurgia e três longos meses em coma profundo fizeram o impossível. Aos poucos, um morto retornava ao mundo dos vivos. Embora recuperasse lentamente a consciência, os estragos do ocorrido se manisfestavam em uma incômoda e perturbadora amnésia, nas dolorosas cicatrizes que percorriam seu crânio, e nos olhos vesgos que ocultava envergonhado por trás de um par de escuros e pesados óculos.

Várias sofridas e demoradas cirurgias seriam necessárias para corrigir as deficiências provocadas pelo desastre. As dívidas contraídas pelo acidente e suas conseqüências custaram-lhe a posição e a fortuna. Seu promissor negócio de motos cobrira apenas os onerosos gastos hospitalares pelos meses de internação.

Ao recobrar-se, uma nova vida surgia, muito diferente daquela que até então levara, acostumado a ser o centro das atenções nas festas e entre amigos, em uma vida agitada, fútil e banal. Agora, escondia-se no seio da família, longe de tudo isso, retraído, fragilizado e tímido pelo seu deplorável aspecto.

Carlos já não era mais o mesmo. De um arrogante garotão, irresponsável e mundano, um outro homem emergia no cenário; diferente e estranho, não somente para a família, mas também para os poucos amigos que restaram. O aspecto físico não era a única alteração que o acidente infligira no jovem motociclista. Sua forma de agir havia sofrido uma profunda transformação. Meses após o acidente, um jovem interessado e aflito pelos segredos do seu mundo interior, pelo verdadeiro sentido da vida e pela espiritualidade, ensaiava seus primeiros passos. Como criatura que despertava em um novo mundo, passou a devorar tudo o que aparecia à sua frente. Ouvindo como espectador atônito diante de uma nova descoberta, lendo como alucinado e discutindo como veemente interessado, começou a percorrer horizontes nunca antes sonhados por ele. Agora eram outros os valores que norteavam sua vida.

Foi por volta de 1953 que seu profundo desejo de mais informações o fez participar da renomada Associação Peruana de Astronomia, da qual chegou a ser secretário e tesoureiro pouco tempo depois. Mas não foi somente a ciência que lhe reservou surpresas naquele ano. O amor conquistara finalmente seu coração, contraindo logo casamento com Rose Marie, uma antiga e muito devotada amiga, que soube ajudá-lo no pior momento e que anos mais tarde lhe daria três filhos: eu, o primeiro e quem escreve, de nome Carlos, mais conhecido pelo apelido de Charlie, e a seguir Sixto e Rose Marie, respectivamente.

Foi durante esse período, em que Carlos iniciara sua vida familiar, que as primeiras notícias procedentes do estrangeiro sobre a investigação oficial do governo norte-americano, relativa aos óvnis (Objetos Voadores Não Identificados), chegaram aos seus ouvidos. O assunto o empolgou a tal ponto que propôs aos membros da Associação Peruana de Astronomia destinar parte do tempo à investigação desse novo e tão apaixonante fenômeno. A resposta foi uma imediata negativa. A associação era composta em sua maioria por cientistas e, naquela época, cogitar vida fora da Terra era uma aventura típica de ficção, própria de novelistas e loucos, obviamente fora de seus paradigmas.

Apesar disso, Carlos não se deixou abalar. Não encontrando um ambiente favorável para desenvolver aquilo que se tornou, desde o primeiro momento, seu objetivo fundamental e de máximo interesse – provar que seres inteligentes procedentes de outros mundos nos visitam –, rompe definitivamente seus vínculos com a Associação Peruana de Astronomia e funda, no dia 31 de janeiro de 1955, o Instituto Peruano de Relações Interplanetárias (IPRI). Esse jovem era por demais arrojado e irreverente para o momento, já que o nome da entidade era um tanto arrogante e uma afronta direta aos que não acreditavam na veracidade do fenômeno, assim como às especulações que o assunto suscitava. Porém, nem ele mesmo suspeitava do sentido profético do nome que finalmente escolhera.

José Carlos Paz Garcia Corrochano, peruano, natural da cidade de Lima, havia dado partida a uma aventura que não teria mais fim e, sem suspeitar de nada, havia se transformado em um profeta e visionário. Sentia-se guiado voluntariamente para desvendar um grande enigma, o mesmo que se tornaria, ao longo da sua vida, quase uma obsessão. Pensar na possibilidade de se defrontar com criaturas inteligentes, vindas de um ponto perdido na imensidão do oceano cósmico, deixava-o simplesmente alucinado. Ele tinha de descobrir a verdade de tudo isso. Correr atrás de mais informações, procurar o testemunho das pessoas e preparar-se para, algum dia, ser partícipe em pessoa, protagonista dessa fantástica aventura.

Devotaria anos a fio, sacrificaria o que fosse necessário para realizar essa estranha e incrível empreitada.

Não passou muito tempo para que o mundo e outros pesquisadores descobrissem a dedicação e seriedade que professava. Seu prestígio foi crescendo, chegando a participar como orador em incontáveis eventos de carater nacional e internacional, a ponto de muitas entidades internacionais incorporarem-no como membro e representante. Na atualidade, o IPRI encontra-se associado à Federação Internacional de Astronáutica, com sede em Paris, da qual é membro votante; pertence também à Intercontinental Ufo Research and Analytic Network (ICUFON) de Nova York, na qual representa a América do Sul; está filiado à Frente Única de Investigadores do Brasil e à Sociedade de Parapsicologia Latino-Americana de Buenos Aires. Carlos é hoje também Vice-Presidente da Federação Pan-Americana de Estudos Científicos e Filosóficos de Vida Extraterrestre, com sede em Buenos Aires. Além do mais, muitas são as revistas dedicadas ao tema que o incluem entre os seus colaboradores, sendo ainda objeto e assunto de muitas entrevistas. Entre suas mais célebres amizades, encontra-se o prof. Herman Oberth, pai da astronáutica e professor de Werner von Braun, esse, inventor dos foguetes Saturno utilizados pela NASA para os projetos Apollo. Dessa amizade, vieram o reforço e o incentivo para continuar as pesquisas e ir em frente, mesmo contra a incompreensão dos ignorantes e céticos.

Foi no percorrer desse difícil caminho que muitas pessoas se aproximaram dele, dentre as quais se destacou uma que seria o pivô de uma incrível aventura, cuja extensão não teria limites.

Em meados de 1969, Carlos e sua esposa participavam de uma recepção diplomática em homenagem a um amigo. Este, um diplomata dominicano, aproveitou a ocasião para lhes contar uma bizarra e assustadora experiência. Em resumo, ele estava dirigindo em uma estrada na República Dominicana quando teve um encontro com uma luz muito forte que o cegava. Porém, momentos depois de o carro deter-se e tudo nele se desligar inexplicavelmente, percebeu que, por trás daquela luz e não muito distante, estava um grande objeto em forma de disco. Quando a intensidade do resplendor diminuiu, observou que duas criaturas de aspecto humanóide aproximavam-se do seu veículo em silêncio. Sua semelhança com os humanos era perfeita, pois somente a vestimenta delatava tratar-se de alguém fora do comum. Ao chegar, falaram em bom e fluente espanhol pedindo que se acalmasse, que não lhe fariam mal e que procediam de Ganímedes, a maior lua natural de Júpiter. Sem compreender bem o que estava ocorrendo, foi convidado a ingressar no objeto, no qual permaneceu por várias horas. No interior da espaçonave, travara alguns diálogos com os tripulantes, sendo submetido no geral a vários exames de caráter médico. E, finalmente, concluída a experiência, retornou ao carro que ligou imediatamente, voltando sem demora para a segurança do seu lar, terrivelmente impressionado e sem conseguir entender em absoluto o que realmente havia sucedido.

Nesse mesmo ano, uma pessoa membro do Instituto e que gozava da amizade e confiança de Carlos apossou-se dessa e de outras informações do gênero. Veio, mais adiante, a publicar um livro no qual narrava, sob um pseudônimo, suas incríveis experiências em Ganímedes – obviamente aquelas que nunca existiram – e seus contatos com esses seres. Embora esse livro contivesse meias-verdades, foi um sucesso de vendas, criando, por parte de alguns incautos tocados pelo conteúdo, expectativas falsas e uma idéia errada dessas civilizações extraterrestres.

A aparição do livro, por volta de 1972, nas prateleiras das livrarias de Lima e, posteriormente, em países latino-americanos, acendeu a chama da polêmica nos círculos de pesquisa extraterrestre, inclusive nos meios de comunicação e na opinião pública. Houve gente até que acreditou que Carlos fosse o autor. Mas, de maneira geral, ele foi chamado por todos para esclarecer e opinar sobre a tão falada e controvertida publicação.

Na época, Carlos realizou dezenas de palestras. E sempre, ao seu lado, inseparáveis, seus dois filhos, Sixto e eu, Charlie. Ambos estávamos mais do que doutrinados no assunto e, mesmo assim, continuávamos dois tremendos entusiastas.

As palestras se arrastaram até 1973, sendo que nesse dia em particular, o convite partia da Sociedade Internacional de Realização Divina, ou SIRD, uma entidade orientalista transmissora dos ensinamentos do *swami* Devanand Maharaj. Sua representante para o Peru, a sra. Silvia Rivera de Marmanillo, havia solicitado uma palestra para comentar o livro.

Ao finalizar a não menos brilhante e entretida palestra, Carlos foi rodeado por alguns interessados, enquanto, ao mesmo tempo, Sixto e eu conversávamos impressionados com a sra. Silvia a respeito da origem do SIRD e do tipo de estudos que a entidade desenvolvia. Ao ver nossa tremenda curiosidade, a anfitriã perguntou se gostaríamos de participar das atividades da sociedade e freqüentar as palestras, assim como vir a realizar os cursos de ioga e meditação. A resposta, além de imediata, só podia ser positiva. Ao retornar à casa, contamos a meu pai, Carlos, a conversa que tivéramos com a sra. Silvia, da oferta que nos fizera e do nosso desejo de participar, perguntando, um pouco receosos, se ele teria alguma coisa contra. Ambos estávamos delirantes e profundamente interessados, mal conseguíamos disfarçar nosso entusiasmo. Ele podia ver em nossos olhos aquela chama que já havia experimentado interiormente no passado, aquela que o levara tão longe em busca do desconhecido e que inexoravelmente havia encontrado extensão em nós, seus filhos. Ambos herdáramos tanto o gosto pelos óvnis como a mesma curiosidade pelo novo e o desconhecido. Assim, obtivemos não somente a permissão de freqüentar o SIRD, mas também todo o incentivo.

Enquanto meu pai, que era nosso ex-piloto de corridas, desenvolvia suas pesquisas e atividades ufológicas (do inglês UFO, Unidentified Flying Objects), Sixto e eu iniciávamos uma nova etapa de aprendizagem. Um processo diferente, disciplinar e profundo passaria a formar parte de nossa rotina diária. Os exercícios de ioga, a alimentação vegetariana, as meditações, os relaxamentos, as leituras e as pesquisas haviam se transformado no esporte de ambos, preenchendo totalmente nosso tempo. Porém, sem jamais negligenciar a paixão pelo assunto extraterrestre.

Contudo, ao longo dos meses, as aulas na universidade, as diferentes atividades esportivas na Federação Peruana de Ginástica Olímpica e uma boa dose de preguiça fizeram com que logo eu viesse a me afastar do SIRD. Sixto, pelo contrário, tornou-se assíduo colaborador e exemplar aluno; suas tendências místicas e grande espiritualidade haviam encontrado o melhor lugar para florescer.

Estávamos em fins de 1973. As atividades transcorriam normalmente na sede do Instituto. As palestras, os cursos e os seminários continuavam a chamar nossa atenção, sem que nos descuidássemos de qualquer participação. Durante esse período, meu pai me inseriu no Instituto como instrutor de um curso de parapsicologia, disciplina que estuda e investiga os fenômenos extra-sensoriais (ESP). Essa atividade, baseada nas teorias do dr. Charles Richet, catedrático da Sorbonne em Paris e Prêmio Nobel de Medicina, traria uma insuspeitada colaboração no futuro. Dentre todos os fenômenos ESP pesquisados pela parapsicologia, a telepatia, chamada também de "transmissão de pensamento" ou "comunicação mental a distância", profundamente investigada pelo prof. Joseph Banks Rhine, da Universidade de Carolina do Norte, Estados Unidos, seria à que eu mais dedicaria tempo e atenção, pois em breve se transformaria em uma ferramenta de trabalho cuja extensão não teria fronteiras.

As férias de fim de ano estavam chegando e, com isso, havíamos iniciado, com alguns amigos, os planos de novas excursões às cavernas da cordilheira dos Andes e, completando a aventura, para antigos cemitérios e construções incas que eram desconhecidas do público e dos arqueólogos.

Ninguém, nenhum de nós poderia sequer imaginar que, em breve, os eventos que estariam para ocorrer na vida da minha família seriam responsáveis pela transformação do curso da vida de centenas de pessoas em todo o mundo, pois viriam a escrever uma nova página na história da humanidade e da fenomenologia extraterrestre internacional.

Esses acontecimentos marcariam o instante de um novo e maravilhoso momento na busca da identidade cósmica do homem, aproximando-nos cada vez mais de conhecer o sentido da vida.

Era como se tudo estivesse escrito e os primeiros passos estavam para ser dados.

Em breve, a visão profética que erguera o nome da entidade investigadora de Carlos, meu pai, estaria para cumprir seu destino e consumar o momento tão aguardado por tantos anos.

Capítulo V

A Experiência

O ano de 1973 estava terminando calmamente. Meu pai iniciara uma bateria de cursos sobre vida extraterrestre e sobre parapsicologia no Instituto, enquanto meu irmão Sixto ingressava na faculdade e eu passava ao segundo ano de estudos gerais com opção em psicologia industrial.

Foi nos primeiros dias de janeiro de 1974 que uma interessante notícia apareceu em cena. Um artigo publicado em um jornal local mencionava que, em fins dos anos de 1960, haviam sido acumuladas múltiplas evidências sobre a possibilidade de vida extraterrestre. Entre elas, estavam a captação de uma grande quantidade de ondas de rádio e de variados sons procedentes do Cosmos. Com os vôos espaciais tripulados, descobrira-se que o espaço não era um silêncio sepulcral como se acreditava mas, pelo contrário, estava saturado de barulho. Sons estes que não procediam do lixo acumulado no espaço, mas de prováveis mensagens irradiadas. Para tal, foi desenvolvido o "Projeto Ozma", um trabalho de orientação de antenas rastreadoras na Virginia, Estados Unidos, que captariam os sons vindos do espaço. Uma vez identificados, seriam decodificados pelos computadores para verificar sua natureza.

Esse curioso informe motivou que, dias depois, o Instituto Peruano de Relações Interplanetárias organizasse uma palestra para informar ao público sobre os avanços da ciência na tentativa de provar a existência da vida inteligente fora da Terra. A conferência seria proferida pelo renomado dr. Victor Yañez Aguirre, médico do Hospital da Polícia, eminente parapsicólogo, presidente da Associação Peruana de Parapsicologia e presidente da Sociedade Teosófica. Presentes também se encontravam Sixto e eu, ambos "macacos de auditório" do meu pai, pois havíamos colaborado com os detalhes da organização.

A palestra correu tranqüila e foi profundamente interessante. O orador dissertava deliciosamente sobre o assunto, afirmando não só que era possível comunicar-se com seres extraterrestres por vias tecnológicas, mas também que, segundo alguns recentes casos de encontros de pessoas com alienígenas, a relação havia se estabelecido "telepaticamente", isto é, que a comunicação havia fluído por meio de ondas mentais e por leitura de pensamento. Aparentemente, em algumas experiências realizadas, as criaturas alienígenas seriam detentoras de um potencial paranormal elevadíssimo, a ponto de poder conversar mentalmente com qualquer pessoa, independentemente do idioma. "Enquanto os cientistas e técnicos captam os sinais vindos do espaço e procuram interpretá-los", comentava, "um grupo de psíquicos ou sensitivos, isto é, pessoas dotadas de uma extraordinária percepção extra-sensorial e que exercem voluntariamente seu uso, reúnem-se paralelamente para concentrar-se no envio de uma onda mental ao espaço. Na objetiva intenção de que, se existem seres espaciais inteligentes e potencialmente sensíveis, captem a onda e a respondam."

Aquilo soava para os participantes como coisas extraídas de um filme de ficção científica, típico de uma novela futurista ou arrancado de um sonho mirabolante. Bom, de qualquer forma a platéia resistia estoicamente a acreditar na simplicidade do comentário.

Finalmente, percebido o ceticismo geral, o dr. Yañez terminou relatando três singulares casos, sendo que dois desses haviam agitado recentemente o cenário da pesquisa extraterrestre. O primeiro que mencionou era relativo à experiência vivida pelo sr. Eugênio Siracusa na Itália. Um caso bastante antigo em que, por volta dos anos de 1960, Siracusa manteve contato com vários seres chamados de "Ashtar Sheran", "Woodok" e "Link" em uma cratera do Vesúvio. Mais adiante veio a contatar, de forma casual, um ser chamado "Adoniesis". Este último se comunicava também telepaticamente e, de acordo com as descrições do contatado, não pertencia à nossa dimensão. A seguir, o orador fez referência a um caso muito interessante e incrivelmente curioso, ocorrido na Venezuela e que teve como cenário uma pequena cidade próxima a Caracas, no início de 1973, da qual resultaria uma outra experiência não menos insólita; e, para finalizar, referiu-se a um caso que, derivando do anterior, envolveu o engenheiro Enrique Castillo Rincón recentemente na Colômbia, que havia chegado a fazer contato com dois extraterrestres denominados de "Cromacan" e "Krisnamerk", identificando-se como provenientes de um grupo de estrelas localizadas nas Plêiades.

Segundo o dr. Yañez, o contato colombiano, como já o mencionara, surgiu à raiz de uma experiência inusitada vivida na Venezuela, e, para acalmar a incrível curiosidade que despertou no público, iniciou detalhadamente seu relato.

"Foi em meados de 1973 que um carro circulava pelas rodovias norte-americanas calmamente quando, repentinamente, sem razão aparente, o veículo, completamente desgovernado, sai da pista velozmente e colide com violência contra uma enorme árvore. Imediatamente outros carros próximos pararam na intenção de socorrer o piloto, supostamente ferido no interior das ferragens retorcidas. Mas qual não foi a surpresa de todos ao ver que não havia ninguém no interior. A polícia, uma vez acionada, identificou os restos do carro como sendo de propriedade de um jovem venezuelano radicado nos Estados Unidos. Segundo sua ficha de estudos e pelos depoimentos recolhidos, o jovem havia sido um brilhante estudante de engenharia, muito querido por seus amigos e colegas e que, até recentemente, trabalhava em uma usina nuclear local.

Durante as semanas seguintes ao incidente, a polícia e autoridades do governo norte-americano foram mobilizadas na tentativa de elucidar o caso, mas, após longas e trabalhosas investigações, não conseguiram chegar a nenhuma conclusão que esclarecesse o mistério. O corpo simplesmente havia desaparecido. E o pior, o que complicava tudo, era que o desaparecimento não deixara qualquer vestígio e ocorrera na presença de todos os que naquele momento transitavam pela rodovia.

As buscas continuaram durante meses, mas sem obter nenhum resultado. As autoridades haviam comprado uma incômoda dor de cabeça. Os órgãos diplomáticos exigiam um desfecho e uma conclusão. A pressão dos parentes e amigos se avolumava.

A família, que morava em uma pequena e pacata cidade na periferia de Caracas, recebeu, algum tempo depois, um comunicado oficial, o qual ratificava as estranhas condições em que o jovem engenheiro desaparecera. As informações eram contraditórias e difusas, assim como um tanto obscuras, já que as autoridades americanas consideravam o sumiço como um caso de vingança, provavelmente seguido de assassinato. Porém, como não havia um corpo a remeter, limitaram-se a enviar todos os seus pertences e bens pessoais. Sem mais esclarecimentos e em vista do ocorrido, os familiares tiveram de se conformar com a perda.

Sendo espíritas, e insatisfeitos com a cruel e triste forma de terem sido despojados do seu jovem e querido filho, os familiares decidiram realizar uma sessão mediúnica, na qual convocariam a alma do suposto falecido para saber detalhadamente do acontecido e, assim, despedirem-se finalmente, desejando-lhe os melhores votos de paz e felicidade nessa sua nova condição.

A sessão passou a ser então preparada com muito carinho pelos parentes e amigos, de tal forma que a gravariam em fita de áudio como lembrança, conseguindo, dessa maneira, manter ainda um estreito vínculo final. O médium receptor seria um jovem estudante de medicina, amigo e antigo colega do falecido.

Tudo estava preparado, as luzes rebaixadas, o local silenciado, o grupo a postos e o médium iniciava seu transe. A expectativa era grande, todos aguardavam poder, uma última vez, estreitar seus laços com o infortunado rapaz. E os minutos se sucediam, o médium manifestava a evidência do seu estado. Conforme o tempo transcorria, uma curiosa e estranha névoa azulada formava-se ao lado do sensitivo, assumindo vagarosamente a forma de uma nuvem circular. Essa forma gasosa emitia uma luz tênue, lembrando fumaça de cigarro iluminada ou fosforescente que, a intervalos, aumentava sua intensidade. Parecia que pulsava. Rapidamente a névoa compactou-se formando uma semi-esfera e do seu interior surgiu uma sombra. Lentamente, das profundidades do desconhecido, uma forma humanóide aparecia. Era um ser semelhante a humano, mas de aspecto angelical. O rosto era belo, de traços suaves e bem delineados, mas sem perder o ar sério e severo. Os olhos eram claros e ligeiramente rasgados, o cabelo era comprido e loiro, penteado para trás. Seu corpo era proporcional, esguio e atlético, sua altura beirava 1,80 metro, com os membros perfeitamente normais e mostrando o contorno dos músculos. Vestia-se de forma simples, ostentando um macacão folgado com as mangas acabando em punhos apertados, botas semelhantes ao couro, de cano longo sem folga, e um cinto largo na cintura.

A figura postou-se à frente da luz, em pé, olhando séria para o grupo que, totalmente atordoado, não conseguia compreender o que estava se passando.

A criatura, de origem desconhecida, olhou para o médium, que em seguida começou a falar: 'Não temam, não lhes farei nenhum mal, meu nome é ASHTAR SHERAN, sou comandante da frota de espaçonaves de Ganímedes. Seu filho não está morto nem perdido, encontra-se entre nós. Veio por livre vontade e deseja permanecer conosco, não se preocupem, pois ele estará bem'. Esse ser continuou a falar, oferecendo um panorama de eventos que deveriam se concretizar ao longo dos anos seguintes. Até que terminou dizendo: 'Esses fatos [referindo-se à autodestruição da humanidade] serão concretizados como conseqüência dos seguintes aspectos: aparecerá um líder político no futuro, dentro do conglomerado social dos países unidos. E dominará as massas e regerá os destinos sociais e econômicos dos demais países. E seu poder estará auxiliado por mecanismos que ele mesmo colocará em jogo, como conhecedor das leis metafísicas. E, em seguida, se produzirá a invasão dos continentes. E quero avisá-los que a paz assinada na região que chamam de Vietnã servirá de degrau imediato para o conflito bélico seguinte entre árabes e judeus. A isso se seguirão terremotos que devastarão cidades e que tentaremos alterar para evitar piores danos'. Finalizando, retornou à luz e desapareceu.

Esse incrível evento foi pesquisado pelo investigador colombiano Enrique Castillo Rincón que, após algum tempo, aproveitaria o acontecido na Venezuela para fazer uma experiência similar na Colômbia, reunindo, para isso, uma equipe de sensitivos selecionados, os quais buscariam entrar em contato telepático com alguma inteligência extraterrestre.

A experiência do engenheiro teve início em fins de 1973. Durante várias semanas e cansativas sessões, nada se obtinha. Porém, depois de infrutíferas tentativas, finalmente, um sensitivo passou a receber mensagens de alguma fonte não identificada. Semanas a fio, o grupo procuraria estabelecer uma relação cada vez mais íntima com a fonte emissora. Até que, um dia, na dúvida de que o contato fosse realmente de caráter extraterrestre, foi solicitado que a suposta entidade confirmasse sua existência por meio de uma manifestação ou com a presença de quaisquer tipos de fenômenos que identificassem sua natureza e procedência. A resposta demorou algumas horas, para expectativa geral. Séculos haviam transcorrido em breves horas. O ser que se manifestava entre essas toscas e mal trabalhadas linhas respondeu, convidando o engenheiro e sua equipe para um encontro nas cercanias da cidade.

Embora o ceticismo e a curiosidade fossem tremendos, decidiram *pagar para ver*. Todos se dirigiram até o local designado na data e coordenadas recebidas. Ansiosos e fundamentalmente nervosos, já no local, comentavam sem parar os detalhes e a história de como tinham chegado a esse fim de mundo.

Os minutos passavam. Os rostos refletiam incerteza e preocupação. Mas, repentinamente, na hora indicada, a surpresa foi geral: um objeto luminoso de forma discoidal sobrevoava a delirante turba.

A confusão era total. Emoção, espanto, alegria se misturavam e ninguém conseguia se entender. Um dos sensitivos começou a receber uma mensagem e pouco depois informou ao grupo: 'Somente um de vocês terá a oportunidade de ser transportado a bordo da nave'. A comunicação causou impacto. 'Quem seria o escolhido?', todos se perguntavam mentalmente. Cada um dos participantes ficou em silêncio pensando. Um a um desejavam, no íntimo, ser o eleito e cada um apontava aos outros os porquês de não estarem aptos para tal convite.

Outra mensagem surgiu logo após dizendo: 'Dessa vez não levaremos a ninguém, pois mostraram não estar preparados. Egoisticamente se desprezaram mutuamente, desmerecendo seu companheiro por vaidade e ambição. Em uma outra oportunidade voltaremos. Desejamos estabelecer um relacionamento mais estreito com seres que estejam dispostos a grandes renúncias para evoluir positivamente e em quem possamos confiar plenamente. Marcaremos um novo encontro'.

Esse novo encontro foi realizado algum tempo depois, ao qual o engenheiro compareceu só. E a partir daquele momento, novos contatos se sucederam, tanto com a presença do engenheiro como com a de outros participantes."

A explanação do dr. Yañez havia sido tão envolvente quanto interessante, tanto que o público comentava e perguntava curioso se isso era realmente possível de acontecer. As pessoas resistiam a crer no que haviam escutado. Tudo era muito difícil de aceitar. Mas, de qualquer maneira, havia dois participantes profundamente tocados com os relatos. Os eventos narrados excitaram nossas mentes a ponto de motivar-nos a pensar seriamente na possibilidade de tentar realizar a mesma experiência.

Concluída a palestra, ambos, muito empolgados com o relato que havíamos ouvido, aventamos a idéia de reunir nossa turma de amigos e fazer uma tentativa de contato, seguindo o exemplo da experiência realizada pelo engenheiro Rincón. A vontade de Sixto de iniciar o experimento era tanta que ele não conseguia conter-se. Pensar na possibilidade de ter contato com seres de outro planeta era um pensamento alucinante, e a aventura que isso representava o tomava por completo. Ele não cabia em si mesmo e mal podia esperar para começar, estava elétrico, como se ligado em 220 volts. E eu não ficava atrás.

Para tal fim, selecionamos as pessoas que fariam parte da experiência, convocando nosso primo Roberto, dois vizinhos e amigos, Alfredo e Juan Carlos, dois colegas do Instituto, Juan e Henrique, e os colegas de escola apelidados de "Mito", "Lalo" e Arduino. O convite foi intimador. A chamada deu-se de forma direta e categórica, motivo pelo qual, além de ninguém faltar, também não houve atraso.

Ao chegarem todos, comentamos o teor da palestra e a intenção que nos levara a chamá-los. A proposta de fazer uma tentativa experimental de contato com extraterrestres entusiasmou a todos, e passamos logo e sem delongas a marcar o dia seguinte para o início dessa fantástica e emocionante aventura. Todos deviam estar presentes em nossa casa às 19h, munidos de bloco de rascunho e lápis, pois utilizaríamos um sistema de comunicação mental ou telepática chamada de "psicografia" ou "escritura automática", na qual, segundo dizem os entendidos, os impulsos mentais são decodificados pelo cérebro e transformados em estímulos musculares, manifestando-se em uma forma rudimentar de escrita.

Nessa noite, ficou muito difícil dormir para toda essa jovem equipe de colegas aventureiros, inclusive para mim. E, quando conseguimos, os sonhos ocorreram em um lugar distante e fantástico. Por estarmos em janeiro, e principalmente de férias, as horas demoravam para passar e a ansiedade tomava conta das emoções. Mas, afinal, o tempo transita inexoravelmente e, assim, a hora estipulada para o encontro chegou.

Um a um, nossos companheiros foram chegando na hora determinada. Minha mãe, dona Rose ou "Mochi", como carinhosamente foi apelidada por Sixto, não conseguia entender o que estava se passando na casa. Rapidamente, todos nos dirigimos em silêncio para a sala e, sigilosamente, as portas foram trancadas.

Mochi não conseguia compreender esse comportamento tão suspeito. "Alguma coisa esses garotos estão tramando, mas o quê?", ela pensava. Curiosa e intrigada, permaneceria por perto para descobrir finalmente o enigma.

Uma vez todos reunidos, repassei alguns dos detalhes da experiência colombiana, descrevendo os aspectos técnicos relativos à forma de telepatia que viríamos a utilizar, e Sixto passou a sugerir as técnicas e os exercícios de relaxamento que deveriam ser utilizados para o melhor desempenho do trabalho e do grupo.

Para ilustrar melhor a idéia, relatei, a título de exemplo, a experiência realizada por um oficial do submarino *Nautillus,* da marinha norte-americana, sob o Ártico, quando realizou um contato telepático com um outro oficial localizado no Pentágono em Washington. Também comentei o caso do astronauta Mitchell que, durante a missão Apollo XIV em 1971, foi contatado telepaticamente por um outro oficial na Terra. A partir de todos esses resultados constatados, nada nos impedia de ter sucesso.

Os exercícios eram na realidade muito simples. Com base no que aprendêramos nos cursos de parapsicologia e durante a estada no SIRD, procuraríamos fazer inicialmente um relaxamento dirigido e depois uma concentração. Dessa forma, tentaríamos enviar uma onda mental ao espaço com o objetivo de que, se possível, alguma entidade alienígena a capturasse. Utilizaríamos para tanto a "psicografia" como a melhor forma de registrar as mensagens recebidas. Pois, segundo se acredita, a onda mental ou telepática chegaria, no retorno, transformada em espasmos ou impulsos:

leves contrações musculares que movimentariam o braço, obrigando a mão a escrever alguma coisa, mesmo que de forma rudimentar.

O grupo se dispôs em círculo, sendo que aquele que faria a vez do receptor ou sensitivo permaneceria no meio, a fim de receber uma ajuda energética de todos os participantes à sua volta. Dessa maneira, cada um poderia passar a tentar ser o receptor, alternando-nos na seqüência em que o grupo se encontrava disposto. Eram 19h30 quando a instrução de cada um elevar seus pensamentos ao espaço e procurar uma aproximação com o Universo foi dada. Nos minutos que se seguiram, um a um fomos passando sem nenhum resultado, até chegar a vez do último. Visivelmente cansados, dávamos mostra de incômodo, desconforto e decepção, mas nos propusemos a fazer um último e sacrificado esforço. Era a vez de Sixto que, embora fosse o primeiro na idéia, estava sendo aquele que encerraria a experiência.

Todos a postos, respiramos fundo e elevamos os pensamentos ao espaço novamente, repetindo pela última vez o exercício. Buscando dar o melhor de nós, o grupo reuniu-se em um esforço final.

Subitamente, um leve calor invadiu a sala e Sixto levou um enorme susto. Uma série seqüencial de contrações involuntárias e violentos movimentos no braço começaram a ocorrer. Apavorado, jogou o lápis energicamente para longe e rapidamente se levantou dizendo: "Chega por hoje, acho que foi mais do que suficiente. Outro dia tentaremos novamente e com mais calma". Meu irmão estava pálido e não conseguia compreender bem o que havia acontecido. Sua mão e seu braço estremeceram involuntariamente e totalmente fora de controle. A sensação de impotência que sentia diante dessa situação era por demais esquisita. E, por outro lado, começava a acreditar que tudo isso não passava de fruto da sua ansiedade e euforia, e até de uma certa auto-sugestão. Definitivamente, Sixto achava que aquilo não podia ser real.

Respirava-se um ar meio desapontado no ambiente. A turma, embora triste com o resultado, mantinha-se animada na promessa de haver em breve uma nova tentativa.

Eu aproveitei a "deixa" para dar uma volta com Alfredo, Juan Carlos e Roberto, enquanto o resto se recolhia para suas casas. Sixto, porém, foi direto para seu quarto, ainda perplexo e confuso, sendo abordado e inquirido no caminho por Mochi e Rose, nossa irmã caçula, que, irresistivelmente curiosas, desejavam saber o que havíamos realizado ali. Ao que ele, sem muita reserva, passou a narrar em detalhes, comentando da tentativa de contato e do insucesso do resultado e que, futuramente, voltaríamos a tentá-lo.

Muito chocada pela afirmação, Rose perguntou se ele poderia fazer uma demonstração, ou ensinar mais ou menos como seria a mecânica do processo. Sem nenhum recato ou censura, Sixto acedeu ao pedido e, dirigindo-se à sala, começou a mostrar todos os passos que havíamos seguido, tendo dessa vez a ajuda de Mochi e de Rose.

Ponto por ponto, passo por passo, juntos foram repetindo os exercícios. Sixto fazia a vez do receptor, tendo o auxílio das duas. Era estranho como ele se comportava. Sem nenhuma restrição, havia retomado a experiência. Parecia impelido a reiniciar a "comunicação". O que sentira minutos atrás parecia não haver ocorrido nunca. Eram 21h30 do dia 22 de janeiro de 1974, quando, novamente, nesse instante, uma força violenta e desconhecida agitou a mão do meu impressionado irmão. Sem domínio aparente, o lápis desenhava rudes linhas em um movimento sem nexo. Assustado, pálido e suando, continuava, agitado e desgovernado. Ninguém conseguia explicar nem entender o que estava acontecendo, nem ao menos saber como proceder.

Minha mãe e minha irmã gritavam assustadas para que Sixto parasse. Com o rosto refletindo o medo que o dominava, meu irmão procurou sobrepor-se. Até que, em um momento de controle, conseguiu jogar o lápis fora.

Sentindo-se esquisito, olhou para as folhas grotescamente rascunhadas e, em uma delas, torpemente escrito, podia-se ler entre os rabiscos: "Sala do lar boa para fazer comunicação, podemos falar sobre óvnis em seu planeta, meu nome é Oxalc, sou de Morlen, satélite de Júpiter. Poderemos nos comunicar mais adiante...".

Em vista de semelhante texto, todos ficaram em silêncio, não sabiam o que fazer. Sixto, indignado, afirmava que isso só podia ser fruto de sua imaginação e que, provavelmente, se encontrava sugestionado.

Profundamente chateado e ao mesmo tempo preocupado, abandonou a sala e saiu. Mochi e Rose não sabiam o que pensar de tudo isso, mas alguma coisa havia realmente sucedido – o quê? Não havia resposta, ninguém sabia a que conclusão chegar.

No dia seguinte, todos souberam da novidade. Rose, empolgada com o resultado da noite anterior e mesmo não compreendendo o que havia se passado ao certo, comunicara a notícia da "mensagem" recebida a todos os envolvidos, menos a mim, que acabara de viajar com uma família de amigos para o interior do país.

Naquele dia, os garotos, desejosos de conhecer os pormenores do evento, procuraram Sixto para que fizesse uma nova demonstração. Relutante e ainda cético com o acontecido, acabou cedendo diante da insistência dos companheiros. Sua intenção era saber, em definitivo, se havia realmente algo de extraordinário sucedendo ou se tudo não passava de uma mera e triste auto-sugestão; por meio de um novo contato, teria provavelmente a resposta.

Dessa vez, o resultado foi além de qualquer expectativa e, à vista de todos os presentes, mais do que empolgante.

O ser chamado Oxalc novamente se apresentou, comentando e dissertando sobre vários assuntos com profundidade e clareza. Todo o grupo queria perguntar e saber o que esse ser responderia. Assim, as perguntas elaboradas eram desde as mais banais até intelectuais e filosóficas, sendo que as respostas foram de acordo. Meus amigos haviam acabado de descobrir um novo e inusitado entretenimento, semelhante àquele do "copinho" que se fazia nas reuniões de garotos. Com a diferença de que, aqui, era um suposto extraterrestre quem dava as respostas.

Dias depois, retornava da viagem quando soube o que estava se passando em casa. Muito preocupado com o que poderia ser, comentei o assunto com meus pais. Não conseguia sequer aceitar que o resultado dessas "ligações mentais" fossem reais. "Acreditar em vida fora da Terra e em outros mundos habitados por seres inteligentes é uma coisa, mas engolir que um desses seres extraplanetários se contataria assim, tão fácil, com um grupo de moleques e para responder futilidades, é por demais absurdo", pensava comigo.

Porém o grupo, alucinado com o canal de comunicação interplanetário que se abrira por meio de Sixto, freqüentava diariamente minha casa buscando novas informações do suposto "sr. Oxalc". E, um dia, não agüentei mais. Seriamente preocupado pelo que considerava um ataque de auto-sugestão do meu irmão, e temendo que a coisa atingisse proporções graves, decidi participar de uma das sessões de "contato extraterrestre" para, de uma vez por todas, desmascarar a farsa e permitir que tudo voltasse ao normal.

Nessa reunião em especial, sucederam-se fatos incrivelmente curiosos. Dentre as perguntas que inicialmente foram feitas, uma em particular deixou-me ainda mais perturbado e perplexo. Uma senhora presente, mãe de dois garotos do grupo, perguntou à criatura, ou ser, qual era o livro que estava lendo, e este, por meio de Sixto, respondeu com o nome do livro, o nome do autor e com o número da página em que se encontrava. "É impossível que algo fora do normal realmente não esteja ocorrendo", refleti, intrigado.

Mesmo assim, as hipóteses que eu conseguia levantar indicavam que, por algum motivo desconhecido, meu irmão havia desenvolvido alguma forma de poder psíquico, isto é, telepático, mas aceitar que as respostas vinham diretamente de um ser extraterrestre estava fora de cogitação.

Para tanto, decidi interferir finalmente e perguntar, a esse ser, o seguinte: "Você é realmente uma criatura de origem extraterrestre?" "Sim", respondeu no papel por meio de Sixto. "Você é de carne e osso, é físico, material como nós?" "Sim", tornou a responder. "Será que você poderia nos dar alguma prova da sua existência concreta?" "Sim", afirmou. "Bom, será então que poderíamos vê-lo ou a alguma das suas naves?" "Sim", contestou sem reservas. "Então, quando, como e onde?", perguntei, em um tom irônico. "No dia 7 de fevereiro, a 60 quilômetros ao sul de Lima, mas sós", respondeu psicograficamente.

Isso era demais para minha cabeça. "É o cúmulo! Como é possível? Será que Sixto não vê o que está fazendo? Será que não enxerga sua fantasia? Bem, pelo menos temos uma maneira concreta de acabar definitivamente com essa farsa e voltar à tranqüilidade", pensava, preocupado.

Por seu lado, Sixto, embora estivesse participando desse envolvimento, também se encontrava perplexo e preocupado pelo que estava acontecendo. Não conseguia entender se tudo era produto de sua mente ou se realmente havia um ser, uma mente extraterrestre, comunicando-se com ele. A pergunta que eu fizera a Oxalc permitiria que ele descobrisse finalmente a realidade dos fatos e, assim, encerrasse e enterrasse finalmente suas dúvidas. Ou ele estava louco, ou chegara a atingir acidentalmente alguma forma de paranormalidade ou, quem sabe, até estaria possuído por alguma entidade. Sixto não suportava mais a incerteza.

A resposta deixou a todos nós em uma tremenda expectativa. As dúvidas sobre a veracidade disso estavam para ser comprovadas e, é claro, ninguém queria perder a oportunidade de estar lá quando a hora chegasse.

Comentei com meus pais o fruto daquela reunião e a intenção que havia me levado a intervir, situação com a qual concordaram. Carlos, meu pai, também estava preocupado e conversou com Sixto a respeito. E meu irmão, por sua vez, expressara suas profundas dúvidas e temores sobre tudo o que estava acontecendo. Era o momento de poder acabar com toda essa situação; saber às claras o que estava sucedendo e quem era o autor ou responsável por todas essas informações. Na família, afinal, a intranqüilidade era geral.

Por aqueles dias, todos estávamos em férias da faculdade e acampar era uma atividade comum e freqüente para nós. Somente que, dessa vez, a saída seria bem especial. A oportunidade era diferente em tudo de qualquer outra aventura que já enfrentáramos, e todos nós sabíamos disso.

Os preparativos deviam ser realizados com cuidado e com detalhe, pois, segundo as coordenadas do suposto ser, iríamos enfrentar o sol e a aridez do deserto peruano, onde, pelo selvagem e estéril da região, não poderíamos contar com nenhuma ajuda e muito menos com a presença de água.

Pensar que estávamos nos preparando para ter um encontro com o "sr. Oxalc" no meio de lugar nenhum era algo "de doidos" e eu não conseguia acreditar. Não me cabia na cabeça. Mas, de qualquer forma, o que valeria seria o passeio e, afinal de contas, ao voltar, tudo retomaria seu curso normal.

Sixto, por seu lado, mergulhava em profundos pensamentos. Sua predisposição para enfrentar o pior estava clara, e desejava que o que tivesse de ser ocorresse logo. Porém, o temor daquilo que iríamos encontrar o gelava.

"Qual será o desfecho de tudo isso? O que nos aguarda?", perguntava-se cada um de nós. Mas, fosse como fosse, seria uma viagem ao encontro do nosso destino.

Capítulo VI

O Contato

O dia da saída se aproximava e ao todo seríamos nove os que viajariam até o local designado. Meu pai insistira, todo o tempo, em que tivéssemos muito cuidado, pois o resultado final dessa aventura poderia ser frustrante.

Alfredo, Juan Carlos, Roberto, Juan, Henrique, "Lalo" ou Eduardo, Guilhermo ou "Mito", como também era chamado por todos carinhosamente, Sixto e eu formávamos a expedição. O local escolhido pela entidade era próximo a um povoado conhecido por "Papa León XIII", um conjunto de casas de temporada às margens da rodovia Panamericana Sul e dentro do perímetro urbano da cidade de Chilca, da qual distava alguns poucos quilômetros. Tudo isso resultava mais do que conveniente para o grupo, pois Juan possuía uma casa nesse modesto condomínio na qual sua mãe, dona Maruja, costumava passar os finais de semana.

Bastante entusiasmados pela iminente aventura, saímos da cidade de Lima um dia antes da data acertada para o encontro, procurando chegar primeiro à casa de Juan, onde descansaríamos um pouco e nos prepararíamos melhor para enfrentar o esgotador e impiedoso deserto. Durante o dia, as areias da costa peruana e o sol são estorricantes; portanto, seria mais conveniente viajar com as mochilas durante o fim do dia e a noite, já que era bem mais frio.

Chegando lá, após uma demorada e desconfortável viagem de ônibus, fomos carinhosamente recepcionados por dona Maruja que, rapidamente, nos ofereceu um delicioso almoço. E, enquanto aproveitávamos a mordomia, passamos a revisar os apetrechos e os detalhes da caminhada que nos aguardava.

As coordenadas mencionadas pelo suposto alienígena indicavam um grupo de montanhas em direção a uma região conhecida como Santo Domingo de los Olleros, a 15 quilômetros em sentido leste do local onde nos encontrávamos. A caminhada ia ser cansativa e bem difícil por causa do peso das mochilas e da fofura da areia nessa região.

O descanso foi curto. Poucas horas depois de chegar, já iniciávamos a saída, aproveitando o frescor da tarde. Com as mochilas nas costas e muito ânimo, começamos o percurso. Porém, algumas horas depois e muitos quilômetros para trás, o entusiasmo deixou espaço para o esgotamento.

O excessivo peso da bagagem e o terreno acidentado nos fizeram parar à margem do leito de um rio seco. Naquele vão relaxamos e permanecemos até dormir, acordando somente ao alvorecer.

Com muita preguiça e doloridos pelo irregular perfil do solo, levantamos e continuamos o caminho. O profundo e cativante silêncio do deserto estimulava comentar os mais incríveis sonhos que naquela noite nos assaltaram. E após algumas horas de conversa e dúvidas, chegamos ao provável local do encontro.

Era um declive entre morros em uma zona por demais desértica, típica da costa peruana, onde nasce a Cordilheira dos Andes, estendendo-se até a serra central. Desse lugar, dominava-se uma vista magnífica, pois se podia ver claramente todo o vale.

A viagem havia sido tão cansativa e sofrida que decidimos descansar e fazer um reconhecimento da área.

Até aquele momento, tudo estava sendo encarado como uma divertida e ingênua aventura. Não faltavam algumas brincadeiras e piadas sobre discos voadores e principalmente sobre "marcianos verdes", extraterrestres cor-de-rosa, enfim, as besteiras que soltávamos procuravam aliviar nossa dissimulada tensão. A possibilidade de que algo realmente fosse acontecer era remota, mas não se afastava a idéia de ocorrer algum fenômeno. Ninguém, até o momento, pensava em nada altruísta ou profundo, visto que a motivação de toda essa atividade estava sendo uma agoniante dúvida, uma terrível curiosidade, além da gostosa sensação de se sentir participante de uma emocionante aventura de ficção científica na vida real. Afinal, o objetivo estava em descobrir o que era tudo isso e curtir um agradável *camping* e uma boa caminhada: qualquer outra coisa seria lucro.

Conforme as horas passavam e o dia adentrava, o calor aumentava irremediavelmente. A necessidade de providenciar uma sombra e água era iminente. As perspectivas disso no momento pareciam cada vez mais difíceis. O solo duro e rochoso, o vento forte e a areia fofa demais para fincar a barraca dificultavam a tarefa de montar nossa única alternativa de sombra.

Não havia maneira alguma de segurá-la, já que o vento a levantava mesmo com pedras ancorando. Ter um lugar coberto e protegido passou a ser um problema e, no meio de um deserto, bem no começo do dia, era algo sério.

Enquanto isso, vários de nós havíamos nos afastado à procura de água. Depois de andar algum tempo na areia quente e com uma temperatura beirando os 40 graus, deparamo-nos, para nossa sorte, com um pequeno oásis de uvas silvestres, protegido por um bosque de cactáceas com frutos. Bastante felizes com o achado, providenciamos o carregamento da maior quantidade de frutos possível para levá-los ao acampamento.

Uma vez lá, o grupo fez um banquete, aproveitando para saciar a sede e a fome. Mas, mesmo bem alimentados e satisfeitos, o vento voltou com maior força, promovendo uma inconveniente tempestade de areia que, sem esforço, arrancou de vez a barraca, não dando mais condições de montá-la. Com medo de enfrentar o sol do meio-dia sem resguardo e de a tempestade piorar, resolvemos retornar ao povoado. Lá, na casa de Juan, reformularíamos os planos e decidiríamos o que fazer.

Mochilas ao ombro, começamos o caminho de volta. Mal tínhamos andado alguns quilômetros quando avistamos na frente um caminhão militar que estava descendo pelo vale em direção à rodovia. Fazendo sinais e aos berros conseguimos detê-lo, arranjando uma maravilhosa carona motorizada. Os soldados, para nossa sorte, estavam em missão em uma região afastada vários quilômetros da rodovia, fazendo exercícios de sobrevivência no deserto e provas de tiro. Inquiridos sobre o que estávamos fazendo tão longe e no meio do deserto, disfarçamos alegando estar de passeio. "Ninguém, em são juízo, acreditaria que estamos correndo atrás de discos voadores nesse fim de mundo", murmurei no ouvido de Juan, ao que ele respondeu com um sorriso.

A chegada do grupo foi recebida com preocupação por dona Maruja, que a essa altura nos dava por bem instalados à beira das montanhas no aguardo da noite. Rapidamente se aproximou, saindo ao nosso encontro, perguntando se alguma coisa séria nos motivara a retornar. Minha turma de aventureiros mal conseguia carregar as mochilas, e, após um bem servido almoço, contamos os infortúnios da empreitada, ratificando, porém, o desejo de voltar sem peso e sem bagagem ao entardecer. "A dúvida tem de ser sanada a qualquer custo", eu pensava, e Sixto comigo.

Recuperados do cansaço, depois de um delicioso banho de piscina, voltamos a nos preparar para, dessa vez, tentar chegar mais rápido e sem lastro ao local. Todos estávamos visivelmente inquietos, Sixto notadamente nervoso e eu com pressa de acabar rápido com a chateação daquela história.

Sixto fez uma última comunicação a pedido de todos nós, para confirmar se o dito extraterrestre estaria disposto a cumprir com o prometido. A resposta foi positiva. Tudo estava mantido conforme havia sido indicado. A hora estava marcada. Às 21h, deveríamos aguardar pela prova que daria um fim a tudo.

Conforme o sol começou a declinar, saímos "voando" em direção ao lugar determinado, agora já conhecido. Sem nada para carregar e descansados, a viagem foi fácil e rápida. Ninguém comentava nada, todos permanecíamos em silêncio. A pressa de chegar, a expectativa e o nervosismo cresciam conforme a hora se aproximava.

Chegando ao local, bem quase na hora marcada, optamos por debandar. Cada um foi para um canto. Era como se preferíssemos enfrentar o momento a sós, fosse positivo ou negativo o resultado. Era como se o objetivo inicial tivesse perdido seu sentido; agora, algo diferente e estranho se movia em nosso interior.

Depois de dias de angústia e tensão, finalmente, a hora havia chegado.

A noite estava estrelada e sem lua, um pouco fria, sem chegar a incomodar. O vento acariciava levemente o rosto, enquanto o nervosismo e a ansiedade aumentavam a cada segundo. Meus intrépidos companheiros e eu olhávamos fixo para o horizonte, onde se podia distinguir, entre as montanhas, os reflexos das luzes do povoado e, muito distantes, os faróis dos veículos que transitavam pela rodovia. Tudo estava calmo, o silêncio sepulcral do lugar e a escuridão criavam o clima.

Nesse momento, os relógios mostravam que faltava um minuto para as 21h, e a tranqüilidade da noite foi rasgada quando um dos rapazes, que aguardava a postos, desvendando a vastidão do céu com o seu olhar, gritou: "Ali em frente, vindo do mar. Estou vendo uma luz". A uma grande distância sobre o horizonte, uma luz semelhante a uma estrela vinha rapidamente em direção ao grupo.

Para surpresa de todos, esse ponto luminoso que surgia à frente ia se aproximando velozmente. Os relógios marcavam exatamente 21h.

"É um avião, é um satélite, é um balão". Cada um de nós procurava explicar histericamente a luz que avançava em nossa direção. "Tem de haver uma explicação racional para o que estamos vendo", pensava eu, angustiado.

Conforme aumentava o tamanho do objeto, sua velocidade diminuía, até parar, finalmente, bem perto de nós.

Era um engenho de forma lenticular, aparentando uns 25 a 30 metros de diâmetro, mostrando um segmento na parte central no qual se apreciava, nitidamente, um conjunto de seis escotilhas levemente azuladas. A fuselagem sugeria ser totalmente lisa, sem marcas ou evidência de possuir uma porta de acesso ou trem de pouso. A superfície estava coberta por uma luz levemente amarelada que iluminava tenuemente tudo ao seu redor. Às vezes, pequenas luzes azuis e laranjas apareciam piscando nos cantos. Além da luminosidade, a nave irradiava um forte calor, mas que não chegava a incomodar. Todos resistíamos a acreditar naquilo que estávamos contemplando.

O disco, parado no ar, encontrava-se a uns 15 metros do solo e a uns 80 metros do grupo. Estático no ar, como suspenso por um barbante invisível, não havia um único som forte emanando dele: pelo contrário, ouvia-se um leve zumbido, algo semelhante a um enxame de abelhas no ambiente. Solto, flutuando na imensidão da noite, o disco pairava imperturbável no espaço bem à frente de todos nós que, em silêncio, não conseguíamos afastar dele nossos atônitos olhares.

O grupo permanecia estático, como que congelado. Os rapazes só olhavam para o objeto, sem sequer piscar. Levamos alguns minutos para recuperar-nos e alguém quebrar o silêncio.

Enquanto o grupo arremetia para Sixto com uma avalanche tumultuada de perguntas, iniciei uma tímida e lenta aproximação ao disco. Uma tremenda curiosidade tomava conta de mim, a ponto de superar a incerteza e o medo. Precisava saber como era a nave em todos os seus ângulos, inclusive como seria seu trem de aterrissagem. A essa altura dos acontecimentos, o grupo havia se transformado em uma babilônia. Alguns perguntavam aflitos se os tripulantes desceriam ou não, outros pediam histericamente para mandá-los de volta.

Sixto estava perturbado, confuso e não conseguia pensar em nada; a emoção do encontro o deixara profundamente impressionado. Aos poucos, voltava à consciência. Milhares de perguntas começavam a formular-se na sua mente. "Que será que vai acontecer? Irão nos levar embora?". Em meio a todo esse estado, recebeu mentalmente uma mensagem: "Não vamos descer nesse momento porque vocês não sabem ainda controlar suas emoções. Haverá um preparo, um tempo e um lugar".

Nesse instante, o som que emanava do disco alterou-se de maneira brusca, e ele começou a se mover lentamente. Aquela mole fulgurante passou a realizar um pequeno giro sobre um eixo imaginário. Eu, que me encontrava quase abaixo dele na vertical, levei um enorme susto, caindo em terra apavorado. Naquele momento, pensei que o aparelho viria direto contra mim, procurando descer. Tentando fugir do que pensava ser o pouso do disco, saí me arrastando apavorado em direção ao grupo. A nave girou lentamente passando por cima de todos nós, retornando ao mar vagarosamente.

Em silêncio, mais uma vez sem desgrudar os olhos do objeto, nós o acompanhamos até desaparecer. Ao todo, haviam transcorrido uns 20 a 25 minutos, mas para nosso grupo tinha parecido uma eternidade.

O choque do encontro foi forte e contundente, e demorou vários minutos para voltarmos ao normal. Passado o impacto da cena, recolhemos nossas poucas coisas e retornamos ao povoado para retirar o resto do equipamento e seguir viagem para Lima o mais rápido possível.

Chegando à casa de dona Maruja, ninguém cabia em si mesmo. As conversas eram loucas e histéricas. Eu queria voltar logo, e Juan, contar tudo para sua mãe. Salomonicamente, Juan e Henrique ficaram, enquanto nós saímos feito loucos em direção à rodovia à procura de qualquer ônibus que nos levasse para a capital.

Durante o caminho, perguntei mil vezes a Sixto como se sentia a respeito de tudo o que acabáramos de assistir e de como se processara a comunicação. Sixto mal cabia em si mesmo. Sua mente estava ainda plantada no deserto, contemplando o impressionante objeto.

"É impossível que seja tão fácil", repetia-me mentalmente. Depois de todo aquele sonho feito realidade, que horas atrás havíamos presenciado, somente uma idéia permanecia fincada teimosamente na minha cabeça: "Tudo isso é real, o contato existe e a comunicação é verdadeira. Meu pai tem de saber de tudo e com detalhes urgentemente, já que o que vimos não representa somente um evento fora desse mundo, mas o início de algo incrivelmente importante para seu trabalho no Instituto e para o mundo".

Com grande dificuldade, mas muito ânimo, conseguimos voltar a Lima de madrugada. Embora bastante cansados, estávamos mais do que eufóricos.

Chegando, fomos parar direto no quartel-general de operações, no "QG", a minha casa, onde, mais do que correndo, fui voando acordar meu pai junto com Sixto.

Sem entender bem o que estava ocorrendo, Carlos, com muita tranqüilidade e paciência (como aquela que se pode ter ao ser arrancado da cama bem de madrugada), pediu calma a todos. A empolgação era tanta que ambos falávamos ao mesmo tempo. Os dois tentávamos explicar com grande exaltação o que presenciáramos horas atrás. A emoção, o impacto do vivido haviam nos deixado mais que desvairados e precisávamos desabafar com alguém.

Calmamente, meu pai ouviu o relato, concluindo que, além do exagero, provavelmente tínhamos confundido uma estrela cadente ou qualquer outro fenômeno natural com um disco. Eu fiquei irado e insisti comentando que havia visto um objeto em forma de disco, inclusive por baixo, e que em um determinado momento o grupo reparou que nas escotilhas ou janelas perfilavam-se sombras em movimento. Como se poderia confundir tudo isso com uma alucinação, miragem ou com um fenômeno natural? Meu pai, já um pouco irritado com nossa persistência, limitou-se a dizer que pensaria melhor no assunto durante o dia, voltando para sua cama.

Em vista de tal resposta, sem direito a réplica, ficamos arrasados. Nós nos sentíamos humilhados e tratados como um bando de ineptos. Não conseguíamos crer, nem podíamos aceitar, que nosso próprio pai se negasse a acreditar na experiência que vivêramos tão intensamente horas atrás.

Voltando para a sala da minha casa, onde largáramos as mochilas minutos antes, o restante do grupo nos abordou. Todos estávamos inconformados. Nem Sixto nem eu podíamos dormir. E, naquela mesma noite, decidimos que contataríamos novamente o ser chamado Oxalc para solicitar outra aparição à qual o "sr. Carlos" pudesse ir.

Dias depois, a resposta fez-se presente. Um novo encontro teria lugar no sábado, dia 16, no mesmo local, permitindo a presença de mais pessoas. Logicamente não deixamos por menos. Nessa mesma noite, Sixto e eu falaríamos com dom Carlos para comentar a última mensagem e seu conteúdo. O convite feito por Oxalc teria de ser aceito.

Após horas, minutos e segundos de espera, aguardando nervosos o tempo passar, finalmente o fim do dia chegou. E, com ele, a hora em que meu pai voltava do escritório. Tínhamos pela frente um grande e difícil desafio: convencê-lo a aceitar o convite feito pelo extraterrestre. A comunicação com Oxalc havia sido suficientemente clara para pensarmos em incluir outras pessoas, caso julgássemos conveniente.

Nesse momento, a porta principal da casa se abria. Era Carlos que chegava do trabalho e, nesse mesmo instante, um frio na barriga acometia-nos. Parecia que estávamos para enfrentar uma prova oral de fim de semestre na faculdade. Nada poderia ser pior.

A caminho do seu quarto, furtivamente, como dois assaltantes, caímos em cima de Carlos que, já pelo jeito da aproximação, cheirava alguma coisa no ar.

Sixto, em tom trêmulo e tímido, perguntou-lhe se havia procurado pensar melhor no assunto da experiência em Chilca, ao que dom Carlos retribuiu com um sisudo olhar. Eu, também inquieto, sem muito jeito e não sentindo um clima favorável para contrariar, aproveitei a oportunidade que meu irmão deixara e comentei:

– Pai, tudo bem que você não aceite ou que até não acredite na gente. É possível que tenhamos nos confundido. Mas, e se o que vimos foi realmente uma nave extraterrestre? Será que você não tem um pingo de dúvida sobre essa possibilidade?

– Que dúvida? – respondeu Carlos em um tom autoritário.

— Bom, imagine que esse ser, o tal Oxalc, nos convocasse para um novo encontro. Não estaria a fim de ir conosco? – tornei a perguntar.

— Isso é uma perda de tempo! Além do mais, é muito longe e tenho coisas mais importantes a que dedicar meu tempo – argumentou, inflexível.

— Mas, pai, e se tudo isso for verdade? – argumentou Sixto.

— Pense! Já imaginou a oportunidade que estaria perdendo? O que lhe custa? Se não acontecer nada, estará certo e o assunto será encerrado de uma vez por todas, sem condição de volta. Mas, se nós estamos certos, poderá ver finalmente uma nave extraterrestre cara a cara!

— Isso mesmo, pai, por que não deixa inclusive comentarmos o assunto com algumas pessoas do Instituto? Já viu que os pais de nossos companheiros ligaram aí, curiosos pelo que eles haviam contado. Também estão intrigados pelo que seus filhos viram conosco. Talvez eles estejam interessados em saber mais a respeito. De qualquer forma, seremos nós que vamos sair perdendo se tudo não for verdade, e não você. E se alguém vier testemunhar junto conosco um segundo encontro, e for tudo real, lhe garanto que ficará com muito remorso por não haver participado. Pense, pai, vamos! – comentei finalmente.

Em vista de tanta insistência e pela força de tantos argumentos, dom Carlos começou a fraquejar.

"E se tudo realmente for verdade? O que eles dizem tem sentido", pensava.

— Bem, por via das dúvidas, é bom tentar – respondeu.

Ficamos felizes e mal podíamos crer na resposta. Finalmente, ao que tudo indicava, pelo menos dom Carlos, papai, estaria presente no próximo encontro.

Convencido a ceder com muito trabalho, Carlos convocou uma reunião com vários membros do Instituto. Entre eles, os pais e amigos daqueles que haviam participado do encontro com o objeto junto conosco. Seu objetivo, na verdade, era discutir o assunto com seus amigos mais chegados e ver se não estava sendo cabeça-dura demais. De qualquer forma, se alguma coisa fosse acontecer em definitivo, pelo menos não estaria só. Alguém mais poderia aventurar-se a servir de testemunha e referência para o que pudesse se apresentar.

Para tanto, munido de coragem e determinação, elaborou uma lista de nomes e pediu-me para que os convidasse por telefone a uma reunião considerada extra-oficial na entidade. Solicitação que realizei imediatamente e com o máximo prazer.

Na dúvida de estar ou não fazendo a coisa certa, Carlos havia concluído que, afinal, merecíamos uma chance. Pelo menos para que outras pessoas ouvissem e julgassem o depoimento que tínhamos a oferecer e, assim, decidir finalmente o que deveria ser feito.

No dia e hora determinados, começaram a chegar os convidados. Todos iam ingressando na sala com um olhar curioso e perplexo. O público mostrava sua inquietação. A razão da convocação não havia sido clara, pois eu não tinha interesse em "entregar o ouro" tão facilmente, motivo pelo qual ninguém sabia ao certo de que trataria a reunião.

Uma vez o grupo completo, meu pai tomou a palavra. A princípio, e muito sem-graça, o interlocutor demonstrou não saber por onde começar. Mas, de um jeito ou de outro, expôs a história que motivara a reunião, mencionando o apelo que lhe havíamos feito insistentemente, e seu ceticismo diante do mencionado. Em seguida nos chamou e, como autores da façanha, nos pediu para narrar em detalhes os pormenores do encontro.

Sixto e eu saímos à frente do grupo. Todos estávamos encabulados e preocupados com a possível recepção da narrativa. De qualquer forma, durante uma hora e meia, nós dois relatamos ponto por ponto todas as minúcias que nos levaram ao encontro com o objeto extraterrestre em Chilca, inclusive meu total ceticismo inicial. Alguns dos companheiros aventuravam-se vez por outra a complementar, ou mesmo a passar suas impressões pessoais, até que, finalmente, concluímos.

A platéia escutara impassível todo o relato, mostrando nitidamente suas dúvidas a respeito. E, ao terminar, os comentários não se fizeram esperar. Eram por demais contraditórios e ridículos. A bagunça havia tomado conta dos participantes da reunião. Piadas não faltavam, estavam na ponta da língua e surgiam por todos os lados.

Envergonhados e mais uma vez humilhados pela turba, interrompemos violentamente os comentários. Irado por tanta falta de visão, repeti as colocações que fizera junto com Sixto para meu pai:

– E se tudo isso for verdade? E se o que vimos foi real, verdadeiro? O que estariam perdendo em ir?, gritei.

Minha colocação havia sido enérgica demais. Um silêncio pesado rasgara violentamente o interior da sala. Todos, sem exceção, pararam para pensar. As piadas infames e de mau gosto haviam sido caladas por um relâmpago de dúvida. Nossos rostos espelhavam claramente o desapontamento e a frustração. Não fôramos bem acolhidos justamente por quem julgávamos capazes de nos compreender. Estávamos sem saber o que mais fazer para convencê-los.

A concentração de todos foi quebrada por meu pai, que passou a lembrar ao grupo que o "sr. Oxalc" fizera um convite aberto para um novo encontro e que aqueles que estivessem interessados em participar se manifestassem, mas que, primeiro, refletissem sobre o exposto. Com essas últimas palavras, foi concluída a reunião.

    O desânimo não conseguiu nos abater. Embora tristes aventureiros de uma causa insólita, que faria a inveja de "Indiana Jones" ou de um Steven Spielberg, a promessa que nos fizera Carlos de ir conosco ao encontro já era mais do que suficiente. Finalmente, uma testemunha de nível, conhecedora do assunto, inquestionável perante o mundo da ufologia, poderia avaliar a experiência e endossar nosso contato. Dessa forma, voltaríamos a ter o respeito de todos dentro do Instituto, que, a essa altura, estava profundamente abalado.

    Os dias passaram e o sábado, 16 de fevereiro, chegou. Bem cedo, nosso grupo já estava pronto e determinado na porta do "QG" (obviamente minha casa), para iniciar a viagem rumo às caloríferas dunas do deserto de Chilca.

    Mochilas nas costas, sacos de dormir e a bagagem leve eram os implementos que, sem saber, viriam a se tornar de uso constante para o grupo. Porém, os apetrechos dessa vez aguardavam o acerto dos últimos detalhes e o que de jeito nenhum podia nos faltar, a presença de dom Carlos. Inquieto pela demora, fui até o escritório procurá-lo para perguntar-lhe se estava pronto para se juntar ao grupo e partir. Como resposta, recebi a informação de que iria mais tarde com a carona de mais alguém e que, de qualquer forma, estaria presente no local e na hora combinados. Em vista disso, fizemos um mapa detalhado que facilitaria sua chegada, assegurando, para garantir, que um dos rapazes estaria à sua espera em um ponto da estrada para levá-los até o lugar certo. Não havia como "furar". E, um tanto intranqüilos, temendo algum percalço no trajeto, partimos. Na esperança de que "eles", os alienígenas, também não nos deixassem "na mão".

    Esperançosos e curiosos com a expectativa do novo encontro, nosso pequeno grupo subiu no ônibus em direção à rodovia Panamericana Sul. Para variar, o ônibus estava lotado e o desconforto era completo. Mas nada disso nos afligia.

    Durante a viagem, discutíamos incansavelmente o começo de tudo e como, a partir daquela quinta-feira, 7 de fevereiro, a vida de cada um começara a mudar. A forma de pensar e encarar as coisas ingressara em uma ótica diferente. Ali, todos estávamos rumando para um novo confronto com uma civilização milhares de anos mais avançada. "Que mistérios esconde essa aventura e que descobertas fantásticas nos aguardam?", eu pensava no caminho, enquanto olhava para os rostos de meus companheiros.

    Chegando nas imediações da cidadezinha de Papa León XIII, deixamos o ônibus e, com as mochilas nas costas, iniciamos a caminhada até o ponto que fora utilizado uma semana antes. Dessa vez sem passar pela casa de dona Maruja. Poucas horas depois, chegávamos irrequietos, passando a montar o modesto acampamento no aguardo de meu pai e de quem mais aparecesse.

As horas passavam e a escuridão invadia o céu. Logo, as lanternas do acampamento eram a única indicação visível da presença de vida inteligente no lugar.

Olhando constantemente para os relógios e espreitando no horizonte, conversávamos procurando passar o tempo e distrair a mente.

O lugar, solitário e desértico, permitia facilmente qualquer aparição alienígena, já que estava muito bem escondido. Foi em meio a esses pensamentos que o grupo foi interrompido pela presença distante de dois objetos de cor ligeiramente alaranjada, sobrevoando os cumes das montanhas. Eram apenas 18h45. O grupo, composto dessa vez por apenas seis integrantes, pulava de felicidade. Poucos segundos depois, as naves se perdiam na distância. O local estava confirmado. Em uma comunicação prévia à saída, Oxalc havia ratificado sua oferta de dar uma nova confirmação por meio de alguma manifestação ou fenômeno.

O grupo estava em uma grande expectativa. "Outros precisam estar aqui junto conosco, pois assim acreditarão no contato", comentávamos. Sixto e eu nos olhávamos lamentando a ausência do meu pai. E, repentinamente, um dos garotos gritou do alto de um morro chamando nossa atenção. Aos berros, nos informava ver algumas luzes de carros que se aproximavam vindo da rodovia. Eram 19h. Naquele instante, todos subimos em uma elevação para ver melhor a chegada do meu pai e identificar quantos carros vinham. A surpresa foi geral. Uma caravana de dezenas de veículos se perfilava nas dunas.

Conforme chegavam, pessoas e mais pessoas saíam dos carros. Mais de quarenta pessoas haviam decidido comparecer. Era violão para todo lado, namorados, caixas de cerveja, binóculos, lunetas, piadas dos "verdinhos" que viriam, enfim, tudo o que transformava o que devia ser um contato muito sério, com seres de outros mundos, em uma festa de fim de semana com direito a som no último volume.

Nós não podíamos acreditar no que estávamos assistindo. Era loucura demais para algo que acreditávamos ser muito importante e que requeria uma atitude compatível. Mas era tarde demais. A hora do encontro se aproximava. O grupo olhava em silêncio para toda essa baderna e, sem desejá-lo, uma pergunta percorreu nossas mentes simultaneamente como um raio: "E se eles não aparecerem? E se nada vier a acontecer? Como ficamos? Que vão pensar da gente?".

Sixto e eu caímos doidos e espumando sobre Carlos, comentando e questionando a atitude do seu grupo de visitantes, ao que ele disse não poder controlar. Ambos estávamos possessos, chateados e profundamente contrariados.

Meu pai, sem reparar muito em nosso descontentamento, perguntou qual seria a hora em que o suposto encontro deveria ocorrer, ou se era de nosso total desconhecimento. Sixto, visivelmente indignado, comentou que seria a qualquer momento, pois há pouco haviam passado duas naves que confirmaram o encontro. Mal acabara de falar quando o grito de algumas pessoas chamou nossa atenção.

Em frente, bem por trás da montanha, assomava lentamente um objeto de proporções espetaculares. Era uma nave de cor escura e de aproximadamente 100 a 150 metros de comprimento, aparentando um formato cilíndrico. Luzes de cor branca podiam ser vistas dispostas ao longo da fuselagem, acesas em seqüência. A nave movimentava-se lentamente com um leve balanço e em silêncio. Meu pai não podia acreditar no que estava à sua frente. Durante anos havia se devotado à investigação do fenômeno e ambicionado a oportunidade de, algum dia, poder defrontar-se com esses seres, mas nunca pudera pensar que esse dia chegaria e, principalmente, pelas mãos de seus filhos.

Todos os presentes mal podiam falar; estupefatos, contemplavam o percurso que a nave traçava no céu. Comentários isolados se ouviam no silêncio da noite. A emoção era enorme. Um forte aperto, que me tomava por completo e afundava em meu peito, silenciava totalmente minha voz. Eu estava paralisado, incapacitado de emitir qualquer som, apenas contemplando, pasmo, aquele sólido cilindro flutuando no ar.

Repentinamente, uma das senhoras presentes gritou assustada para o grupo: "Ali, sobre as montanhas, estou vendo dois discos". Todos simultaneamente viramos nosso olhar na direção apontada sem responder. Efetivamente, dois objetos discoidais de 20 a 25 metros de diâmetro sobrevoavam as montanhas vizinhas, emitindo luzes azuladas, que em alguns momentos mudavam para o laranja. Em um instante, ambos os objetos se separaram velozmente, rumando independentemente em direção ao grupo que, histérico, gritava de emoção. Uma das naves investiu contra a multidão a grande velocidade, fazendo com que alguns se atropelassem e caíssem contra o solo, enquanto as garrafas de cerveja rolavam e quebravam por todo lado, as mesas e cadeiras tombavam, gente pulava dentro dos carros e outros se escondiam.

Em meio a essa loucura, mais três objetos foram divisados no horizonte, os quais se mantiveram distantes, realizando movimentos rápidos em ângulos fechados. E, tão rapidamente como apareceram, fugiram da vista do grupo, que mal conseguiu acompanhar sua trajetória até os morros. Foi um festival de movimentos e manobras que parecia não ter fim. As duas naves restantes reagiram repentinamente, como atingidas por um único e sincronizado comando, dirigindo-se velozmente ao mar. E, chegando lá, separaram-se, uma para o norte e outra para o sul. A maior, ainda por perto, voltou para uma última aproximação. Emitindo um forte zumbido, girou sobre si mesma, acelerando em direção sudoeste.

Após os últimos movimentos das luzes, voltou a reinar o mais absoluto silêncio. Ninguém podia acreditar no que vira. Como congelados, havíamos acompanhado as manobras finais dessa fantástica nave. E assim, movidas por um mesmo impulso, as pessoas se dirigiram para o nosso grupo. Olhavam-nos curiosos e interrogativos. Éramos responsáveis por uma impressionante exibição extraterrestre, por um encontro marcado, em que duas civilizações de origem diferente puderam defrontar-se conscientemente. A ficção científica morrera nesse instante, para dar espaço a um momento absurdamente diferente na vida de todos os presentes. E todos, quase sem exceção, em uníssono, perguntavam: "Como isso é possível? Como pode ser tão fácil?".

Nem mesmo nós podíamos responder. Afinal, desconhecíamos os mecanismos que articulavam a comunicação, ignorávamos o propósito do contato, e tudo viera a ocorrer em uma enxurrada de dúvidas, experiências e emoções que mal podíamos assimilar.

Mais calmas, as pessoas aos poucos empreendiam o retorno à cidade. Baratinadas pelo que acabara de ocorrer, não cansavam de comentar as manobras dos objetos. Meu pai, ainda literalmente atordoado pelo empolgante *show* noturno, não reparava o quanto estávamos desapontados. O "piquenique" perpetrado pelos supostos hábeis pesquisadores dera mostras, mais que suficientes, do que poderíamos esperar do resto do mundo.

Abandonados pelos visitantes, escalamos até o topo um dos morros bem próximos. Ali, continuamos, durante toda a noite, olhando para o céu, fitando as estrelas, tentando desvendar seus mistérios e conversando a respeito do que viria depois de tudo isso. Nada sabíamos do futuro. Nada podíamos imaginar.

Naquela vastidão desértica e silenciosa, estivemos meditando horas, enquanto as estrelas continuavam seu percurso na abóbada celeste e o percurso das constelações deu espaço à alvorada. Com os primeiros raios do sol, iniciamos o retorno à casa.

Nunca mais o mundo seria o mesmo. Nunca mais nós seríamos os mesmos.

Capítulo VII

Os Guias Extraterrestres

Nos dias que se seguiram ao contato grupal, o assunto da conversa voltava sempre às experiências de Chilca. Sixto e eu não éramos exceção. Era difícil não tocar no assunto e deixar de comentar com meus pais e alguns amigos a fantástica observação que presenciáramos. Havia sido emocionante demais para esquecer ou relevar o fato. Mas, mesmo bastante contentes pela presença de outras testemunhas, ficamos um tanto desapontados e até talvez frustrados pelo comportamento das mesmas.

Porém, tudo passa. O transcorrer do tempo se encarregou de demonstrar que os extraterrestres estavam a fim de estabelecer um contato mais amplo, procurando identificar pessoas do grupo aptas para entrar em comunicação, o que se deu com relativa facilidade.

No começo, as comunicações continuavam com uma fluência crescente e novos assuntos vinham à tona. Sixto, Juan, eu e várias das pessoas que haviam participado da comprovação de fevereiro começaram a ser incluídos nos trabalhos de investigação. A partir da experiência com o pessoal do Instituto, passamos a nos reunir regularmente na intenção de saber mais a respeito desses seres, assim como dos mecanismos que articulavam o contato e a recepção das mensagens.

Eu, em particular, morria de vontade e curiosidade por adquirir a comunicação, pois não via a hora de perguntar diretamente tudo a que tinha direito. Mas todas as minhas tentativas, até o momento, não haviam dado nenhum resultado.

Entretanto, já que a comunicação não chegava para meu lado, Oxalc mencionava, nas mensagens recebidas pelo meu irmão, que 80% do esforço do contato provinha deles e que apenas 20% era nosso. Segundo os comentários do ser, o homem ainda não atingira um nível de harmonia mental e espiritual suficientemente equilibrado para amadurecer suas potencialidades paranormais. Afirmava também que o cérebro humano possui a particularidade de emitir ondas semelhantes às do rádio, mas que, por aspectos de caráter cultural, formativo e intelectual, as ondas se manifestam em freqüências muito variadas e que, por esse particular motivo, havia tanta dificuldade na sintonia. Além do mais, dizia-nos que a utilização desse princípio implicaria em um gasto de energia física e mental que habitualmente o homem não possui, já que dispende as mesmas de forma irregular e excessiva nas tarefas cotidianas, resultando sempre em um déficit final, isto é, em um saldo negativo.

Em um exemplo, destacou que as relações telepáticas e suas manifestações, principalmente entre gêmeos univitelinos ou idênticos, gêmeos diferentes, casais, mães com seus filhos, etc., obedecem ao fato de haver existido ou persistir um vínculo, seja anterior em nível intra-uterino, embrionário ou meramente afetivo. Isso quer dizer que, durante o período de gravidez, a mãe carrega o feto por um período de nove meses, durante os quais ambos os cérebros se relacionam e estabelecem entre si um circuito de sobrevivência. O mesmo ocorre com os gêmeos, tanto entre si como na relação que estabelecem com a mãe. Embora o momento do nascimento quebre o vínculo, este se mantém parcialmente pelos laços afetivos. Dessa forma, a "intuição", ou o famoso "sexto sentido" materno, tem sua justificativa. Relacionamentos afetivos muito profundos podem permitir, por sua vez, o estabelecimento de uma linha telepática entre pessoas de origens diferentes. Isso ocorre como conseqüência da aparição de um vínculo de afinidade, complementaridade, mútua satisfação, dependência ou por ter atingido uma condição de plena integração.

Também cabe ressaltar que, no decorrer da evolução humana, as faculdades paranormais aparecem como mais um fator aliado ao instinto de preservação, já que suas manifestações estão sempre associadas a perigos imediatos ou futuros. A necessidade de autoproteção e segurança detonam os sentidos psíquicos de forma involuntária e inconsciente, apelando para isso às reservas mínimas de energia restante.

De acordo com Oxalc, os sentidos diretamente vinculados ao instinto de sobrevivência, como a visão, o olfato, o tato, a audição e o paladar, perdidos ou atrofiados pelo tipo de vida do homem moderno, encontram, durante o processo evolutivo da espécie, um momento para sua superação, sofisticação e eventual substituição. A sábia natureza oferece às criaturas ferramentas cada vez mais complexas que vêm em auxílio de suas necessidades de sobrevivência. O surgimento das faculdades psíquicas, comprovadas pela consecutiva manifestação de sua fenomenologia, demonstram a presença desses novos mecanismos em ação. Esses vêm cumprir o mesmo papel que os anteriores, de distinguir, selecionar e alertar para a presença de perigos iminentes ou casuais que ameacem a imediata continuidade da vida. Em síntese, diríamos que as potencialidades de caráter paranormal existem para auxiliar o processo seletivo das espécies que ingressam em estágios mais avançados, principalmente da inteligência. Assim, os sentidos que, tradicionalmente, seriam empregados para garantir a simples perpetuação de uma espécie, são gradualmente superados ou até substituídos por outros cada vez mais acurados, que somente se manifestarão nos exemplares mais evoluídos e que, por sua vez, transferirão essa herança à sua prole.

Em reiteradas oportunidades, Oxalc fez ressaltar que nossa humanidade já teria condições de se encontrar em um outro estágio de desenvolvimento paranormal, mas isso foi interrompido em função da ação de instituições que, no passado, assassinaram pessoas e famílias inteiras por serem consideradas bruxas. Pois, ao apresentarem potencialidades fora do comum, ou eram santos ou pactuados com o Demônio. A morte desses indivíduos e a conseqüente destruição de sua carga genética atrasou o surgimento de uma era de paranormais, obrigando a raça humana a uma retomada lenta e demorada dessa capacidade.

Em resposta às indagações que o grupo realizou nesse começo, vieram as noções básicas de como iniciar a comunicação e de como estabelecer, desenvolver e manter um circuito de relação mental com os extraterrestres que, ao longo do tempo, permitiria um maior intercâmbio de informações. É relevante salientar que o interesse que todos professávamos pelo "canal" de contato era de natureza curiosa, sem grande profundidade, movidos apenas pela aventura. Foi dessa maneira e com esse espírito que, pouco a pouco, fomos sendo contatados.

Rose, minha irmã caçula, uma garota bastante sensível para sua idade, dinâmica como um moleque, curiosa e corajosa como o mais sapeca de nós, foi a segunda pessoa a estabelecer o contato psicográfico. Contatou, algumas semanas depois, com uma alienígena de nome Xanxa, natural do planeta APU, um planeta do sistema binário das estrelas Alfa e Beta da Constelação do Centauro, as mesmas que fazem parte do Cruzeiro do Sul e que distam a bagatela de 4,3 anos-luz do sistema solar, ou seja, apenas 43 trilhões de quilômetros, aproximadamente. Ambas as estrelas giram ao redor do seu centro comum de massas em órbitas muito longas, que fazem com que sua separação tenha uma variação sensível em um período de revolução de aproximadamente 80 anos. Além do mais, faz parte do sistema, embora um pouco distante, uma terceira estrela anã vermelha chamada de "Próxima Centauri", por se encontrar a menor distância do nosso sistema solar.

O nome APU vem originariamente do quíchua, um dialeto indígena peruano tão antigo quanto as megalíticas construções que, como fantásticos monumentos, lembram até hoje o surgimento da civilização inca. Particularmente esse nome, que significa "Senhor", está associado diretamente às lendas que circundam as pequenas aldeias da Cordilheira dos Andes, onde, de acordo com remotas tradições, esses seres se manifestavam aos indígenas na condição de deuses, anjos ou seres celestiais, sendo também conhecidos por "Gentis", pois sua presença estava relacionada à prestação regular de algum tipo de ajuda ou socorro.

A identificação desses extraterrestres por esse nome tão curioso resultou de uma mútua convenção, em vista de que, segundo eles, não poderíamos sequer pronunciar o verdadeiro nome do seu mundo de origem.

Cabe destacar que, de acordo com as mensagens dessa época, os seres de Apu nos comentaram que a raça que dera origem à sua civilização teria chegado ao sistema solar, em uma primeira leva, há mais de 250 milhões de anos, fugindo de uma terrível destruição que praticamente os levou ao extermínio e à barbárie. Segundo nos relataram, teria sido uma viagem realizada com extremo sacrifício e que levou um longo tempo para ser concluída, custando inúmeras gerações de seres para finalizar sua chegada. A narrativa dizia que, inicialmente, após seu ingresso em nosso sistema, habitaram temporariamente um planeta hoje desaparecido, chamado pelos cientistas russos de Phayton, que significa "Carro Triunfal", localizado originariamente entre as órbitas dos planetas Marte e Júpiter, onde atualmente existe a perigosa faixa denominada de "Cinturão de Asteróides". Ali, construíram uma rudimentar colônia que trabalhou por algum tempo sem perturbação, visando a uma prospecção mais detalhada do nosso sistema solar, até que o planeta foi destruído pela colisão com um outro corpo celeste em trajetória errática, obrigando-os a uma nova migração em direção à Terra.

A respeito dessa afirmação existem provas científicas de colisões planetárias em nosso sistema solar, como os fatos identificados pela sonda espacial *Voyager* em 1986, relativas à inclinação do eixo dos planetas exteriores de Urano e Netuno. De acordo com os relatórios publicados na revista *Science* em 4 de julho de 1986, uma equipe de 40 cientistas concluiu que as luas de Urano e Netuno não foram formadas deles e, segundo o cientista Ellis Miner, assistente do projeto do JPL, as cores dos satélites, assim como a inclinação de suas órbitas, somente podia ser resultado da colisão de um objeto de grandes proporções com uma de suas luas. Mais adiante, cientistas da NASA afirmaram que um objeto quase tão grande como a Terra, viajando a mais de 60 mil quilômetros por hora, poderia ter causado a inclinação. Tudo isso foi confirmado pelo astrônomo inglês Garry Hunt, do Imperial College de Londres, que resumiu sua afirmação em apenas sete palavras: "Urano recebeu um grande golpe no início".

De acordo com as pesquisas do dr. Yegveni Krinov, da Comissão Soviética para Estudos dos Meteoros da ex-União Soviética, foram achados em meteoros, que provavelmente chegaram do Cinturão de Asteróides, hidrófitas unicelulares petrificadas, isto é, material vegetal fossilizado, assim como fragmentos de animais do tipo trilobites (um crustáceo hoje extinto). Segundo o dr. Yegveni, sem dúvida, em um passado muito remoto, existiu vida em Phayton, bem antes de esse mundo ser desintegrado. Um outro cientista soviético, o dr. Aleksander Zavaritsky, investigando profundamente o Cinturão de Asteróides, afirmou que o planeta Phayton ocuparia o quarto lugar no sistema solar, sua estrutura seria muito similar à da Terra e seu tamanho, aproximadamente como o de Marte. De acordo com alguns fragmentos recolhidos, ficava claro para o investigador que esse corpo desaparecido possuía oceanos, montanhas e uma atmosfera capaz de sustentar vida. Segundo o cientista, uma grande catástrofe cósmica teria alterado radicalmente a configuração do sistema solar, posicionando cada planeta em uma órbita diferente da original.

Nos relatos contidos nas mensagens, os extraterrestres comentavam que, bem antes da iminente destruição do seu descanso espacial, os ancestrais dos Apus procuraram refúgio na Terra, vindo a habitá-la por um período de milhões de anos durante os quais construíram uma civilização fantástica e ímpar que, ao longo do tempo, ficou comprometida e destruída pela luta contra outros seres, estes também de origem extraterrestre vindos de Marte e que, desesperadamente, pleitearam também a posse do planeta Terra. Logicamente, isso ocorrera pela destruição que Marte enfrentara após variar sua órbita e receber o impacto de grandes asteróides vindos do desaparecimento de Phayton.

Todas essas fantásticas informações, que para alguns poderiam não ter qualquer sentido, encontravam grande apoio nos textos de muitas religiões, entre elas a judaica e a cristã, e em inúmeros achados arqueológicos. A necessidade de saber se estávamos recebendo informações reais vindas dos extraterrestres nos obrigou a investigar profundamente e com extrema curiosidade a veracidade desses dados, sendo que o resultado foi incrível.

A religião judaica, por exemplo, nos lembra que o início da criação foi resultado da ação dos Elohim, e não de Deus diretamente. Elohim é uma palavra plural mencionada 2.250 vezes que significa: poderes sobrenaturais ou hierarquias divinas. Nos textos da Torá, livro sagrado dos judeus, a criação do mundo, assim como do Universo, é atribuída a eles, dando a entender que seriam "auxiliares" de Deus. Já no Cristianismo, existe a referência de que houve no céu, antes da criação do homem, uma disputa entre as diferentes hierarquias celestiais, dando como resultado a queda de alguns anjos à Terra. Esse relato foi reforçado quando foi achado nas cavernas de Qumram, uma região próxima ao Mar Morto, um conjunto de quase mil rolos escritos em hebraico, aramaico e grego, contendo textos antigos da Torá, livro-base do Antigo Testamento católico. E, entre eles, um com o título: "Regulamento da Guerra dos Filhos da Luz contra os Filhos das Trevas", obviamente referindo-se ao conflito celestial.

No Egito, existe uma inscrição nas paredes do grande templo de Edfu, uma antiga cidade sagrada dedicada ao deus Hórus. Nesse texto é contada a mitologia da contenda entre o deus Hórus e seus inimigos. Conforme narra a lenda, Hórus havia instalado na Terra uma fundição de "ferro divino" na qual guardava, em um lugar especial, o disco solar que percorria os céus. O conteúdo do texto revela que os fatos ocorreram em tempos anteriores à existência do homem. Hórus viajava ao lado do deus Rá sempre em um disco alado, percorrendo o firmamento. Mas, nesse caso, ambos se reuniram para lutar contra seres que desejavam a "coroa luminosa", isto é, a soberania da Terra.

Os assírios e sumérios acreditavam, há 4 mil anos, que o deus Baal criara o mundo do corpo de um monstro que previamente matara em uma grande batalha. Para o Hinduísmo, surgido há 5 mil anos, a criação foi conseqüência da ação de vários deuses.

Em síntese, grande parte das religiões faz profundas referências a dois grandes momentos do mundo, especificamente seu início, em que somente os deuses percorriam a Terra, e a um segundo momento, correspondente à criação do homem.

Também nas lendas de muitas culturas são referidos contos da existência, em tempos remotos, de civilizações extremamente desenvolvidas que desapareceram. Tais são a famosa Lemúria ou o continente perdido de Mu, ambos desaparecidos no Oceano Pacífico por uma grande catástrofe, o primeiro comentado pelas tradições teosóficas e o segundo, pelas diversas culturas da Índia; temos o continente perdido de Hawaiki dos polinésios e Hiva dos pascoenses (naturais da Ilha de Páscoa) também desaparecidos no Pacífico; a lendária Aztlán dos astecas, a Atlatlán ou Azatlán dos nahoa, a Toyan dos maias, a Hiperbórea dos nórdicos, a Tyno Helig dos galeses, a Lyonnesse dos francos, a Tule dos escandinavos e até a Atlântida de Platão.

Seja como for, existe farta evidência para perceber que, em tempos antigos, provavelmente milhões de anos atrás, a superfície desse pequeno planeta Terra mudou bastante. Não seria pois estranho que lugares outrora na superfície hoje estivessem no fundo do mar. Sabemos que, pelo menos, nesses últimos 18 mil anos o nível dos mares variou em mais de 100 metros, o que situa muitos sítios arqueológicos a grande profundidade nos abismos submarinos. Porém, cabe considerar que não somente o mar acaba sendo um reduto escondido dos depósitos arqueológicos, mas também a própria superfície do planeta pode esconder grandes segredos. Basta lembrar os achados de cidades inteiras como Herculano e Pompéia, sepultadas pelo Vesúvio em 79 d.C. e descobertas somente em 1711. Ou o caso de Akrotire, na ilha de Santorini, também chamada pelos antigos gregos de Tera ou Kallisté, destruída por uma terrível erupção vulcânica em 3500 a.C., sendo descoberta apenas em 1967 a mais de 9 metros de profundidade. O que poderíamos esperar então de uma civilização que supostamente teria existido e lutado sobre a superfície da Terra há mais de 250 milhões de anos? Ou pelo menos há 1 milhão de anos? A que profundidade da terra ou do mar se encontrariam seus vestígios?

Acredito que seria difícil resgatar evidências da existência de uma civilização mais avançada que a humana, desaparecida há milhões de anos. Porém, ao longo do tempo essas evidências estão surgindo para corroborar todas essas informações.

Em 1851, na pequena cidade de Whiteside Country, Illinois, nos Estados Unidos, foram achados dois pequenos anéis de cobre a uma profundidade de 36 metros, e mais tarde, em junho do mesmo ano, uma explosão em Dorchester, Massachusetts, pôs na superfície, no interior de um sólido bloco de pedra, um sino incrustado, adornado com motivos florais e feito de metal.

Em 1885, em uma mina austríaca, foi achado um curioso cubo metálico em um estrato carbonífero, datado do Período Terciário, o que significaria que o objeto em questão teria não menos que uns 70 a 12 milhões de anos. A peça está conservada hoje no Museu de Salisbury. Outro caso, não menos insólito, resultou no achado em 1869 de um objeto que nem sequer coincidiria com sua época de produção industrial. Trata-se da descoberta da marca de um parafuso de 5,08 centímetros de comprimento que se desgastou no interior de uma rocha retirada das galerias da Abadia de Treasure City, em Nevada. Essa rocha, marcada com a forma do parafuso, foi investigada pela Academia de Ciências de São Francisco, que, na época, agitou o mundo científico.

Dentre os fósseis mais interessantes já descobertos, não posso deixar de mencionar as pegadas humanas com o dobro do tamanho normal, achadas no leito do Rio Paluxy, próximo de Glen Rose, no Texas, ao lado de pegadas de dinossauros. Essas pegadas foram datadas como pertencentes ao Cretáceo, isto é, ao fim da Era Mesozóica, tendo portanto não menos que 140 milhões de anos. Algo absurdo, se comparado aos achados antropológicos que indicam que o *Homo eretus* tem pouco mais de 1,5 milhão de anos de existência e o *Homo sapiens*, apenas 100 mil anos. E a coisa não pára por aí. Em 1931, o dr. Wilbur G. Burroughs, do Departamento de Geologia do Colégio Berea, em Kentucky, também nos Estados Unidos, achou dez marcas de pés humanos fossilizados ao noroeste de Mount Vernon. Essas impressões, com mais de 250 milhões de anos, mostravam perfeitamente cinco dedos em pés nitidamente humanos com um tamanho de 23,73 x 10,25 centímetros. Um outro achado, realizado em 3 de junho de 1968 pelos srs. William Meister e Francis Shape em um lugar conhecido por Antelope Springs, a 43 milhas da cidade de Delta, em Utah, nos Estados Unidos, revelou um novo enigma: um par de pegadas fossilizadas com pés calçados, medindo 32,5 x 11,25 centímetros; mas o incrível dessa descoberta está no fato de que um desses pés calçados havia esmagado um trilobite, um pequeno crustáceo extinto há mais de 250 milhões de anos. Também temos a caveira de um bisão, uma espécie de búfalo que existiu na Sibéria, ex-União Soviética, há pouco mais de 10 mil anos, achado com um furo de bala. Esse animal, alvejado milênios atrás por uma arma de fogo, sobreviveu ao impacto, pelo que demonstra a regeneração do osso, e vem sendo hoje assunto de investigação do Museu de História Natural de São Petersburgo.

  Não menos espetacular foi o achado efetuado pelos srs. Mike Mikesell, Wallace Lane e Virginia Maxey no dia 13 de fevereiro de 1961 em Olancha, Califórnia. Esses três jovens estavam à procura de geodos, aquelas pedras ocas que contêm no seu interior cristais e que, algumas vezes, podem ter pedras semipreciosas de grande valor. Nesse dia em particular, recolheram alguns geodos nas proximidades do Lago Owens, a uns 1.300 metros sobre o nível do mar. Com um número que consideraram satisfatório de geodos, retornaram para a loja de Virginia, especializada em objetos decorativos de pedra, e onde, com uma serra de diamante, seriam abertas as pedras. Uma pedra em particular lhes chamou a atenção pelo seu peso, assim seria essa a primeira a ser aberta. Na primeira tentativa, a serra ficou estragada, sinal de que algo muito duro havia no interior do geodo. Após grande esforço, conseguiram abri-lo, vendo que o interior da pedra não era oco como supunham, mas que um estranho objeto se encontrava ali depositado. O objeto que estragara a serra era uma peça de porcelana circular, em cujo interior estava fixada uma vareta metálica de 2 milímetros de diâmetro, terminada em uma espécie de espiral ou algo parecido, difícil de definir pelo estado de deterioração, tudo isso envolto em um estojo hexagonal de um material não identificável, pois estava praticamente desintegrado, restando tão-somente a marca da forma. Esse artefato encerrado no geodo, após pesquisas, era bastante parecido com uma vela de ignição de um motor a explosão, porém com uma antiguidade que ultrapassaria tranqüilamente alguns milhões de anos. Outro caso extraordinário é a chamada "estatueta de Nampa", uma pequena figura de argila de 2 centímetros apenas, encontrada em 1889 no povoado de Nampa, em Idaho, nos Estados Unidos, a uma profundidade de 90 metros. Esse objeto foi pesquisado pelo dr. Kurtz, do Museu de Devis Park, que o datou com pelo menos 1 milhão de anos.

Além de tudo isso, deve-se acrescentar as descobertas de ossos de um homem gigante, realizadas em 1936 pelo antropólogo alemão Larson Kohl, no Lago Elyasi, na África Central. E também dos alemães Gustav von Konizwald e Franz Weidenreich que, em Pequim, acharam ossos de um ser humano gigante.

Enfim, parecia coisa de louco pensar que todas essas informações, vindas em comunicações, pudessem ser comprovadas quando comparadas a essas pesquisas, principalmente porque estavam mais próximas de um novela de ficção científica do que do nosso tumultuado dia-a-dia. Pensar que em tempos distantes tivessem chegado ao nosso sistema seres extraterrestres fugidos de outras estrelas estava mais para Buck Rogers que para Charlie.

Mas, aos poucos, analisando com mais calma, resultava interessante observar que, realmente, havia coerência nos relatos. Se realizarmos uma análise simples, poderemos constatar algumas coisas bastante peculiares. Por exemplo: se tomássemos a faixa de asteróides como centro de um mapa imaginário do sistema solar, veríamos que os planetas localizados da direita para a esquerda e da esquerda para a direita apresentam uma estranha relação no número dos seus satélites. Olhando detalhadamente temos, da direita para a esquerda: Marte com duas luas, Terra apenas com uma, Vênus e Mercúrio sem nenhuma. Da esquerda para a direita: Júpiter com 16 e mais alguns fragmentos, Saturno com 18, Urano com 15, Netuno com oito e Plutão com uma.

Podemos afirmar, como conclusão, que a possível explosão ou colisão que foi responsável pela destruição do planeta Phayton, relatada pelos extraterrestres, pode ter relação direta não somente com a formação do Cinturão de Asteróides, mas com o aparecimento da nossa lua e com o número das luas cativas existentes em cada planeta do sistema solar, já que, ao detonar, esse planeta teria lançado ao espaço grande número de fragmentos, os quais, ao longo do tempo, foram capturados pelos campos de gravidade de cada planeta. Essa tese encontra-se maravilhosamente narrada na mitologia suméria como a vinda do terrível deus Marduk ao sistema solar, que, à sua chegada, trava uma sangrenta batalha contra a deusa Tiamat e seu esposo Kingu. Nesse difícil combate ocorrerá a desintegração quase total de Tiamat, só restando uma parte da qual se originará a Terra ou nossa atual Lua.

Como já mencionara anteriormente, não é estranha para os cientistas a idéia de que, em tempos remotos, enormes corpos celestes possam ter ingressado no nosso sistema e que, em alguns períodos da história geológica da Terra, fragmentos da colisão no espaço com planetas ou asteróides tenham caído no nosso mundo em determinadas regiões, deixando enormes crateras. Mais de 88 cicatrizes existem em toda a Terra do impacto de imensas rochas que se precipitaram do espaço em tempos pré-históricos, muitas das quais vêm sendo associadas às grandes alterações climáticas da Terra, inclusive à morte dos gigantescos e ferozes dinossauros, como apontam descobertas recentes de uma cratera em Chicxulub, na península de Yucatán, no México, com 200 quilômetros de diâmetro, e outras tantas obtidas pelos vôos espaciais, visíveis apenas desde o espaço, como a localizada em Manicouagan, próxima a Quebec, no Canadá, com 60 quilômetros de diâmetro, ou visíveis apenas de um avião a grande altitude, como a cratera Gosses Bluff na Austrália, que no impacto formou uma cadeia de montanhas.

Todas essas fantásticas revelações, que nos chegavam por meio das comunicações, atiçavam ainda mais nossa curiosidade, estimulando a procura por maiores detalhes, sendo que, na maior parte dos casos, os extraterrestres respondiam que só mais adiante haveria um momento em que tudo seria gradativamente revelado. Insistiam em dizer que estava cedo demais para falar do passado, pois, para compreendê-lo corretamente, era mais importante ter consciência do presente.

Não imaginávamos nem um pouco o que nos aguardava adiante. A história do passado da humanidade seria aberta ao homem pela primeira vez na íntegra. Seria entregue a nós, por aqueles seres que foram testemunhas vivas desses eventos, cúmplices de muitos momentos de grandes transformações culturais e responsáveis por tantas confusões de identidade. A história do nosso passado humano, místico, religioso, cultural e extraterrestre, estava para ser desvendada em breve. Resgatada pela mesma fonte que, no acompanhamento de nossos dias, gerou tantos momentos de medo, amor, respeito, admiração e fascínio em tantos seres perdidos hoje na lembrança do tempo.

Enquanto isso, Sixto continuava a manter contato com Oxalc. Este se identificava como proveniente de um outro grupo de estrelas muito mais distante do nosso sistema do que os seres de Apu, e, no momento, afirmava residir em um lugar chamado MORLEN. O nome Morlen, segundo o extraterrestre, é na sua linguagem como denominam o maior satélite natural de Júpiter, descoberto por Galileu em 1610 e batizado por ele de Ganímedes, em homenagem a um príncipe troiano que foi arrebatado por Zeus e transformado em copeiro do Olimpo. Já as outras luas menores, Calisto, Europa e Io, são chamadas por esses seres de "Calônia", "Anátia" e "Aneta" respectivamente. Oxalc indicava que todas essas luas são colônias dos órions, habitantes de um planeta da Constelação de Órion, a 500 anos-luz aproximadamente do sistema solar. Essa constelação possui várias estrelas bastante conhecidas por todos, sendo três delas as que formam as "Três Marias" e cujos nomes científicos são: Mintaka, Alnilam e Alnitak, além de outras três, Rigel, Betelgeuse e Bellatix, sendo seu sol uma das estrelas amarelas menores que fazem parte do conjunto.

De acordo com as mensagens de Oxalc, há mais de 65 milhões de anos um grupo bastante reduzido de sobreviventes, vindos de Órion, teria chegado em uma expedição exploratória ao nosso sistema solar, instalando-se logo depois na Terra, em uma época em que os seres de Apu e Marte já não mais existiam como uma forte civilização, mas apenas como escassos sobreviventes barbarizados. Essa colônia teria perdurado por vários milhões de anos, lutando contra esses sobreviventes, dominando quase totalmente nosso planeta e modificado o ecossistema para depois chegar, também, a uma condição de quase total extinção. Pelas referências e detalhes dessas narrativas dadas por meio do contato, lembravam perfeitamente o período que poderíamos identificar como o da lendária Atlântida, já que os conhecimentos herdados dessa mítica civilização, passados pela *Teogonia* de Hesíodo, pelas *Tragédias* de Eurípedes, por Platão nos seus livros *Diálogos* e a *República*, e pelas impressionantes mensagens mediúnicas do famoso sensitivo norte-americano Edgar Cayce, assemelhavam-se demasiadamente em muitos detalhes. Isso vem ao encontro de grande parte das lendas relacionadas a lugares remotos habitados por gigantes e criaturas estranhas, em tempos que se perdem na memória. Esses mitos fazem parte integral das gêneses que deram origem aos povos do mundo, formando parte importante de seus fundamentos culturais. E o mais curioso de tudo é que as histórias, em cada um desses lugares, são impressionantemente semelhantes. Quase sempre, no texto, lemos que, primitivamente, moraram homens altos e loiros que tentaram dominar a Terra em tempos muito distantes. Gigantes que, bem no fim dos seus dias como civilização, em uma derradeira e dramática tentativa de sobrevivência, pugnaram entre si e foram castigados, destruídos ou submetidos pelos deuses. Nas lendas existe pois uma verdade escondida e disfarçada. Distorcida pelo tempo e ocultada da percepção do homem comum.

    O relato de Oxalc continuava, comentando que mais tarde uma segunda leva dos órions, dessa vez pertencentes a uma nova cultura, ressurgida das cinzas da anterior, veio por volta de 20 mil anos atrás, à procura dos vestígios do seu passado e daqueles que, há milhões de anos, se perderam rumando para esse canto da galáxia. Ao chegar, encontraram alguns remanescentes barbarizados vivendo em grupos tribais e outros, poucos, sendo detentores de um desejo obsessivo de luta pelo domínio e pelo poder. Assim, optaram por arrumar a situação da melhor forma possível. No final, decididos a não habitar mais nesse planeta nem interferir com seu processo natural de desenvolvimento, vieram a localizar-se em um satélite de Júpiter que, em outros tempos, já lhes oferecera abrigo. Era pois Ganímedes, o qual foi gradualmente adaptado para obter as condições necessárias para sua sobrevivência.

    De acordo com as informações cedidas por Oxalc, o satélite de Júpiter, assim como os próximos, representam uma fonte importante de recursos minerais, da mesma forma que significam um lugar protegido e livre de interferências, motivos pelos quais resolveram utilizá-los como base central de operações para os diversos trabalhos a que se propuseram nesse sistema.

    A vinda de seus congêneres, os órions, pela segunda vez ao sistema solar, cumpre, ainda hoje, vários propósitos. Os inícios de sua estada na lua jupiteriana foram bastante sacrificados e difíceis. O grupo de colonos que chegou inicialmente era composto de um contingente de 2.500 indivíduos, os quais, durante mais de 200 anos, se dedicaram à construção das cidades e à ambientação artificial do satélite. Segundo Oxalc, aproveitaram as condições telúricas de Ganímedes como fonte de fornecimento de energia, em função de que o subsolo ainda é quente. A energia térmica seria utilizada como fonte principal de suporte dos sistemas de ambientação.

    Uma das matérias-primas especialmente utilizadas para os trabalhos de construção foram os cristais de rocha, segundo ele muito abundantes no satélite. Por meio de um processo técnico especialmente desenvolvido por sua engenharia, os cristais foram aproveitados como alvenaria em quase todas as obras. E assim surgiu o nome da capital das atividades da colônia, denominada "Cidade Cristal". Uma cidade fantástica construída em forma de cúpulas ou domos muito semelhantes aos iglus dos esquimós, a partir de um cristal transformado, que dá quase uma semitransparência aos prédios e cujas cores vão além da imaginação.

O sistema político e social desses seres, com os quais nós estávamos contatando, seguia um padrão muito similar entre si. Lembra bastante os sistemas empregados no patriarcado dos antigos povos mesopotâmicos e no patriciado romano, em que um conselho, composto por um determinado número de anciãos ou homens proeminentes, se encarregava de exercer o controle mantendo a ordem, a coordenação das atividades e o funcionamento da estrutura. Nessas sociedades extraterrestres não há rei, imperador, presidente nem governador, pois não aceitam um único líder como voz de comando supremo, já que não promovem o individualismo nem o protagonismo. Em função de sua filosofia, consideram que o poder individualizado estimula o egocentrismo, promove o egoísmo e traz a ambição, comprometendo totalmente as relações interpessoais, tanto verticais como horizontais.

São, de maneira geral, sociedades baseadas na atividade comunitária, em que as oportunidades são iguais para todos. Sua ideologia encontra-se estruturada em uma orientação anárquico-socialista, mas não com um socialismo comunista ou anarquismo semelhantes aos nossos. Muito pelo contrário. Movem-se por meio de profundos princípios, de valores objetivos e simples que fundamentam seus atos, motivam seus comportamentos e guiam seus pensamentos além de qualquer imposição. Suas reações e atitudes são fruto de uma mente consciente e não de um doutrinamento.

Embora todos possuam as mesmas possibilidades de trabalho e desenvolvimento, não existe qualquer tipo de remuneração pelo produto final. Cada indivíduo está motivado a trabalhar, produzir melhor e com maior qualidade, já que o pensamento está voltado para a satisfação das necessidades da comunidade – pois, uma vez saciadas suas exigências e demandas, seus componentes também o estarão "por tabela". Não existem níveis sociais estratificados nem cargos hierárquicos estruturados como os nossos, assim como serviços ou atividades cujas regalias sejam diferenciadas. O esforço individual e coletivo visa ao desenvolvimento e à melhoria constante da sociedade, permitindo, dessa forma, que todos se beneficiem continuamente desse resultado. Não existe diferenciação sexual para atividades produtivas e não produtivas; tanto homens como mulheres participam das mesmas funções e responsabilidades. O objetivo final é colaborar para o sucesso dos empreendimentos e a satisfação completa das carências fundamentais da comunidade. Não há futilidades nem supérfluos. Não há desejos de destaque nem ambições de ter mais, pois o que se tem é mais que suficiente para satisfazer plenamente qualquer necessidade. Em todos os sentidos, essas sociedades não se motivam pela concorrência ou pela pugna mútua, mas pelo desejo de viver sempre melhor. Seu incentivo não é superar um adversário, mas unir esforços para conquistar as dificuldades de uma realização em benefício geral. Não lutam entre eles, mas para eles. Qualquer conceito de utopia seria por demais limitado ao lado dessa maravilhosa realidade.

Todo esse tipo de informação parecia um pouco de "grego" para todos nós. Éramos garotos em uma faixa de 12 a 18 anos, com as inquietudes típicas da idade. Política ou sociologia nunca haviam sido matérias pelas quais manifestássemos alguma curiosidade. Nem sequer havíamos trabalhado até o momento para ganhar um único centavo. Assuntos de caráter político-ideológico ainda estavam longe de nossa perfeita compreensão e, mais adiante, novas situações surgiriam para podermos vir a entender tudo isso e muito mais.

Conforme as mensagens fluíam, mais informações apontavam para a existência de várias civilizações extraterrestres cujas bases culturais se assemelhavam ao anteriormente exposto. Porém, por que várias raças alienígenas eram constantemente mencionadas nos contatos?

Em uma dessas comunicações, Oxalc esclareceu que existe na nossa galáxia, a Via Láctea, uma entidade ou instituição interplanetária que reúne um conglomerado de civilizações extraterrestres. De acordo com seus depoimentos, em um passado bem distante, veículos interplanetários de diversas procedências que prospectavam o espaço foram se encontrando com outras sociedades tecnologicamente avançadas e, a partir desse confronto, estabeleceram intercâmbios culturais e tecnológicos, a ponto de fixar embaixadas e criar vínculos comerciais. Assim, surgiu a CONFEDERAÇÃO DE MUNDOS DA GALÁXIA, um organismo que reúne centenas de civilizações extraplanetárias com níveis de avanço variável e objetivos de desenvolvimento comuns. Essa inimaginável entidade dividiu proporcionalmente a Via Láctea em 24 quadrantes ou setores, com o objetivo de equacionar as necessidades de pesquisa e identificar as áreas de interesse, permitindo, dessa maneira, ordenar uma estratégia de trabalho. O sistema solar, lugar onde nos encontramos, está localizado, segundo essa partilha, no 13º quadrante, o qual abrange parte do braço de um espiral galático chamado de "Braço de Órion".

A administração e a coordenação das atividades dessa incrível organização está a cargo de um comitê ou conselho, composto de 24 elementos ou criaturas de ambos os sexos, das mais variadas e fantásticas origens. Conforme mencionavam as mensagens, os seres que participam da responsabilidade de gerir o conselho são escolhidos por votação direta realizada pelos representantes dos quadrantes filiados, os quais também são escolhidos pelos mundos integrantes de cada quadrante. Todo esse processo é realizado regularmente. O conselho possui um porta-voz oficial que é revezado a cada reunião e que recebe o nome de "Supremo", não porém pela importância do cargo, mas pela responsabilidade que lhe corresponde.

O CONSELHO DOS 24, como é melhor conhecido esse grupo pelos alienígenas, encontrava-se sediado inicialmente no planeta Acater, localizado bem próximo da constelação de Órion. Temporariamente, foi transferido para Morlen ou Ganímedes no sistema solar, com o objetivo de participar de um evento comemorativo, e isso somente ocorreu uma vez, por volta dos anos de 1970 a 1974. Atualmente, a sede da entidade se encontra deslocada para o planeta Lomos, posicionado entre as constelações do Centauro e Órion.

A CONFEDERAÇÃO DE MUNDOS DA GALÁXIA serve como mediador para determinar os aspectos vinculados à realização da pesquisa interplanetária e distribuir seus resultados à comunidade participante, procurando fazer com que o desenvolvimento geral seja homogêneo. Analogamente a esse modelo, a ONU (Organização das Nações Unidas), na Terra, executa e exerce o mesmo papel, mediando inclusive os problemas e conflitos internacionais. Do mesmo modo, sua irmã sideral procura manter a paz na galáxia, interferindo quando realmente necessário e policiando a manutenção da ordem e do respeito para com as diferentes civilizações e formas de vida em desenvolvimento.

Porém, nem tudo é tão maravilhoso assim. À semelhança da Terra, existem sociedades não pertencentes à Confederação que, muitas vezes, à revelia desta, consideram os mundos de avanço inferior como primitivos e desprezíveis. Esses seres são, na maioria dos casos, os responsáveis por sustos e tratamentos indelicados sofridos por alguns contatados, mas não é pelo fato de não ser confederado que uma sociedade extraterrestre deva ser considerada ruim ou negativa, isso não é verdade.

Por outro lado, o conceito de ética interplanetária também é um tema complicado, já que as noções de certo e errado não estão circunscritas a nossas leis ou normas, mas sim a um princípio de sobrevivência. Portanto, se o ser humano se dá o direito de submeter uma criatura considerada inferior a um experimento, seja um rato ou um macaco, o que impede a um extraterrestre de submeter um humano a uma experiência similar em prol de uma investigação científica?

Para finalizar, Oxalc informara que, de alguns anos para cá, a Confederação havia destacado, para agir no sistema solar, uma equipe de civilizações de diferentes procedências, mas de forma física muito similar à humana, com a intenção de participar de um plano de aproximação com o planeta Terra. E isso era tudo. Os extraterrestres nos explicariam detalhadamente tudo isso, bem mais para a frente.

Até aqui, dava a impressão de estar vendo o comandante James Kirk, o oficial de bordo sr. Spock, o dr. Mc Coy e a tripulação na ponte de comando da nave espacial *Enterprise*. Todos a serviço da Federação Galática, sempre dispostos e prontos na luta contra os briguentos klingons. Mas cabe lembrar que, assim como tudo isso soa fantástico demais, no final do século passado, um escritor francês chamado Júlio Verne, no seu livro *Da Terra à Lua*, projetava uma idéia fictícia de uma viagem espacial tripulada, com dados e informações que coincidiram com a realidade. A ficção e a realidade caminham lado a lado, e às vezes se confundem.

Se bem que não soubéssemos ao certo, ou com detalhes, o porquê de tudo isso, incluindo os contatos, as mensagens recebidas até o momento somente falavam de uma necessidade de reflexão, tendo em vista as condições do mundo atual. Discursavam sobre os valores que deviam reger o comportamento humano, qual sua condição e responsabilidade junto ao cenário cósmico. Em reiteradas oportunidades, eram rígidas em afirmar que uma nova atitude seria necessária para que a humanidade pudesse prosseguir seu desenvolvimento, caso contrário sua destruição decorreria como conseqüência iminente. As abordagens eram filosóficas e espiritualistas, em alguns momentos incorriam no campo social, em outros no religioso ou no esotérico, versando às vezes sobre as origens do ocultismo, da religião, da magia e do espiritismo como estágios necessários de um processo de compreensão da realidade abrangente e profunda na qual o homem orbita.

Porém, por trás de tudo isso, os extraterrestres insistiam em mencionar que em breve algo estaria para acontecer, e que precisaríamos estar muito atentos. Contudo, até esse momento, a curiosidade e o desejo de aventura eram os únicos fatores que orientavam nosso ímpeto e a determinação que nos envolvia. Sabíamos que poderíamos relacionar-nos na seqüência com várias civilizações, um total de 15 raças, conforme se comprovaria mais adiante. De acordo com o mencionado por Oxalc, todos esses povos possuem uma forma física bem similar à humana, já que desse modo, e conforme o desejavam, a aproximação física se daria sem medos, sustos e inseguranças, facilitando a perfeita continuidade das experiências.

O terceiro a estabelecer o contato fui eu, e não foi nada fácil. Durante semanas "azucrinava" a vida de meus irmãos Sixto e Rose, querendo compreender como faziam para comunicar-se com os seres, ou seus *guias*.

O termo *GUIA*, isto é, orientador, cicerone, etc., foi assumido pelo grupo para indicar e categorizar a condição dos extraterrestres com os quais mantínhamos contato e como uma maneira de identificar seu propósito na relação estabelecida. Embora exista semelhança com o termo espírita, trata-se aqui de uma entidade viva e ativa, de carne e osso, que habita dentro de um cenário tridimensional. Portanto, não desencarnada.

De acordo com as mensagens que chegavam, agora por intermédio também de Rose, os extraterrestres, ou, melhor dito, os guias, estariam disponíveis para oferecer conhecimentos, informações e/ou orientações que viriam aos poucos, mencionando constantemente que havia muito para mostrar, mas que isso somente seria possível quando estivéssemos aptos a compreender o sentido do PROPÓSITO SUPERIOR[5] do Universo. Esse conceito soava por demais misterioso, sendo que os guias teimavam em não defini-lo de imediato.

De qualquer forma, tudo acontecia rápido demais para nós. Eu sabia que muito ainda estava para ocorrer em breve. Algo pairava no ar. E o tempo mostraria que meus pressentimentos não falhavam. A experiência de contato que me aguardava seria diferente das anteriores em absolutamente tudo.

No caso dos contatos de Sixto e Rose, ambos iniciaram a recepção das mensagens por meio da psicografia, ou escrita automática; além do fenômeno ter ocorrido no interior de nossa casa, sucedeu de um jeito relativamente confortável, mas comigo não seria nada assim.

Certo dia, conforme já havia virado rotina, todos os integrantes do grupo viajamos mais uma vez para as desérticas dunas de Chilca à espera de um novo "avistamento". Esse novo termo correspondia à observação, a distância, de uma ou mais espaçonaves no local e hora predeterminados por meio de uma comunicação. Sendo que a presença positiva do objeto atuava como forma de comprovação concreta de que as relações de contato mantinham-se firmes e que o grupo continuava a corresponder às expectativas dos guias.

Nessa oportunidade em particular, eu esrava bastante irritado e nervoso em conseqüência da frustração pelas constantes e infrutíferas tentativas de comunicação. Afastado do resto do grupo, observava tristemente as estrelas que preenchiam o breu celeste para distrair meu mau humor. Pela minha mente, passavam pensamentos que recrudesciam ainda mais meu já insatisfatório estado. Julgava-me incapaz de algum dia poder vir a ter esse tipo de relação com os guias. Achava-me até "indigno" de tal merecimento, chegando a considerar que estaria condenado a depender dos outros para obter alguma informação. Detestava a idéia de me resignar a aceitar passivamente esse destino.

Foi em um desses agoniantes momentos de depressão que, olhando para a constelação do Cruzeiro do Sul, fiz a elevação de um último e desesperado chamado mental. E, nesse instante, algo inusitado ocorreu.

---

5. PROPÓSITO SUPERIOR: Será visto amplamente no Capítulo XII.

Um nome surgiu repentinamente cruzando meus pensamentos. GODAR aparecia nitidamente em minha mente, como se eu tivesse retirado a imagem do nome da tela de um televisor. Por alguns segundos parei e, meio desconcertado, retornei a chamar mentalmente por um contato. Mais uma vez, o mesmo nome veio.

Habitualmente, a comunicação somente aparecia via escrita automática e nada indicava que pudesse manifestar-se de outro modo. Impressionado e muito agitado, não atinava em que pensar, chegando rapidamente à conclusão de que estava sugestionado ou acabara de ficar redondamente "maluco".

Passados alguns minutos dessa loucura, o nome não saía da minha cabeça. Permanecia insistentemente, abordando minha mente e cruzando meus pensamentos. E, conforme era do meu feitio, iniciei uma sessão de questionamento sistemático do fenômeno.

Mesmo perguntando, argumentando ou contra-argumentando, a dúvida permanecia. "Só pode ser auto-sugestão", eu repetia.

Decidido a encarar o fato como um provável fenômeno, passei a perguntar ao dito-cujo Godar se era realmente um ser de alguma origem dimensional concreta ou mesmo um extraterrestre, resposta que recebi afirmativa, como sendo um alienígena.

– De onde você vem? – perguntei.
– De Apu! – ouvi dentro da minha mente.
– Vamos ter um avistamento hoje?
– Sim! – respondeu, cortante.
– A que horas a nave deverá vir sobre nós?
– Às 21h15! – asseverou, sem hesitar.

Assim estava sendo demais. Minha frustração havia sido tanta que estava pronto para iniciar uma sessão de análise com o primeiro psiquiatra que aparecesse na frente. Somente podia ser auto-sugestão, e das piores, mas, mesmo tendo essa triste possibilidade em vista, fui ao encontro de Sixto para sanar essa incômoda dúvida.

Sixto estava em meio a uma conversa com alguns dos rapazes do grupo, e fiquei com vergonha de comentar sobre o que estava ocorrendo. Mas, fazendo-me de curioso, perguntei se haveria algum avistamento nessa noite e, nesse caso, para que horas estava programado. Sem reparos, meu irmão respondeu exatamente o mesmo horário que esse suposto extraterrestre chamado Godar me transmitira.

Pensativo e desconfiado, procurava mais uma vez uma outra explicação racional e lógica para o que estava ocorrendo. Mesmo com a resposta que confirmava a mensagem que havia recebido, fiquei sem graça de comentar alguma coisa com Sixto e com os demais.

Nessa confusão mental, os minutos foram passando até que, na hora assinalada, a nave veio e percorreu o espaço, sobrevoando-nos lentamente, para delícia e alegria de nosso pequeno grupo e, particularmente, para a minha felicidade e tranqüilidade mental.

Quem mais ficou pulando de contente naquele instante, obviamente, fui eu, sendo que os demais não conseguiam entender por que tanta exaltação. Aos berros, contava o que havia acontecido, pois agora eu tinha certeza de que não era sugestão. Todos davam risada das elucubrações que passaram pela minha mente, tentando desculpar o fato e, afinal, cada um do grupo ficou satisfeito e feliz pela experiência.

Depois de parabenizar-me por ser o novo contatado, o grupo rumou vagarosamente em direção aos carros para retornar à cidade. Mas repentinamente me detive, como paralisado por um raio. Na minha cabeça, Godar manifestava-se dizendo:

– Pare, não vá ainda, espere um pouco, nós não acabamos.

Mentalmente perguntei o que deveria fazer, ao que Godar respondeu:

– Permaneça aqui mais um pouco e aguarde instruções. Informe isso aos seus companheiros.

Automaticamente comuniquei ao grupo o que estava recebendo, e pedi para ficar. Uma parte do grupo se ofereceu para permanecer comigo, enquanto os outros, incluindo Sixto, retornariam para a cidade de Lima.

Os poucos que permaneciam no lugar comigo acompanhavam as luzes dos veículos daqueles que empreendiam o retorno. Perdendo-se entre as dunas de areia, as luzes se desvaneceram, ressurgindo a escuridão que, friamente, envolveu toda a paisagem. Tudo voltou a ficar em um profundo e sepulcral silêncio.

Enquanto isso, não compreendia muito bem o que estava se passando comigo, mas optei por seguir as indicações do suposto "guia Godar". E, naquele momento, quando todos me olhavam aguardando um comando, senti o irresistível impulso de seguir em uma determinada direção. Inseguro e desconfiado, passei a comentar com os rapazes as dúvidas que me afligiam, mas, decididos a achar uma resposta, concordamos em seguir as possíveis mensagens e iniciar a caminhada.

O local habitual do grupo para observação dos avistamentos havia se restringido às encostas de um grupo de morros próximos ao leito seco de um rio nas proximidades de Chilca. Dessa vez, o guia Godar indicava-nos que seguíssemos em uma direção diferente. Nosso minúsculo grupo caminhava em direção oposta à rota usual. A cada passo, contornávamos a cidadezinha de Papa León XIII. Lentamente, suas tênues lâmpadas desapareciam à nossa direita, e um posto alfandegário da polícia na rodovia Panamericana Sul, à esquerda, nos revelava a proximidade da civilização.

À frente, erguia-se um conjunto de morros de baixa altura e, no meio, podíamos distinguir uma quebrada. Mentalmente sabia que era para continuar e, juntos, nos dirigimos para o interior dessa pequena várzea.

Conforme íamos entrando, chegamos a uma antiga pedreira de rípio, abandonada há muito tempo, e, ali, Godar pediu para que aguardássemos novas instruções.

Curiosos com o que estaria para ocorrer, nos mantínhamos atentos a qualquer movimento ou som. Repentinamente, recebi uma mensagem:

– A partir de agora, todas as suas saídas deverão ser aqui. Venham sempre a esse lugar a cada convocação. Olhem agora para cima.

Acabada a mensagem e relatada ao grupo, todos elevamos os olhos para o céu e, bem acima, uma nave em forma de disco, iluminada por uma cor amarelada, sobrevoava em nossa vertical a pouca altitude, traçando um movimento circular. Juan, Henrique e Mito não podiam conter minha alegria, pois meu contato estava mais do que confirmado. Eu gritava feliz, pois a emoção havia tomado conta do meu ser e, sem poder evitá-lo, algumas lágrimas descontroladas escaparam, lavando toda a minha angústia e frustração.

Segundos passados, uma nova mensagem veio:

– Podem retornar, o que era para ser já é.

Finalizando, informei rapidamente o recebido aos rapazes e, nesse mesmo instante, a nave, que completava uma curva, acelerava partindo em direção ao mar.

No dia seguinte, o resto do grupo foi informado do resultado da experiência, passando, a partir daquela data, a utilizar esse local como ponto de trabalho para as saídas de campo e lugar obrigatório para os futuros contatos. Em função das vantagens e das características do lugar, nós o batizamos com o codinome de Mina (ou "pedreira" em português). Assim, para nossa facilidade e de todos os usuários, atuais e vindouros, a simples menção do nome referiria o local dos acontecimentos. Em caso de uma nova experiência, a única indicação do nome-chave ofereceria, a todos os envolvidos, as coordenadas do encontro e onde, obrigatoriamente, seriam realizadas as práticas. Não havia como errar. Unicamente os não chegados desconheceriam o significado desse nome e, conseqüentemente, da sua implicação como referência.

Semanas mais tarde, Mito, Juan, Adolfo e outros mais iniciavam suas primeiras comunicações. Passados uns dois meses, o contingente de contatados havia aumentado para 12 pessoas. Era o começo de um novo estágio em nossas fantásticas vivências.

Em meados de abril de 1974, os guias indicaram o início de uma fase preparatória, que incluiria em seu repertório novas experiências em campo para a recepção de conhecimentos e informações importantes que, ao longo do tempo, serviriam para modificar o destino da humanidade.

Houve um longo período em que mensagens com um teor apocalíptico alternavam-se com outras messiânicas, estimulando gradualmente, e de maneira perigosa, a fantasia e os egos de cada um. Não faltavam pessoas que nos considerassem diferentes, ou mesmo situações em que alguns de nós viéssemos a nos sentir especiais. Considero que todo esse período de contatos foi propositalmente elaborado para nos testar, procurando medir ou conhecer nossas fraquezas.

Em geral, as mensagens dissertavam sobre assuntos variados, buscando incitar freqüentemente nossa curiosidade e procurando manter o grupo receptivo para novas orientações. Mas a empolgação minava, na maioria dos casos, a autenticidade do conteúdo das mensagens. Embora o entusiasmo pela aventura e pelas constantes novidades alimentasse a motivação da turma, não faltavam os conflitos ocasionais, quando o ego procurava falar mais alto.

Por enquanto, os guias haviam enviado mensagens curiosas, interessantes, belos enunciados filosóficos e algumas coisas mais para dar asas à imaginação. Porém, o real motivo do contato estava ainda obscuro. A essa altura, a própria validade da informação era questionada, em vista de que as mensagens recebidas podiam conter um grande volume de interferências do nosso próprio subconsciente. Nada impedia que isso acontecesse, ou pelo menos nada provava o contrário.

Até o momento, ninguém do grupo conversara diretamente com algum desses seres ou guias cara a cara, para poder discernir ou identificar em que ponto o receptor da mensagem teria colaborado com sua "cota" de informação "extra". Portanto, tínhamos um nebuloso horizonte a desvendar. Sabíamos que, de alguma forma, não muito definida, é claro, fazíamos parte de alguma coisa importante. Mas, o quê? A resposta demoraria para chegar.

Entre trancos e solavancos, entre auto-sugestões, "viagens", interferências nas mensagens, manipulações, mistificações e as que pareciam coerentes em meio a esse emaranhado de dúvidas, fomos conseguindo identificar uma linha de estilo-padrão, um modo de analisar o conteúdo das mensagens, descobrir procedimentos de obtenção da comunicação e de como decifrar a composição conceitual das comunicações.

Os guias foram nos mostrando, ao longo do tempo, um traçado-padrão cujo comportamento caracterizava as comunicações que poderíamos chamar de "relativamente válidas". Eles próprios insistiam em afirmar que toda e qualquer mensagem sempre carregaria consigo dados, informações e até orientações vindas do fundo de nossas próprias mentes. Isso, fruto e resultado de nossa formação familiar, profissional e espiritual que, obviamente, estavam longe de ser enviadas por eles. Por esse motivo, deixando as discussões e os problemas de lado, determinamos que toda e qualquer mensagem recebida, cujo teor ou conteúdo suscitasse dúvidas, deveria ser confirmada por meio de uma saída de campo. Em síntese, qualquer informação questionável por suas implicações teria de ser obrigatoriamente comprovada em um contato concreto, isto é, em um avistamento ou com a presença de um fenômeno objetivo, enviado pelos extraterrestres propositalmente para endossar a validade e autenticidade da mensagem.

Dentro das novas experiências que os guias haviam preparado, seguindo uma espécie de programa que afirmavam estar aplicando, havia agora uma grande inovação, a que chamaram de "prática de autocontrole". Esse novo tipo de prática consistia em saídas a um local determinado, quase sempre afastado da civilização e de difícil acesso, ou seja, longe do movimento e de qualquer presença humana. Seriam locais tipo desértico: praias afastadas e desconhecidas do público, montanhas fora de qualquer rota ou até na própria Mina. Ali, individualmente ou em grupo, seríamos submetidos a um tipo de trabalho inusitado. Bem diferente de tudo o que já fizéramos até esse momento.

A prática, em definitivo, compreendia a seguinte situação: em uma primeira fase, as pessoas seriam convocadas e reunidas em um determinado lugar pelos extraterrestres via comunicação. Em uma segunda fase, os que fossem chamados a participar no local de trabalho realizariam uma nova comunicação para localizar um segundo lugar, mais distante do ponto de reunião, porém no perímetro da área de convocação. Em uma terceira fase se obteria, também via comunicação, uma relação dos nomes das pessoas na seqüência em que deveriam participar. Após isso, finalmente, um a um, os convidados à experiência passariam a permanecer a sós e em silêncio, na mais total, completa e absoluta escuridão da noite, por um período de tempo específico. Sempre sob supervisão dos guias.

Realmente parece uma brincadeira meio sádica, mas cumpria a função de preparar as pessoas para situações futuras. Embora a idéia de permanecer 15 a 45 minutos no meio de montanhas, totalmente abandonado de qualquer vestígio humano, não fosse muito interessante nem convidativa, tinha um objetivo maior. Nessa condição, os guias permitiriam que, em total e absoluto isolamento, a mente desse vazão às fantasias e temores que, reprimidos, moram no fundo de cada um de nós. Nesse momento, os sons, as sombras e os movimentos naturais do lugar emergiriam como fantasmas assustadores ou bestas apavorantes que pareceriam espreitar e ameaçar constantemente em cada canto. Assim, a confiança no contato e no propósito desse intercâmbio seriam testados. O autocontrole demonstraria a coragem, determinação, garra e vontade de desejar ir mais longe e a disposição de entrega e dedicação para atingir metas que exigem sacrifícios. Em síntese, essa experiência proporcionaria a oportunidade de conquistar a certeza de ser partícipe de uma realidade universal, que evolui e trabalha para ampliar a consciência de ser e estar vivo, descobrir novos horizontes interiores e exteriores.

Essa situação nos mostrava claramente que estávamos sob um processo de aprendizagem que escapava a qualquer didática humana, já que permitia finalmente encontrar e resgatar o melhor e mais importante de cada um. Estávamos convictos de que fazíamos parte de algo verdadeiramente diferente e sabíamos também que haveria um determinado momento para que o resultado de tudo isso, reunido e realizado, pudesse ser manifestado. Para alguma coisa era toda essa preparação, mas para quê?

A necessidade de adquirir um equilíbrio mental e, principalmente, emocional, era importantíssima para a futura possibilidade de um primeiro contato físico. E a única maneira de começar a formar essa estabilidade interior era, primeiro, descobrir o que há bem no fundo de cada um e, uma vez aflorado, iniciar um dificílimo processo de superação. As práticas de autocontrole estavam pois a dar começo ao preparo para o encontro direto com os guias, e como isso se processaria seria explicado em breve.

Ao longo de semanas e, conseqüentemente, durante as saídas de autocontrole, a maioria do grupo aprendeu a interiorizar-se com profundidade, reconhecer mais facilmente suas inseguranças e seus conflitos, e vir a ter um panorama íntimo mais completo a cada dia. As sensações de abandono e solidão iniciais, experimentadas durante o autocontrole, começaram a dar espaço a momentos de absoluta reflexão. As ansiedades, a perplexidade diante do inesperado e dos perigos fictícios de uma imaginação fértil e criativa, foram substituídas gradualmente por uma percepção aguçada e crítica. Uma resistência interior e o despertar de uma consciência cobravam mais forma e força a cada dia.

Foi no mês de maio, durante uma das tantas saídas de campo, que os guias, por meio de uma comunicação, comentaram a respeito da existência de um grande projeto ou plano, no qual eles e outros seres estariam envolvidos. Segundo os guias, esse plano teria sido concebido pelos próprios extraterrestres havia muito tempo, envolvendo toda a humanidade. De acordo com a mensagem, tudo o que estava sendo realizado conosco fazia parte integrante de sua concretização. Portanto, nada estava sendo casual e, assim como nosso grupo, outras pessoas ao redor do mundo também estavam sendo contatadas. A seu devido tempo, os guias nos deixariam a par de tudo o que tínhamos direito de saber, mas, por enquanto, manteriam silêncio.

Essa postura, por parte deles, somente estimulava ainda mais nossa crescente curiosidade e nos motivava a continuar insistindo na procura de mais respostas. Mesmo assim, as mensagens continuavam a ser psicografadas e, no meu caso, telepáticas. Mas, como forma de registrar as informações, fui obrigado a transcrevê-las sempre, pois era a única maneira de preservá-las.

O volume de comunicações aumentava a cada dia, versando sobre diferentes assuntos. Minhas preocupações continuavam com relação à sua autenticidade, embora fosse mais fácil identificar as interferências. Porém, a quantidade de papel era tanta que mal dava tempo de poder analisar detalhadamente seu conteúdo. Tinha de haver uma forma em que as dúvidas pudessem ser eliminadas. Somente cara a cara as perguntas poderiam ser totalmente respondidas.

Enquanto isso, a observação de naves em campo havia se tornado rotina e, embora as comunicações estivessem na ordem do dia, a maioria dos integrantes do grupo ainda permanecia no delírio de uma aventura de ficção científica na vida real. E, obviamente, também não era para menos.

Alguns se sentiam escolhidos para redimir o mundo, outros procuravam ter acesso a um conhecimento técnico mais avançado, e outros, ainda, queriam compreender exatamente para onde tudo isso iria nos levar.

Não conseguíamos ver claramente o panorama que se escondia por trás do contato. Sabíamos que os extraterrestres desejavam ajudar a humanidade, procurando aparentemente um meio mais fácil de aproximação, e suspeitávamos que provavelmente fazíamos parte desse trabalho. Mas nada ainda estava explícito. O motivo concreto e real do contato insistia em permanecer obscuro. De alguma forma, no fundo de cada um, intuíamos que em algum momento iria se revelar o sentido de tudo, mas nos perguntávamos constantemente: "Quando e de que forma acontecerá?".

Capítulo VIII

Uma Incrível Tarefa

As viagens para Chilca haviam se transformado no programa obrigatório de todos os finais de semana. Embora ver as naves dos extraterrestres fosse normal, eles repentinamente começaram a faltar aos encontros.

Tal situação nos deixou bastante confusos e preocupados, além de experimentarmos, conseqüentemente, uma estranha e incômoda sensação de fracasso e abandono. De imediato, todos questionamos o possível motivo da ausência de qualquer aparição ou fenômeno físico. Pensávamos que havíamos caído em desgraça, que de alguma forma ofendêramos aos guias, ou que, provavelmente, eles haviam perdido a paciência conosco. Seja como for, haviam retirado o doce de nossas bocas muito rapidamente.

Perturbados com a falta de evidências e da continuidade do contato em campo, iniciamos uma análise cautelosa e detalhada de todo o processo que nos levara até as experiências confirmadas por manifestações concretas, incluindo a relação de todos os participantes.

Não foi preciso muito esforço para achar a resposta. O grupo de contato havia se originado no interior do Instituto, isto é, do IPRI; conseqüentemente, ocorria um revezamento constante de pessoas, entrando e saindo das experiências de contato sem manter um comportamento sério e definido, pois sua única motivação era a curiosidade. Os que estavam sempre fiéis nas saídas de campo eram, na verdade, muito poucos. Assim, as presenças novas e descompromissadas estavam atrapalhando o desempenho dos que procuravam trabalhar seriamente, assim como o desenvolvimento do que os extraterrestres desejavam promover.

O Instituto havia adquirido, por meio do contato, uma espécie de *plus*. Um entretenimento cativante, um atrativo diferente para seus participantes.

A oportunidade única de uma experiência de contato real. E, infelizmente, os guias transformaram-se em um *show* bastante interessante. Tanto que nunca antes tantas pessoas vieram participar do Instituto como então. Associados antigos, que não assomavam à sede havia anos, apareciam como que ressuscitados, querendo saber mais das grandes novidades e, obviamente, desejando ir aos encontros.

Em função dessa situação, reunimos todos os que originariamente estiveram envolvidos com os contatos e, depois de deliberar por horas, determinamos desvincular-nos definitivamente das atividades do Instituto, para assim reiniciar os contatos sem conhecimento de seus membros. Evitaríamos dessa forma qualquer interferência na continuidade das experiências. Carlos, meu pai, reagiu furioso diante de tão radical decisão, afirmando que, com ou sem a gente, ele continuaria a sair para as dunas de Chilca com os membros do IPRI que desejassem acompanhá-lo.

Fiquei muito chateado com a situação. Meu pai estava irado conosco, mas eu queria que ele compreendesse a delicadeza do problema. Era impossível trabalhar corretamente tendo pessoas novas a cada momento, munidas apenas de muita curiosidade e pouca determinação. Ele até que entendia parcialmente nossos argumentos, porém não podia deixar de lado os membros do Instituto, que o pressionavam. Como podia abandonar o que levara uma vida de grandes sacrifícios para construir? Justo agora que o contato se dera tão estrondosamente? Como investigador, havia realizado seu mais caro sonho e, como pessoa, um universo de perguntas se assomava. Infelizmente para todos nós, o impasse estava criado. Iniciava-se uma dolorosa separação que ameaçava durar muito tempo e que, talvez, nunca terminasse.

Um certo mal-estar pairava no "QG" da família. Por causa desse afastamento e da divisão nas atividades, Sixto e meu pai desfecharam um confronto ainda mais rude. As reuniões do nosso grupo de contato passaram a realizar-se na sala de jantar de nossa casa, a fim de evitar ao máximo qualquer nova altercação e, conseqüentemente, qualquer proximidade com os membros do Instituto. Dessa maneira, o grupo se preservaria, garantindo seu desenvolvimento sem interrupções, fugindo à possibilidade de qualquer futuro problema. Em função de todas essas medidas, as atividades de contato em campo voltaram à normalidade.

Com o grupo enxuto, composto apenas por pessoas cheias de vontade de trabalhar, a presença física das naves voltou a ser constante.

A região de Chilca, a 60 quilômetros ao sul de Lima, era um local mais que propício para o contato. Não somente por ser afastada da civilização, estar entre montanhas e dunas desérticas, mas porque, segundo os extraterrestres, ao sul de Chilca e a uns 100 quilômetros do litoral mar adentro, existia uma base extraterrestre submarina que fazia parte de um complexo sistema de bases ao longo da costa peruana, as quais compreendiam um total de dois centros principais e um pequeno grupo de instalações de pesquisa, distribuídos especificamente da seguinte maneira: uma entre as praias de León Dormido e Puerto Viejo, próxima aos quilômetros 80 e 82 da rodovia Panamericana Sul, e as outras duas entre Piura e Lambayeque, ao norte. Daí procediam as naves que compareciam aos contatos e que nós habitualmente observávamos.

Por aqueles dias, um engenheiro de nome Carlos Belevan, que participava das atividades do Instituto e era amigo do meu pai, fez amizade conosco.

Dadas as características do seu trabalho, o engenheiro tivera de mudar sua residência por várias vezes nos últimos meses e, conseqüentemente, deixara parte de suas coisas e mobília distribuídas em casas de parentes e amigos, enquanto seu novo lar não ficava pronto. A necessidade de agir sempre com pressa tomou conta da situação e, sem saber exatamente onde pusera cada coisa, dessa vez o inevitável ocorreu.

Repentinamente, acuado por compromissos de trabalho, sentiu falta de alguns documentos importantes. Seriamente preocupado e em graves dificuldades para o cumprimento dos compromissos, pois deles dependia o pagamento dos empregados a seu cargo, caiu em total desespero.

Nesse mesmo e atribulado dia, Belevan foi para minha casa à procura do "chefe da família", com o objetivo de solicitar algumas informações de cunho profissional, sendo atendido na chegada por Sixto, o qual o convidou a entrar e aguardar, pois meu pai havia saído. Entre uma conversa e outra, o engenheiro comentou sua preocupação com Sixto, Rose e Mochi, ao que Sixto disse: "Deixe-me perguntar a Oxalc, talvez ele possa ajudar".

Belevan, um pouco cético, concordou (a essa altura, qualquer auxílio era mais do que bem-vindo). Para tanto, Sixto se concentrou e entrou em contato com seu guia. Oxalc, sem rodeios, respondeu prontamente que os documentos extraviados se encontravam depositados no interior de uma máquina de lavar roupa. O engenheiro retrucou que essa informação estava errada, já que ele não possuía esse tipo de eletrodoméstico e que estava mais do que cansado de procurar os documentos em todos os lugares possíveis e imagináveis.

Mesmo assim, Sixto insistiu em reiniciar a busca no local em que se encontrava o grosso da mudança. Belevan, visivelmente cético, levou Sixto, Rose e Mochi para a residência de um casal de parentes, onde estava guardado o maior volume de suas coisas. E ali, bem no interior de uma máquina de lavar que o casal, proprietário da casa, não utilizava mais, os documentos foram encontrados. Em vista de tão incrível prova, Belevan, profundamente impressionado pelo ocorrido, passou a relatar algo que viria a confirmar ainda mais a autenticidade do nosso contato, ratificando a localização de uma das bases submarinas.

Belevan trabalhava na Companhia Norpesca S/A, cujos navios pesqueiros percorriam o litoral peruano em busca de grandes cardumes de peixes comercialmente importantes. Essa rotina era realizada tanto de dia como de noite, dependendo do tipo de peixe procurado e das águas que estes freqüentam. E foi assim que, em fins de 1969, um desses barcos, ou *bolicheras* (como são chamados no Peru), de nome *Roncal*, navegava altas horas da madrugada nas águas de Lambayeque, ao norte do país, utilizando um sistema de sonar chamado "ecograma" para localizar os cardumes e delinear o relevo do fundo do mar.

Repentinamente, o oficial de bordo reparou que apareciam nos gráficos do ecograma certas formas curiosas e regulares que ele nunca havia visto antes. Na dúvida de uma identificação positiva, chamou alguns outros integrantes da tripulação, os quais concordaram com o insólito do registro.

Ao mesmo tempo, o marinheiro de guarda chamou a atenção da tripulação para uma estranha e incrível luz circular que estava sendo irradiada do fundo do mar. Todos, sem perder um segundo, se debruçaram no convés do navio para apreciar um espetáculo digno de um filme de Spielberg.

Um objeto discoidal, de grandes proporções e circundado de luzes multicoloridas, emergia vagarosamente do fundo do oceano ao lado do navio, oferecendo uma imagem que jamais seria esquecida por ninguém. A nave, de origem desconhecida, elevou-se lentamente e, girando por cima do barco, acelerou velozmente, perdendo-se na imensidão do espaço.

Após o relato, Belevan mostrou os ecogramas originais do evento, obtidos na época pela tripulação do *Roncal*, nos quais constavam claramente não somente as silhuetas de dois discos pousados no fundo e emergindo, como também a silhueta de uma gigantesca nave-base descansando no fundo do mar, tranqüila e imperturbável.

Essas confirmações davam ao grupo a certeza e a convicção de que as informações que estávamos adquirindo em comunicação não somente eram verdadeiras, mas que também, cedo ou tarde, acabariam por ser comprovadas.

Foi assim que, ao longo do mês de junho, nosso novo e enxuto grupo de contatados, independente do Instituto, retornou às comunicações e às saídas para Chilca.

Nesse período, os guias começaram a manifestar seu desejo de uma melhor preparação para, de uma vez por todas, dar a conhecer o motivo de sua aparição. Aos poucos e em comunicações sucessivas, mencionaram que estavam buscando preparar um grupo de pessoas para dar início a um projeto. Um projeto de caráter experimental que buscava utilizar intermediários entre eles e a civilização do planeta Terra. Seres humanos que seriam capacitados e treinados para estabelecer um caminho de aproximação entre as duas raças.

Dessa forma, o grupo seria empregado para atuar como objeto de estudos, vindo a ser utilizado como referência de uma amostragem da civilização terrestre. O esquema de trabalho permitiria aos extraterrestres conhecer e acompanhar, em profundidade, a versatilidade do comportamento humano nas mais diferentes situações, oferecendo a oportunidade de vir a descobrir o que se pode esperar finalmente do homem.

Segundo os guias, foram inúmeras as vezes em que procuraram aproximar-se de pessoas classificadas como intelectualmente aptas ou profissional e hierarquicamente capazes de estabelecer um contato com extraterrestres. Porém, as mesmas estavam sempre vinculadas, presas ou dependentes de alguma estrutura ideológica, política ou econômica, subjugando o encontro à satisfação das ambições e desejos de poder e domínio, que estão constantemente por trás desses indivíduos, conscientemente ou por dependência.

Nesses casos, os contatados não possuiriam a liberdade necessária para seus movimentos, sem esbarrar constantemente na ambição de seus patrocinadores, pois estariam sob observação a cada passo. Os próprios extraterrestres estariam vulneráveis a qualquer interferência indesejável, na iminência de um contato mais próximo. Da mesma forma, se por algum acaso o contato fosse realizado em qualquer local ou país considerado desenvolvido, os extraterrestres estariam demonstrando, à vista de alguns, uma preferência especial pela nação escolhida, o que automaticamente seria associado a uma simpatia por sua configuração política e social.

Se o caso for aplicado aos pesquisadores ortodoxos da fenomenologia extraterrestre, dificilmente estes se submeteriam às aventuras e desconfortos dos encontros, inclusive a sequer vir a iniciar os primeiros passos de um contato mental. Segundo esses pesquisadores, os fenômenos desse tipo estão mais associados a místicos, curandeiros, milagreiros e/ou bruxas do que a cientistas.

Os guias estão acima de tudo isso, e é por isso que escolheram um pequeno país subdesenvolvido e um grupo de garotos inofensivos como nós, sem qualquer maldade ou preconceito, tremendamente curiosos e até um tanto aloprados e aventureiros, que afinal nada tinham a perder, a não ser ingressar na aventura mais fantástica que sua imaginação poderia haver concebido.

O mês de junho transcorria repleto de novidades. As saídas para Chilca continuavam a ser apoiadas pela presença de objetos que chegavam e permaneciam pairando sobre nosso grupo. Mas, um dia, a situação mudou.

Como já era de costume nos fins de semana, nossa turma, dessa vez integrada por Sixto, Juan, Kuqui, Alfredo, Juan Carlos e eu, foi para Chilca, chegando mais cedo que o normal à casa da mãe de Juan, no povoado de Papa León XIII. Como o povoado distava poucos quilômetros da Mina – local que mantínhamos como base das atividades de autocontrole e experiências em geral, desde a sua descoberta –, resultava cômodo para nossa preparação. Na casa de dona Maruja, mãe de Juan, um delicioso lanche sempre nos aguardava, além de um refrescante e revigorante banho de piscina.

Por volta das 18h, dispusemo-nos a caminhar em direção ao local habitual de trabalho, a Mina.

No trajeto, descontraídos, cantando e contando piadas, felizes por mais um possível encontro com os guias, caminhávamos nos internando entre as montanhas. Aos poucos escurecia e as lanternas eram acionadas para iluminar o caminho. Sixto e Kuqui iam na frente, a pouca distância do resto do grupo, quando, sem perceber, algo bastante curioso ocorreu, para surpresa de todos. Sixto repentinamente desaparecera do lado de Kuqui que, sem entender nada, gritava por ele em todas as direções.

Sixto, por seu lado, só e muito confuso, aparecera entre algumas dunas a poucas dezenas de metros da Mina. E, sem compreender bem o que estava se passando, começou a gritar a todo pulmão.

Muito perturbado e tentando manter a calma, deteve-se por um momento e parou para refletir. Devia buscar rapidamente um lugar elevado, somente assim poderia localizar-nos.

Caminhando com dificuldade pela areia, demorou um pouco para conseguir situar-se. Perplexo pelo ocorrido e procurando um ponto elevado, Sixto não conseguia explicar como chegara tão rápido ao local e o que havia acontecido ao resto do grupo.

Pela primeira vez se sentia abandonado e só na imensidão do deserto, além de confuso e assustado. Sem desejá-lo, aos poucos, um profundo temor invadiu sua mente: de qualquer forma, mesmo que ele tivesse caminhado muito depressa, poderia ver a lanterna dos outros companheiros, mas onde é que eles estavam?

Sem sorte, resolveu voltar para a Mina, à procura da turma. De uma forma ou de outra, ele sabia que nosso grupo iria até lá de qualquer maneira, pois havia uma mensagem que nos convocara para aquela noite.

Caminhando lentamente pela incômoda areia, Sixto observou uma estranha luminosidade entre dois morros. Pensando tratar-se do grupo, sem hesitar dirigiu-se para o local.

Conforme avançava, podia ver que a luz não era irradiada por um foco, pois não existia nenhum ponto de projeção. Era como uma névoa fluorescente em forma de meia-lua, com uns 10 metros de raio e que permanecia fixa e concentrada no mesmo lugar, já que não havia uma expansão dessa luz e ela também não se difundia.

De início, pensou que se tratasse de uma nave pousada, mas, conforme se aproximava, verificou que a luz estava presente em toda a névoa. Era uma fumaça compacta de uma cor azulada e, sem dúvida alguma, não pertencia a nada deste mundo. "Mas o que é, afinal?", perguntava-se.

Chegando a pouco mais de 7 ou 8 metros, deteve-se. Bastante preocupado e muito curioso, observava o fenômeno em detalhes, tentando identificá-lo.

Enquanto ponderava sobre o que estava contemplando, do interior da fumaça saiu, calmamente, uma figura humanóide com o braço direito levantado. Sixto quase teve um ataque. Seu coração acelerou rapidamente e deu um pulo para trás.

Tomado por um pânico indescritível, queria sair rapidamente daquele lugar, mas suas pernas não obedeciam. Havia perdido o controle total do corpo. Ele achava que ia desmaiar. Transpirava frio e se sentia congelado.

Naquele caos mental e emocional, um pensamento tomou forma. Em sua atordoada mente, uma voz tomava conta de seu desespero, dizendo:

– Calma, não lhe farei nenhum mal. Meu nome é Oxalc. Lembra de mim?

Era um homem alto, de quase 1,80 metro, louro, de cabelos ralos e longos penteados para trás e com uma testa longa. Seu rosto era muito semelhante ao humano, porém chamavam a atenção seus olhos, já que eram puxados, semelhantes aos de um mongol. Seu corpo era perfeitamente proporcional, mostrando uma excelente forma atlética. Vestia uma túnica branca até os pés, muito semelhante às togas romanas, com um acabamento dourado nas bordas. As mangas eram largas e ele parecia estar usando umas botas de cano longo que aparentavam ser douradas e metálicas.

Nesse momento, o resto do grupo chegou. A luminosidade também nos atraíra até o lugar, e pensávamos que podia ser meu irmão. Todos ficamos congelados, pois a cena era por demais impressionante.

Pela primeira vez nos defrontávamos cara a cara com um dos seres com os quais mantínhamos contato. Ninguém podia acreditar no que estávamos vendo.

Sixto parecia estar como em um estado de transe, olhando para o ser. Eu, muito assustado e curioso, me aproximei pelo lado, tentando ver melhor o ser e a névoa por trás. Chocado, observei que não havia nada. Como se mostrava de frente, era do outro lado. O resto de meus companheiros jaziam parados, como hipnotizados, poucos metros atrás de Sixto.

Quando Oxalc terminou, virou-se e reingressou na luz, da mesma forma como chegara. Eu estava parado, congelado, olhando a luz de lado e observei como o guia entrou em uma parede fina como uma lâmina, sem sair do outro lado. Aí caí sentado na areia. Não podia aceitar o que meus olhos viram. Era incrível demais, como isso podia ser?

A essa altura, a única idéia que passava por minha mente era: como iria explicar tudo isso para meu pai?

Concluído o encontro, todos acordamos como saídos de um transe hipnótico, voltando-nos direto para Sixto. Sincronizados, perguntamos angustiados sobre o que havíamos presenciado. Ele nos contou, ainda trêmulo, de uma nova convocação a campo em breve, para a qual deveríamos procurar preparar-nos melhor.

Uma nova experiência ocorreria no próximo fim de semana e seria nesse mesmo lugar. Continuando, comentou que o que presenciáramos não era uma figura real, mas sim uma projeção da imagem do guia. Era como se tivesse sido projetada holograficamente, de uma forma tridimensional.

Oxalc informara a Sixto que esse tipo de porta de luz era chamada de *Xendra*, ou portão interdimensional. Eles a utilizavam não somente para projeções, como aquela que víramos há pouco, mas principalmente como meio de transporte, permitindo seu deslocamento de um lugar a outro em apenas escassos segundos. Inclusive as naves também se utilizavam desse interessante dispositivo para saltar grandes distâncias no espaço e evitar a inconveniência da ação relativista do tempo durante e no fim do percurso.

Segundo os extraterrestres, existem quatro tipos de portões, ou *Xendras*, sendo o tipo 4 o utilizado normalmente para transporte físico. Os outros, por serem campos de energia, podem ser utilizados para diferentes fins, inclusive para a projeção holográfica de imagens.

Concluído esse agitado encontro com Oxalc e com o chocante *Xendra*, nosso pequeno grupo retornou a Lima. Bastante tocados e empolgados com o ocorrido, contamos mais essa aventura para o resto dos rapazes. Outra fascinante experiência se somava ao nosso arsenal de loucuras, mas, mesmo que ninguém acreditasse, todos estávamos felizes, pois se iniciava uma nova fase nas relações com os guias.

Depois de longos meses de viagens constantes para Chilca, de inúmeras mensagens recebidas, os seres extraterrestres se mostravam. Porém, nem todos estavam delirantes e satisfeitos. Quem estava profundamente chocado com tudo isso era meu pai, que não concebia a simplicidade desses eventos. Ele "cheirava" algo no ar. Sabia que tudo isso não seria gratuito e que por alguma razão, bem forte, havíamos sido escolhidos.

A semana transcorreu entre conversas, comunicações e uma tremenda especulação sobre o que deveríamos aguardar. E, mesmo que não ocorresse nada, a satisfação de tê-los visto pela primeira vez já valia todo o trabalho e esforço.

Assim chegou o sábado. Nessa oportunidade, Sixto, Henrique, Juan, Mito e eu fomos os convocados para a saída. Kuqui, Alfredo e Juan Carlos, embora muito desejosos de nos acompanhar, foram impedidos por diversos problemas familiares.

Bem cedo, o grupo saiu de Lima rumo a Papa León XIII, dirigindo-nos ao "QG" das operações de campo, a maravilhosa casa de dona Maruja. Chegando lá, após o costumeiro banho de piscina e a farta refeição dessa adorável senhora, aguardamos o entardecer.

Perto das 18h, penduramos as mochilas ao ombro e partimos para a Mina. Caminhando pela escuridão do deserto, observamos que a noite estava clara. Ninguém parava de olhar ao seu redor na esperança de descobrir outro *Xendra*. A essa altura, tudo podia acontecer e era bom estar bem atento.

Sem interrupções, chegamos ao local habitual. Ali largamos a bagagem, relaxamos um pouco e aguardamos. Alguns entraram em comunicação para obter maiores instruções, enquanto o resto fitava o céu. A resposta veio rápida, limitando-se simplesmente a indicar que continuássemos alertas.

Calmos e atentos a qualquer movimento, como pediam os guias, divisamos a passagem de uma nave bem distante. Um ponto de luz branco-amarelada, quase semelhante ao brilho de um planeta em noite bastante estrelada, podia ser perfeitamente observado.

O objeto manobrou, girou e começou a aproximar-se. Abaixando ligeiramente, veio descendo, cada vez mais. Nosso grupo olhava, com o coração batendo cada vez mais aceleradamente, enquanto nossos pés retrocediam a cada segundo. Até que, para nossa surpresa, a espaçonave pousou diante de nossos impávidos olhares.

A espaçonave era de forma discoidal, semelhante a uma enorme lentilha, aparentando uns 25 a 30 metros de diâmetro. Não mostrava ter qualquer tipo de patas ou tripé de pouso que a sustentasse. O disco mantinha-se flutuando fixo e suspenso a uns 2 metros do solo. Externamente, não havia luzes nem brilho. Dava a impressão de que a iluminação exterior fora desligada. A fuselagem era de um prateado opaco liso. A princípio, não havia janelas nem escotilhas visíveis.

Segundos depois dessa análise, uma escotilha se abre bem no centro da nave e abaixa uma espécie de rampa ou plataforma, que foi a única parte do objeto que ficou em contato direto com o terreno.

Nosso grupo estava localizado a uns 100 metros do local do pouso. Em vista da situação, mal conseguíamos sustentar-nos nos próprios pés. O coração estava disparado a mil por minuto e ameaçava sair pela boca. Um suor gelado escorria pelo corpo, enquanto milhares de pensamentos ocupavam e cruzavam violentamente nossas assustadas mentes. Estávamos literalmente petrificados.

De imediato, uma luz projetou-se para fora do interior da espaçonave, rasgando violentamente o breu da noite que cobria os morros vizinhos, iluminando-os com um fulgor esbranquiçado. Em seguida, uma sombra se antepõe à luz liberada pela escotilha aberta. É um dos tripulantes. Nossa emoção e espanto misturam-se em um "coquetel" nada agradável. Um frio arrepiante percorre rapidamente nossa espinha.

Como ativados por uma mola, todos, simultaneamente, demos alguns passos para trás. Todo o preparo, todas as provas anteriores, todos os treinamentos haviam sido esquecidos. Um medo insustentável se apossava de cada um. Estávamos duros, sem ação.

Aquilo não era mais uma projeção. Eles estavam ali, bem em frente. Em carne e osso, vivinhos e, pior de tudo, nos aguardando.

No topo da rampa, a figura saída do interior do objeto acena para nós com a mão direita levantada. Mentalmente sentimos, todos ao mesmo tempo, a chegada de uma mensagem dizendo: "Não temam, não lhes faremos nenhum mal. Estamos aqui por vocês".

A luz que se encontra por trás e o contraste com a escuridão da noite não permitem ver detalhadamente os traços do ser que se manifesta, embora, pela silhueta, lembrasse vagamente a projeção de Oxalc poucos dias antes.

Gradualmente nos sobrepusemos ao impacto. Lentamente, a pulsação vai diminuindo seu ritmo e a tranqüilidade vai chegando. Uma sensação de confiança e calma começa, devagarinho, a tomar conta de todos nós.

O tripulante extraterrestre movimentava-se na escotilha e com o braço direito continuava a acenar, fazendo sinais para que o grupo se aproximasse. Mentalmente, escutávamos uma voz que nos convocava para seguir em direção à nave.

Embora ainda bastante assustado, perguntei aos meus amigos o que deveríamos fazer. Sixto, preocupado, alertava que, se não tomássemos uma atitude rapidamente, era provável que desistissem de nós e nunca mais tivéssemos essa oportunidade. Na indefinição, optei por uma atitude salomônica e comecei a empurrar o grupo em direção ao objeto.

Caminhando bem devagar, amedrontados e curiosos, fomos nos aproximando. A cada movimento, nossos olhares se encontravam buscando uma aprovação para mais um passo e, assim, conseguimos chegar ao pé da rampa. Nunca uma caminhada pareceu demorar tanto.

Quando começamos a subir os primeiros metros da rampa, pudemos apreciar que o ser que nos aguardava era bastante semelhante a Oxalc. Era alto, os cabelos eram longos e ralos, penteados para trás, parecendo louros, quase da cor de palha. À diferença de Oxalc, vestia um macacão inteiriço de cor amarelada, semelhante a um tecido metálico. Era justo no corpo, com as mangas folgadas e acabando em punhos largos que pareciam de couro. A gola era redonda com um tipo de peitoral do mesmo material que os punhos. Para completar, usava um cinto largo e botas de cano longo que também pareciam metálicas.

Ao chegar perto dele, detivemo-nos. Estávamos nervosos e amedrontados. O ser saiu da porta e entrou, gesticulando com as mãos para que o seguíssemos. Eu não podia acreditar no que via, parecia um sonho fantástico, tanto que, sem muita cerimônia, bati com a mão várias vezes na fuselagem externa do disco. O ser, quando percebeu, olhou para mim esboçando um leve sorriso. Ao reparar que estava sendo observado, fiquei muito sem graça e envergonhado, tentando disfarçar meu encabulamento. A sensação de estar sendo visto como criatura primitiva me deixou constrangido.

Um pouco mais confiante, empurrei à minha frente o resto do grupo para o interior da nave, vindo a ingressar em uma ampla sala circular e bem iluminada. Nesse lugar, outras cinco criaturas nos aguardavam. Duas evidentes mulheres de estonteante e rara beleza, corpo bem torneado e esguio, e três homens de rosto angelical e corpo atlético, que também nos observavam de maneira curiosa e atenta.

Ambas as mulheres usavam um macacão também inteiriço, bem similar ao dos homens, com a diferença de ter um tipo de capuz cobrindo suas cabeças, bem parecido com aqueles que os mergulhadores vestem. O capuz saía em continuação da roupa que trajavam, descobrindo e permitindo ver somente o rosto e, por trás, pendia o cabelo, liso, fino e bastante longo, por um furo na parte posterior. As mulheres, embora afastadas de nós, não pareciam usar qualquer tipo de maquiagem ou tintas, seus rostos eram limpos, visualmente encantadores e angelicais.

Somente os homens da tripulação tinham as cabeças descobertas. Tanto as roupas dos homens como das mulheres denotavam ser confeccionadas em um material sintético bastante semelhante à lycra, com a diferença de possuir um brilho externo metálico bem peculiar. A cor era diferente para cada um. E, conforme soubemos depois, indicava uma distinção de funções. Para completar o que parecia a roupa de trabalho ou um tipo de uniforme espacial, homens e mulheres calçavam botas de cano longo de uma cor marrom-bronze, com detalhes metálicos dourados. Não ostentavam símbolos ou emblemas na roupa, nem qualquer outro tipo de identificação personalizada.

Pelo que podíamos concluir, todos eram da mesma procedência, o famoso planeta Apu do sistema Alfa do Centauro, pois fisicamente não demonstravam diferenças entre si e diferiam fisionomicamente dos traços que observáramos em Oxalc. Eram bastante altos, beirando algo mais dos 2 metros, e os sexos estavam até por demais bem definidos exteriormente. Os cabelos eram compridos, ralos e de um branco platinado brilhante. Os olhos, puxados e amendoados, oblíquos com relação ao nariz e mais separados entre si, mostravam tons verde-água, rosa e azul. Essas cores, com os cílios e sobrancelhas brancos bem finos, quase inexistentes, contrastavam com a pele de cor clara, quase um cobre pálido, promovendo uma estranha e exótica combinação. Os traços eram delicados, harmônicos e finos.

O ser que nos recebera na entrada identificou-se como sendo o comandante da frota de espaçonaves que estão destacadas para trabalhar no sistema solar. Seu nome é ANTAR SHERART. Esse nome é muito parecido ao de ASHTAR SHERAN, aquele do contato da Venezuela narrado pelo dr. Yañez, que se identificava como comandante da frota de espaçonaves de Ganímedes. Conforme nos informaram depois, as sílabas "SH" e "ER" do sobrenome significam "comando" e "dignidade" respectivamente e, como ambos possuem atividades afins, a sílaba "SHER" faz parte da composição de ambos os nomes, como indicativo da função desempenhada. As sílabas finais como "ART" e "AN" determinam a jurisdição, alçada e competência do seu comando. Esses dois nomes em particular têm provocado muita confusão, inclusive entre nós, pelo fato de serem parecidos. O próprio J. J. Benítez, quando da publicação do seu livro *OVNIs: SOS à humanidade*, e algumas outras pessoas que narraram ou escreveram sobre nossas experiências, têm incorrido também nessa incômoda e confusa distorção.

Bem, continuando. Esse nome não era estranho para nós, já que o recebêramos em várias oportunidades. Porém, é terrivelmente diferente registrar uma mensagem de alguém que não tem cara e ouvi-lo falar pessoalmente. Garanto que a sensação é chocante.

Ao escutar o nome, fomos tomados de uma grande emoção. Principalmente Sixto e eu. Porque finalmente nossas grandes dúvidas e inquietudes sobre as comunicações encontraram um lugar para acabar definitivamente.

Antar acenou e nos conduziu até um aparelho semelhante a uma tela de televisão que estava embutido em um painel, preso na parede da sala. A tela era retangular, plana e bem maior que qualquer outra televisão que já tivéssemos visto na época.

O lugar era fascinante. No que parecia ser a sala de comando, existiam dois níveis diferentes. Era como se, além daquele em que nos encontrávamos, houvesse uma espécie de sobreloja ou mezzanino, que estava disposto também de forma circular por trás da sala de controle na qual estávamos reunidos.

A sala era toda acarpetada, dando a sensação de se tratar de um tipo de tapete sintético e acolchoado semelhante aos nossos. As paredes eram metálicas lisas e a iluminação indireta, pois dava a impressão de que os pontos de luz saíam das próprias paredes. Não havia nenhum ponto que delatasse a presença de alguma lâmpada ou foco de luz, ela estava em todo o ambiente e, curiosamente, não incomodava a vista. No centro, erguia-se um cilindro de pouco mais de 1,50 metro de altura, com um painel de controle nas laterais e recoberto por uma redoma de vidro. Luzes coloridas piscavam no pequeno tabuleiro que contornava o cilindro. E, nas laterais da sala, existiam dois sofás amplos para quatro pessoas cada, assim como um grupo de painéis de luzes multicoloridas dispostos ao longo das paredes e embutidos de forma harmônica. A altura da sala era de mais ou menos 5 ou 6 metros, sendo que no centro do teto havia um estranho objeto circular côncavo.

Os tripulantes estavam dispostos, ao que tudo indica, nos seus respectivos locais de trabalho. As duas mulheres nos observavam de uma espécie de sacada elevada. Parecia o descanso de uma galeria que ficava no nível superior e que corria por trás da sala de controle. De onde estávamos, podia ser vista parte dessa passagem. Um dos tripulantes masculinos permanecia sentado em uma poltrona que aparentava ser extremamente confortável. Era giratória, reclinável, anatômica e fixa no piso, embora pudesse recuar ou aproximar-se. Esse astronauta estava à frente do painel que controlava a tela, semelhante a uma televisão e que, obviamente, demonstrava ser algum tipo de monitor. Os outros dois restantes permaneciam juntos, postados à frente de um conjunto de comandos.

Uma das coisas que chamou profundamente nossa atenção foi reparar no fato de que, em nenhum ponto da sala, incluindo os aparelhos presentes, havia quinas ou arestas. Tudo era curvo, compondo um conjunto visual harmônico e diferente.

Nesse momento, aproveitei a oportunidade para matar minha curiosidade e perguntei o que era esse cilindro enorme disposto no centro da sala, ao que Antar respondeu tratar-se de uma tela de observação. Nela aparecia a imagem, de forma holográfica, da área que a nave estaria sobrevoando, permitindo observar a disposição da geografia local e identificar os detalhes e características do relevo do terreno.

Todos ouvíamos simultaneamente as respostas, embora nosso anfitrião não emitisse nenhum som. As palavras vinham à mente de forma tão forte que parecia que estavam sendo verbalizadas.

Antar aproximou-nos do monitor e apontou para a tela. Nesse momento, o tripulante que se encontrava sentado passou a mão por cima de umas pequenas semi-esferas encerradas em outras menores de diferentes cores. Acionadas, as cores mudaram.

A tela foi ativada e surgiu uma imagem. Estávamos vendo a cidade de Lima vista do alto e em cores. Uma grande novidade para todos nós, pois, até o ano de 1976, nem todas as estações de televisão do Peru possuíam equipamento para transmissões em cores.

As imagens mostravam seqüências da cidade durante o dia, coisa que nos chocou mais ainda. Concluímos rapidamente que aquilo somente podia ser um filme. Algum tipo de gravação.

Repentinamente, a imagem focalizou o interior de uma residência. Essa mudança de quadro, de exterior para interior, foi engraçada. Dava a impressão de que havia uma câmara filmando. E qual não foi a nossa surpresa quando percebemos que a casa que víamos aparecer na tela era a minha.

As cenas mostravam ter sido realizadas durante a primeira reunião em que iniciáramos as tentativas de contato, em 22 de janeiro. Nós estávamos agora em fins de junho.

Os extraterrestres seguiram e gravaram em vídeo os passos que déramos para atingir o contato. Todos os momentos estavam registrados. "Mas como podiam filmar ou gravar no interior de uma casa, minha casa, se nunca havíamos nos apercebido da presença de qualquer câmara? Como sabiam de nós se nesse momento estávamos iniciando as tentativas do contato pela primeira vez?", eu me perguntava.

De imediato lembrei que, durante o ano de 1966, vários objetos haviam sido observados sobrevoando a cidade de Lima durante a noite, e em particular, dois objetos discoidais, iluminados por uma luz amarelada, haviam passado por cima de minha casa em uma daquelas noites. Nessa oportunidade, todos, incluindo meus pais e alguns amigos, havíamos conseguido ver claramente seu deslocamento a baixa altitude, sendo que, em um momento determinado, procurei conversar mentalmente com os tripulantes, emitindo o desejo de que, se podiam ouvir meus pensamentos, me dessem uma confirmação. Seria essa a confirmação que eu aguardava?

Perdido entre lembranças e confusas elucubrações, olhei para Antar que, nesse exato instante, esboçou um claro sorriso para mim. Acho que essa era minha resposta.

As imagens continuavam a se suceder. Cenas do cotidiano, na rua, na escola, enfim, detalhes que demonstravam um minucioso e completo acompanhamento. "Como podiam prever que estaríamos realizando essa tentativa de contato?", insistia eu. Parecia que, de alguma forma, podiam saber o que estaria para ocorrer. Dava a nítida impressão de que estavam nos acompanhando há algum tempo. Mas, desde quando?

Subitamente, a paisagem mudou. Já não era mais a cidade de Lima que aparecia na tela. Um deserto árido e desolado, restos de construções, um céu amarelado e repleto de nuvens cinzentas, ventos fortes que levantavam a poeira, evidenciavam uma total ausência de vida. Juan virou-se para Antar perguntando a que região do planeta pertenciam as imagens que mostrava, ou se, provavelmente, se referiam a um outro mundo.

Antar, sem titubear, respondeu:

– Esse é o futuro provável do seu mundo. Uma destruição total e sem piedade está sendo gestada no coração do homem. Ele mesmo será o responsável pela extinção da sua raça e do seu mundo. Em pouco tempo, se não iniciar uma imediata ação radical de preservação do meio ambiente, reorientar os rumos do desenvolvimento para cursos mais seguros e permitir que todos os benefícios sejam extensivos a toda a comunidade humana, tudo estará acabado. No futuro, andar pela Terra será como caminhar em um deserto. Não haverá cidades nem campos, pois tudo terá sido arrasado pela irresponsabilidade e pelo egoísmo humanos.

As imagens que iam surgindo no "Monitor de Tempo-Espaço" – nome dado pelos extraterrestres ao aparelho – nos afetavam profundamente. Mito, sensivelmente perturbado, perguntou ao guia:

– Mas não estou vendo nenhum tipo de vida, cadê ela?

Antar retrucou:

– E por acaso o homem tem se preocupado pelo menos com a sua própria?

Sintetizando os diálogos, Antar mencionou que a criatura inteligente do planeta Terra viera evoluindo de forma errada. Sua civilização, sua cultura, seus valores haviam se projetado em uma direção totalmente oposta daquela que deveria ser, de acordo com as leis universais. Isso tivera como resultado um processo devastador de proporções bastante perigosas, comprometendo não somente a continuidade da vida do planeta, mas também ameaçando e preocupando outras civilizações, sendo esse um dos motivos pelos quais tinham sido obrigados a intervir. Segundo os guias, a partir do momento em que alguém invade ou agride o direito de outro, automaticamente lhe deu a liberdade de defender-se e agir.

A tudo isso, somar-se-iam os avanços teóricos no campo da física relativos a viagens através do tempo, física e matemática quântica, interdimensionalidade, enfim, uma ciência em franco desenvolvimento capaz de ameaçar a estabilidade de milhares de civilizações que participam de nosso Universo, uma vez que é aplicada por uma sociedade que nem sequer conseguiu solucionar problemas básicos como a fome e a violência. Isso sem considerar o potencial paranormal do ser humano: as faculdades psíquicas, em mãos de "crianças malcriadas e egoístas" como os habitantes da Terra, representariam o caos total.

Profundamente curiosos com o desenvolvimento do ser humano, que de certa forma relembra a sua pré-história, mencionavam que o homem havia configurado uma ordem própria e independente da real, que governa o Universo. Que havia criado deuses e semideuses para tornar sua vida mais amena ou para justificar seu sofrimento, e que, embora a religião fosse uma condição natural do processo da evolução, se transformara em uma armadilha.

Os valores que deveriam nortear nossa vida deveriam ser fundamentados nas leis cósmicas ou da natureza, a exemplo de criaturas simples como os animais que vivem e se desenvolvem harmonicamente em resposta a uma lei maior, que é seu instinto. Mas não, os homens seguem valores que são simplesmente de caráter regional ou cultural, formulados e adaptados para satisfazer suas necessidades relativas, possuindo uma ambigüidade incrivelmente variada, tanta que até desrespeita o próprio instinto de forma cruel e egoísta. A pluralidade de interpretação dos valores básicos chega a ser tão manipulável que cada pedaço de terra e cada vida humana ou animal está governada de forma totalmente diferente.

Seus valores morais são tão relativos como o local em que vivem ou a roupa que hoje vestem. As noções do direito da vida e da morte, seus conceitos de bem e mal são absurdamente contraditórios, ao extremo de serem confusos. Enquanto em um lugar comer o semelhante é normal, em outro é uma aberração; matar na cidade é crime e na guerra, um ato de heroísmo; ser fiel a princípios, uma atitude de fraqueza ou estagnação, e ser corrupto, desleal e flexível perante as leis, a condição obrigatória para o sucesso.

Enfim, o homem encontrou, no caminho da evolução, uma trilha marginal que o afastou de um desenvolvimento construtivo e coerente.

Claramente e conforme os guias apontavam, o mundo em que habitamos se encontra à beira de um abismo, cujas proporções e profundidade desconhecemos. O momento iminente da devastadora queda, por enquanto, escapa à nossa percepção.

Antar continuava a comentar que a humanidade vive em um mundo que foi estruturado em bases frágeis. Geradas não por um processo sistemático de substituições progressivas de melhores condições e/ou opções, mas sim pela conquista autoritária e repressiva que se fundamentou por meio da história pela força.

Os processos de socialização que construíram nossa civilização e geraram as instituições vieram das recombinações culturais, incorporadas pelas constantes guerras, revoluções e intercâmbios comerciais. O modelo civilizatório dessa humanidade é uma miscigenação de pseudomodelos que acabaram por gerar um híbrido.

Dentro desse resultado, temos um homem submetido a uma condição exaustiva de constante provação. Ele é testado, exigido, questionado, reprimido, humilhado e posto à venda em um constante mercado de oportunidades, pois integra uma infra-estrutura na qual procura sobreviver desesperadamente e que, aparentemente, parece alimentar-se e crescer à sua custa. O sistema fundamentado, institucionalizado, como um todo, incorporou o homem como um servente que o alimenta, fazendo-o, portanto, responsável pela sua continuidade e perpetuação.

A utilidade do ser humano, nesse contexto, está resumida à condição escrava de retroalimentador dos processos de pugna e concorrência do sistema. Existe apenas para perpetuar a competição e torná-la, a cada dia, mais difícil e cruenta. Quantos mais sejamos, mais difícil será a disputa por um espaço, por uma oportunidade de sucesso, por atingir uma condição decente de vida. O sistema não se importa com as condições e meios que oferece para sobreviver. A própria necessidade de sobreviver e os modelos ideais de sucesso, promovidos continuamente, são os motivadores e impulsionadores que obrigam o homem a agir. Os meios de comunicação de massa, a família, a escola e o trabalho, também contaminados e condicionados pelos valores a serviço dos interesses do sistema, colaboram para gravar na mente de cada um, ainda mais, as regras do jogo. O ponto de saturação dessa contínua tensão está à beira do limite. Com pouca idade, cada criatura já aprende a competir como um antigo gladiador, utilizando-se de qualquer artifício para vencer, seja por meio de violência, espertеza, deslealdade ou do "jeitinho". O mais hábil será a alegria dos pais, por ter demonstrado que é o melhor: destacando-se do grupo, cedo passou a usufruir dos "sábios" exemplos dos adultos. Por sua conquista, será premiado e festejado, vindo a compreender que, quanto mais inimigos derrote e mais conquistas acumule, mais o mundo o verá com admiração, obtendo sua aprovação e benefícios.

Como resultado dessa batalha cotidiana pela oportunidade de derrotar e vencer, encontramos hoje um homem cansado desse extenuante confronto com breves anos de vida. Um jovem voltado para o momento e para si mesmo, pois não confia em ninguém. Foi treinado a considerar o mundo como um insensível adversário, e cada pessoa como seu executor. Mantendo a guarda constantemente, busca um momento de paz e prazer. Um segundo para esquecer a loucura de ser apenas um guerreiro, para ser gente, lembrando que, no fundo do seu coração, palpitam sentimentos e desejos que, infelizmente, jamais poderão ser realizados dentro das contradições da desconfiança e da competição. A necessidade de se alienar acaba sendo, em grande parte dos casos, a única saída para tomar consciência de que, de alguma forma, ainda somos algo mais complexo que um animal.

O ser humano de hoje está triste e desencantado. Não somente não acredita na liberdade de viver em um mundo de competidores, como não tem certeza de que algum dia tudo verdadeiramente possa mudar. Não confia concretamente em si mesmo, já que sempre questiona se está apto para enfrentar a batalha, esse conflito diário em que cada instante pode ser o momento em que outro o destrua ou o ponha de lado definitivamente. Procurar realizar a vida tornou-se uma utopia. Vida é um conceito obscuro, uma palavra distante, enigmática, cujo conteúdo é desconhecido. O homem não vive, dificilmente sobrevive.

Portanto, inconscientemente, ninguém deseja continuar nessa forma estúpida de existência, nem participar mais do seu cenário, porque, no fundo de cada consciência, não há qualquer vontade de sofrer diariamente. A contradição de seguir vivo em um mundo hostil nos faz abandonar, desistir de qualquer explicação. Não existe lógica em uma antivida. Não é possível respeitar quem partilha da cumplicidade de manter o monstro devorador de almas ativo. Por isso, o homem se debate em um sentimento de culpa por ser conivente com essa realidade, a mesma que gostaria de ver terminada e destruída. Assim, ao não poder acabar de uma vez por todas com a fera, a diabólica criatura que o atormenta, prefere desfechar o golpe mortal em sua própria direção, postando-se em situação terminal em um processo suicida. Ignora ou faz pouco-caso dos perigos que o cercam, corre riscos desnecessários, compromete sua saúde, busca aproveitar todos os momentos com a maior das intensidades e com o maior dos perigos, já que, a qualquer momento, tudo estará finalmente concluído e a paz chegará. Uma paz total, que acredita possível de ser obtida. Mas acha que será conquistada definitivamente, apenas e somente quando for capaz de fugir do medo que o persegue. O medo contido e perpetrado pelo sistema. As intermináveis horas que restam e que estão por vir até esse derradeiro momento são um terrível tormento sem muito sentido, pois infelizmente o único vencedor dessa tola e infrutífera guerra acabará sendo sempre o próprio sistema.

A única saída é aquela que muda tudo. Viver transformou-se para ele em uma agonia dolorosa. Um constante cotidiano onde o mundo é uma arena sem limites nem regras de qualquer tipo e onde o homem é o gladiador que se defronta com seus semelhantes, na hipotética conquista de uma fictícia melhor condição de vida e na qual o único observador, silencioso e satisfeito, é o próprio sistema. Como, na antiga Roma, a morte libertava, o cativo, no caso de conseguir sobreviver ao combate, retornaria sempre para a arena. Mesmo assim, a necessidade de sobreviver persiste, e por quê? Porque, em qualquer circunstância, ainda há a chama da vida, a esperança.

Dessa maneira, em função de suas contradições e dificuldades de entender o verdadeiro sentido da vida, o homem prefere optar por abandoná-la e entregar-se, definitivamente, ao presente em busca de uma morte lenta. Um presente fictício e banal em que procurará preencher, com desculpas ou justificativas, cada buraco das intermináveis e depressivas horas, minutos e segundos de uma vida. Assim, não terá de pensar se amanhã existirá realmente um novo dia e se será pior que o presente. Lamentavelmente, a instauração de um suicídio lento e gradual ocorre com a aprovação de nossa consciência que procura, de forma velada, adiar ao máximo o resultado final. É deplorável pensar que a única energia que o motiva a continuar vivendo e demorar a morte está sustentada em uma lívida esperança, remota e frágil, de que, algum dia, talvez o próximo dia que chegue, por algum mágico milagre ou por uma divina manifestação, tudo será, enfim, diferente.

Para os guias, o homem não é uma criatura de natureza má ou perversa, ele é simplesmente ignorante e um doente arrogante, já que, no medo de encarar seu fracasso cultural, admitir o erro e a construção de uma vida doentia, sentindo-se perdido para recomeçar, tornou-se antropocentrista, facilitando assim as justificativas que desculpam seus erros. Condição esta que o limita e que o afasta cada vez mais de achar o rumo certo. Pretensiosamente, acredita ser o centro em que o Universo orbita e se julga conhecedor de todos os seus segredos, sendo capaz de interpretá-los todos. Dessa forma, complica o caminho a percorrer, pois, se todos pensam igual e egoistamente, ninguém ouvirá ninguém. Cada qual estará, por si, traduzindo os enigmas do mundo e procurando um sentido próprio para a vida. Afinal, existe somente um caminho para resgatar o homem desse desvio, e tal caminho consiste em apenas assumir a condição de transformador e recomeçar tudo novamente.

Antar olhou fixamente para cada um de nós e falou:

– Vocês sabem agora o que pode vir a ser o futuro do seu mundo. Porém, é um futuro provável. Não há datas nem tempo para que isso seja realizado, pode ocorrer daqui a dez anos como daqui a trinta. Mas, cedo ou tarde, esse futuro os alcançará. Preparados ou não. As pessoas, o mundo ou simplesmente vocês podem mudá-lo. Cada um possui a capacidade de alterar total e drasticamente o desfecho dessa calamidade. Cabe a cada um de vocês pensar e decidir se desejam fazer parte do trabalho que poderá conquistar uma vida bem melhor para os humanos. Estamos aqui para orientar a concretização desse feito. Se o homem progredir, transformar-se-á em uma criatura que levará a outros mundos uma experiência de vida rica em resultados e plena em realizações. Mas, se continuar a viver matando, depredando e empesteando seu próprio lar, a única coisa que poderá oferecer será a irresponsabilidade de pôr outro lugar em perigo e a potencial ameaça de implantar o caos e a degradação por seu egoísmo. Qualquer informação ou conhecimento que possamos oferecer agora para o homem somente serviria para que explorasse ainda mais seus semelhantes e reprimisse os fracos ou aqueles que bloqueassem o caminho da expansão de seus privilégios. Portanto, viemos oferecer a vocês a oportunidade de se unirem a nós nessa empreitada. O resguardo e a preservação da ordem universal das coisas será sua sina. Caso venham a aceitar, providenciaremos o treinamento pertinente; caso contrário, se acharem que a responsabilidade lhes pesa em demasia, nós os deixaremos e nunca mais retornaremos, saindo à procura de outros seres humanos que desejem ajudar e ser ajudados. Pensem bem, em uma semana deverão responder.

Após uma pausa, Antar finalizou dizendo:

– Em breve, o homem, com sua tecnologia, chegará a mundos mais distantes. Logo estará pousando nos demais planetas do seu sistema e, obviamente, nos achará. Não temos nenhum interesse em prestigiar qualquer nação nem beneficiar qualquer potência. Nesse momento, a única coisa que o ser humano poderá trazer às nossas civilizações é egoísmo, ambição, caos e pobreza de espírito. O homem não está preparado nem pronto para enfrentar civilizações como as nossas. O cabedal de conhecimentos que possuímos pode ser fatal para seu mundo. Por isso, é importante que a iniciativa da preparação seja nossa. Se esse encontro tiver de acontecer, antes ainda de sua destruição, é fundamental que o confronto beneficie a ambas as partes. Para tanto, vocês, se aceitarem nossa proposta, colaborarão para que isso seja possível. Serão mais uma frente de aproximação entre nossos mundos.

Dito isso, Antar nos acompanhou até a escotilha de entrada e se despediu, colocando-nos para fora da nave.

Devo confessar que estávamos atordoados, tontos e perplexos com o que presenciáramos. As palavras do extraterrestre reverberavam em nossas mentes como um eco sem fim. Parecia que havíamos ouvido o retumbar de um trovão.

Em terra, vimos como a nave decolava velozmente e, sem barulho, acelerava em direção às estrelas. Em breves segundos, transformara-se em um pequeno e singelo ponto de luz que se perdia na imensidão do oceano cósmico.

O silêncio do deserto invadia nosso espanto. Perplexos, nossos olhares permaneciam cativos entre as estrelas. O vento batia levemente no rosto de cada um, como querendo nos acordar de um profundo sono. O frio da noite, penetrante e impiedoso, nos trazia de volta para o mundo.

Durante a viagem de retorno a Lima, o silêncio tomava conta do carro. Ninguém conseguia sequer articular palavra alguma. O encontro, as informações, e principalmente a proposta, ocupavam por completo nossos pensamentos.

A semana que se seguiu foi difícil de levar. Sentíamos que havíamos chegado bem longe, atingindo um ponto crucial. De qualquer forma, não podíamos perder a oportunidade de dar um sentido tão profundo e importante às nossas vidas, como esse que os guias nos mostravam.

Nosso grupo teria a incrível chance de receber uma instrução e orientação, vinda de uma civilização no mínimo alguns milhares de anos à frente da nossa, e de rever, em conjunto, o processo formativo que levou a humanidade ao ponto em que se encontra agora. Estaríamos a ver e compreender os acidentes de percurso que desviaram o desenvolvimento do homem e conhecer, em detalhes, os mistérios da nossa origem.

Sem vínculos de caráter religioso, esotérico, místico ou político-cultural que interferissem e não tendo nenhum compromisso ideológico ou sectário que nos limitasse, seríamos mentes livres para aprender e compreender tudo o que eles estivessem dispostos a dar.

Porém, para que tudo isso fosse realmente possível, os guias deveriam oferecer as condições de penetrarmos nos conhecimentos filosóficos e sociais mais profundos que nosso mundo possuía nesse momento, pelo menos o básico e necessário para vir a compará-lo com o desses viajantes estelares. Somente dessa forma poderíamos identificar e reconhecer onde e em que momento o homem errou o caminho e qual é o rumo para o retorno.

Uma decisão devia ser rapidamente tomada. E, dependendo da resposta, a vida de milhares de pessoas no mundo inteiro estaria prestes a mudar. Os guias insistiam em nos informar que todo esse trabalho fazia parte de um projeto experimental. Um projeto que objetivava a difícil e maravilhosa tarefa de dar ao homem uma nova esperança de se reencontrar e reiniciar um caminho de desenvolvimento coerente. Caminho este que lhe permitiria achar o incrível, verdadeiro e perdido prazer pela vida.

Uma vida nova, produtiva, construtiva, sadia e autêntica estava a ser redescoberta.

Junho passava para a história de nossas vidas como um mês repleto de aventuras, surgindo o mês de julho promissor em experiências, em resultados e, provavelmente, em uma grande dor de cabeça que não acabaria jamais.

Capítulo IX

O Homem Rama

O início do mês começava agitado, repleto de grandes emoções e acontecimentos. As experiências de contato que vivenciáramos fariam inveja a qualquer roteirista de ficção científica ou a paixão de um Isaac Asimov. Entretanto, devíamos resolver, prontamente, que posição assumir. As palavras de Antar, embora distantes, vibravam ainda retumbantes em nossas mentes.

Algumas frases do comandante extraterrestre haviam marcado fundo em cada um: "Vocês têm condições de consolidar um futuro maravilhoso e garantir uma era de grandes realizações. Até esse momento, nós os acompanhamos e demos provas de que nossas intenções são pacíficas. Desejamos que ajudem seu povo a conquistar sua liberdade e quebrar as limitações que os prendem dentro de si, não lhes permitindo ver o que existe ao seu redor. Acabarão por se afogar na lama do egoísmo ou perder-se no traiçoeiro labirinto da ignorância se não reagirem em tempo. Como já lhes disse há pouco, o homem atingirá em breve outros mundos e o que pode exportar para eles é somente depredação, ambição e ganância. Além do mais, seus cientistas se aproximam cada vez mais de descobrir e compreender os segredos que desvendam os mistérios das viagens espaciais e através do tempo, e esse conhecimento em mãos de seres perdidos em si mesmos é um risco terrível para a estabilidade de outras humanidades, assim como para a continuidade natural desse Universo. Não interessa para nenhuma das nossas sociedades extraplanetárias relacionar-se com o que a raça humana representa nesse momento, bem pelo contrário, pois o homem é um ser imaturo, além de perigosamente imprevisível. Talvez perigoso demais para sair em viagem para outros mundos e descobrir os mistérios do tempo, do espaço e da mente. Desejamos, pelo bem-estar e pela harmonia desse sistema solar e do Universo em geral, que esse quadro mude. Vocês podem fazer isso e muito mais. Se aceitarem, nós os ajudaremos".

As palavras aqui contidas eram sérias e pesadas demais para um bando de moleques. Sixto, Juan, Mito, Henrique e eu, após dias sem dormir e muito pensar, optamos finalmente por aceitar e continuar.

Achávamos que Antar estava com toda a razão e que essa oportunidade era única. Havia coisas demais para aprender e muito por realizar. Nosso grupo desejava, de todo coração, que o homem realmente melhorasse de vida e que, de alguma forma, a violência, a fome e a miséria deixassem de flagelar a humanidade. E se, de alguma forma, era possível colaborar para que essa mudança acontecesse, daríamos tudo o que estivesse ao nosso alcance para efetivá-la.

Sixto, eu e os integrantes do insólito encontro físico nos reunimos com todos os demais participantes das atividades de contato para narrar o sucedido. O questionamento sobre a continuidade ou não foi estendido aos demais, comentando em detalhes a oferta que os guias fizeram. Nosso grupo debateu por várias horas os prós, os contras e as implicações que uma definição provocaria. Finalmente, depois de um esquentado debate, o resultado foi muito emocionante. Por consenso, optamos por aceitar a proposta dos extraterrestres, e a alegria de retomar o trabalho, pensando no que estaria por vir, extravasou.

Entre brincadeiras, piadas e risadas sobre o que nos aguardava dali para a frente, chamei a atenção para a seriedade da atitude assumida, conclamando para um momento de silêncio e que, individualmente, passassem a refletir sobre isso. A extensão e a responsabilidade desse momento fugiam totalmente da nossa percepção. Só então decidimos entrar em comunicação, informar aos guias do resultado e esperar sua manifestação.

Juan se levantou, em meio ao grupo, relembrando que, agora, estávamos iniciando uma nova etapa nas relações com os guias. Era bem provável que o que viríamos a enfrentar não fosse nada fácil. Assim, desfechamos o compromisso final de continuarmos unidos para o que desse e viesse, e a sensação de que algo muito especial estava para acontecer foi compartilhada, ao mesmo tempo, pela grande maioria dos presentes. Aquele momento foi mágico.

Convictos e resolutos, reatamos as comunicações, passando a resposta positiva da continuação do trabalho. Os guias, sem delongas, marcaram a seguir a data do dia 6 para uma nova saída a campo.

Nessa oportunidade, a convocação foi geral. Todos os que tomavam parte do grupo de contatados deveriam estar presentes. Inclusive minha mãe, Mochi, que também havia sido mencionada na relação dos integrantes do encontro.

Como era de costume, Sixto, eu, Juan e alguns poucos sempre chegávamos antes para os compromissos com os guias. Não só para ter mais tempo de nos organizarmos, mas também para poder verificar se tudo estava bem no local. Pelo fato de a Mina estar próxima de um posto alfandegário da Polícia, na rodovia Panamericana Sul, era possível receber qualquer tipo de visita inesperada. Por tal motivo, havíamos adotado por hábito vistoriar a área antes de um encontro ou experiência, sempre que possível, para não sermos pegos de surpresa ou desprevenidos por algum visitante indesejável.

Dessa vez não foi diferente. Chegando algumas horas antes, bem equipados e acostumados com o trajeto, iniciamos a marcha até o local costumeiro, a Mina. No caminho, conversávamos lembrando a vez em que Sixto desaparecera à frente do grupo sem que ninguém percebesse, discutindo a curiosa maneira de como tinha se dado o evento. Nesse caso, essa estranha porta interdimensional não havia emitido qualquer luz nem evidenciado sua presença. Bem diferente daquela observada junto com a projeção de Oxalc.

Repentinamente, encontrando-nos no local, já coberto pelo manto da noite, Juan observou três círculos de luz no solo que surgiram à nossa frente. As luzes emanavam do chão, sem qualquer foco ou feixe aparente que as projetasse. Eram perfeitamente circulares e eqüidistantes, formando um triângulo perfeito. De imediato, Paco recebeu a informação, via telepática, de que todos procurássemos nos colocar no interior dos círculos, ato que realizamos imediatamente. Mesmo apertados, pois se me lembro bem éramos sete, procuramos acomodar-nos para ficar de pé em seu interior. Aos poucos, uma estranha sensação tomou conta de cada um, enquanto, à nossa volta, se formava uma espécie de névoa brilhante. Era como uma fumaça meio azulada que emitia uma luz fosforescente com efeitos estroboscópicos. Não compreendia bem do que se tratava. Pela primeira vez, estávamos envoltos nessa bruma esquisita e algo estava ocorrendo conosco. Havia um odor ou perfume diferente no ar, parecia cheiro de rosas. Uma rápida vertigem tomou conta de mim, provocando-me uma forte tontura. De repente tudo parou. Da mesma forma rápida que aparecera, havia sumido. Nada, a não ser o silêncio da noite e o chiar dos morcegos, podia ser ouvido. A noite continuava tão calma como quando chegáramos. Pasmos e emocionados, cruzávamos olhares. Alguns minutos foram necessários para que conseguíssemos falar.

Mais calmos, passamos a trocar impressões sobre o que havíamos sentido, podendo comprovar que todos experimentáramos as mesmas coisas.

Nesse momento observamos, a certa distância, as luzes dos carros que se aproximavam.

Um tanto atordoados ainda pelo sucedido, demos as boas-vindas aos companheiros. Paco, bastante empolgado pelo ocorrido, gritava para todos o que acabáramos de viver. Inquirido pelos demais, iniciou sua narrativa. Todos ouviam curiosos e com atenção, comentando afinal, com alegria, que aquilo só poderia ter sido algum tipo de sinal.

Entre pareceres e opiniões, o grupo se dispôs a seguir o último trecho do caminho a pé. A turma era bastante grande naquele dia, acredito que seríamos em torno de 20 a 25 pessoas. E papo aqui e conversa lá, percebi que Sixto não estava por perto. No mesmo momento, lembrei daquela experiência em que ele fora transportado para longe do grupo; portanto, mais que ligeiro, iniciei uma busca rápida por entre os demais participantes. Marina – naquela época namorada de Sixto, hoje sua esposa – também buscava por meu irmão já há algum tempo entre a multidão.

Chegando perto dela, com um gesto, convidei-a a procurá-lo juntos, coisa que passamos a fazer. Caminhando por trás das dunas, divisamos Sixto no meio de dois morros e rapidamente fomos a seu encontro. Qual não foi a nossa surpresa ao ver que, novamente, abrira-se um *Xendra* e Oxalc aparecera mais uma vez à frente dele. Marina, impressionada e preocupada com que seu jovem namorado não fosse arrebatado desse planeta, correu histérica gritando em sua direção. Eu fiquei para trás, gelado, contemplando extasiado a cena. Repentinamente, Oxalc percebeu a chegada de Marina e, subitamente, a jovem foi erguida no ar a uma altura de quase 2 metros do solo. Sixto, assustado, não sabia o que fazer. Marina então estava pálida, paralisada de susto. Eu não sabia se corria para chamar os outros ou se ia em direção aos dois. Nessa confusão e alguns segundos depois, a moça foi recolocada em terra. Dessa vez, ainda congelada de medo, Marina ficou no lugar. Sixto correu em sua direção e a abraçou. Em seguida, Oxalc fez um gesto insistente para que meu irmão o seguisse. Ele soltou Marina e duvidou. Sentia mentalmente que o guia o chamava, porém, interiormente, se negava a obedecer.

Mesmo a distância, podia ver a indecisão do meu irmão. E, temendo que precisasse de ajuda, fui me aproximando lentamente. A pouco mais de alguns metros de Oxalc me detive, continuando a observar.

Sixto, visivelmente assustado, transpirava frio e seu coração batia aceleradamente. Não conseguia mexer um dedo ou dar um passo sequer. Ali mesmo, nesse absurdo caos mental, uma idéia teimava em manter-se repetidamente. Mais que uma idéia, era uma palavra que escutava sem parar, mentalmente, dizendo: "Venha!". Sabia que era Oxalc insistindo.

Nessa loucura de consciência, meu irmão começou a raciocinar e a dominar seu medo. Ele estava sendo chamado para ingressar no *Xendra* sozinho e era essa possibilidade que o apavorava. O desconhecimento do que poderia acontecer misturava-se com as imagens de centenas de filmes de ficção científica que víramos desde garotos, nos quais os extraterrestres são sempre representados como vilões que querem apoderar-se da Terra e que, afinal, surgem com uma surpresa, na maioria dos casos bastante desagradável.

Devagar, com passos que pesavam toneladas, meu irmão foi em direção a Oxalc. Percebendo, o guia virou-se sem demora sobre o lugar, ingressando aos poucos na luz. Ao ver que Oxalc ia embora, Sixto pensou que o ser se cansara de esperá-lo e que havia perdido uma grande oportunidade de vivenciar uma tremenda experiência. Detendo-se por alguns segundos a poucos metros do *Xendra*, a indecisão que persistia era considerável. Olhando para Marina, fez um gesto pedindo calma, que não se preocupasse pois tudo estaria bem. Para mim, levantou a mão acenando, ao que respondi com um "ok". Encarando a luz, meu irmão respirou fundo e, comprovando que era uma parede de energia, entrou lentamente, desaparecendo diante de nossos olhos.

À medida que Sixto avançava no interior da luz, sentia que perdia peso. Uma tontura e um desagradável enjôo, similar ao que experimentara no interior dos círculos, o invadia, enquanto um incômodo calor fazia sua pele arder. A tudo isso, somava-se uma forte pressão na testa e na nuca. Aos poucos, parecia que a luz aumentava sua intensidade, de tal forma que o obrigava a fechar os olhos. Em meio à luz, viu Oxalc.

Sixto estava muito perto dele quando o guia começou a comunicar-se. Entre gestos e movimentos das mãos, Oxalc iniciou um contato direto e mental. Não abria a boca para nada, a não ser para, em alguns segundos, sorrir. A mente de ambos havia estabelecido um circuito de comunicação telepática. Oxalc insistia em dizer que não tivesse medo, porque tudo estava sob controle. Esse encontro havia sido preparado com cuidado para que a experiência tivesse sucesso.

É importante lembrar que o *Xendra* é um campo de energia, uma porta interdimensional que lhes permite viajar de um lugar a outro sem a utilização de veículos. Essas portas, ou campos de energia, são como túneis de luz que atravessam o Universo de um lugar para outro. Dado seu grande desenvolvimento tecnológico, o *Xendra* permite abrir um passo ou passagem dimensional, cortando planos ou dimensões, como é o caso do tempo-espaço. Nessa passagem, uma pessoa que ingresse pelo portal é desmaterializada, anulando sua coesão molecular e seu peso atômico de tal forma que, transformado em energia e vibrando a uma determinada freqüência, será projetado a qualquer lugar do Universo onde possa ser aberta uma porta de saída.

Segundo os guias, portas desse tipo podem abrir-se natural ou acidentalmente, devido às altas concentrações de energia eletromagnética ou às atividades solares e tempestades cósmicas. O Triângulo das Bermudas e o Mar do Diabo no Japão, famosos pontos de desaparecimentos misteriosos, divulgados pelo escritor e pesquisador Charles Berlitz, são duas das tantas portas que existem em nosso planeta. E, de acordo com o que sabemos, os extraterrestres utilizam lugares diferentes para entrada e saída, podendo ocorrer, em alguns casos, acidentes com navios e/ou aviões. Existem casos antigos e recentes de pessoas que flanquearam esses portais nas Bermudas e no Japão, tendo observado objetos voadores e submarinos de luz que trafegavam no local na hora do fenômeno. Charles Berlitz comenta, em seu livro *O Triângulo das Bermudas*, os relatos de pessoas que não chegaram a ser totalmente transportadas para além deste mundo e dos incríveis acontecimentos que puderam testemunhar, como barcos que repentinamente desaparecem, cordas que estavam amarradas a botes que subitamente se desvaneciam no ar, mas a corda continuava amarrada a alguma coisa e flutuava no vazio, pois no fim dela não havia nada; enfim, esses e outros eventos denotam a existência concreta desses portais.

Continuando, Sixto deixou de se sentir transtornado repentinamente. Oxalc repetia mentalmente que não se assustasse e que a modificação que estavam realizando logo estaria completada.

O incômodo calor havia diminuído, mas ele continuava a ter uma estranha sensação e não sentia os membros. Oxalc interrompeu seus pensamentos e solicitou que abrisse os olhos e o seguisse. Sixto estava em um corredor iluminado, seus passos ecoavam com um som metálico. Ficou mais surpreso ainda quando, no fim do seu percurso, chegou a uma saída. Estava no exterior, em um lugar indescritível.

Não eram mais as dunas de areia de Chilca, pois a geografia era totalmente diferente. Estava no centro de um grupo de montanhas como jamais vira igual. À sua frente, podia ver as luzes de uma cidade bem iluminada e composta de grandes estruturas cupulares, lembrando os iglus esquimós.

Sixto estava ainda um pouco nervoso, mas, surpreso e intrigado com o espetáculo, perguntou a Oxalc sobre a cidade e o lugar. O ser respondeu que se tratava da comentada cidade Cristal, o centro metropolitano de Morlen, ou Ganímedes, como é conhecida na Terra a maior lua de Júpiter. Era a já lendária colônia narrada nas mensagens, onde eles se haviam estabelecido em tempos remotos, adaptando as condições do ambiente de forma artificial graças à sua avançada tecnologia e de acordo com as necessidades de sua civilização. O guia explicou que os vulcões e as massas de gás, que inundam a atmosfera da lua com metano, foram aproveitados como forma de energia. A vida não seria possível de ser sustentada sem esse tipo de acondicionamento.

Impressionado com as informações e principalmente com o que observava à sua frente, meu irmão procurava prestar o máximo de atenção a todos os detalhes, enquanto se aproximavam da cidade. Consigo mesmo, pensava que uma oportunidade assim nunca mais teria condições de ser repetida, portanto cada segundo, cada imagem, eram preciosos.

Oxalc comentou que, no passado, os primeiros grupos que vieram para o sistema solar utilizaram meios de transporte primitivos e lentos, obrigando a que a viagem demorasse centenas de anos para atingir seus objetivos. Somente os descendentes dessas primeiras expedições tiveram a oportunidade de chegar ao nosso sistema.

Os órions saíram ao espaço há milhares de anos, à procura de recursos que lhes permitissem continuar a existir. Embora já tivessem resgatado a civilização de seus ancestrais e obtido um desenvolvimento cultural e tecnológico de fazer inveja ao mais exigente, seu mundo esgotara suas fontes de subsistência. Razão mais que compreensível para realizar empreendimentos tão arriscados como uma aventura interplanetária.

Nessa segunda chegada ao sistema solar, os objetivos estavam, pois, direcionados à extração de minérios específicos, esgotados no mundo de origem, além de procurar sobreviventes de antigas missões. Nos planetas próximos ao seu mundo nativo, a exploração de minérios estava sendo realizada de forma gradual e organizada, para vir a preencher as necessidades locais, mas, em vista da existência de novas colônias espalhadas, seria preciso ter à mão outros centros de fornecimento. Nesse caso, o nosso sistema solar e as demais luas de Júpiter, Calônia ou Calixto, Anátia ou Europa, Aneta ou Io, assim como Morlen ou Ganímedes, estariam a oferecer esses recursos fartamente.

Sixto estava fascinado com o que podia ver ao seu redor. Os filmes de ficção ficariam por baixo diante de tanta beleza. Oxalc continuava a comentar que o governo de Morlen estava em mãos de um grupo de 12 dirigentes, chamado de "Conselho dos Menores". Uma equipe formada por personalidades de grande destaque junto à comunidade e que, ao longo de suas vidas, demonstraram estar aptos para colaborar de forma participativa nos destinos da colônia.

Segundo o guia, Morlen fora transformada em colônia pelo esforço de dois grandes nomes, Ramanés e Oxil, que no passado foram os responsáveis pelo planejamento e pela construção de quatro grandes centros comunitários, pelo menos. Hoje, as principais cidades são chamadas de Omund, Solma, Morla e Ramanés. Porém, o trabalho não esteve somente voltado à construção ou extração, mas também à pesquisa biológica. Segundo Oxalc, muitos tipos de plantas foram trazidos de diversos lugares da nossa galáxia, sendo investigadas e utilizadas em centros agrícolas para aproveitamento e consumo. O maior complexo de pesquisa científica de Morlen engloba as atividades de genética e biologia, voltadas principalmente para a alimentação e a medicina, sendo conhecido pelo nome de "Centro de Desenvolvimento Oxil".

Meu irmão ouvia e contemplava extasiado. Mas repentinamente o guia se voltou para ele e disse:

– Tudo isso que você observa é fruto do trabalho de uma civilização que passou por situações de desenvolvimento cultural semelhantes às que seu mundo enfrenta hoje. Lutas, guerras, conflitos, separatismos, egoísmos são parte do processo de amadurecimento de uma sociedade. Porém, se ela superar essa fase, atingirá uma condição de vida favorável e de crescentes benefícios. Caso contrário, ela se destruirá com o tempo. Vocês são o que chamamos de HOMEM RAMA. Um ser inteligente que enxerga as coisas pelo avesso, que compreende sua realidade de maneira inversa. Em vez de buscar a compreensão do fenômeno da vida e suas conseqüências, resumem seus dias a uma incessante luta pela sobrevivência. Buscam continuar a viver desesperadamente, porém sem compreender por que vivem. Parece claro que não procuram a morte de forma imediata, embora o índice de suicídios consumados e potenciais demonstre a falta de sentido que a vida tem para vocês. Morrem de doenças que nascem no interior de suas mentes como evidência silenciosa de uma existência reprimida e sofrida. Realmente é difícil viver sem compreender o sentido da própria existência. Esta se transforma em um pesadelo de contínuas surpresas e sofrimentos, principalmente se as regras desse jogo estão em mãos de outros que também desconhecem seu real sentido. O homem convencionalizou a vida e lhe deu um sentido forjado por ele mesmo. Ao não entendê-la, ele mesmo construiu um sentido e lhe deu direção. Estandardizando os aspectos reguladores que delimitam as atitudes, os pensamentos, os sonhos, os ideais, as vontades, enfim, construiu uma vida artificial que exige de seres naturais uma existência reclusa e comprimida entre as paredes da estrutura criada, negando-lhe, a todo momento, a liberdade de ser e de existir em um universo sem fronteiras. O homem precisa achar de novo o caminho do qual se afastou há centenas de anos. Uma trilha em que a imaginação e os sonhos são o principal fator de criatividade; em que amar e confiar são resultantes de um propósito comum de realização; em que ser e estar são conseqüências de uma necessidade comum de vida; em que o prazer e a alegria são a motivação para viver verdadeiramente.

– Embora o homem seja produto de um processo de criação defeituoso e desnatural – continuou – tem todas as condições para superar suas limitações, basta conscientizar-se de que se encontra em evolução e de que tem ao seu alcance um ferramental inesgotável a descobrir. Estamos dando a vocês a possibilidade de oferecer aos seus irmãos humanos um caminho de resgate dessa miopia cultural, de descobrir os limitadores que cerceiam seu despertar, e uma maneira pela qual, por meio de um trabalho de base, poderão rever a estrutura cultural humana como um todo e reformulá-la. Desejamos poder considerar o homem como um ser inteligente a mais com quem possamos dividir nosso conhecimento e nossas experiências, mas, se continuar da maneira como enchia, dificilmente poderá sequer sair da lama em que está se atolando a cada dia. Como um grande animal que mergulha na lama, o próprio peso da megaestrutura que construiu, e continua a fortalecer, o fará afundar mais depressa.

– Estamos lhes entregando – acrescentou Oxalc – uma missão muito dura e sacrificada, pois RAMA é o anagrama de um conceito, significa AMAR, no seu idioma, invertendo a palavra. O homem não ama a si mesmo e muito menos a vida, o que dizer então daqueles que o rodeiam ou do mundo à sua volta. Como pode amar a vida sem entender o que ela verdadeiramente representa? O sentido do amor não é aquele que vocês comumente empregam, pois até esse conceito está absurdamente deturpado. Amar é uma das mais belas e grandiosas características da criatura inteligente. Pois somente quem compreende o valor de uma vida, a importância de um gesto, a simples linguagem da beleza e da harmonia, o envolvimento de um carinho, a sensação de um olhar, a necessidade dos outros, a falta de um apoio, o valor de uma amizade, o aperto ao contemplar a dor e o sofrimento, o papel silencioso da natureza ou quem, à custa do seu sacrifício, se entregar aos demais para que superem seu momento, poderá dizer que realmente amou. Somente é possível amar com inteligência. Porque é por meio do amor que interpretamos os segredos contidos na imensidão do Universo e conseguimos transformá-los em um simples suspiro de vida. Quem diz que ama no arrebatamento de um ato emocional, estará na verdade exteriorizando a necessidade de uma compensação por carência. O amor não pode nem deve se manifestar impulsivamente, ao contrário, o amor tem de ser consciente e pleno, total e íntegro, pois abrange capacidade de entrega, sacrifício e renúncia. Somente quem pensa coerentemente ama com pureza e plenitude. Quem ama com sabedoria é quem poderá transcender qualquer sacrifício.

Amar não será nunca indiferença nem conivência, o tão comumente "respeito" que vocês utilizam para evitar ser cobrados de uma atitude. É correto que não pode haver cobrança mútua em uma relação, mesmo de amizade, mas isso não implica que amar signifique tolerar ou permitir desmandos, ou utilizar-se dessa "liberdade" para agir sem culpa, permitindo evadir-se de algumas responsabilidades. O respeito é, no amor, a liberdade de aprender conjuntamente, a lealdade, o carinho, a oportunidade de ser um e o prazer de ser feliz. Para amar, é necessário compreender o porquê de ser, de pensar, de sentir e de precisar dos outros. Quem tiver a consciência de existir terá a alegria de ser o amor. O simples ato de ser consciente será a manifestação do mais puro e total amor encarnado, em uma condição pura de oferta à procura de satisfazer qualquer necessidade. Sem uma mente clara, equilibrada e desimpedida para ver, sentir e compreender a extensão de um ato, dificilmente poderá chegar a amar conscientemente. Quem conhece a vida plenamente, conhece e vive o amor. Ser a vida e ser amor e amado.

Era filosofia demais para a cabeça de Sixto e coisa em abundância para pensar. Finalmente, mais confuso que perturbado, Sixto perguntou:

–Bem, em outras palavras, o que querem de nós afinal? Que desenvolvamos esse trabalho em prol de uma mudança cultural que venha a garantir o resgate do tempo perdido e leve o homem a uma redescoberta da vida, beneficiando-se de um intercâmbio futuro com vocês? É isso? É esse o tipo de trabalho que desejam desenvolver conosco?

Oxalc olhou para ele e respondeu:

– Desejamos que entendam que, para que o homem possa vir, algum dia, a manter contato conosco e estabelecer um relacionamento cultural íntimo, será necessário que venha a estruturar um processo disciplinado de reformulação de valores e critérios de compreensão de si mesmo e da vida como um todo. Pois, se não conseguir chegar sequer a configurar um novo sistema, organizado, eficiente e harmônico de vida para si, dificilmente poderá vir a cumprir, de forma integral, o propósito real e profundo da sua existência e muito menos ter acesso a outras civilizações.

Concluídas as palavras do guia, este acompanhou meu irmão em direção ao local por onde haviam ingressado na cidade. Sixto estava embasbacado com o diálogo, sem falar do passeio. Obviamente não era para menos. Não é todo dia que a gente dá uma volta em uma lua de Júpiter para conversar com um ser extraterrestre sobre os destinos da humanidade.

Aos poucos, foram se aproximando da luz do *Xendra* e, lentamente, ingressaram em seu interior. Sixto voltava a sentir o aumento de calor, as vertigens e o torpor. Repentinamente, o incômodo se dispersava e voltava à normalidade.

Marina e eu continuávamos nas dunas de Chilca olhando para a luz da porta dimensional pela qual meu irmão e Oxalc entraram. Preocupados, sem saber o que fazer, já havíamos nos aproximado na intenção de ingressar para ir atrás dele.

Em um instante, as sombras de duas figuras surgiram do interior da luz, assustando-nos e fazendo-nos recuar. Eram Sixto e Oxalc que retornavam, para nossa alegria e tranqüilidade. Eu já pensava como ia fazer para contar a meus pais que meu irmão fora levado para quem sabe onde através de uma luz. Certamente meu pai, principalmente, ia ter um "treco", e minha mãe outro.

Mas, para nossa calma, Sixto estava de volta. Oxalc aguardou até que ele se afastasse da luz, fez um gesto com a mão direita e retornou a ela, que imediatamente se desfez.

A essa altura, outros tantos do grupo já haviam saído em nossa busca e chegaram a ver o guia voltando à luz. Todos corremos ao lado de Sixto para ver se estava bem. Ele estava um pouco diferente; eu não sabia bem o que era, mas alguma coisa estava estranha nele.

Marina, bastante apreensiva, chegou perto e o abraçou preocupada, dando por finalizada sua angústia. Acho que até hoje Marina não conseguiu digerir toda essa aventura, e não seria para menos. Aquilo foi como um sonho de tão fantástico e incrível, logicamente fora do contexto normal. Não foram poucas as vezes em que ela e muitos de nós nos perguntamos se tudo aquilo que presenciamos realmente aconteceu. Por outro lado, acho até que Marina borrou essa e outras experiências de sua mente, um fenômeno que parece ser freqüente entre muitos de nós, já que, ao longo do tempo, percebi que muitas experiências foram totalmente apagadas do consciente, inclusive as minhas, como se isso fosse propositalmente determinado.

Afinal, com tanto barulho e comentários, chegaram Mochi e Rose, perguntando o porquê de toda essa algazarra. Já recuperado do susto, comentei do encontro com o guia e das coisas que havíamos visto. Entre comentários, Marina interrompeu a conversa chamando por minha mãe, que imediatamente correu também para o lado de Sixto. Nesse momento, ela deu um grito e todos ficamos em silêncio, acudindo em sua direção. As feições de Sixto haviam sofrido uma leve mudança. Seus olhos estavam marcadamente puxados, seus traços haviam variado lembrando um aspecto mais mongólico e a barba estava ligeiramente mais crescida, como se tivesse ficado fora por várias horas. Como era isso possível?

Em vista de nossa grande surpresa, meu irmão narrou que viajou com Oxalc para Morlen por meio do *Xendra*, chegando lá em poucos segundos e que, por várias horas, esteve passeando e conhecendo parte da cidade Cristal. Embora estivesse desaparecido há mais de 15 minutos aqui, insistia em afirmar que durante pelo menos seis horas caminhou e conversou com o ser em Ganímedes, a pouco mais de 640 milhões de quilômetros da Terra.

Em seu depoimento, comentou o que os guias pensam a respeito do homem terrestre e nos colocou a par dos conceitos do HOMEM RAMA, complementando incisivamente que, daqui para a frente, teríamos de enfrentar a árdua tarefa de catequizar o mundo da necessidade de uma nova consciência sobre o amor. Segundo ele, havíamos recebido uma nova incumbência, uma missão, a MISSÃO RAMA.

Capítulo X

Os Xendras

Uma experiência similar, e que viria provar a autenticidade de nossas vivências por meio das portas interdimensionais, ocorreu posteriormente no dia 25 de abril de 1977, no Chile. Praticamente três anos depois que J. J. Benítez documentara o vivido por nós em Chilca. A experiência chilena se deu às 4h15 da madrugada na data referida, a 150 quilômetros de Arica, divisa com o Peru, quando o cabo de segunda Armando Valdés Garrido e outros sete soldados do regimento Rancagua encontravam-se nas proximidades da região das Pampas de Lluscuma, entre as montanhas de Putre, em busca de traficantes e contrabandistas. Nessa hora e sem qualquer aviso, observaram duas luzes semelhantes a estrelas que desciam lentamente. Uma delas pousou a uma distância de 500 metros de onde se encontrava a tropa estacionada. Era uma luminosidade ovalada, forte, que emitia uma luz violeta. De repente, essa estranha névoa luminosa, espessa e compacta, começou a vir na direção dos soldados. O cabo aproximou-se lentamente da luz, solicitando aos seus soldados que lhe proporcionassem cobertura, e sem demora, munido de uma enorme curiosidade, internou-se na luz com o fuzil em punho, desaparecendo totalmente. Ao fim de 15 minutos, o cabo reapareceu a uns 60 metros dos soldados, vindo por trás, cambaleando e atordoado. Os olhos estavam esbugalhados, a barba, crescida de dias. Parecia encontrar-se em um estado de transe e seu relógio estava parado na marca das 4h30, porém marcava no calendário um adiantamento de cinco dias. Antes de desmaiar, murmurou algumas palavras para seus companheiros: "Vocês não sabem quem somos nem de onde viemos, mas voltaremos". Após vários exames realizados pelo próprio exército chileno, foi impossível fazê-lo lembrar para onde havia ido e nem o que, afinal, foi feito com ele.

– Essa noite – comentava despretensiosamente minha irmã Rose – completou-se mais uma aventura nos registros históricos de nossas vidas. Eu acho que os guias deverão realizar experiências desse tipo em outros lugares para avaliar as nossas.

Como ela estava certa em sua afirmação!

Entre conversas que ecoavam nas encostas da Mina até se perder na escuridão da noite, as pessoas foram retornando aos veículos para iniciar a volta aos seus lares na pacata cidade de Lima, onde meu pai aguardava impaciente por notícias do ocorrido.

Embora a relação com meu irmão estivesse esfriada, meu pai e eu mantínhamos um bom entendimento, o que permitia trocar algumas idéias de vez em quando a respeito dos contatos. E, logicamente, colocá-lo a par de cada nova aventura.

Essa experiência havia sido toda especial, pois pela primeira vez Oxalc aparecera fisicamente à nossa frente e provocara um impressionante fenômeno de levitação com Marina. Enquanto viajávamos rumo à minha casa, cada cena voltava passo a passo. Era incrível tudo isso. Eu estava testemunhando um encontro de dois mundos, cada um separado por um abismo de milênios de civilização e desenvolvimento, mas ali, à minha frente, essas duas realidades davam espaço para engendrar uma terceira, a nossa.

As palavras de Sixto martelavam em minha mente, vibrando e retornando acompanhadas das imagens do seu rosto. "Por que tudo isso? Para quê? Até onde pretendiam chegar? Quem será o próximo?", perguntava a mim mesmo.

Estava intranqüilo e intrigado, não conseguia prever nada à nossa frente, não existia nenhum programa, roteiro detalhado ou indicação do que viria. A grande aventura resultava fantástica e além de qualquer expectativa, mas eu começava a sentir um pouco de medo e angústia. A presença de Oxalc, imponente, impressionante e avassaladora, permanecia fixa em minha retina. Tudo ocorria rápido demais para ponderar, considerar ou para refletir com cuidado. E essa agitação começava a incomodar-me.

Os dias seguintes foram bastante turbulentos, para completar minha ansiedade. As contínuas conversas com Sixto, as respostas às enquetes feitas por todos aqueles que se inteiravam da experiência, reforçavam insistentemente meu mal-estar. Acho que na verdade estava com medo. Medo de que alguma coisa ruim, desagradável, fosse suceder com alguém. Medo talvez de não saber agir no momento em que me tocasse ser o protagonista do evento.

E assim foram transcorrendo as divagações quando alguns dos rapazes do grupo receberam em comunicação uma nova convocação geral a campo. No próximo fim de semana, todos estávamos intimados a participar de mais uma saída, incluindo Mochi.

Os preparativos não foram totalmente diferentes dos anteriores, com exceção de que a expectativa era grande. A mensagem informava que todos estávamos convidados a participar de uma nova etapa nas experiências, a que chamaram de FASE GIMBRA. Consistia na aparição de *Xendras*, isto é, portas dimensionais semelhantes às que havíamos visto com Oxalc. Somente com a única diferença de que, dessa vez, várias pessoas passariam para o outro lado.

Não era para menos que todos estávamos inquietos e curiosos, já que, nessa oportunidade, grupos de pessoas haviam sido convidados para viajar por meio dos *Xendras* para quem sabe onde. Fosse para onde fosse, era de graça e, provavelmente, bem longe daqui, sem passaporte nem dólares para incomodar. A realização da experiência de transporte interdimensional foi confirmada por várias mensagens, recebidas por diferentes pessoas em datas também distintas. Cada uma delas desconhecia as informações de seus companheiros e isso representava a melhor comprovação de que a convocação era real e para valer.

Após quase uma semana de preparações psicológica e alimentar intensas (uma rigorosa dieta foi indicada pelos guias para melhorar as condições físicas), o estado de ânimo geral era satisfatório. Eu, na verdade, além de uma fome brutal provocada pela dieta de frutas, continuava tenso e preocupado. De todos os modos buscava mudar minha disposição, mas, mesmo com toda essa boa vontade, estava difícil.

Finalmente, o sábado chegou e, pela manhã bem cedo, todo o grupo se reuniu em casa para repassar as instruções que os guias haviam comunicado.

Segundo as mensagens, os participantes foram divididos em pequenos grupos de pelo menos quatro ou cinco pessoas, sendo coordenados por um responsável, o qual também era indicado em comunicação. O pequeno grupo que me foi cedido estava composto pela minha irmã Rose, minha prima Ana Maria, David e eu. Éramos apenas quatro pessoas e constituíamos o menor grupo de todos.

Feita a distribuição, entramos nos carros e partimos em direção a Chilca. Nunca antes uma viagem correra tão rápida como essa. Quase uma hora depois iniciávamos a entrada nas dunas de areia próximas a Papa León XIII.

Lentamente, impedidos pela fofura da areia, abríamos passagem cuidadosamente para não afundar e parar. Deixando os veículos para trás, fomos caminhando em direção à várzea onde se encontrava a Mina. A noite estava clara e as estrelas brilhavam plácidas nessa imensidão. Tudo parecia calmo e o silêncio do lugar era quebrado apenas pelas conversas das pessoas que compunham a equipe. Alguns breves minutos depois a viagem havia chegado ao fim. Insegurança, temor, eu não sabia ao certo o que sentia. Por uma parte estava contente de estar ali com todos para uma nova situação de contato e, ao mesmo tempo, era assaltado por pensamentos de preocupação.

    Sixto coordenava a prática e sugeriu iniciar um relaxamento, que achei uma excelente idéia. Todo o grupo foi disposto em círculo, sentados na areia em posição de semilótus. Sixto induzia o grupo ao relaxamento, falando sobre a importância da nossa presença e da oportunidade que nos estava sendo oferecida. Comentou sobre as palavras dos guias a respeito da necessidade de uma mudança e de assumir o compromisso de uma reformulação de fundo e de valores. Cada palavra retumbava em meu cérebro como a queda de uma bomba, fazendo com que meu coração se acelerasse. Porém, suas palavras vinham a calhar. Aos poucos, meu pânico começava a ser substituído por uma agradável sensação de calma. Gradativamente, fui relaxando e, depois de vários dias de aflição, consegui enfim deixar minha mente um pouco em paz.

    Após uns três quartos de hora, tempo que durou o relaxamento, os grupos começaram a se reunir para iniciar os trabalhos. Um grito histérico feriu a bagunça do movimento, lançado por uma das moças presentes. Todos pararam onde se encontravam congelados pelo susto, para olhar em direção ao lugar que a jovem apontava.

    No topo de um dos morros próximos havia um objeto pousado, de formato estranho. Era como uma banana, arqueado, semelhante a um bumerangue de aproximadamente 25 metros de ponta a ponta. Em cada extremidade havia uma luz laranja que piscava, e no centro, na frente, uma espécie de grande janela meio azulada. Todos paramos com nossas atividades para ver detalhadamente o curioso objeto, inclusive começando timidamente uma aproximação. Pouco a pouco chegamos mais perto deparando com uma maravilhosa surpresa. Escassos metros adiante do objeto pousado havia um tripulante parado nos observando calmamente. O ser encontrava-se a menos de mil metros do grupo e, embora a noite não estivesse tão escura, podíamos ver sua silhueta na frente das luzes da nave. Não dava para distinguir detalhes, mas era efetivamente um extraterrestre.

    Nem bem tinha começado a prática, a agitação tomava conta dos participantes e mostrava o impacto e a emoção desse momento. Não havia ninguém que de alguma forma não demonstrasse sua empolgação. Todos apontávamos e comentávamos, perguntando-nos se o que víamos ali na frente era real, procurando em cada pessoa a confirmação concreta dessa visão.

Para completar o quadro, três outros objetos similares surgiram por trás das montanhas para arrematar o já abalado emocional do grupo. Sixto procurava acalmar as pessoas, avisando do início da prática, solicitando aos grupos que se organizassem para dar seguimento aos trabalhos. Realmente não podia ser fácil colocar ordem em uma turma de mais ou menos 25 pessoas, com todo esse espetáculo ocorrendo a curta distância e por cima das nossas cabeças. Mas, com certa dificuldade, os grupos passaram a se reunir nos lugares demarcados e o meu chegou ao ponto indicado.

Embora as pessoas prestassem mais atenção ao que sobrevoava por cima de suas cabeças, começamos lentamente a nos concentrar, realizando para isso alguns exercícios. Naquele momento, as naves de formato bumerangue projetaram, cada uma, feixes de luz que saíam de suas barrigas para baixo em direção a cada grupo. E, nesse instante, uma cúpula de luz formada por uma névoa azulada brilhante materializou-se bem por trás de mim, a uns 5 ou 6 metros do local onde estávamos trabalhando.

Todos os membros do meu pequeno grupo, inclusive eu, nos agitamos. Confesso que, mesmo depois de todo o preparo anterior e das experiências vividas, o emocional tomava conta da minha razão e me deixava tão sem ação que mal podia me manter no lugar. Nesse momento, sentia que uma mensagem queria concretizar-se em minha abalada mente. Escutava entre meus pensamentos as palavras "calma, relaxe, não se preocupe, tudo está bem", e uma agradável sensação de placidez começou a tomar conta de mim. Esse mesmo torpor foi experimentado pelo resto do meu corpo, que também se sentia em letargia. Rose havia corrido para perto de mim quando um *Xendra* foi projetado ao nosso lado. Aterrorizada, mantinha-se abraçada com força e não queria se soltar. Ana Maria e David, por sua vez, também tinham-se aproximado, mostrando no rosto a marca de sua preocupação.

A comunicação começava a fluir e mensagens explicando o objetivo desses fenômenos promoviam a calma, que aos poucos se restabelecia nos grupos. As naves pairavam suspensas a pouca altitude e as portas dimensionais aguardavam por todos nós. Godar, meu guia, informava que David seria o primeiro, devendo levantar-se e dirigir-se ao interior da luz. Os guias o esperavam do outro lado e a prática tinha de continuar, portanto, tudo estava sob controle.

Relatei para David o conteúdo da minha comunicação, respondendo de imediato que seu guia também o intimara a prosseguir, deixando de lado qualquer preocupação. Munido de enorme coragem, David se levantou, olhou para nós, fez um gesto com a mão e foi de encontro à luz. Passo a passo, acompanhamos seu caminhar estupefatos, vendo-o desaparecer no interior daquela massa de luz. Rose fechava os olhos e me apertava, tentando se acalmar. Ana Maria, em pé, observava ao seu redor procurando saber o que estava ocorrendo com os outros grupos.

Um quarto de hora mais tarde, David ressurgiu do interior da luz meio cambaleante. Desconcertado, parecia deslocado, demorando alguns segundos para reagir e encaminhar-se na nossa direção. Um pouco tonto, informou que havia sido incrível e que a próxima deveria ser Ana Maria, mas que não devia temer nada, pois tudo fazia parte da prática e os guias não desejavam nosso mal. Ana Maria levantou-se, olhou ao seu redor, olhou para nós, fez um gesto de estar pronta, dizendo que, se não retornasse logo, informássemos ao seu namorado para esperar um postal de Júpiter. Sorridente e respirando fundo, foi ao encontro do seu destino.

Ver a nossa prima sumir na luz foi demais para Rose que, assustada, começou a chorar. Sem saber muito o que fazer, procurei acalmá-la, ao que David comentou da sua experiência. Ele havia ingressado na luz quando se sentiu tonto e com vertigem, além de experimentar um desagradável ardor leve na pele. No fim da luz, saiu no interior de uma habitação na qual se encontravam dois seres muito altos que passou a descrever, lembrando bem a fisionomia dos traços da tripulação de Antar Sherart. Esses guias conversaram com ele a respeito do seu desempenho e do propósito do trabalho, indicando-lhe que devia refletir profundamente sobre a responsabilidade desse encontro e de como sua vida iria mudar. Nesse instante, Ana Maria assomava para fora da luz, também um pouco atordoada.

Aproximando-se do grupo, gritava emocionada o nome do seu guia, GEXO, a todo pulmão. Cheia de felicidade, pulava dando risadas e encorajando Rose para que se levantasse e fosse até a luz. Rose parou um pouco e, olhando para todos, enxugou as lágrimas, respirou fundo, levantou-se e começou a caminhar em direção à luz. Faltando menos de dois metros, a figura de uma belíssima mulher assomou pelo portal de luz. Era XANXA, a guia extraterrestre de Apu que mantinha contato com Rose. Minha irmã ficou paralisada, olhando atônita para ela. Todos estávamos fixos, vidrados na imagem daquela maravilhosa mulher com quase 1,90 metro de altura e cabelos longos presos em um rabo de cavalo que caía de lado. Xanxa não utilizava capuz como as tripulantes da nave de Antar, mas preservava o clássico macacão. Tinha uma franja de cabelos ralos que cobria sua testa, olhos amendoados, puxados, e um rosto ímpar.

Rose dava mostra de haver ingressado em um estado de transe hipnótico. Estática, permanecia em pé à frente de Xanxa. Passados uns 10 a 15 minutos, a guia virou as costas e retornou para o interior da luz. Rose girou cambaleante, caminhou alguns passos e caiu em terra. Estava totalmente tonta, tão emocionada quanto impressionada. David, Ana Maria e eu a colhemos pelos braços e a puxamos para perto de nossas mochilas, tentando acomodá-la para descansar e servir-lhe um gole de água.

Enquanto prestávamos auxílio a minha irmã, pedi para que David tomasse conta do grupo. Supostamente eu seria o seguinte e para tanto devia iniciar minha caminhada até o portal de luz. Mal me dirigia ao encontro do *Xendra* quando o mesmo desapareceu à minha frente, recebendo ao mesmo tempo uma rápida mensagem que me comunicava que eu não passaria por essa experiência. Aquilo foi uma balde de água fria, diria até congelada. Sem saber o que fazer, permaneci parado olhando para o lugar onde havia estado a luz e percebi que as naves manobravam para se perderem na imensidão da noite, deixando-me sem nenhuma explicação. Alguns minutos se passaram e eu continuava não acreditando no que acontecia. Repentinamente, foi quebrada minha concentração ao sentir a mão de Ana Maria no meu ombro e que, com o olhar, me convidava a retornar até os carros. Tudo havia acabado, e eu não tinha sequer sabido como era a tal da experiência.

Voltando para os veículos, podia ver os rapazes comentando, entre risadas e espanto, suas incríveis aventuras do outro lado dos portais. Alguns haviam viajado individualmente até uma sala similar àquela aonde foram David e Ana Maria, outros, pelo contrário, passaram em grupo para um encontro com o que eles achavam ser o Conselho dos 24, isto é, o Conselho de Anciãos da Confederação que coordena os trabalhos de prospecção e investigação das civilizações filiadas na Via Láctea e que administra os intercâmbios tecnológicos, econômicos e sociais intermundos.

Um ou outro se aproximava de mim perguntando para onde eu havia viajado e, a cada resposta, ficavam me olhando como bicho feio. Dizer que não fora transportado soava para todos como o comprovante de que eu era uma espécie de indigno, ou até um tipo de criatura imprópria, impura ou pecadora. De qualquer forma, pensassem eles o que melhor desejassem não me importava, porque era eu que me sentia verdadeiramente desmoralizado.

Fiquei tão por baixo que me afastei do grupo, procurando um cantinho para esconder minha tristeza e desolação. Mentalmente me repreendia por ter duvidado tanto e por ser tão inseguro, responsabilizando meus medos pelo rotundo fracasso dessa experiência.

Olhando para a alegria geral dos rapazes, fiquei em silêncio bem em uma encosta no alto dos morros, sentado e querendo entender o porquê dessa discriminação. Entre pensamentos e relembranças de como tudo começou, a tristeza de não poder mais acompanhar o grupo era o que mais me torturava. Era hoje que meu caminho nessa incrível aventura acabava. Não podia aceitar essa idéia, era cruel demais para ser real: "Será que os extraterrestres me punirão por haver duvidado de suas intenções? Será que fui enxotado porque me atrevi a questioná-los?". Uma pequena lágrima perdida, fruto dessa melancolia, conseguiu escapar, atingindo solitária a terra seca.

Meus pensamentos iam e voltavam em uma desvairada tentativa de compreender esse frio e cruel abandono, quando, sem perceber, bem no fundo dessas caóticas idéias, senti a presença de Godar. Um calafrio percorreu minha espinha e rapidamente olhei ao meu redor, procurando algum sinal. A noite continuava silenciosa e o som das conversas do grupo se perdia no eco das montanhas que me circundavam. Mais uma vez senti algo por trás e, em um pulo, fiquei de pé revistando todos os cantos. Uma mensagem chegava e cobrava forma em minha amedrontada mente. Era Godar que surgia com uma voz amável, carinhosa, procurando amainar a turbulenta tempestade que me sobrecolhia.

Consciente de sua presença em meus pensamentos, despejei um mar de inquietudes, dúvidas e desespero procurando respostas. Um silêncio, calmo e sereno, tomou conta do meu cérebro. Nesse torpor hipnótico ouvi uma voz que dizia:

– Venha, siga à direita e vá em frente.

Perplexo, desconfiado pela indicação e sua persistência, hesitei em obedecer. Embora bastante inseguro, rapidamente procurei reconsiderar e, respirando bem fundo, optei por seguir na direção indicada. A essa altura, nada mais podia perder.

Conforme andava morro acima, Godar orientava mentalmente o rumo que eu deveria trilhar, indicando se à direita, à esquerda ou para a frente. Assim, alguns minutos depois, cheguei a uma pequena depressão no topo de um morro bem no fundo do vale. O grupo havia ficado alguns quilômetros para trás. Mesmo assim, conseguia ouvir o eco de suas vozes ao longe e perceber, debilmente, a luz de suas lanternas.

Olhando ao meu redor, não conseguia afastar os temores e a insegurança de uma eventual situação desagradável.

Godar parou de falar entre meus pensamentos. Estava em um lugar isolado, resguardado entre os morros mais altos do vale. Dava para ver ao longe os carros que transitavam pela rodovia. Pequenos pontos de luz que contrastavam com a escuridão da noite e com as incríveis situações que vivenciávamos.

Por um momento olhei para aqueles carros, meditando sobre as pessoas que os dirigiam e pensando que, nesse instante, não faziam idéia alguma do que estava ocorrendo a pouca distância delas. Jamais imaginariam quão perto estiveram de acontecimentos tão transcendentais para a humanidade e que, sem perceber, foram elementos de um cenário que desvendava os mistérios do Universo.

Minha meditação foi abruptamente distraída ao ver que, a poucos metros de mim, uma luz semelhante aos *Xendras* começava a se formar. Instintivamente recuei alguns passos e, com o coração acelerado, procurei não fugir. Realmente era uma porta dimensional que, lentamente, se formava bem na minha frente, aumentando sua intensidade aos poucos. Na mesma proporção em que as batidas do meu coração aumentavam.

Entre a luta por controlar meu pânico e observar, vi uma figura enorme assomar pela luz com a mão direita erguida. Era um homem alto, de quase 2 metros ou mais, cabelo prateado com um corte tipo medieval ou pajem, olhos puxados e amendoados, aparentando uns 35 a 38 anos. Trajava um macacão de cor azulada, botas de cano longo que pareciam feitas de placas de bronze e um cinto largo. O visual não era muito diferente daqueles seres que eu observara na espaçonave de Antar Sherart, mas alguma coisa de familiar sentia emanar desse ser em particular. Aos poucos, eu lutava para assumir o controle dos meus já abalados nervos. Era muito exagero para uma mesma noite e, verdadeiramente, estava me sentindo esgotado.

Uma voz penetrou entre meus pensamentos novamente, dizendo:

– Calma, não fique preocupado, não lhe farei nenhum mal. Procure dar espaço para que nossas mentes partilhem tranqüilamente de um mesmo sentimento, a paz. Sou Godar, aquele que você achou pelo caminho de sua busca. No sábado próximo, vocês serão convocados a uma outra prática aqui mesmo; ao chegar, abandone seu grupo e venha diretamente para esse mesmo lugar. Estarei aguardando você.

Não podia acreditar no que meus olhos estavam vendo. Afinal estava diante do extraterrestre apuniano com o qual mantinha comunicação há meses e, agora, o conhecia pessoalmente. Estava vendo sua forma, seus gestos, sua roupa, era simplesmente incrível e maravilhoso. Estava tão empolgado e emocionado que nem lembrava de todas as perguntas e reivindicações que alguns minutos atrás perturbavam dolorosamente minha alma. Contemplar aquela criatura era como estar diante de uma espécie de anjo. Sua beleza física e seus traços fisionômicos impunham respeito, porém havia uma certa pureza em seu olhar, algo que penetrava profundamente e que me acalmava.

Tão logo falou, voltou para o interior da luz, repetindo o gesto com a mão. Imediatamente o portal de luz se desfez. Nesse momento tombei em terra; era realmente muita agitação para uma única noite. Minha mente estava em branco, não conseguia articular qualquer pensamento, pois a imagem de Godar continuava gravada na retina dos meus olhos e fixada em meu cérebro.

Passaram-se alguns minutos até eu pensar na hora, o que me levou a olhar o relógio e perceber que era muito tarde. Preocupado com que o grupo fosse embora e me abandonasse, corri velozmente ao encontro da turma. Ao chegar, constatei que todos andavam me procurando para retornar à cidade. Intrigados comigo, perguntaram-me se eu estava bem, e respondi que sim. Não sabia se devia contar ou não sobre a aparição de Godar, mas preferi ficar quieto. O compromisso do próximo sábado havia jogado para o lixo qualquer frustração, sentimento de fracasso ou tristeza por não participar das experiências com o resto do grupo. Intimamente, pressentia que algo de extraordinário estava para ocorrer. O que, exatamente, não conseguia definir, mas os extraterrestres tramavam alguma coisa. E fosse o que fosse, eu estaria junto, pois afinal não havia sido nem esquecido nem colocado de lado como pensava. Apenas, queriam algo em particular comigo. O quê?

Ao retornar a Lima, meu pai mal podia crer nas narrativas dos rapazes sobre as viagens realizadas pelos portões de luz. As histórias eram incríveis, mas a grande maioria tinha elementos em comum. Quase todos os integrantes da experiência comentaram que foram transportados para lugares fechados, isto é, habitações ou salões onde eram aguardados por seres de Apu ou de Órion, sempre em duplas ou em número maior. As conversas com esses seres versavam sobre a responsabilidade do treinamento e da necessidade de assumir um compromisso para com a humanidade, da disposição deles em prestar ajuda e da importância de estabelecer uma aproximação cada vez mais íntima. Somente o grupo que Sixto coordenava havia conseguido realizar uma passagem com todos os membros simultaneamente para Morlen onde, aparentemente, o Conselho dos 24 se encontrava em reunião.

Segundo o grupo, aportaram em um grande salão redondo sobre o qual se erguia uma enorme cúpula coberta de símbolos, entre os quais eram visíveis uma estrela similar à de seis pontas, aquela que é conhecida por "Magenda David", que representa o símbolo de Israel, e um tridente, bastante semelhante àquele representado como o símbolo do deus grego dos mares, Poseidon ou Netuno. O piso era polido e brilhante como metal e a distribuição totalmente circular, podendo observar-se duas fileiras de poltronas de 12 espaços cada, correndo nas laterais ao longo das paredes em ambos os lados, havendo, na frente das mesmas, uma espécie de púlpito ou tribuna com ideogramas ou símbolos estranhos que os diferenciavam entre si. De acordo com a descrição, pareciam similares aos ideogramas fenícios ou à escrita runa. Em frente ao grupo e no meio de ambas as fileiras de poltronas, havia seis tochas, apostadas três a cada lado, com uma espécie de altar ou tabernáculo no centro. Ali podia ser vista uma espécie de jardim de inverno, com flores coloridas de incrível beleza e protegidas por uma urna de cristal. Na parte inferior, estava entalhada na estrutura a mesma estrela de seis pontas.

Os 24 lugares estavam ocupados por seres de diferentes formas. Os contrastes de características, tamanhos e raças impressionavam, embora a grande maioria apresentasse uma configuração morfológica humanóide. Embora distantes para ver detalhadamente os rostos dos conselheiros, o ambiente inspirava recolhimento e respeito. O lugar era silencioso e com grande acústica, razão pela qual todo e qualquer som se ouvia alto.

Um dos lugares mais próximos ao grupo estava ocupado por um ser cujo aspecto físico era tremendamente próximo ao humano. A figura possuía longos cabelos e frondosas barbas brancas, lembrando mais um *viking* do que um extraterrestre. Eis que ele se levantou e apontou para o tabernáculo dizendo:

– Esse lugar, cuja importância escapa à sua percepção, representa o maior mistério de toda a criação. Aqui temos para contemplar a mais rara de todas as maravilhas, a vida, simples e maravilhosa. De todas as buscas que a criatura inteligente podia realizar, esta simboliza aquela que é a mais difícil, a mais sacrificada e a mais demorada de ser finalizada. No decurso da existência e da consciência de ser e viver plenamente, a reflexão que busca a compreensão do mistério da origem surge como o primeiro ato da inteligência, a qual transcende o momento e o lugar, projetando-se para desvendar e encerrar um incomensurável enigma: a morada do arquiteto da vida, a extensão do poder e da vontade geradora, a origem do semeador de consciências e a natureza da ação criadora. Nessa urna, está representado o respeito que guardamos pelo bem mais precioso da inteligência, a capacidade de sentir e reconhecer a realidade existencial de uma força cuja abrangência, profundidade e objetivos nem sempre se mostram claros, e cuja lógica escapa ao nosso conhecimento e à nossa compreensão. A maior pergunta que qualquer civilização podia ter feito é saber o objetivo concreto de sua existência e do porquê de estar aqui e agora. Mas, seja como for, o fato de estarmos aqui e agora é porque, de alguma forma, fazemos parte de um plano de trabalho universal a ser realizado. Fomos criados para descobrir o criador, entender o porquê de sermos imperfeitos e vir a achar o caminho e os recursos que nos permitam chegar à perfeição. Os percalços da transição evolutiva são intencionais e fazem parte da criação. Ser consciente disso e compreender o objetivo são os primeiros passos para desvendar o primeiro degrau do caminho que leva a achar a força universal que chamam de Deus.

Segundo Sixto, todos ouviram as palavras do ser, mas ninguém saberia dizer se ele realmente falou ou foi recebido mentalmente. O grupo estava totalmente impressionado e sem ter idéia de como reagir. Oxalc estava ao lado deles e atuava como cicerone. Ao finalizar, Oxalc se dirigiu aos rapazes e disse: "Em tempos remotos, existiram outras civilizações no seu mundo que, por falta de visão e humildade, se destruíram. Desejamos que isso não volte a acontecer e, para tanto, trataremos de ajudar. Agora devem retornar". Foi nesse momento que, reingressando no portal, o grupo se viu novamente em Chilca.

Outra louca aventura era incluída nos anais das experiências de campo, e mais uma dor de cabeça para meu pai. Acho que, a essa altura, qualquer filme de ficção científica já não representava páreo na comparação com essas vivências. Meu pai, então, queimava neurônios na tentativa de aceitar ou não todas as narrativas.

De qualquer forma, os dias transcorreram normalmente e minhas aulas na faculdade não conseguiam distrair as imagens da visão de Godar, e muito menos de seu convite. Durante aqueles dias, não resisti à tentação e contei para Rose sobre o encontro com Godar. Ela ficou impressionada e feliz, mas também curiosa sobre o que viria a acontecer no dia marcado. E, de fato, durante os primeiros dias daquela semana, vieram mensagens convocando o resto da turma para mais uma saída a Chilca.

Assim, chegou o seguinte sábado de julho. Lembro que contava os minutos e os segundos para iniciar a viagem até Chilca. Rose percebia minha ansiedade e, sem maiores dificuldades, subimos nos carros rumo à Mina.

Sem percalços no trajeto, chegamos deixando os veículos no lugar de costume, continuando a pé. Estava tão eufórico que mal podia manter o ritmo do grupo: fazendo um gesto para Rose, afastei-me seguindo em direção aos morros.

Enquanto me perdia nas quebradas, Sixto e Rose, preocupados, acompanhavam minha subida. Sixto não entendia a razão do meu afastamento, sendo logo esclarecido por Rose.

Com a língua de fora, mas nervoso, cheguei ao lugar. A noite estava um pouco fria e o exercício havia me aquecido. Enquanto colocava o fôlego em ordem, subi em um pequeno promontório para ver o lugar onde o grupo estava se ajeitando para trabalhar, já que as comunicações informavam que as experiências de *Xendra* prosseguiriam nessa noite. Pontualmente, as naves bumerangue surgiram aproximando-se do vale. Um leve zumbido tomava conta do silêncio noturno e a turma se desdobrava em pequenos grupos para continuar as experiências. Eu, mais calmo, sentei no meio da depressão onde, uma semana antes, o portal aparecera. Procurando relaxar, sentei em semilótus, fechei os olhos e iniciei uma meditação para contatar mentalmente com Godar.

Breves minutos se passaram quando senti uma brisa leve e morna; a diferença da temperatura me fez abrir os olhos e, bem em frente, o portal voltava a surgir. Meu coração se acelerou de imediato e, em um pulo, fiquei de pé. Acho que recuei alguns passos no aguardo de Godar. Foi engraçado, mas não estava mais sentindo medo como antes, estava sim envolto em uma forte emoção. O portal estava aberto e eu, aguardando Godar. Alguns minutos se passaram e nada de sair o extraterrestre; obviamente comecei a ficar impaciente e preocupado. Curioso em ver de perto o portal de luz, peguei minha mochila e comecei a aproximar-me devagar. Era fascinante, um vórtice de luz azulada que parecia pulsar. Enquanto colocava minha mão tentando tocar a luz, senti a voz de Godar dizendo: "Venha, ingresse na luz, que eu estou o aguardando". O guia Godar havia contatado comigo pedindo-me para entrar. Hesitei e retrocedi alguns passos. "Que devo fazer? Entro ou não entro?", pensei. E, sem muita conversa com meu medroso instinto, respirei fundo e fui adiante.

Era aterrador. Estava em um corredor de uma luz opaca, no qual havia um impulso invisível que me levava para a frente e não havia como recuar. Sentia a pele queimar, arder, e uma forte dor de cabeça. O ar era pesado e frio. Por segundos, tudo se iluminava rapidamente ofuscando minha visão. A poucos passos de mim, encoberta pela névoa, divisei uma luz amarelada que parecia ser a saída. Rapidamente caminhei nessa direção e, em um pulo, atravessei a luz. Foi aí que senti uma esmagadora pressão no peito que me fez cair ao chão, sem conseguir respirar. De imediato, percebi um líquido quente escorrendo pelo nariz, e imediatamente peguei meu lenço. Era sangue que jorrava em uma leve hemorragia nasal.

Atordoado pela experiência e pela dor em todo o corpo, percebi que estava quase ajoelhado em um chão de paralelepípedos de pedra, finamente recortados e colocados. Estava em algum lugar que, obviamente, não era Chilca. Imediatamente levantei os olhos e fiquei extasiado com o que estava à minha frente.

Era de dia, ou pelo menos parecia ser de dia. Havia prados enormes de jardins cortados por calçadas de paralelepípedos de pedra e no fundo os prédios de uma cidade. A uns 50 metros distante de mim, divisava a figura de quem parecia ser Godar, com a mão direita erguida, acenando para mim. Fiquei de pé e comecei a olhar detalhadamente. Atrás de mim não havia mais portal. Somente o fim de uma parede de rocha sólida cortada artificialmente e que pendia de encontro a uma jardineira que contornava toda a parede até onde minha vista alcançava. Esse canteiro, feito de pequenas pedras justapostas, albergava flores e plantas de uma beleza descomunal. As flores ostentavam cores de um brilho e contrastes que eu jamais pudera sonhar. Ao lado do canteiro, contornava uma calçada de pedras da mesma extensão, tanto para a minha direita como para a esquerda. Nesse momento me detive para observar o céu e percebi que as ladeiras de rocha que estavam por trás de mim subiam formando uma gigantesca cúpula. O que parecia ser o céu era na verdade uma enorme quantidade de luzes dispostas em grandes fileiras ao longo de todo o teto. Sob essa simples observação, concluí encontrar-me no interior de uma fantástica e descomunal caverna artificialmente construída.

Automaticamente, imaginei que Chilca estaria na superfície bem acima, partindo do pressuposto de que simplesmente me encontrava em uma espécie de base subterrânea. Lentamente fui me aproximando de Godar, enquanto continuava olhando a meu redor na procura de guardar cada detalhe.

A grama que compunha os jardins era cor de beterraba, um vermelho vivo, onde flores brancas, amarelas e verdes com tons variados e formas inusitadas contrastavam. As pedras eram de um bege claro, dispostas ordenadamente e compondo uma estrada de uns 3 metros de largura por alguns quilômetros de comprimento.

Godar me aguardava com as mãos para trás. Vestia uma espécie de túnica larga e longa de cor branca com detalhes e arremates em dourado e prata, lembrando bem as togas romanas. As mangas eram também largas e a gola, circular. Possuía um cinto dourado com um tipo de fivela que tinha um cristal em seu centro. A túnica chegava um pouco abaixo dos joelhos por cima dos tornozelos, mostrando que calçava botas de cano longo de um material parecido com o couro, adornado por detalhes metálicos dourados. O modelo da vestimenta parecia um pouco com aquele que Oxalc trajava no dia do primeiro *Xendra* em Chilca. Porém, os detalhes e o estilo diferiam claramente. De qualquer jeito, eu me sentia totalmente embasbacado, idiotizado. De improviso, Godar fez um gesto com a mão, quebrando meu transe e convidando-me a segui-lo.

O guia começou a se dirigir rumo à cidade e, quase que por inércia, passei a acompanhá-lo. Sua altura era titânica. Media mais de 2 metros e eu mal chegava ao seu peito. Difícil parecia marchar seguindo passos tão longos, mas, de qualquer forma, eu sempre ficava para trás.

A cidade distava, calculo eu, uns 5 a 6 quilômetros de onde havia aportado. Dava a impressão de que o nível do terreno em que me encontrava estava acima das bases da cidade. Os prédios eram enormes, mostrando ser construídos de algum tipo de concreto e pintados de cores acrílicas, já que, mesmo a distância, notava-se um brilho em sua superfície. As formas arquitetônicas pareciam semiglobulares e arredondadas, sendo que eu podia perceber um único prédio contrastando do conjunto à maneira de gigantesca coluna, erguendo-se do chão até o topo do teto cujas linhas poliédricas o faziam diferenciar-se claramente dos outros prédios ao fundo.

Enquanto caminhávamos a passos agigantados rumo à metrópole, eu divisava com dificuldade o fim da caverna. Mesmo pelos lados, não dava para ter idéia das distâncias. Enormes prados e jardins estavam distribuídos ao redor da cidade, dando a idéia de uma localização estratégica. Mesmo a estrada que percorríamos mostrava ser uma entre outras tantas que convergiam para a cidade. A cada passo, percebia que estávamos mais próximos do centro da estrutura.

Subitamente, enquanto atentava para alguns arbustos entre os prados, notei a presença de um grupo de seres semelhantes a Godar sentados em círculo na grama. Aquela imagem me fez parar e tentar chegar perto para ver o que faziam.

Quando iniciei os primeiros passos, observei que entre os seres havia um enorme felino, um leão jovem e de grande tamanho deitado na grama junto com eles. A presença do animal me fez dar um pulo para trás e meia-volta correndo. Godar olhou para mim esboçando um gozado sorriso. Foi a gota que faltava para soltar toda a minha angústia e querer saber, afinal de contas, onde eu estava.

Suspeitando estar no subsolo das montanhas na região da Mina, perguntei ao guia extraterrestre:

– A que profundidade estamos de Chilca?

Godar, com uma certa expressão de estranheza, olhou para mim indicando a cidade com a mão. Nesse ato, passei a ouvir, ao mesmo tempo, o seguinte:

– Você não está em Chilca, Charlie, muito menos em seu país. Estamos a mais de quatro anos-luz da Terra. Essa é a cidade conhecida por ILUMEN, o centro operacional do planeta que vocês determinaram chamar de Apu, no sistema denominado pelos seus cientistas de Alfa do Centauro.

Surpreso pela resposta, retruquei:

– Mas como é possível? Ninguém pode viajar no espaço dessa forma. Faz poucos minutos que acabei de chegar e é impossível cobrir essa distância em apenas alguns minutos, mesmo viajando à velocidade da luz.

O guia pacientemente sorriu, mostrando que seus dentes não eram bem como os dos humanos. Pareciam placas esbranquiçadas dispostas lado a lado. Continuando a caminhar, respondeu:

– Embora possamos considerá-los uma sociedade relativamente avançada, seus conhecimentos sobre viagens espaciais são bastante restritos. Suas naves aéreas foram desenvolvidas imitando o vôo dos pássaros para deslocar-se de um lugar a outro, mas as nossas procuraram imitar o comportamento dos planetas. Enquanto tentam percorrer grandes distâncias em menos tempo, cometem erros primários. Observe a seguinte imagem: há quinhentos anos na história da Terra, um homem chamado Magalhães deu a volta ao seu mundo em uma trajetória que levou mais de dois anos; depois, com o gradual desenvolvimento da aeronáutica, um avião a jato consegue fazer o mesmo em um mínimo de 10 a 12 horas e, com uma espaçonave da sua tecnologia, se realiza o mesmo em apenas 2 horas. Embora tenham transcorrido quinhentos anos desde a primeira viagem ao redor do seu mundo, o homem continua utilizando um veículo para transportar-se. Seu espaço físico também não mudou, porém a tecnologia lhe permitiu reduzir o tempo gasto no percurso, sendo a distância exatamente idêntica. Mas o que verdadeiramente mudou? Qual é o diferencial? Simplesmente o meio pelo qual realizava o percurso. Antigamente era pelo mar, onde encontrava a resistência das ondas e a lentidão do deslocamento provocada pela limitação dos ventos; depois pelo ar, onde enfrentava o atrito, a limitação pela altitude e a influência da aceleração e, afinal, incursiona hoje pelo espaço, aproveitando a ação dos campos de gravidade. Cada troca do meio pelo qual fazia o percurso permitiu-lhe alterar consideravelmente o tempo gasto. Esse exemplo revela que, por meio da tecnologia, é possível descobrir e identificar outras rotas alternativas, outras vias que nos proporcionem a condição de vencer enormes distâncias em menos tempo. As portas dimensionais são exatamente essa opção. Atuam como condutos, túneis construídos artificialmente com o propósito de reduzir a distância e o tempo gastos em uma viagem. Se sua viagem fosse realizada à velocidade da luz, teoricamente você deveria demorar pelo menos quatro anos para chegar até aqui e, de acordo com os cientistas terrestres, segundo os conceitos relativistas, o tempo que teria levado para chegar seria multiplicado na Terra, sendo que, para você, mesmo viajando à velocidade da luz, passaram-se unicamente quatro anos e no seu mundo, várias dezenas. E, se considerarmos a volta, você levaria então mais quatro anos, transcorrendo na Terra outras tantas dezenas de anos e, afinal, retornaria por volta de mais de um século depois, sendo que teria envelhecido apenas oito anos. O objetivo da viagem teria perdido seu sentido e, tecnologicamente, você estaria superado, encontrando na chegada um mundo totalmente diferente. É óbvio que nem mesmo viajar a velocidades superiores à da luz é a alternativa correta para vencer o obstáculo das distâncias espaciais. A resposta está na rota, assim como no meio utilizado para realizar o percurso. É por isso que utilizamos os *Xendras*, porque com eles é possível alterar as relações de tempo em um outro espaço.

Toda essa informação batia forte e me fazia refletir. Quando falava, olhava curioso seus lábios na tentativa de ver algum movimento que delatasse uma verbalização, mas não conseguia perceber nada. Ele estava se comunicando comigo mentalmente, mas, para mim, dava a impressão de ouvi-lo.

Godar continuava a explicação dizendo:

– A menor distância entre dois pontos está determinada por uma reta, mas se você decidisse sair de Lima e fosse caminhando para Chilca em linha reta, traçaria verdadeiramente uma reta? É claro que não. Seu planeta, como qualquer outro, é esférico e, mesmo que você voasse, estaria configurando uma curva. Inclusive as próprias luzes das estrelas que você percebe no céu ocupam um lugar fictício. Além de estar em contato direto com um passado distante, já que a luz que você olha foi emitida milhões de anos atrás no tempo, essa luz está localizada em um lugar que seu percurso, no espaço, lhe determinou. A luz também é matéria e, como tal, está subordinada à ação da gravidade, sofrendo constantes desvios na trajetória. A imagem que você observa é relativamente real, pois sua localização é o resultado da interação das forças da gravidade e sua luz, a imagem do que existiu em um passado remoto. A física e a astrofísica terrestres estão deixando de aceitar a existência de um Universo rígido em suas leis e meramente tridimensional, onde altura, largura e profundidade são os únicos elementos determinantes. Embora o fator espaço-tempo esteja sendo levado em conta atualmente de maneira a julgar a tetradimensionalidade do Universo, resta um fator de grande importância a considerar, a natureza e o estado da matéria-energia que compõe o próprio Universo. Os conceitos relativos a esse aspecto ainda são causa de grande polêmica entre seus especialistas, procurando determinar até que ponto luz é energia e ao mesmo tempo matéria, assim como a radiação é matéria ou simples energia e, o mais difícil, até que ponto a energia se manifesta e se propaga em uma determinada freqüência ou se isso é verdadeiramente possível. O Universo que vemos é apenas uma forma de energia vibrando a uma freqüência determinada. Assim como as ondas de rádio e televisão coexistem sem se interferir mutuamente, existem infinitos Universos coexistindo em diferentes planos ou dimensões, cuja massa se manifesta em freqüências de vibração diferenciadas e nas quais as condições de tempo e espaço diferem dessa em que nos encontramos.

As portas *Xendra* são túneis que nos ligam com essas outras dimensões, atuando como decodificadores dessas freqüências de planos universais, quebrando em cada viagem não somente o tempo, mas também tornando as distâncias inexistentes.

Todas essas afirmações estavam me deixando tonto. Embora estivesse estudando na universidade, não dava tempo de digerir bem suas colocações. O estado de ansiedade e espanto em que me encontrava não permitia que minha concentração captasse a profundidade das informações que Godar transmitia.

Colocando o problema da viagem de lado, custava-me crer e aceitar singelamente que, nesse momento, perdido em um distante lugar da Via Láctea, conversava despretensiosamente com um extraterrestre no meio da avenida de uma cidade alienígena. Era loucura demais.

Ainda atordoado pela explicação de Godar e com tudo o que ocorria, voltei o olhar para aquele grupo com o leão e perguntei:

— Por favor, diga-me, esse animal é terrestre, não é? Mas o que estão fazendo com ele?

Godar voltou-se e continuou a caminhar em direção à cidade, fazendo um gesto com a mão para que o seguisse. Chocado com o que estava presenciando, corri logo para seu lado. O guia olhou-me fixamente e respondeu:

— Como você pode ver, estamos em uma cidade subterrânea, mas no passado não foi assim. Em tempos que fogem à lembrança, éramos uma sociedade ainda imatura e arrogante. Nossos cientistas achavam que poderíamos alterar a ordem natural das coisas e começaram a mexer na delicada estrutura atmosférica desse planeta. Por um grave erro, o equilíbrio dos gases que compunham o ar que respirávamos, assim como as camadas atmosféricas protetoras, foi destruído. Rapidamente, a degradação do ar tomou conta de toda e qualquer forma de vida, aniquilando-a sem distinção nem piedade. A radiação vinda do espaço completou a destruição ao não encontrar mais obstáculo. Os únicos que sobreviveram à destruição foram os que já habitavam as colônias espaciais ou aqueles que se encontravam em trânsito pelo espaço. Nosso mundo havia morrido junto com toda a sua população, fauna e flora nativas, pois não houvera tempo para salvar quase nada. Milhares de anos se passaram quando decidimos retornar e reerguer nossa civilização no planeta natal, mas a superfície continuava destruída e contaminada. De tal forma determinados a reconstruir a vida, optamos por manter a superfície tal e qual estava. Os destroços do passado em uma superfície morta serviriam de monumento ao que a arrogância tecnicista e intelectual podem provocar. As gerações futuras poderiam apreciar claramente até onde nos levou essa atitude megalomaníaca e presunçosa. Assim, construímos essas enormes cavernas e as adaptamos para viver nelas. Ao todo, temos no planeta 24 cidades como essa, compostas de módulos residenciais, centros de produção básica, de pesquisa, administrativos, de lazer, de apoio, unidades de atendimento médico, docas, centrais de abastecimento, usinas térmicas, etc.; 12 centros industriais de produção geral, beneficiamento e de pesquisa para diferentes segmentos de consumo, sete centros agrícolas experimentais e produtores, três complexos habitacionais para eventos e visitantes, sete centrais de transporte e oficinas de reparos, seis complexos de instrução e treinamento, oito centros hospitalares de atendimento e regeneração e, finalmente, 12 unidades de controle ambiental.

"Embora cada cidade seja estruturalmente auto-suficiente, os centros industriais e de pesquisa desenvolvem trabalhos de risco, razão pela qual certas áreas de atividade estão afastadas. Já os centros de instrução e treinamento englobam toda a atividade formativa básica, científica, operacional e cultural, sendo necessária uma configuração de estrutura própria que permita a concentração de recursos para aprendizagem. Foi em função de tudo isso que, ao longo de milênios, passamos a importar diferentes formas de vida. Plantas e animais foram trazidos de todos os mundos visitados, não somente para estudo científico e como fontes de alimento e matéria-prima, mas principalmente para compor uma nova biosfera. Todas as plantas que você observa estão fazendo parte dessa paisagem não somente como decoração, mas como uma complexa estrutura que faz parte do controle ambiental da nossa cidade. Temperatura, umidade, gases, enfim, tudo está interligado e não existe sistema mais eficiente de equilíbrio ambiental do que a própria vida em interação. Aquele leão que você viu encontra-se em um trabalho de estudo. A equipe ali presente está analisando as reações do felino ao contato telepático e procurando conhecer, em profundidade, como o instinto de preservação motiva seu comportamento."

Enquanto ouvia os comentários do guia, reparei que meus movimentos eram muito fáceis de ser executados. Não sentia resistência ou qualquer incômodo por causa da ação de uma gravidade ou pressão; ao contrário, experimentava uma curiosa leveza. Godar olhou para mim, interrompendo seu discurso, comentando que a gravidade local era controlada artificialmente pelas unidades de controle ambiental, assim como a temperatura, a atmosfera, a pressão, etc. Complementou ainda, dizendo que os primitivos habitantes do planeta, isto é, seus ancestrais, eram fisicamente diferentes e que, após milênios de tecnologia e avanços na genética, as características da espécie foram sendo modificadas, chegando ao que eles são hoje. Todo esse processo foi desenvolvido nas colônias espaciais, onde foram se adaptando às circunstâncias ambientais. Ao retornar ao planeta nativo, foram obrigados a promover alguns ajustes, não somente para eles próprios, mas também para compatibilizar a sobrevivência de outras formas de vida.

Enquanto conversávamos, caminhando pela estrada de pedra, a cada passo eu podia ver mais próxima a cidade. Era provavelmente o sonho de um arquiteto. Os prédios eram arredondados e de forma globular ou cupular. Pareciam feitos de acrílico, plástico ou algo similar. Alguns eram transparentes, outros de cores como vermelho, amarelo, cinza, fumê, azul-celeste, branco, enfim, davam a impressão de que cada um tinha sido construído de uma única peça de acrílico, pois eu não conseguia ver emendas ou junções. Havia plataformas em locais elevados unindo as estruturas, parecendo ruas aéreas entre os prédios. Alguns objetos sobrevoavam calmamente os edifícios, estacionando em seus topos e em plataformas laterais.

Tudo era fantástico. Não há palavras para expressar a beleza e magnificência do que contemplava. Jamais poderia sonhar com um dia estar diante de semelhante espetáculo. Começava a ficar tão emocionado que meu coração se acelerava a cada momento. Era só tomar consciência de onde me encontrava que sentia um aperto no peito. Por momentos parecia transbordar de alegria, em outros, assustado ao extremo ou tomado por uma profunda emoção. Essa combinação começava a cansar-me, mas a curiosidade me mantinha em pé.

Faltava pouco mais de 100 metros para chegar até onde a cidade começava, e eu pude constatar que realmente as construções se encontravam em um desnível. A estrada, assim como os jardins, formavam uma plataforma acima da cidade, equivalendo a uma altura de dois andares. Em vista disso, teríamos de percorrer uma rampa descendente em ziguezague para chegar até o nível das ruas.

Calmamente chegávamos pela parte posterior de um grupo de edifícios. A rampa corria nas laterais formando amplos corredores.

Perto do acesso que levava às ruas da cidade, vi um outro ser similar a Godar e mais jovem que se aproximava. Nesse momento, fui tomado por um pouco de receio e, com medo de continuar, parei no lugar. Percebendo a pane, Godar se deteve alguns metros à frente e, enquanto refletia, o outro ser passava. A criatura, um jovem aparentando uns 25 anos terrestres, trajando o famoso macacão, esboçou um amável sorriso enquanto fixava seus penetrantes olhos nos meus. Seu olhar era tão profundo e atravessador que varava meus pensamentos, fazendo-me sentir indefeso, devassado e nu. Sem desejar, experimentava a sensação de ser um aborígene em meio à civilização. Foi como se seu sorriso dissesse: "Coitado desse pobre e subdesenvolvido humano". Uma incômoda e humilhante percepção da minha condição de inferioridade se fez consciente. Contra a vontade, tinha de admitir que a distância entre as nossas sociedades era enorme. Acredito que um aborígene amazonense experimentaria algo similar em seu primeiro contato com a civilização, se consciente dessa diferença. (Embora considere conceitualmente civilização propriamente o que agora eu estava vendo. Não entendo por civilização um sistema cultural de mera sobrevivência como o nosso, já que é provável que em uma selva perdida nesse mundo tenhamos mais chances de sobreviver decentemente do que em uma grande cidade.)

Recomposto do incômodo encontro, continuamos até o final do corredor, e eu me deparei com uma ampla praça cercada de edifícios e que continuava com o mesmo tipo de empedrado no piso. Não havia grande movimento de pedestres no momento. Alguns seres de físico semelhante ao de Godar caminhavam ao longe, entre os quais se distinguiam algumas mulheres.

Bem no centro dessa praça, levantava-se uma maravilhosa fonte de uns 10 metros de diâmetro em forma de elipse com águas coloridas e uma estrutura com vários bustos, em meio a um jardim de arbustos rasteiros. A fonte parecia feita em mármore rosa e era trabalhada em um único bloco. A borda larga apresentava arremates de um material semelhante ao dos prédios. As esculturas pareciam ser feitas de bronze e suas feições eram por demais diferentes. Impressionado pela raridade do conjunto, aproximei-me rapidamente da borda da fonte para ver de perto o monumento. Eram cabeças cujos rostos denotavam várias origens, provavelmente alienígenas, pois suas formas diferiam radicalmente umas das outras. Crânios maiores ou menores, olhos dispostos na frente, de lado, grandes e pequenos, com orelhas e sem orelhas, enfim, havia de tudo. Nessa revista, observei que um busto em particular se destacava dos demais por dois motivos: um, por estar mais alto com o rosto virado para cima e, segundo, porque suas feições eram humanas. Sentia algo de familiar naquele rosto. Mas não atinava por quê.

Lentamente contornei a fonte procurando captar os detalhes dessa escultura e entender o que ela estava fazendo ali, em meio a rostos que nada tinham a ver com ela, a princípio. A composição do rosto denotava claramente pertencer à raça branca, talvez caucasiana ou nórdica. A escultura olhava para cima em uma atitude de observação, sendo que a face marcava traços delicados com uma barba completa e recortada, bigode, cabelo longo e penteado para trás, repartido quase ao meio. A expressão do semblante parecia ser serena.

Por várias vezes, desconcertado, insisti em identificar seus traços, que em nada lembravam os "apunianos"; ao contrário, eram total e verdadeiramente humanos. Incríveis pensamentos cruzaram minha mente naquele momento, extrapolando idéias a respeito da identidade desse busto e do que essa visão representava.

Contemplando absorto, senti a voz de Godar me chamar, quebrando o transe hipnótico daquele êxtase visual. O guia já estava a caminho por uma rua lateral da praça, bem ao lado direito por onde chegáramos. Rapidamente acelerei o passo para alcançá-lo.

Enquanto tentava chegar ao lado de Godar, minha mente trabalhava: "Quem será esse humano que mereceu uma escultura dessa forma? Por que aqui? Que importância teve para essa civilização afinal?"

Perguntas se avolumavam em um ritmo crescente. Não entendia o que tudo isso significava. Muitos mistérios se escondiam por trás do silêncio de Godar e, até então, ele não me informara por que motivo havia ingressado na cidade. Mas de uma coisa eu tinha plena certeza: dali não sairia até saber tudo o que tinha direito de saber. Mistérios ou não, ia ter uma conversa bem séria com Godar, pois afinal alguma coisa estavam tramando comigo. Não podia ser à toa que me discriminassem nas experiências, nem o que agora estava ocorrendo. Despois de Sixto, eu estava sendo o segundo a viajar sozinho a um outro mundo. Todos os demais, com exceção daquele grupo que viajara para Morlen com meu irmão, tiveram experiências totalmente diferentes. Mas por que eu? Por que comigo?

Capítulo XI

O "Profundo"

O passeio pela cidade de Ilumen continuava. Entre as ruas, podia ver os prédios ao meu redor. Amplas entradas, corredores, estilos, formas e detalhes que fugiam totalmente do convencional.

Saindo da praça, dirigimo-nos para um grupo de edifícios, abandonando o que parecia ser o centro administrativo da cidade. Enquanto caminhava, observava que a distribuição urbana da cidade era feita por setores. Cada um bem diferenciado do outro pelo *design* que caracterizava as edificações. Os prédios ao redor da praça dos bustos tinham um grande número de andares. Seus formatos mostravam estilos retos, lineares e simétricos, sendo que, no setor ao qual me dirigia, as construções pareciam enormes domos, cercados por domos menores e estruturados sobre altas colunas.

Devo confessar, honestamente, que durante todo o percurso mantinha um ar absorto, a ponto de, além de ter dificuldade para acompanhar o guia no trajeto, não ter tempo de perguntar quase nada. Aquele busto na fonte continuava fixo em meus pensamentos, mas havia tantas coisas para ver e gravar que, se perguntasse, dava a impressão de que tudo desapareceria.

Finalmente chegamos ao interior de um prédio enorme que, de fora, se assemelhava a uma gigantesca cúpula. Em seu interior, deparamo-nos bem na entrada com um salão amplo de grande altura, com um pé-direito de talvez uns 50 metros. Nas laterais, altas urnas de cristal acompanhavam as paredes e, no ambiente, uma agradável melodia flutuava. Parecia um sistema de som ambiente, mas eu não conseguia localizar nem identificar os alto-falantes. Bastante curioso com tudo, fui me aproximando das urnas, que mais pareciam vitrines enormes, reparando que dentro delas algumas sombras se mexiam. Conforme chegava mais perto, percebia que o som emanava do seu interior e que se distribuía uniformemente em função da acústica do lugar. Qual não foi minha surpresa ao descobrir que aquelas vitrines eram na verdade gigantescas gaiolas, contendo algo parecido com borboletas de imenso tamanho, cujas asas batiam a grande velocidade. Cada inseto (ou o que fosse) provocava um som específico, proporcionado pelo batimento acelerado e pela vibração das asas. A combinação harmônica dos sons emitidos por várias dessas criaturas propiciavam uma espécie de melodia. Parece fantástico, mas cabe lembrar que aqui na Terra existem insetos que se comunicam entre si, ou com suas fêmeas para acasalamento, por meio de emissões de som em altas freqüências. Imperceptíveis, na maioria das vezes, ao ouvido humano.

De qualquer forma, a cada momento surgia algo novo e, embasbacado do jeito que eu andava, parecia difícil ficar comportado. Godar sorria a cada reação de espanto e realmente não era para menos. Eu me sentia o próprio troglodita descobrindo as maravilhas dos avanços da civilização moderna.

O guia dirigiu-se ao fundo do amplo salão das urnas, entrando por um portal que se abria à sua passagem. Rapidamente corri para acompanhá-lo, deparando-me com um longo corredor descendente. Godar acenou para mim, fazendo com que acelerasse o passo ao seu encontro. Uma nova porta correu e estávamos no interior de uma espécie de auditório. Havia um declive de onde estávamos até o fundo da sala, acabando em uma parede côncava. O recinto apresentava um grupo de poltronas colocadas em duas fileiras de quatro poltronas de cada lado, perfazendo 80, com um corredor central divisor. No meio de ambas as fileiras, bem entre as duas poltronas da primeira fila, havia uma espécie de mesa cúbica sólida, parecendo feita de cristal fumê amarelo. Na tampa superior destacava-se uma fileira de ranhuras dispostas em paralelo, em um total de seis fendas. À frente de cada uma, um tipo de teclas semi-esféricas sobressaíam da superfície totalmente lisa e quase transparente. As altas e lisas paredes do auditório sugeriam um acabamento de cor marrom-clara, formando um arco pleno com o teto. Sua configuração estética lembrava um pouco as abóbadas das igrejas. A parede da frente estava recuada para dentro formando uma espécie de caixa, quebrando a continuidade da sala. Uma espécie de arquitrave, viga ou arco abaulado a separava da junção do auditório, mantendo-a na penumbra. O piso parecia revestido com algo semelhante a um carpete de cor castor, com a diferença de ser macio e não deixar marcas. A iluminação vinha do teto para baixo, sem mostrar qualquer ponto de luz. Dava a sensação de ser irradiada pelo próprio teto. Godar caminhou pelo corredor e sentou-se na poltrona da esquerda, bem ao lado da mesa. Esta se encontrava à sua direita.

Mentalmente me chamou para que sentasse na poltrona ao lado, ato que realizei em seguida.

A poltrona sugeria ser de tecido sintético, suave ao toque e de uma cor caramelo. De acordo com o peso, a superfície se deformava levemente e acompanhava agradavelmente os contornos de quem sentava, mas de qualquer forma era enorme, fazendo-me sentir quase um pigmeu. À nossa frente havia uma parede côncava, lisa e brilhante que parecia feita do mesmo material do prédio. Godar abriu um pequeno compartimento na lateral da mesa apertando em um determinado lugar, retirando do interior uns pequenos cristais, todos do formato e tamanho de peças de dominó. Os cristais eram totalmente transparentes e bem semelhantes a barras de acrílico incolor. Em um canto lateral, a pequena barra de cristal ostentava um tipo de marca em baixo-relevo. Um símbolo que serviria para identificá-la, provavelmente. O guia segurou um e mostrou para mim, inserindo-o na primeira ranhura. Nesse momento, a mesa disparou uma seqüência de luzes coloridas no tampo e a parede da frente se iluminou, gerando uma imagem de uns 6 por 12 metros, tomando toda a altura e largura da mesma.

Mais uma vez eu levava outro impacto. As imagens eram do interior da minha casa em Lima e as cenas mostravam o dia-a-dia de minha família. Duas vezes já era demais.

Foi nesse momento que aproveitei para suspender um pouco toda essa enxurrada de situações incríveis e, levantando-me do lugar, pedi para que parasse com tudo isso e começasse a explicar, parte por parte, o que pretendia com toda essa demonstração de avanço tecnológico e descarada espionagem.

Bastante calmo, Godar olhou para mim e respondeu:

– Sente-se e se acalme, que tudo o que você quiser será respondido.

Agitado, nervoso e tenso, retornei à minha poltrona. Godar girou de lado e me disse:

– Observe com atenção que depois responderei às suas perguntas.

Sem palavras para retrucar de imediato, acomodei-me e olhei para o telão. Subitamente a situação mudou. Já não era mais a imagem da rotina doméstica do meu lar e sim cenas de uma guerra que, pelas características dos uniformes, localizei como sendo dos conflitos do Vietnã. Vendo tudo isso, estava impressionado pela tecnologia, pois, nessa época, os telões de projeção e as telas sem projeção externa ainda não haviam chegado ao Peru, ou, se já tinham chegado, pelo menos eu nunca vira uma. Agora, estava assistindo, em uma tela enorme, às imagens com perfeita resolução e nitidez, sem ter um foco de projeção aparente. Era como um gigantesco televisor em cores, com a diferença de que não havia pontos de distorção nas imagens.

Fascinado pelo espetáculo, perguntei a Godar o que a guerra do Vietnã tinha a ver comigo ou com nossas experiências, sendo que, no instante de perguntar, as vistas foram mudando rapidamente apresentando cenas de diferentes guerras, alternando com algumas panorâmicas de maravilhosas paisagens e trocando com imagens de pobreza, violência urbana, poluição ambiental e a destruição florestal da Terra. Em seguida, a tela mostrou enormes áreas desérticas, de desolação e aridez, que mais pareciam ser retiradas do Saara ou de um outro planeta. Tudo isso me lembrou as cenas que Antar Sherart nos havia mostrado no interior da sua nave. Mas por que essa demonstração novamente?

Intrigado, perguntei o que objetivava tudo isso, ao que Godar me respondeu:

– Esse aparelho que estamos utilizando está acoplado ao que poderíamos assemelhar a um computador. Continuamente é alimentado por informações de todos os mundos que regularmente visitamos, por meio de recursos que vão além das informações analógicas, digitais ou eletrônicas que vocês conhecem e normalmente vêm utilizando. Esse complicado aparelho analisa e processa todos os dados por meio de um sistema que poderíamos definir como semelhante a uma triangulação. Realizado o confronto dos dados por associação, constrói as imagens por conclusão. Além disso, conta com outros recursos que lhe permitem captar imagens e sons de eventos ocorridos no passado. Para te dar uma boa idéia de como funciona esse aparelho, basta que imagine o seguinte: lembre-se de que, se a Terra possuísse um gigantesco telescópio, você poderia ver, por meio da luz emitida de uma estrela ou planeta, os eventos que ocorreram milhares de anos atrás, já que o tempo que a luz leva para percorrer o espaço é tão longo que o telescópio captaria ainda cenas de sua formação. A estrela pode haver desaparecido, mas a imagem de sua destruição demorará anos-luz para chegar e, enquanto isso, quem enxergar a luz continuará a ver as cenas de acontecimentos que ocorreram nesse longínquo passado. Nossa tecnologia nos permitiu encurtar essa distância e reunir toda essa história. Digamos que o computador também possui um tipo de radiotelescópio capaz de reunir as imagens reais de eventos passados e somar outras informações que fazem parte do presente. Assim, temos como resultado situações verídicas e fatos concretos com a possibilidade de fazer projeções para o futuro. Essas cenas que você observou, embora do passado, são tão reais como você e eu, assim como cada personagem presente nas imagens. Seus movimentos, os combates e as mortes aconteceram um dia e em um lugar. Não foram retiradas de um filme de ficção produzido para entretenimento. Esse monitor projeta a imagem dos acontecimentos que ocorreram em qualquer lugar ao qual tenhamos acesso, permitindo-nos estudar e conhecer em profundidade os eventos ou sucessos que acarretaram os acontecimentos do presente. Além do mais, a Central de Tempo-Espaço, como é conhecida, permite, por meio de um complexo sistema de processamento, criar cenas de prováveis situações futuras a ocorrer. Em outras palavras, se optarmos por assistir às imagens da explosão da primeira bomba atômica em 6 de agosto de 1945, durante a Segunda Grande Guerra de vocês, poderíamos sugerir ao monitor uma avaria no avião americano que impedisse o lançamento da bomba e projetar, no vídeo, o que teria ocorrido com o desfecho da guerra sem a explosão da bomba sobre a cidade de Hiroshima. Assim, seria composta pelo computador, em imagem e som, toda uma continuidade de eventos a partir de um novo passado, resultando em um novo presente, totalmente diferente. Essa tecnologia nos permite estudar diversas alternativas de estruturação de eventos passados, futuros ou presentes, oferecendo a possibilidade de acompanhar e conhecer em profundidade as condições e situações que motivaram as alterações e/ou mudanças dos processos culturais de qualquer civilização. Concomitante a isso, é factível obter, como resultado da investigação, a identificação dos comportamentos e das atitudes que foram responsáveis por acertos eficientes, eficazes e satisfatórios em benefício do desenvolvimento, da mesma forma que são identificados os erros e desacertos que comprometeram o avanço, complicando uma evolução coerente e efetiva.

– Quer dizer que podem ver momentos da história tal qual verdadeiramente ocorreram e depois, propositalmente, com sua tecnologia, produzir artificialmente imagens de como poderia ter sido o resultado se alguma coisa não tivesse ocorrido da maneira como realmente foi? – perguntei impressionado.

– Sim, inclusive fazer projeções com relação ao futuro e assistir às imagens dos eventos que virão a ocorrer nesse provável tempo futuro. Dessa maneira podemos prever, com uma relativa margem de segurança, que medidas deverão ser adotadas para obter o melhor resultado, assim como prevenir situações cujo desfecho poderá comprometer não somente o trabalho, como até a segurança, a tranqüilidade e o equilíbrio do nosso sistema.

Espantado com tanto derrame tecnológico, olhava para a tela não conseguindo acreditar em tudo aquilo. Era como estar em um cinema e assistir a um filme, somente que a fita em cartaz não era qualquer drama normal, simplesmente era o drama nosso de cada dia e onde todos, sem exceção, representávamos um único papel. O papel da própria luta pela sobrevivência.

Tentando me repor de tanta loucura, uma grande angústia tomava conta de mim. As imagens da Terra refletiam a violência, a depredação, a pobreza, a miséria, as injustiças que se abatem contra a humanidade, em contraste com a beleza de nossa geografia. Enquanto meditava nesse paradoxo, ouvi Godar dizendo:

– Realmente o seu mundo é belo. Nós o chamamos de Merla, que significa Planeta Azul. Embora conheçamos centenas de mundos espalhados pela galáxia, Merla é único. Não existe planeta que reúna uma beleza tão esplendorosa nem uma gama de cores, vida e contrastes de tanta variedade e com tanta fartura. A riqueza e a fertilidade do seu solo, a complexidade e a integração da sua biosfera e a abundância dos seus recursos são algo verdadeiramente raro.

Aproveitando o comentário, retruquei às palavras do guia dizendo:

– Godar, tudo bem que nosso planeta é bonito e maravilhoso, que a humanidade não sabe aproveitar a vida, mas, afinal de contas, qual é então a razão ou motivo pelo qual tudo existe? Para que há vida, afinal? Será que temos de sofrer, lutar, trabalhar, sobreviver e constituir famílias para depois simplesmente morrer? Será que a existência se resume a esse papel? Qual é o sentido da vida? Por acaso temos de aceitar que a resposta a essa pergunta é um mistério divino e, portanto, longe da nossa compreensão?

O guia extraterrestre me ouviu atentamente e impassível. Seu rosto, calmo e introspectivo, não demonstrava perturbação. A seguir, respondeu:

– O homem é uma criatura que desconhece não somente sua própria natureza, como também o sentido que deve guiá-lo no caminho da existência. Durante séculos, o ser humano perambula pela superfície da Terra procurando sobreviver à inclemência das intempéries e ao assédio de criaturas predadoras, selvagens e, principalmente, dos seus semelhantes. Ao invés de crescer interiormente e expandir sua incrível capacidade criadora, utiliza equivocadamente seus talentos para dominar, explorar e depredar. Sua ciência está dirigida fundamentalmente à obtenção do poder, e não ao aperfeiçoamento e beneficiamento geral das condições de vida. Todos os benefícios derivados da ciência são mercadorias de cuja negociação dependerá sua continuidade. Dessa forma, a dependência e a submissão a esse poder estarão garantidos, já que não existe outra maneira de sobreviver. Sua memória é curta, pois possui um conhecimento circunscrito ao tempo histórico em que vive e ao espaço em que habita. Passado é algo sem importância que se busca esquecer, desconsiderando que não há presente sem passado. Cultua o egocentrismo, a inveja, o poder, a vaidade, o sectarismo e a discriminação. Sua vaidade chega a tanto que se considera a única criatura viva inteligente do Universo, achando que tudo gira em torno da Terra e que foi feito à imagem do poder criador. Sua arrogância é tal que o leva ao ponto de ser capaz de achar que pode bastar-se por si só, para interpretar os conceitos e leis que governam a realidade universal. Os animais, as plantas e o solo existem para ser escravos de sua vontade. Sendo criação única do Universo, conforme acredita e aceita facilmente, tudo lhe é permitido, pois tudo existe para agradá-lo. Basta um ato de arrependimento para que tudo lhe seja perdoado e, como por um ato de mágica, a dor, a aflição, a destruição impetrada ao meio ambiente e aos seus semelhantes desaparece sem deixar vestígios. Durante séculos o homem vem depredando e destruindo em nome de diferentes argumentos, afirmando serem justos e corretos. Mas o que justifica ferir, destruir ou agredir? Somente o resguardo da vida, do respeito e da tranqüilidade da maioria. E por acaso o homem pensa nos seus? Ou somente nele mesmo?

– No estágio primitivo – prosseguiu – todos os animais respeitam um princípio maior que, embora não compreendam, se encontra embutido em sua natureza. O instinto guia indiferentemente todas as espécies por um caminho coerente de sobrevivência, estimulando-os a agir conforme as necessidades de perpetuação. Enquanto o instinto comanda, nada foge da sua trilha. O meio ambiente participa como colaborador das grandes definições e seu equilíbrio é o fator de apoio às transformações ou mudanças de percurso. Quando o homem era ainda primitivo, respeitava essas leis que o guiavam naturalmente em uma direção coerente. Sua relação harmônica com o meio ambiente propiciava o cenário fácil para o sucesso das transformações básicas que remodelariam o curso da sua evolução. Na medida em que passou a tomar consciência do poder de criar, mudar e transformar as coisas ao seu redor, descobriu que era diferente e superior às demais espécies. Em seguida, veio o exercício prático dessa descoberta, o domínio e a submissão incondicional dos inferiores. Sobrevivência e morte eram sua realidade única, aquilo que não compreendia era preservado ou destruído conforme suas simpatias ou seus desejos. Em um mundo onde viver consistia em mera sobrevivência, o ser humano passou a perceber de que forma podia se utilizar da força bruta, da violência, da sedução, da inteligência e da esperteza para atingir suas metas, ou para fazer os outros trabalharem por ele e para ele. Engajado em um trajeto inercial evolutivo de descoberta da inteligência, ingressou ingenuamente em uma armadilha. Embora a satisfação de necessidades seja a motivação natural de qualquer criatura, o homem passou a estruturar e desenvolver novos motivadores, tantos, que hoje acredita que concorrer é a única forma de estímulo para o desenvolvimento, quando na verdade instituiu e justificou a guerra como forma de subsistência geral. Uma guerra cujas armas e estratégias são inúmeras e cruéis.

Desde uma palavra colocada propositalmente no lugar e na hora certas, até uma atitude, demonstração ou gesto, servem para afastar e destruir qualquer inimigo, real ou potencial. Porém, em um mundo de contínua defesa, as armas se transformaram em utensílios domésticos e, sem perceber, hoje não se distingue mais um ataque de uma defesa e vice-versa.

– É uma pena – ponderou Godar – que uma criatura tão complexa e maravilhosa como o homem não consiga enxergar que caiu em uma armadilha e, teimosamente, continue correndo em círculos, sem parar para refletir e reorientar seu caminho. Nunca parou para procurar compreender sua verdadeira natureza, a razão de existir e o papel que estaria a cumprir no palco do Teatro Universal. O homem vem se distanciando dessa percepção em um crescendo a cada dia, sendo a vida transformada em indecifrável mistério para ele. Charlie, você já pensou, em algum momento, qual é o motivo de a criatura inteligente existir no Universo?

Aquela pergunta caiu como coice de burro, uma patada sem anestesia. Sem palavras para responder, fiquei quieto. Após engolir em seco, continuei a ouvir os comentários de Godar:

– A vida é um segredo para quem realmente não percebe as sutis mensagens que somente o fato de existir oferece. Observa bem. Qual é o sentido da vida? Para que a vida existe, afinal? De quem ou de que somos obra? Se partirmos da idéia de que fomos criados por uma entidade ou criatura divina, teríamos de aceitar que a mesma teve uma intenção e executou uma ação motivada por um propósito. Se houve uma intenção, conseqüentemente houve uma abstração, um raciocínio e um pensamento. Isso se reforça se concordarmos que, havendo um propósito, houve um planejamento e um projeto com um objetivo bem definido. Se aceitarmos então que essa entidade pensa, raciocina e que, como resultado desses processos mentais, emite comportamentos, estamos aceitando que possui preferências, gostos, interesses, motivações, desejos e objetivos e, portanto, não detém o poder de ser onisciente. Onisciente quer dizer que sabe tudo, incluindo o que é passado, presente e futuro. Se essa entidade precisa de processos mentais para agir, significa que desconhece o vínculo que existe entre as coisas, sua correlação e sua interdependência. Quem pára para pensar, realiza um trabalho de avaliação e ponderação em uma relação associativa, de causa e efeito e/ou custo-benefício antes de tomar qualquer medida ou gerar qualquer ação. Se essa entidade criou a vida e o próprio Universo como cenário, é porque teve um objetivo e uma razão bem claras. Mas, se seu poder é tão amplo, por que não aproveitou para engendrar em todas as criaturas uma condição de comportamento ideal, acorde e harmônico para com o próprio Universo?

– O fato de que tenhamos sido criados imperfeitos e formando parte de um processo evolutivo – continuou – obviamente implica que também obedece a um propósito. Seria leviano e simplista afirmar que é porque Deus nos ofereceu o "livre-arbítrio". Daria a impressão de que essa entidade nos pusera em um laboratório, com a intenção de observar-nos para ver como nos saímos na prova ou no desafio de existir. Ele deveria saber, desde o princípio, qual seria nosso percurso, quais os erros e acertos, quais as opções escolhidas, pois, se criados intencionalmente, tudo faz parte de um plano. Se a criação obedece a um objetivo ou a um propósito definido, de conhecimento do próprio ser criador desde antes de existir, devia, ele mesmo, deter todo o conhecimento relativo a cada elemento ou criatura que participaria da criação. Enfim, mesmo que qualquer criatura opte ou escolha um caminho, já era de conhecimento da entidade criadora, portanto não pode haver livre-arbítrio se cada passo estava preestabelecido. Cada movimento corresponderia a um pensamento conhecido previamente e a um ato esperado. Não há qualquer liberdade dessa maneira. Assim, a entidade criadora saberá, ou saberia, qual o resultado de cada opção. O arbítrio fica no teórico, pois, se nosso criador tem o poder de fazer surgir um ser ou um Universo do nada, é impossível aceitar que no seu plano não tenham sido previstas todas as possíveis variáveis e situações a ocorrer, desde o instante zero da criação até o dia final.

– Como você pode apreciar – insistiu o guia – temos em vista duas evidentes alternativas com relação à condição de liberdade: a primeira seria, pois, relativa a aceitar uma entidade como poder criador na qual, embora o livre-arbítrio seja uma condição de escolha das criaturas inteligentes, ele só existe na teoria, já que o responsável pela existência da vida tem de ter o conhecimento passado, presente e futuro de todo o composto universal, sabendo antecipadamente todas as escolhas, certas ou erradas, que serão concretizadas. Porque, a não ser assim, seu poder será limitado, conjuntamente com sua capacidade de agir ou interferir e até de prever a continuidade de sua obra, não podendo ser considerado o poder supremo. Se agir diretamente sobre alguém, isto é, se alguma criatura inteligente se beneficiar de sua ação ou interferência pessoal, terá reconhecido imediatamente que sua obra é incapaz de se valer por seus próprios meios em vista de ter sido criada falha. Se falha, significa que o criador não teve capacidade de prever as diversas situações e/ou condições às quais sua obra seria submetida ao longo da sua existência, razão pela qual terá de ser necessária e constantemente auxiliada. Como desdobramento dessa afirmação, serás obrigado a aceitar que bem e mal, certo e errado, são conceitos sobre os quais as criaturas não podem ser festejadas nem punidas, pois esse poder maior, ou Deus, como deseje chamá-lo, se não sabia com absoluta antecedência quais seriam as escolhas de sua imperfeita obra, não é a mesma responsável pelos seus erros, já que os mesmos são resultado de um projeto vazio. Se, ao contrário, o poder criador sabe quais serão as respostas, as escolhas da sua obra, também está sendo cúmplice e co-responsável pela ação, certa ou errada, de qualquer criatura, em vista de que foi Ele mesmo quem a criou para agir dessa forma, sabendo desde o princípio qual seria o desfecho final da situação.

– A segunda alternativa – acrescentou – será que você aceite a possibilidade de que não somos o resultado da criação de uma entidade pensante e individualizada, mas sim parte ativa e importante da interação de um conjunto de forças, subordinadas a um poder fantástico em desenvolvimento e que, embora sejamos conseqüência ou decorrência de uma fração da atividade desse processo maior, possuímos plena, verdadeira e total liberdade para nos mover e agir nesse cenário universal. Em outras palavras, o que poderíamos chamar de Deus não é uma pessoa ou uma entidade que atua por sua única vontade, mas um poder ou força que está em desenvolvimento e cujo aperfeiçoamento está vinculado ao curso da própria existência do Universo. Sendo assim, comportamentos corretos ou errados são de livre escolha da criatura criada, cuja sanção estará subordinada às condições locais e universais. Sob essa ótica, toda criatura ou entidade é livre em sua escolha, pois o poder que chamamos de PROFUNDO ou RAZÃO não atua após a existência do criado, apenas é responsável pela leis formativas que geram ou dão início a qualquer vida, isto é, sua natureza o obriga a fazer com que todo e qualquer ser venha a existir equipado com todas as condições, habilidades e capacidades para não somente sobreviver, mas principalmente entender e compreender o que representa verdadeiramente a vida, ou seja, venha a evoluir conscientemente. Ele simplesmente dá o impulso, o resto é com cada um.

"Pensar na existência de um poder distante e despersonalizado faz com que o ser humano se sinta desprotegido e desamparado. O homem construiu deuses cujas formas e comportamentos se ajustavam às carências, frustrações, tristezas, dúvidas e inseguranças que o acuavam. Esses deuses personalizados se transformaram no melhor companheiro e no único amigo, pois, segundo o próprio homem, não existe outra criatura no Universo em que se possa verdadeiramente confiar. Nessa terrível solidão interior, em que os semelhantes são violentos predadores à espreita e a sobrevivência é um ato que tem de ser justificado para suportar a constante dor diária, somente o amigo divino os conforta. A promessa de uma vida além da vida, de um paraíso, de um sofrimento apenas temporário em troca de uma vida feliz e eterna, de uma razão profunda e especial soam como argumentação eficiente para garantir cada dia após o outro. A esperança de que alguma coisa mudará para melhor algum dia é o que os move, projetando essa possibilidade a ação de uma interferência divina. Sem esse amigo ou poder espiritual criado, suas vidas cairiam em uma solidão amargurada em que viver nem mesmo teria sentido. E é aí que se enganam. Afastados há tanto tempo do caminho sadio de uma evolução coerente, fabricaram ídolos e configuraram mitologias na tentativa de justificar seus atos e sofrimentos, derivados unicamente da pugna pela ambição e pelo poder. Construíram conceitos idílicos e ideais, que nem mesmo compreendem, para dispersar a dor e camuflar a frustração. Viver e compreender a vida é um ato de amor, mas vocês confundem o significado profundo que o amor representa como sentimento, o que divide o ser animal do ser racional.

Nesse vasto cenário, em que a pluralidade de vida foge à imaginação mais fértil, observamos que a única forma de vida capaz de experimentar a profundidade e a beleza dos sentimentos é a vida inteligente. Uma criatura com o poder de criar, construir, amar, odiar, destruir e transformar. Um poder que só se compara com o próprio poder da criação. A criatura inteligente é a única com a condição de quebrar qualquer limitação ou fronteira, seja geográfica ou planetária, espalhando tanto o amor como a dor. Qual seria o objetivo de colocar semelhante perigo no Universo?

O Profundo pode parecer um horrível e frio poder, uma força indiferente à vida, que atua a distância sem se importar com os acontecimentos que orbitam nas transformações do Cosmos, mas isso não é verdade. O Profundo, ou Deus, como prefira, não é um homem ou criatura, mas a síntese da vida e da razão da vida, englobando a força geradora da transformação e da contínua evolução. É o impulso dinâmico de uma contínua adequação e a energia do progresso constante em busca da perfeição, a fonte das realizações, a inspiração que alimenta a imaginação e que move a criatividade, a liberdade de ser, amar e viver dignamente. É uma força com objetivos claros e definidos que, embora projetados ao propósito de crescer e expandir-se, não decorrem de um pensamento, mas de sua própria natureza. A energia interior que leva os animais à procura de novas pastagens ou mananciais, a voz que move e empurra o homem a percorrer caminhos distantes ou a iniciar empreitadas em busca de melhores condições de vida e de uma correspondente satisfação interior, a emoção de realizar uma conquista, o sentimento de um amor correspondido, a ternura contida em um gesto, um ato de misericórdia, a pureza singela de uma carícia e a realização de um ideal são maneiras de perceber uma pequena fração do Profundo agindo e manifestando-se em cada um de nós.

Quando falamos com nosso eu interior, quando paramos para sentir e refletir, estamos estruturando um canal de comunicação com esse poder maior. Vocês não sabem do que são capazes, pois ainda não acharam o caminho para identificar essa relação e estabelecer seu lugar no interior do Profundo. Esse poder ou energia é tão antigo e tão jovem como a própria criação. Quem ou o que seria referencial para compará-lo? Que relação de tempo poderíamos utilizar para dizer que é antigo ou novo? Mas, de qualquer maneira, sua existência é clara e sua expansão um fato.

Enquanto o Deus do seu mundo é associado somente ao bem, já que o mal foi personalizado por meio do Demônio – uma forma simples e fácil de driblar esse conflito –, esqueceram-se de que o mal é obra desse mesmo Deus; em conseqüência, o total responsável pela sua existência. Bem e mal são forças antagônicas necessárias e complementares, ambas fundamentais para concretizar definições e, portanto, obrigatórias para determinar a velocidade das transformações. Assim, o demônio não pode existir enquanto ser individualizado e independente, pois acaba sendo uma extensão obrigatória de Deus. Se você aceita a tradição religiosa de que Lúcifer se rebelou contra Deus, teria de aceitar que o poder criador desconhecia as intenções de sua obra, a ponto de ela se virar contra Ele. Nesse caso, Deus não detinha o conhecimento dos passos desse anjo, demonstrando absoluta alienação. Essa absurda ignorância depõe contra a amplitude e a abrangência do seu poder e sua consciência, indicando uma incrível limitação.

Deus tem de ser obrigatoriamente ambas as facções, porque não pode existir uma consciência ou percepção, principalmente universal, que seja parcial, fracionada ou unilateral. É tolo achar que o bem somente é o bem e o mal, somente o mal. Embora a polaridade seja uma condição universal, existe como duas faces de uma mesma realidade. O preto é o oposto do branco, sendo que para obter o branco será necessária a soma de todas as cores. O ímã possui um lado positivo e outro negativo, mas fazem parte da mesma massa, assim tudo tem sua tese e antítese localizadas no mesmo cenário. O mal ou a ignorância existe como básico, primitivo e rudimentar, é a ação e reação simplista, enquanto seu extremo é a complexidade, o bem como conhecimento e perfeição. Ser perfeito não é ser bom ou mau, é uma coexistência harmônica com as leis universais. A vida só progride na percepção clara do conflito gerado pelas diversas alternativas de existência. É impossível conceber e definir a luz sem compreender que existe uma noite, ninguém pode ser bom se nunca superou sua maldade, ninguém pode evoluir sem haver algo a superar, assim como não pode haver um poder supremo que não perceba e contenha em si mesmo o bem e o mal, o primitivismo, a degradação, o caos, a realização, a superação, a melhora, a vida e a ordem, pois, sem isso, não seria capaz de sequer idealizar a evolução. Se Deus é o criador, o ponto gerador do processo e de seus acidentes, é gestador, determinante e continuador, é obrigatoriamente a síntese do bem, do mal, do perfeito e do imperfeito, a prova de que tudo evolui, inclusive Ele. Foi d'Ele que o bem e o mal se originaram. Sem Deus ou sem o poder gerador, não somente não haveria bem e mal, mas absolutamente nada.

O poder maior existe e vive em e de todas as coisas, vivas e inertes, que ocupam o Universo. A interação desses corpos, suas mudanças e adaptações, os acertos e erros, suas conquistas e seus fracassos alimentam essa força contida em cada elemento que participa. Cada corpo é parte desse poder e manifestação concreta de sua existência, assim como cada ato é demonstração clara da sua atividade expansiva e crescente.

Conceber a vida é um ato de consciência que vai além da razão, pois é evidente que acontece e a experimentamos de inúmeras maneiras. O Universo existe e, nele, mundos, sistemas, galáxias, criaturas e seres que fogem à sua imaginação. A origem do Profundo vai além de qualquer explicação, pois, mesmo que alguém negue sua existência, ele existe. Isso é fácil de ser provado. Se você aceita uma origem ao próprio Universo, toda inteligência precisa reconhecer que no ato da criação foram dadas as bases de todo princípio. As leis da gravidade, da energia, da estrutura da matéria, da vida e da evolução. Existiu e existe um poder ordenador que organizou e dispôs tudo naquele momento. Se não for assim, de onde surgiu a primeira informação que ordenou o DNA? O poder que comandou a estrutura do primeiro átomo? A força que deu carga elétrica ao primeiro elétron? Uma estrutura organizada previamente fundamentou e segmentou o princípio das coisas, não como um ato pensado, mas como conseqüência de um processo diferenciado que atua por um impulso preestabelecido e automático. O poder existe para agir e mediar as transformações, contendo um montante de surpresas acessíveis à criatura que souber chegar lá. Sua existência não é para ser adorada ou idolatrada, mas para ser um canal pelo qual será descoberto o profundo sentido da vida e a missão conferida à criatura inteligente desde os primórdios da criação. Nossa tecnologia tem nos permitido descobrir que a criação é um ato contínuo. Infinitos universos existem de maneira superposta e sem se interferir mutuamente. Este é somente um deles, que surgiu da destruição de um outro anterior.

O Profundo encontra sua forma concreta quando você imagina o Universo visível e invisível. Tudo está em transformação contínua e o estado de equilíbrio estático inexiste. A busca é constante para obter a condição de não permanecer imutável, pois, se tudo é a extensão dele, somente poderá desenvolver-se em um processo de contínuas alterações até o dia em que venha a atingir um estado de equilíbrio dinâmico organizado, e é bem provável que seja este finalmente seu objetivo maior."

Toda essa avalanche de informações e divagações estavam me deixando incrivelmente perturbado e confuso. É claro que todos, pelo menos uma vez na vida, tenhamos parado um momento para refletir a respeito de Deus e nos perguntado se Ele realmente existe. Muitos, ao longo da vida, perderam ou degradaram sua fé por diversos motivos e, finalmente, a trocaram por uma visão particular e própria de Deus e das razões que os vinculam à vida.

Com dificuldade, procurava acompanhar a argumentação de Godar, que havia dado uma pausa em sua reflexão. Nesse momento de silêncio, o guia olhou para mim e continuou dizendo:

– Feche seus olhos por um momento e procure ver o que sente. Relaxe um pouco e não pense em nada, somente procure sentir. Esse sentimento de angústia e insegurança que você resgata do fundo do seu íntimo revela a busca de um conforto. Toda criatura possui essa necessidade. Porém, nem todos sabem achá-la.

O poder criador vai além do bem e do mal, do certo e do errado, pois ambos são necessários para gestar um caminho e nortear um rumo. Não há bem ou mal no Universo, pois a moral é algo extremamente relativo. Existem unicamente duas realidades que se comprovam sempre: continuidade e extinção. Nos processos que regem a cadeia evolutiva e a harmonia cósmica, ser bom ou ruim estará subordinado ao fato de encontrar uma pessoa ou uma sociedade em vias de progresso ou a caminho do caos. Não há qualquer criatura que possa ser considerada de índole verdadeiramente má ou ruim, seja em que circunstância for: somente ignorante. É a total ignorância ou a falta de percepção de extensão e gravidade dos seus atos que levam à concretização de fatos prejudiciais e destrutivos. A maldade é uma simples manifestação da mais total e absoluta ignorância, cujo desfecho será a extinção. Por isso, bem e mal não existem, somente a superação garantindo a continuidade, ou a ignorância e o despreparo garantindo o desaparecimento e a extinção. As cenas que você viu demonstram claramente a condição humana de agressão e violência, típicas de uma sociedade imersa em um estado de ignorância. Para vocês, bem e mal precisam estar separados para achar um culpado, um responsável por seus próprios deslizes. Consideram-se tão ingênuos que estão à mercê da influência do mal, personalizado em uma criatura que vive à espreita. O mal vive tentando-os, pois não habita em ninguém e as demonstrações de violência são de responsabilidade única de pessoas possuídas por esse poder maligno. Essa lamentável alienação fecha ainda mais seus olhos à possibilidade de encontrar o caminho para a superação, já que permanecem dependentes da graça divina para rumar suas vidas, aliviando o peso de eventuais decisões, certas ou erradas, pois serão atribuídas ao desígnio divino. É fácil encarar um mundo e uma vida que não pertencem a cada indivíduo, já que, sendo uma marionete dos desejos das forças divinas, atuam conforme suas demandas. Dessa forma, não deveria haver leis ou normas, pois qualquer ato estará sob comando da divindade, boa ou ruim. Antigamente, na época que chamam de "Idade Média", o pensamento que comandava seus rumos era explicitamente esse, já que foram assassinadas milhares de pessoas com esse mesmo argumento. Embora os tempos sejam outros, há pouca diferença de conduta em relação a esses períodos. As roupas mudaram, a tecnologia avançou, o sistema de produção cresceu e a morte física foi substituída pela psicológica, e o medo à vida e ao futuro cresceram. Os fetiches e as superstições permanecem, talvez até mais fortes do que nunca.

  Para compreender o poder que administra e impulsiona o Universo, devem descaracterizá-lo, pois, de qualquer figura humanizada ou divina. Esse poder resume em si mesmo todas as alternativas que orientam o processo evolutivo, desde o nada até a mais complexa forma de vida. Lembra que o animal é meramente instintivo, não havendo certo ou errado em suas decisões e, assim, responde coerentemente às necessidades do seu desenvolvimento, impulsionado por uma força interior despojada de tendências. Mas o ser humano, a criatura pensante, auto-reflexiva, abandonou o instinto e passou a governar seus pensamentos e suas ações por mecanismos que não somente deixaram de ouvir a voz interior do instinto, como também ainda carecem de uma razão. Embora o homem queira ser identificado como um ser racional, permanece longe o momento em que efetivamente o seja. A emoção fala mais alto que a razão e que o próprio instinto, o que representa um delicado problema no momento. Infelizmente, a emoção não é algo positivo, já que não é a mesma coisa que sentimento. Experimentar um sentimento puro é totalmente diferente de experimentar, simultaneamente, um conjunto de sentimentos em intensidades variáveis e de maneira descontrolada. Isso é a emoção. A partir do momento em que a criatura inteligente evolui, abandona sua condição instintiva para utilizar diversos recursos que permitirão ampliar sua percepção e compreensão das coisas, assim como seu valor e sua importância. Mas, para que essas escolhas efetivamente correspondam ao esperado pelo curso universal da evolução, a criatura deverá descobrir, gradativamente, a correta utilização dessas ferramentas. Condição difícil e complicada, pois é fácil sair do caminho, principalmente porque todos o estão trilhando pela primeira vez. Ser eminentemente emocional é uma condição de máximo perigo, já que não há parâmetros nem referências coerentes com uma realidade corretamente avaliada e o resultado está fadado a ser o fracasso. Mesmo a intuição ou o *feeling* não escapam à possibilidade de um grave erro, pois normalmente seu campo de ação é tão restrito quanto o do emocional. O comportamento inteligente e coerente, de uma criatura auto-reflexiva em desenvolvimento, deve ser a combinação equilibrada dos estímulos instintivos e de uma razão organizada, analítica e reflexiva, que pondera os sentimentos ao avaliá-los com profundidade, dando espaço para experimentá-los ordenadamente. Ser equilibrado e coerente não é sinônimo de ser frio e insensível, ao contrário. Somente se pode experimentar a importância e o valor de um sentimento quando é possível uma condição de total envolvimento com o mesmo, e isso só será conseguido quando, determinados a compreender sua natureza, sua força e sua importância, penetremos na percepção integral daquilo que nos envolve. Sentir em profundidade, com pleno conhecimento da extensão e da amplitude, é o início de um estado de consciência que diferencia drasticamente a criatura inteligente do animal. O homem vive permanentemente complicando sua vida e procurando desculpas para sua realidade existencial, em vez de buscar conhecê-la melhor.

Ser emocional é ser sensível. Essa é a resposta que vive justificando a perpetuação do descontrole e a falta de qualquer ponderação. Somente é possível ter sensibilidade na apreciação ampla de uma identificação profunda, na apreensão abrangente de uma realidade ou situação e sua conseqüente compreensão. Sensibilidade não é simplesmente a capacidade de sentir, uma mera reação a qualquer estímulo dado, interno ou externo. Muito menos uma disposição a ser dominado por impressões ou pela emoção. O homem considera a sensibilidade como uma qualidade que acusa a variação das intensidades do gosto, agrado, afinidade, desgosto, simpatia, antipatia e até amor. Sensibilidade é e tem de ser a valorização, a descoberta e a identificação clara, profunda e objetiva de alguma coisa. Uma criatura sensível é um detector, uma entidade capaz de interpretar as mensagens que flutuam na atmosfera e a realidade de maneira diferenciada. Um ser que decodifica a linguagem dos seres superiores e inferiores, pois possui uma ordem interior e o ferramental necessários para tal fim. Uma criatura emocional não tem ordem interior e, muito menos, conhece o ferramental à sua disposição.

Evoluir é um caminho árduo, lento e complicado, em que armadilhas se escondem a cada virada e o inimigo se esconde no interior de cada criatura. Na falta de um horizonte, é comum prover-se de paliativos que supram essa falta de visão, erguendo vias alternativas para o dispêndio dos dias de existência. A transição é confusa, assustadora e complicada, tanto que na maioria das situações é melhor preencher constantemente os momentos com atividades para evitar um encontro com seu próprio interior, em vista de uma absoluta carência de respostas. E aqueles que as procuram, quase sempre desesperadamente, para dar um sentido ao seu esforço de sobrevivência, conformam-se com pouco ou com aquilo que proporcione as justificativas suficientes para continuar, até que empobreçam e venham a ser novamente substituídas. Enquanto isso, o homem se ocupa em preencher seus dias com atividades, procurando tomar seu tempo, de tal forma que não consegue ter espaço nem para respirar. Só sabe viver fazendo alguma coisa, pois para ele viver é fazer algo que o mantenha ocupado. Mesmo que o que faça tome somente seu tempo, sem que aquilo represente nenhuma transcendência, pois o objetivo podia ter sido o simples e banal entretenimento, fugindo do terrível tédio da rotina ou como escapismo do confrontamento interior. Enquanto identifique a vida unicamente como trabalho, já que é a única condição evidente de continuidade que entende, por ser a mais próxima, nunca terá condições de conhecer a vida e muito menos descobrir seu potencial de realização. Para conseguir entender o poder maior da vida, seu objetivo e seus mecanismos, é necessário quebrar as limitações dessa transição. Para que um processo evolutivo direcione corretamente as transformações de uma sociedade, é primordial a obtenção de um estado de consciência harmônico, construtivo e amplo. Quando existem regras e leis escritas que submetem pela repressão e pelo medo à punição, não há consciência. Quando o poder maior gerou o Cosmos, não fundamentou por escrito a ordem nem as leis que comandam seu movimento nem as transformações que nele se operam. Elas estão implícitas em cada corpo, em cada fração do todo. Dessa forma, as leis que disciplinam, ordenam e administram a vida estão contidas em cada criatura, basta achar o caminho e decifrar sua linguagem.

Não sendo mais animal instintivo e ainda sem ser profundamente racional, somente uma emoção difusa, sem profundidade, com um poder autodestrutivo enorme, seria esse o perfil do homem terrestre?

Para poder compreender o Profundo e a própria existência, você precisa compreender a natureza, a razão concreta e objetiva da vida. Viver é dar, compartilhar, servir a um propósito, sentir-se partícipe de algo maior, vislumbrar um horizonte e caminhar em sua direção. Viver é desvendar todos os segredos, conquistar todos os desafios do mundo e do Universo. É interrogar seu íntimo até a última dúvida, procurando achar as ferramentas que construirão sua liberdade. Compreender, é sentir em sua alma, em sua essência, o espaço que esse Todo Cósmico preenche, pois você terá descoberto a verdadeira razão pela qual existe e a origem e a finalidade de sua identidade cósmica. O início desse entendimento proporcionar-te-á descobrir o valor dos sentimentos e o peso da razão. Não existe maior poder na criação que o amor, feito realidade por meio da verdade, e ela não é mais do que um compromisso puro e total com a vida, já que existe para orientá-la. Integrar-se ao Profundo é a vocação da vida inteligente que se cumprirá quando atingido e reconhecido um estado de consciência reflexivo, profundo e livre. O homem procurou trazer seus deuses para perto de si, quando na verdade é o homem que deve ir ao encontro da verdade universal. É mais fácil criar uma situação fictícia, próxima, cômoda, estruturada sob arquétipos manipuláveis e conhecidos, do que ter um enorme trabalho para procurar a que está distante e permanece velada, mesmo que esta seja aquela que procuraram a vida toda como solução. A capacidade de amar, respeitar, criar, construir e a responsabilidade de viver e sentir coerentemente não se aprende nos livros ou na transmissão cultural. Elas são obtidas por meio da descoberta e da prática das potencialidades interiores, do diálogo com a vida interior e exterior, da transcendência das dificuldades por meio do entendimento, da descoberta e prática de uma identidade existencial, cósmica e comprometida com a harmonia universal. Esse ato puro de consciência somente será obtido quando o homem decidir direcionar sua espiritualidade na trilha da razão e firmar um compromisso com a verdade. Aquele compromisso que não tem comprometimento com as carências, as frustrações, as mágoas, a solidão e os interesses que continuamente o atraiçoam e o fazem distanciar-se da verdade única e universal. A raça humana nunca poderá superar o momento de sua transição se continuar a buscar soluções para uma problemática existencial, social e cultural, geradas por um estado de consciência alienado e parcial. Pois, infelizmente, essas soluções propostas continuam sendo imaginadas com a mesma mentalidade responsável pelos problemas já existentes. A única alternativa será a transformação de um estado de consciência para um outro mais abrangente e universal. Nosso trabalho com você e os seus será o de ensiná-los a expandir seu estado de consciência e permitir uma compreensão maior, profunda, racional e sensível da vida em todas as suas manifestações. E de estender essa oportunidade àqueles que, como vocês, buscam desvendar os mistérios de sua existência, os segredos da espiritualidade e os caminhos do ser livre."

    Godar havia concluído seu discurso, deixando claras suas intenções. O conteúdo das informações e as abordagens se mostravam importantes e objetivas, configurando um cenário triste, mas evidente, da realidade humana. Não sabia o que responder a tantos argumentos tão bem ordenados e colocados. Minhas crenças e visão do mundo sofreram um abalo do qual me recuperaria lentamente. Se era possível mudar o curso do desenvolvimento da humanidade para um caminho construtivo e melhor, definitivamente, eu estaria lá para ajudar.

Depois de tudo isso havia coisas demais para pensar. Tanta dor, tanta fome, tanta solidão, tanta mentira em uma pérola azul chamada Merla, fincada em um ponto agora para mim distante. Quantos rostos vinham à minha mente. Rostos de anciãos, homens e mulheres que algum dia já vira mendigar pelas frias ruas de Lima, abandonados à sua sorte como tantas crianças. Como nosso mundo era cruel. Condenava uma vida sem remorso ou pena a vagar na miséria, até que o fim, seja qual fosse sua forma de chegar, a atingisse. E eu aqui, longe de tudo isso. No aconchego de uma humanidade diferente, onde tudo isso é apenas história, um pesadelo ou apenas contos para aterrorizar. Sendo que, a mais de quatro anos-luz, simplesmente é o dia-a-dia.

Capítulo XII

O "Propósito Superior"

O gigantesco telão desligado havia capturado meu olhar. O salão ao meu redor parecia reverberar com as palavras de Godar. Tantas coisas para meditar, tantos tropeços ao longo da existência me faziam perguntar em silêncio: "Qual devia ser o procedimento correto do ser humano diante dos conflitos do mundo em que vivemos, afinal?".
Acho que, depois de ouvir os comentários de Godar, realmente as respostas são sempre muitas. Porém, qualquer uma que o homem venha a escolher, no estado atual em que se encontra, será, obviamente, limitada ou inadequada, pois estará sempre formulada a partir de um estado de consciência fechado nos mesmos paradigmas que nos levaram até aqui. E embora muitos percebam ou intuam, mesmo levemente, que os problemas do nosso malcuidado mundo possam ter solução, sabemos também que esta somente será possível com uma maior compreensão das coisas, obtida por meio de um desenvolvimento interior, intelectivo e espiritual fora dos padrões convencionais. Em outras palavras, quando nossa mente venha a ser utilizada para educar o nosso espírito, e ambos, em perfeita comunhão, se fundam realizando um ato mágico de harmonia plena, estarão gerando o início de nossa vida cósmica, analogamente ao ato em que uma mulher e um homem se unem para gerar uma vida. Nesse momento, teremos retomado o caminho do qual nos afastamos. Ambos, homem e mulher, são necessários para que uma nova vida seja engendrada. Da mesma forma, a mente e o espírito são necessários para engendrar o mais fantástico milagre, a verdadeira vida universal.

Enquanto meus olhos fitavam o guia extraterrestre, alguns dos seus enunciados continuavam a martelar em meu cérebro:

"Vocês consideram o homem e sua realidade sob um aspecto eminentemente materialista, apelando para o mais óbvio e evidente, sua substância. O Universo manifesta-se de diferentes formas e infinitas maneiras. Sua percepção é tão limitada quanto arrogante. Em vez de buscar ampliar seu conhecimento e procurar compreender melhor a natureza do Cosmos, resumem-se absurdamente a fantasiar sobre o aparente."

Realmente, eu tinha de concordar com Godar. O homem é um desconhecedor de si mesmo. Sua verdadeira natureza, a razão da sua existência e o papel que estaria a cumprir no cenário desse "Teatro Cósmico" são mistérios até hoje distantes de ser por ele desvendados. Que dizer então do seu mundo espiritual? Qual pois será o verdadeiro sentido da existência do homem? De qualquer tipo de criatura capaz de pensar e colocar esse Universo em sérios apuros ou em franco desenvolvimento?

Meus pensamentos se debatiam na tentativa de uma resposta. Sentado naquela fofa e enorme poltrona, mergulhava em uma tempestade de questionamentos que pareciam transformar-se em um redemoinho de dúvidas.

Meu "curto-circuito" cerebral foi interrompido pela interferência de Godar, que gentilmente me dizia:

– Para compreender isso que você considera um difícil mistério, devo lhe dizer que, no interior desse vasto Universo, todas as coisas que o conformam fazem parte de um complicado sistema, que poderíamos chamar, para melhor entendê-lo, de ECOSSISTEMA UNIVERSAL. Atualmente, cientistas do seu mundo estão interessados na pesquisa do meio ambiente e alguns começam a acreditar que a Terra se comporta de forma similar a um organismo vivo. Um lugar onde a vida se desenvolve, não apenas se adaptando ao ambiente, mas colaborando para remodelá-lo constantemente. Assim, os planetas seriam diferentes entre si porque os diferentes fatores, externos e internos, possuem uma relação interdependente de complementaridade e de mútua transformação. Em outras palavras, a diferença entre mundos estaria relacionada ao efeito provocado pela ação dos seres vivos que teriam tomado o controle do "metabolismo" do planeta e transformado a massa química do mesmo em um gigantesco e auto-sustentado sistema. Seus cientistas não tardarão em descobrir que o oxigênio que hoje respiram, o gás sem o qual não haveria vida superior em seu mundo, faltava na superfície da Terra há uns 2 bilhões de anos. Seu aparecimento e o seu nível de aumento se deram em função do aparecimento das primeiras plantas que utilizavam o processo de fotossíntese, produzindo o oxigênio como subproduto. Assim como em nossa cidade subterrânea as plantas controlam o equilíbrio dos gases, a temperatura e a umidade de um mundo, afetando diretamente seu clima. O desmatamento indiscriminado, a contaminação dos mares, a queima de substâncias poluentes e a erosão em seu mundo trarão profundas e lamentáveis transformações climáticas que, aos poucos, se voltarão contra o próprio homem.

Tais comentários continham uma mensagem entre as palavras. Parecia entrever um prenúncio apocalíptico e, sem hesitar, perguntei:

– Godar, quais serão essas conseqüências?

O guia extraterrestre agarrou uma nova peça de cristal entre seus dedos e a depositou em uma ranhura na mesa que controlava o monitor. Imediatamente, cenas de paisagens surgiram à minha frente. Imagens do mar, das nuvens, das montanhas e dos prados verdes se sucediam.

Minha concentração foi interrompida pelas palavras do guia, que continuava a dizer:

– Não somente as plantas controlam o volume de oxigênio do seu mundo. Os minúsculos organismos marinhos que vocês conhecem por "plânctons" são os principais colaboradores dessa produção, além de co-responsáveis, junto com as plantas, pela regularização e pelo controle do clima. Algumas espécies de plânctons produzem uma substância química que, acumulada nos oceanos, se difunde pela atmosfera em todo o planeta. A quantidade dessa substância na atmosfera controla a densidade da cobertura de nuvens. E assim posso afirmar a você que as diferentes formas de vida que existem em um planeta estão aí para cumprir uma função, sendo cada um o controlador ou regulador de sua própria biosfera. Como um imenso organismo, cada elemento é um fator de grande importância para garantir a preservação do ecossistema local. Nada existe que seja irrelevante, todos cumprem um objetivo que complementa e colabora na manutenção de um perfeito equilíbrio ambiental. Porém, quando quebrado, uma profunda reformulação se faz presente. O organismo planetário reage na presença de intrusos, que, como bactérias que agridem um corpo, deverão ser combatidos. O homem, em vez de colaborar na manutenção e na saúde desse corpo que o acolhe, torna-o doente, minando seus recursos e afetando sua estrutura. Será pois o destino do homem ser tratado como moléstia e, assim, erradicado da face da Terra. Seu próprio mundo se levantará contra ele, e só descansará quando quem sobreviver souber trabalhar para a satisfação plena das necessidades de manutenção e desenvolvimento do meio ambiente planetário. Sem piedade ou remorso, a Terra se levantará contra todos os homens. Abalando gradualmente suas fontes de alimento pela ação destrutiva dos elementos e pelo empobrecimento do solo, afetando sua respiração pela dificuldade de degradar os poluentes, queimando e alterando sua carne pelas radiações solares ao ter sua atmosfera debilitada, eliminando suas fontes de energia pelo esgotamento, limitando cada vez mais o espaço apto a ser habitado, pela instabilidade do solo e dos elementos, enfim, gerará uma cadeia de atividades que desestruturará a economia humana, provocando o caos social e a incerteza cada vez mais crítica do futuro.

As palavras do guia me deixaram novamente estarrecido. Meus pensamentos iam e voltavam, procurando imaginar como seria esse horrível momento. Era lamentável ter de admitir que nossa ignorância e nosso desleixo comprometiam dia a dia uma continuidade que poderia ser calma e sem tropeços na superfície da Terra. Quem mais sofreria a conseqüência dessa irresponsabilidade seriam, indefectivelmente, as gerações que estavam por vir.

Enquanto tomava consciência da nossa capacidade destrutiva, não compreendia qual seria o sentido da criação, de ter colocado no Universo uma criatura como nós, capaz de destruir tudo ao seu redor e colocar em total perigo a vida, não somente na Terra, mas em qualquer lugar aonde fosse. Se a evolução tende a uma busca contínua de perfeição, nós, seres humanos, dificilmente teríamos tempo sequer para poder chegar a transcender nossas dificuldades, já que seria mais provável destruir a nós próprios e ao nosso meio ambiente bem antes.

Enquanto pensava, outra pergunta surgiu atropeladamente. Perturbado pelo triste futuro que me aguardava quando voltasse à Terra, olhei para Godar, comentando:

– Se Deus ou o Profundo quisesse fazer um Universo perfeito, não teria criado o homem. Pois perfeição Ele teria com os animais irracionais. Todos vivendo e agindo em perfeito equilíbrio com a natureza, jamais questionariam nada, nunca sairiam fora de controle nem seriam capazes de promover qualquer destruição indiscriminada. O Universo estaria como um verdadeiro paraíso, pois tudo se moveria legislado pelas próprias leis universais, inclusive os próprios animais pelo seu instinto. Porém, eis que surge o homem. Uma criatura animal que, antes de ser racional, sente impulsivamente, como você me disse, e se deixa levar pelo arrebatamento das paixões. Põe, por meio desse comportamento, em contínuo risco, sua própria vida, a dos seus semelhantes, dos animais, o equilíbrio do ambiente e a continuidade harmônica de toda a estabilidade universal. No estágio em que se encontra, por não se considerar mais um animal irracional, ele sente e percebe de uma maneira diferente; não sendo totalmente racional, seu pensamento carece de liberdade, pois só tem real e verdadeira liberdade quem é consciente para pensar e ser, e consciência é coisa que ninguém nesse mundo possui plenamente. Ao mesmo tempo, os arrebatamentos de emocionalidade nulificam a voz interior do instinto que teoricamente deveria continuar a alertá-lo de um iminente perigo, ou nortear as melhores escolhas que garantam sua sobrevivência. Por outro lado, a razão não consegue agir ponderadamente em função da impulsividade, do caos sentimental, da imaturidade interior, da repressão ao seu eu superior, das carências, da solidão e da insegurança. Em síntese, não somos nada definido, somos apenas uma transição. Uma criatura em definição, uma criatura em vias de ser algo. Mas, por favor, Godar, diga-me: *"Qual* é o sentido de a vida evoluir ao estado pensante, para que, *por quê?"*.

Meu cicerone extraterrestre me olhou esboçando um leve sorriso. Seus olhos, similares pela forma aos de um gato, verdes e profundos, penetravam em mim varando minha alma. Suavemente, mais uma vez, sua voz penetrou entre meus pensamentos dizendo:

– Assim como a Terra, o Universo é um conglomerado de componentes de natureza variada, como pó cósmico, estrelas de diferentes magnitudes e tamanhos, galáxias de inúmeras formas e dimensões, sistemas planetários de tipo simples, binários, trinários, enfim, de elementos que não acabam mais e cujo motivo de existência é proporcionar um "albergue" à própria vida. Essa afirmação que faço, embora para você curiosa, é contudo simples de compreender. Qual seria o sentido de ter uma casa sem ninguém para habitá-la? Ou melhor ainda, qual seria o sentido de haver moradores sem um lugar para eles? Vemos que há uma relação íntima e muito estreita entre o universo-espacial e o universo-vida, já que um não tem sentido sem o outro. Para que sejam operadas transformações dentro de um meio e que, em conseqüência, sistemas mais complexos sejam afetados, alguma coisa terá de ser suficientemente dinâmica e livre para propiciá-las. A vida supre esse tipo de exigência. Um mundo sem vida é uma pedra suspensa no espaço, mas talvez seja também um conjunto de elementos em latência para gerar futuramente a vida.

As diferentes formas de vida, como você já observou, podem afetar o comportamento de um planeta. Alterar o clima, modificar a temperatura e, por que não, condicionar o ritmo seletivo das próprias espécies. O ecossistema planetário é um conjunto de elementos em que cada um toma conta do outro, criando uma cadeia fechada. Quebrando esse equilíbrio dinâmico, isto é, modificando de alguma maneira essa mútua compensação, o resultado seria totalmente imprevisível, pois dependeria única e exclusivamente da capacidade de esse sistema voltar a se estabilizar e de as espécies se adaptarem às mudanças.

A vida, dentro do ecossistema universal, atua como um mecanismo de grande complexidade, valor e importância para as transformações seletivas que nele se operam. Sua função consiste em permitir que um grupo de subsistemas evolua até demonstrar ser capaz de continuar e de expandir-se e, ao mesmo tempo, detectar se reúne as condições necessárias para se tornar um fator de reforço à continuidade e preservação do Universo. É como se o Universo experimentasse com alternativas diferentes, colocadas em distantes e variados lugares, para descobrir qual delas cursa melhor os caminhos da evolução e, assim, dar força à sua maturação, até o ponto de selecionar aquelas que representem um risco ou perigo e, nesse caso, destruí-las para dar espaço a novas alternativas. Caso contrário, se o processo levou a vida a um nível de desenvolvimento harmônico pensante, acorde à preservação do seu meio, atuante na continuidade de uma satisfação plena de necessidades, suas barreiras e limitações geográficas e existenciais tendem a deixar de existir, vindo a ser incorporada ao sistema maior para reforçá-lo e equilibrá-lo. Essa condição permitirá contrabalançar os efeitos devastadores dos subsistemas que persistem no processo caótico, pois, enquanto há destruição por um lado, existe quem preserve e corrija por outro.

A vida, em síntese, constitui-se em focos de experiência. Diversos e diferentes projetos de subsistemas que condicionarão a continuidade ou não do ecossistema universal. As formas de vida que acompanharem as transformações exigidas poderão evoluir ao nível mais importante e decisivo, a inteligência. Atingida essa fase, será aplicada uma regra de controle mais rígida. É como mudar do curso primário e ingressar no superior. As exigências cresceram, os perigos são maiores e as transformações, mais complexas.

Você deve observar que a vida pensante é um momento importante no ciclo evolutivo de um planeta, já que cumpre uma função preponderante na definição da continuidade ou não desse subsistema. Aqui, ela será o fator definitivo que, gerando profundas alterações em seu meio, forçará o processo seletivo, obrigando todos os integrantes do subsistema a uma imediata adaptação, incluindo a si mesma. A pronta adequação, ou não, demarcará o valor da experiência e, em conseqüência, o início de uma nova fase de evolução. Lembre-se de que a criatura pensante é a única capaz de quebrar sua limitação geográfica, estender ou não seu ciclo vital e suportar as inclemências dos elementos. Torna-se por sua vez uma variável elástica dentro da biosfera planetária, pois pode alterar facilmente as regras que até então legislavam o comportamento equilibrado do subsistema, modificando e transformando tudo ao seu redor e, na maioria das vezes, de forma definitiva e irreversível. Você precisa pensar e refletir sobre essa afirmação, já que essa criatura atinge um estado de relativa independência dentro do contexto do subsistema, ao possuir a capacidade e o *poder quase ilimitado* de modificar, inclusive, a continuidade ou não da sua própria evolução.

As criaturas pensantes são, para o Universo, o mesmo que um grupo de bactérias, vírus ou agentes infecciosos são para um organismo. Ao ser atacado, o organismo reagirá acionando suas defesas, procurando destruir o agente contaminador. O resultado final da batalha terá duas simples alternativas: ou morrer, ao não haver conseguido defender-se da ação agressiva e destrutiva do agente contaminador, ou sobreviver, aumentando ainda mais sua capacidade de resistência, tendo, para tanto, destruído o responsável. Essa imagem pode ser aplicada às relações Terra-homem, homem-Terra, homem-homem, Universo-homem e homem-Universo.

O Universo se utiliza finalmente das criaturas pensantes como dispositivos equilibradores do próprio sistema maior ou ecossistema universal. Isso quer dizer que os seres pensantes operam como agentes de teste dentro dos subsistemas (entendendo os subsistemas como planetas, biosferas ou ecossistemas locais, a própria cultura institucionalizada e as sociedades organizadas) ou, até, como fatores de checagem da validade e funcionalidade dos processos aplicados e implantados que determinam a orientação da sua formação, tanto evolutiva, biológica e ambiental quanto social, política, filosófica, religiosa, etc. São elas, as criaturas pensantes, que geram as situações de conflito que, por sua atividade, provocam ou aceleram seleções dentre as espécies similares e inferiores, que obrigam o meio a se transformar, mesmo que desordenadamente, e que expandem suas conquistas até outros subsistemas, exportando o que de bom ou ruim realizaram.

O próprio processo histórico do homem revela a presença e a atividade dos mecanismos de seleção que procuram constantemente o equilíbrio do subsistema. Sempre que um animal, uma espécie qualquer e até uma sociedade morrem, surge a oportunidade para que se opere uma reformulação, já que novos integrantes surgirão para substituí-los. Para as leis universais, foi mais uma experiência que não vingou e gerou a oportunidade de começar novamente. Assim, vemos que, em caso de uma manipulação errada do meio, do uso equivocado do seu potencial, o próprio subsistema do qual faz parte ativará suas defesas para destruir o agressor que o comprometa. O sistema maior, assim como o subsistema, atuarão em conjunto contra a persistência desses elementos contaminadores, permitindo garantir a qualquer custo a reestruturação, a estabilidade e a continuidade da ordem harmônica universal da vida como um todo e de uma nova oportunidade de desenvolvimento.

As leis universais carecem totalmente de escrúpulos. O ecossistema universal, ou Sistema Maior, é como um gigantesco organismo que depende da vida para sobreviver, e que, ao longo do tempo, seleciona aquelas formas de vida que se fortaleceram e propiciaram a permanência do equilíbrio harmônico das interações nos processos evolutivos, eliminando, gradual ou drasticamente, aquelas que o colocaram em risco. Essa eliminação não obedecerá a uma vontade alienígena ou mesmo divina, mas a uma decorrência circunstancial. Isso quer dizer que, dentro das oportunidades de evoluir que surgem, existem regras tais como em um jogo, e quem de alguma forma as quebrar desencadeará para si uma avalanche de situações que objetivarão corrigi-las, mesmo que para isso alguém venha a ser sacrificado.

O que for favorecer a continuidade do ecossistema universal estará sempre a existir, e quem o colocar em perigo não será poupado. Mostras disso existem às centenas espalhadas pela história do seu mundo: animais que foram extintos por falta de uma rápida adaptação às transformações do meio, ou por não haverem criado defesas contra criaturas que os depredaram; culturas que se desenvolveram, se expandiram e desapareceram, mesmo após terem dominado vastas áreas e submetido outros povos; pessoas que implantaram novas idéias e configuraram sistemas que, após sua morte, não foram continuados; enfim, cada um desses com o tempo foi substituído. Se a espécie pensante não evoluir para cumprir seu papel de equilibrador, agente transformador, regulador das interações locais, reformulador criativo de alternativas e criatura sensível que preserva seu meio, estará provocando a cólera do Sistema Maior que, mais dia, menos dia, a substituirá.

A preservação do Universo é o objetivo maior, é a função que as criaturas vivas e pensantes têm a cumprir. Essa é a sua razão de existência, propiciar as transformações que garantam a seleção dos melhores subsistemas que surgirem e orientar os processos de continuidade e desenvolvimento. A vida pensante é a variável condicionante da transformação e representante da ação física e objetiva do Poder Cósmico ou do Profundo, como você o preferir, pois o Universo se vale de cada um de nós para executar as alterações necessárias para que tudo dentro dele continue.

A criatura pensante é capaz de criar, alterar, modificar, construir e, ao mesmo tempo, destruir. Sua continuidade na participação desse processo reside em conscientizar-se de que a condição de ser uma entidade pensante é a condição de uma criatura aprendendo, como um estudante, os mecanismos da evolução consciente e que, além disso, existe para aprender a lidar com a própria vida e com o que o Universo tem a oferecer de recursos. E, para se manter nessa escola cósmica, é necessário que conheça seus processos e suas normas, que participe das exigências mínimas de rendimento, respeitando para isso o próprio local de estudo. Mas, se não agir de acordo, será sumariamente expulso, sem direito a apelação. O ser humano precisa compreender que foi criado e existe para permitir ao Universo ser cada vez melhor, para concretizar as mudanças necessárias que promovam o retorno ao caminho dessa realização. O ser pensante é inteligente para saber não somente o que procurar e como agir, mas principalmente com o que tomar cuidado e reconhecer o valor, o peso e a responsabilidade de cada instante em que caminha. Aqueles que, conscientes da sua função de intermediários entre o passado e o futuro, conscientes do seu papel de transformadores e da sua responsabilidade de arquitetos de um Universo em desenvolvimento, conseguirem viver e evoluir garantindo de forma construtiva o equilíbrio harmônico da sua sociedade, libertando-se das limitações físicas e do espírito ao maximizar os recursos disponíveis sem afetar ou agredir o ecossistema universal, terão descoberto o Propósito Superior pelo qual foram concebidos. O Universo se realiza por meio de quem nele pensa, e jamais ouve a quem dele se esquece."

– Godar, como fica a contraparte invisível? Existe verdadeiramente um Universo espiritual? Uma alma? Quando morremos, reencarnamos? O que vocês pensam sobre isso? – perguntei no embalo.

– Bom, existem dois ecossistemas universais, na verdade. Este, ao qual nos referimos e que poderíamos considerar a parte concreta e material da vida, necessária para a sustentação do processo de transformação do Universo, e um outro, que poderíamos consideral o real e verdadeiro, de certa forma invisível. A matéria é apenas um reflexo, a imagem de uma realidade extremamente limitada que esconde por trás uma outra condição de existência diferenciada.

O Universo concreto é na verdade o tabuleiro de um jogo, sendo o mesmo realizado por entidades e seres que teoricamente participam, mas não são visíveis dentro do jogo. Embora se realize toda uma trama, os participantes estão e ao mesmo tempo não estão presentes. O que quero dizer é que realmente existe uma outra realidade por trás da matéria, uma realidade verdadeiramente responsável pelo que ocorre no Universo concreto em termos. Embora os participantes não se encontrem diretamente dentro do tabuleiro do jogo, sofrerão as consequências do resultado. Assim, a criação gerou em seu início várias naturezas de energias, entre elas uma em particular que possui a propriedade de evoluir, pensar e aperfeiçoar-se a ponto de ser consciente e individual. A isso chamamos de alma. O verdadeiro EU não é essa massa que vemos, mas uma entidade energética, um ser de luz e energia que se utiliza desse veículo para aprender, para evoluir e ser cada vez mais perfeito. Uma perfeição que nada tem a ver com moral ou com ser bom ou ruim, mas com o verdadeiro conhecimento, com a verdade universal. A alma evolui para descobrir-se a si mesma, para compreender sua natureza, para tomar conhecimento de sua identidade e para achar, nela mesma, a parte que pertence ao Profundo. É como uma busca a um tesouro em que as pistas serão descobertas somente preenchendo determinados requisitos, os quais serão dados ao longo de inúmeras vidas. Sim, a reencarnação é verdadeiramente um fato. Ela existe. Existe como a oportunidade de continuar a busca de novas pistas. Para chegar onde? Simples. Quando uma alma evolui, significa que almeja obter todo o conhecimento e a pureza contida no Universo. O máximo que uma alma pode chegar a obter, como desenvolvimento, é ser, ela mesma, a síntese do que o Universo é. Em outras palavras, uma alma totalmente evoluída seria, obrigatoriamente, o mesmo que dizer que uma alma não tem mais nada a aprender, conhecer ou depurar. Pelo que nos cabe conhecer, uma alma em evolução aumenta gradativamente sua massa energética, assim como o grau de sua pureza. A cada vida concreta bem aproveitada, sua condição de luz cresce e aumenta.

Dentro do princípio do Propósito Superior, o Universo concreto existe para oferecer à alma a oportunidade de receber estímulos e aprender, sendo que a evolução das espécies em seus diferentes níveis será o veículo para o processo de aprendizagem. A alma e a criatura inteligente são elementos de transformação. Nesse caso, a vida inteligente se relaciona com seu meio, vindo a influenciar outras espécies e o futuro do cenário, e a alma, como uma fonte de energia crescente, terá como objetivo chegar à condição de ser responsável por gerar um outro Universo. Isso mesmo. A energia liberada por uma alma é exatamente a necessária para gerar um Universo, sendo que cada Universo se encontra contido no Cosmos. O Profundo não é outra coisa senão o poder que organiza, promove e acolhe nossa maior meta, sermos geradores de vida. Mas deixe isso para falarmos mais adiante, há outras coisas que devemos conversar primeiro."

Os comentários do extraterrestre haviam deixado uma profunda marca em meu interior. Não sabia o que pensar ou o que responder. E, enquanto meditava, Godar levantou-se da poltrona, desligando o telão. Automaticamente me levantei do meu lugar, seguindo o guia em direção à saída.

Eu estava atrapalhado, tonto. Mal conseguia ordenar meus pensamentos diante de tantas e tão profundas informações. Era coisa demais para um garoto de apenas 19 anos que, embora tivesse participado de alguns poucos grupos filosófico-esotéricos, nunca havia parado para realizar pensamentos tão transcendentais.

Ainda confuso, segui meu anfitrião até o saguão do prédio. Revi aquelas enormes urnas de cristal e suas fantásticas borboletas (ou o que fosse), cujo som continuava a preencher o ambiente. Dessa vez, nos dirigimos até a enorme porta do prédio para retomar a calçada.

Outra porta interna, daquelas que se encontravam no saguão do prédio, estava aberta. Quando passei ao lado em direção à saída, minha grande curiosidade não me deixou resistir a dar uma rápida olhada em seu interior. Dentro, havia três seres semelhantes a Godar sentados ao redor de uma enorme mesa cujo tampo parecia ser de cristal. Tabuleiros e peças semelhantes a um jogo de xadrez se encontravam em cima. Concentrados, nenhum deles percebeu minha presença. Sem entender o porquê da indiferença, procurei continuar meu caminho.

E, enquanto caminhávamos, retornando à calçada de pedras, senti um aperto no coração e meus olhos se encheram de lágrimas ao contemplar tanta beleza, tanta tranqüilidade e ao pensar em como nosso pequeno e tão maltratado mundo poderia ser melhor, mais bem cuidado, mais humano, mais consciente, menos violento, mais amigo e quão longe estávamos de ter, de gozar de um pouco daquela paz que nesse momento sentia no fundo da minha alma.

Capítulo XIII

A Linguagem Esquecida

Enquanto abandonávamos o prédio que os extraterrestres chamam de "Centro de Lazer", meu enorme anfitrião seguia a longos passos pela calçada em direção a um conjunto de prédios mais baixos, que deviam estar a uns mil metros de onde nos encontrávamos.

Todo o tempo precisava prestar atenção ao deslocamento de Godar, pois, sempre que me detinha para observar algo com atenção, distanciava-me muito do meu cicerone e, aí, cabia acelerar o passo para poder alcançá-lo.

Assim, mais algum tempo entre olhares surpresos e uma curiosidade cada vez mais aguçada, chegamos a um pequeno complexo de prédios, no que parecia ser um local de encontros. Entre os prédios baixos, cuja altura deveria equivaler a uns dez andares, quando muito, havia uma pequena praça na base de um deles com mesas e cadeiras que me lembravam uma lanchonete do tipo *self-service*. E foi aí que nos detivemos.

Godar indicou-me que sentasse em uma daquelas enormes cadeiras, ato que realizei de imediato. Sentia-me como criança em uma cadeira de adulto, mas assim mesmo era tremendamente confortável. Meu guia olhou em direção a uma porta de vidro fumê opaco e prontamente saiu um jovem extraterrestre com uma bandeja que parecia feita de plástico ou acrílico branco. Dentro havia uma espécie de prato com um tijolo amarelo que parecia manteiga ou polenta, fatiado em pequenas peças. Ao lado, havia um copo cônico cuja boca era arredondada e sua base, semelhante à de um cálice.

Em seu interior, um líquido semelhante ao leite, só que um pouco mais espesso, me aguardava. Godar pediu para que bebesse do copo e comesse daquele tijolo, pois precisava recuperar minhas energias. Muito a contragosto, mordi um pedaço daquela coisa amarelada. Aparentemente não tinha nenhum sabor. Era algo insosso, sem gosto e ligeiramente insípido. Parecia ter a consistência de um bolo, mas sem a gordura da manteiga, mais parecendo com um pedaço de polenta frita. Automaticamente segurei o copo tentando beber para disfarçar meu desagrado. Mas a coisa só piorou. O líquido era grosso e de sabor um tanto azedo.

Godar olhou para mim e, pela minha cara, não havia qualquer necessidade de telepatia para compreender meu desgosto. Diante de minha explícita repulsa, o guia não insistiu, pedindo para que me acalmasse, pois não iria me forçar a nada.

Enquanto procurava me recompor da péssima refeição, olhei para o guia e perguntei:

– Ao longo da história da humanidade, seitas, religiões, escolas iniciáticas e esotéricas, filosofias e grupos alternativos têm surgido no intuito de oferecer um caminho de esclarecimento para as dúvidas mais profundas da mente humana: Deus, a vida, a morte, o porquê de estarmos aqui e agora, etc. Porém, dificilmente alguma delas conseguiu responder totalmente cada uma dessas agoniantes perguntas. A evolução cultural e histórica da humanidade tem mostrado que nem tudo o que vemos é exatamente como parece. Da mesma forma, nem todas as histórias são como pareciam ser. Embora o Cristianismo seja conseqüência da aparição de Jesus, hoje existe mais de uma dezena de cristianismos diferentes, do budismo, uns dez mil, das orientações esotéricas, então, temos uma quantidade enorme, cujos fundamentos básicos são praticamente idênticos. Em tudo aquilo que parecia ser uma fonte de respostas, o homem colocou a mão, e como resultado temos uma vírgula a mais, um ponto, uma palavra ou até uma expressão acrescentada e, logicamente, uma interpretação particular. Dificilmente a transmissão dos fatos ocorreu fielmente e hoje temos inúmeras opções de "esclarecimento" e supostas "fontes de conhecimento". Antigamente, determinados fatos históricos, tidos por "verdades" incontestáveis, foram reformulados ao longo dos tempos. Na antiga mitologia grega, o mundo era sustentado por Atlas; para outros povos, descansava em cima de um grupo de elefantes colocados por sua vez sobre uma gigantesca tartaruga. Para outros, Adão e Eva são os pais da humanidade. Para os antigos povos da América Central, esta seria a quinta humanidade. A criação, segundo certas religiões, foi em seis dias, enquanto para outras se processou em várias tentativas. Enfim, a evolução tecnológica permitiu ao homem entender a natureza e desmistificar fatos, assim como descobrir que nem sempre os heróis dos livros de história ou das tradições realmente o foram. Mas se, para a humanidade, Colombo foi o primeiro a descobrir a América, ou se foi na verdade Leif Erickson, o *viking*; se foi Galvani ou Volta quem descobriu a eletricidade, embora já fosse utilizada na Babilônia quinhentos anos antes de Cristo para trabalhos de galvanoplastia, são verdades históricas que hoje podem ser contestadas.

– A própria antropologia moderna – prossegui – padece de dores de cabeça enormes buscando compreender a origem das raças, assim como a árvore genealógica do homem. É o caso de nossa física em contraposição com a de vocês. Enfim, existe um longo caminho de conhecimentos a galgar. Porém, não são esses os elementos necessários para oferecer ao homem uma vida melhor e mais sadia. As informações, o conhecimento e o aprendizado são manipulados conforme o desejo e o interesse dos detentores destes, não permitindo, na maioria das vezes, o esclarecimento objetivo dos seus correligionários humanos, mantendo a confusão propositalmente, a fim de que a dependência gerada garanta a consolidação do seu poder. Seja para lucrar economicamente, pela obtenção de vantagens, por auto-afirmão, por carência ou apenas por uma necessidade patológica de protagonismo e destaque. Tal fenômeno não ocorre somente em atividades intelectuais e políticas, mas também nas religiosas e esotéricas. O poder obtido pelo carisma ou pela mística gerada em torno de uma imagem construída propositalmente no mistério das informações, ou pelo clima de sigilo, continua a seduzir o ego das pessoas, sem levar a nenhum lugar e sem oferecer nenhuma oportunidade de unificação humana, muito pelo contrário, buscando sempre o proselitismo, o sectarismo, a distinção, o separatismo e a dogmatização: em nosso mundo, sempre haverá quem diga ter ao seu alcance a resposta a todas as perguntas, a verdade absoluta da realidade universal. Mas será que já atingimos esse nível de desenvolvimento? Será que já estamos aptos a descobrir e compreender essas respostas? Como podemos saber que aquilo que descobrimos está correto e não é uma extrapolação alucinada ou uma fantasia poética que nada resolve?

Godar havia acompanhado minha colocação passo a passo em silêncio, sem ter sequer realizado qualquer movimento ou gesto.

Parecia que minhas palavras ricochetearam nele sem ter qualquer efeito sobre sua pessoa.

No fim, havia me empolgado tanto com a colocação que, quando percebi, estava sentado sobre o tampo da mesa com os pés na cadeira. Rapidamente disfarcei a falta de modos escorregando para a cadeira. O guia, olhando-me atentamente, limitou-se a um simples sorriso.

Sentado (corretamente), continuei:

— É incrível observar que, na Terra, a versatilidade de caminhos é tão grande quanto o número de curiosos. Existem filosofias, cultos, orientações alternativas para cada gosto do freguês. Algumas incrivelmente exóticas que exigem tremendos sacrifícios. Outras simples em que tudo é permitido, inclusive os excessos. As pessoas mais exigentes iniciam uma peregrinação por todos esses centros de saber, participando, lendo, enfim, submetendo-se aos rituais, cerimoniais, iniciações e atividades, assim como a sacrifícios e imposições que lhes garantam a oportunidade de descobrir a profundidade dos conhecimentos que ali se encerram e, finalmente, encontrar o sentido definitivo de suas vidas. Para tanto, Godar, não será possível que dentro desse maravilhoso Universo exista uma mesma explicação para todas as coisas? Será que ao vermos um raio no céu pensaremos que Zeus está com dor de barriga, ou que Thor continua a passar com sua biga empunhando seu martelo? A explicação desse fenômeno, acredito eu, é comum a todos, não importando sua origem, inclusive a vocês. Se todas as coisas desse fantástico Universo podem ser entendidas, ou se para todas elas existe uma explicação, como podemos chegar lá? Qual é o melhor caminho?

Finalizando, encarei o guia lançando não somente minhas dúvidas, mas todo o sentimento de insegurança, confusão, medo e tristeza que tanta ignorância me acarretava. Precisava saber se realmente existia um caminho certo a ser trilhado. Em que as respostas e os conhecimentos estavam sendo adquiridos sem a contaminação das fraquezas humanas.

Agora era o momento de saber se a oportunidade de estar frente a frente com uma raça mais avançada seria o início do meu despertar, o gênesis do meu renascer interior e do meu desenvolvimento calcado em uma visão de vida mais ampla. Um contingente inimaginável de respostas, livre de qualquer compromisso escuso, estava ao meu dispor. Uma fonte inesgotável de descobertas, vivências e realizações estava à minha frente, para trazer calma aos meus pensamentos e às minhas angústias. E, se possível, a todos os seres humanos cansados, como eu, de uma egoísta, cruel e insensível manipulação; continuamente jogados de um lugar a outro em busca de uma esperança de dias melhores.

O silêncio do guia foi quebrado. Godar, do outro lado da mesa, olhava-me atentamente enquanto, sem ele mover os lábios, eu escutava suas palavras misturando-se com meus pensamentos, comentando o seguinte:

— Se observássemos um grupo de quatro seres humanos, dispostos em círculo nos quatro pontos cardeais, e a seguir colocássemos um automóvel no centro e pedíssemos a cada um para descrever o objeto à sua frente, qual seria a forma do mesmo? Para aquela pessoa que está na frente, o objeto tem dois faróis, duas rodas e um pára-brisa; para aquela que está atrás, tem um pára-brisa, duas lanternas e duas rodas; as que estão do lado dirão que o veículo não tem nem faróis nem lanternas, mas duas rodas, uma porta e duas janelas. Quem fez a melhor descrição do veículo? Quem conseguiu chegar mais perto da verdadeira forma? Todos estão certos em sua descrição, mas as mesmas são incompletas. Se juntássemos todas as informações, é muito provável que conseguíssemos montar a imagem correta do veículo, mas, mesmo assim, teríamos de ter pessoas por cima e por baixo para ter realmente a descrição completa. Como você pode observar, cada criatura se encontra apostada em um canto do mundo que habita, percebendo o que acontece ao seu redor unicamente por meio de um pequeno e limitado ângulo. É impossível que um ser possa ter uma percepção total e completa dos eventos ou situações que ocorrem à sua volta. Se isso fosse possível, se uma simples criatura tivesse a oportunidade de apreciar com uma cobertura total cada detalhe, cada fragmento de uma ocorrência, não seria necessária qualquer participação ou colaboração de um outro semelhante. Não precisaria checar ou confrontar dados ou informações para concluir. Bastaria ser único, individual e auto-suficiente, pois sozinho teria a capacidade de ponderar e concluir.

O Universo nos demonstra – esclareceu – que o ser pensante é uma criatura social. Não somente porque se associa para sobreviver, buscando segurança, conforto, alimento, ou porque procura aliar forças para garantir as melhores condições de se proteger e enfrentar os inimigos potenciais ou predadores em geral, mas, principalmente, para ter a oportunidade de observar, conferir e experimentar diferentes situações, perceber tipos de eventos ocorrendo com os outros e medir seus resultados para, dessa forma, tê-los para si como exemplo e referência. A integração em grupo, assim como o convívio comunitário, é a única maneira de descobrir as experiências realizadas por outros e que, nesse entendimento e compreensão da mecânica das situações, nos permitam estabelecer novos sistemas, aplicá-los e checar seus resultados, enfim, para apreciar qual poderá ser a melhor opção para nossos empreendimentos partindo de uma referência concreta daquilo que foi tentativa, acerto ou fracasso de outros. Nós, definitivamente, nos relacionamos para construir um estado de consciência pleno, profundo, objetivo e prático, baseado na análise do passado e em um presente consciente e evidenciado, elaborado e conquistado pela experiência, pela vivência, mesmo que dos outros, e pelos resultados conseguidos.

Uma condição de vida digna, uma atividade coerente, um convívio harmônico, uma relação de confiança, uma consciência tranqüila, liberdade na ação e na expressão, satisfação e alegria são as conseqüências simples de um sistema estruturado na conciliação, na colaboração desinteressada, na soma de esforços e conhecimentos, na busca de atingir um objetivo comum. Mas só será possível construir e realizar um objetivo comum e todo o anterior quando as pessoas envolvidas tiverem transcendido a mais difícil das barreiras, reconhecer que cada um somente percebe parte de um todo, interpretado e descaracterizado por uma bagagem construída precariamente no único desejo interior de sobrevivência. Além disso, o conhecimento da própria linguagem humana sofre de um raquitismo conceitual carente dos atributos que deveriam ser básicos para uma correta comunicação: uma interpretação horizontal, homogênea e única entre o objeto significador e seu verdadeiro significado. Os conceitos parcialmente elaborados e os valores construídos, derivados dessa fragmentada e deturpada percepção da realidade e sua correspondente e distorcida decodificação e interpretação que, em definitivo, deveriam consolidar o correto significado das coisas, estabelecem, na verdade, um circuito de comunicação e entendimento entre os participantes totalmente absurdo e incoerente, pois a interpretação ocorre silenciosamente no interior de cada um dos envolvidos, contribuindo para aumentar ainda mais a já confusa versão de mundo que cada um faz.

Em outras palavras, um mesmo objeto significador, isto é, a significação universal que todo objeto, símbolo, sinal ou signo possui (independentemente de quem o imagine) e que, para toda criatura inteligente, deve ou deveria ser sempre o mesmo, ter igual sentido, representa ter para cada ser humano, na verdade, um significado diferente. Seja no peso, no valor intrínseco, na intenção, no conteúdo, na extensão, no sentido final, enfim, em diferentes aspectos, os significados serão tão diferentes que até chegarão a ser, em alguns casos, opostos entre si. Se falarmos de amor, qual é o seu conceito de amor, Charlie?"

Perguntado assim pelo extraterrestre, de imediato eu não soube responder. Enquanto pensava, ele continuou:

– Muitos entre os seres do seu mundo, se perguntados, apareceriam com respostas bastante diferentes. Alguns responderiam sobre o sentimento de entrega e afeto existente entre dois seres. Outros indicariam tratar-se da relação entre pais e filhos, entre amigos, entre animais e, assim, cada um associaria o conceito àquilo que lhe fosse mais próximo ou com o qual se identificasse mais. Se perguntar sobre humildade, disciplina, submissão, sabedoria, e tantos outros conceitos e valores, as respostas também serão igualmente variadas. Imagine então uma conversa como a que estamos mantendo agora. Que estará interpretando de cada palavra, de cada conceito, de cada idéia que coloco? Qual a profundidade contida em cada interpretação? Quanta deturpação de intenções pode estar sendo elaborada na indevida decodificação de minhas palavras? Como pode existir compreensão, entendimento, amizade, verdadeiros e profundos, se cada ser humano constrói uma imagem particular dos outros, como uma escultura modelada pela interpretação do artista? É claro que a decepção, a desconfiança, a falsidade existem entre os seus, pois, além de ninguém se entender, as relações decorrem da interpretação particular de cada um. Imagine então como o preconceito e os pressupostos são utilizados. As avaliações, os julgamentos e as ponderações são absurdamente subjetivos e baseados em uma configuração de valores totalmente irreal, tomada de uma percepção parcial e deturpada de uma realidade mal observada e muito pior configurada. É lógico que o caos social, o distanciamento entre as pessoas, a desconfiança, o individualismo e o desentendimento tenham proliferado tão facilmente na Terra. Filósofos, pensadores, religiosos, mestres e tantos outros seres de proeminente influência têm procurado encontrar caminhos alternativos que permitissem levar a vida na Terra a uma condição mais humana e plácida. Porém, infelizmente, todos cometeram um mesmo erro. Procuraram criar métodos para viver melhor. Sistemas políticos e sociais que fossem equilibrados, igualitários e que oferecessem as mesmas oportunidades a todos os participantes. Criaram métodos para o pensamento analítico e dialético. Desenvolveram técnicas de meditação, contemplação e disciplinas acadêmicas de autoconhecimento e análise, mas para atuar somente como paliativos que procuravam sanar unicamente os sintomas de uma doença interior. Nunca atacaram diretamente o cerne, o vírus ou a causa que, como câncer destrutivo, contamina e destrói a humanidade como um todo, arrastando-se cada vez mais violenta e destrutiva quando atinge as gerações que estão por vir. O homem se reveste de opções para enveredar em caminhos que lhe ofereçam um conforto interior, uma justificativa divina, espiritual ou mística que consiga trazer paz à sua cansada alma e lhe permita continuar a batalha diária pela sobrevivência física, moral e mental.

Ferramentas utilizadas como sedativos, orientações que drogam o entendimento, mitos que promovem o conformismo e a resignação, atividades que distraem o sofrimento e a solidão interior. Isso é o que restou para o homem. Drogas que se infiltraram no interior de sua alma, prometendo nirvanas e céus que somente se realizarão quando não mais existir. Vidas além da compreensão que justificam seu sofrer. Promessas de uma iluminação que virá um dia e uma consciência universal que cairá do céu. Um Deus misericordioso que com pena contempla seu sofrimento. Uma lei universal que o tortura para verificar sua resistência a uma culpa que sempre o responsabiliza.

A resposta está além de tudo isso. Longe de todo esse poder cósmico, mítico ou sobrenatural. Está contido no interior de cada ser, humano ou não.

Cada criatura, pelo fato de pensar e sentir, é o próprio gestador, promotor e realizador da transformação.

Para poder gerar uma condição de vida melhor e penetrar na consciência do próprio Universo, é necessário estabelecer uma relação limpa, pura, completa e clara com o que cerca cada ser. Não é possível construir alguma coisa sem prévio conhecimento dos materiais, da capacidade construtiva e técnica de que se dispõe. Pegar o material e simplesmente construir produzirá resultados completamente imprevisíveis. A obra em si mesma será uma constante expectativa, dando espaço a um conjunto de surpresas que estarão continuamente surgindo ao não terem sido contemplados todos os detalhes e ao aparecerem os defeitos por não haver sido previstos. Da mesma forma, para iniciar ou realizar a vida, é preciso tomar pleno conhecimento da realidade, concreta, óbvia e verdadeira que cerca o Universo. Onde você está? O que o rodeia? Qual é a configuração potencial do que está à sua mão? Buscar identificar os fatos como eles verdadeiramente são, sem defender posturas ou diminuir sua importância, mesmo que venham direta e violentamente contra a estrutura existente em cada um. Conhecer profundamente a realidade histórica do processo que gerou a insatisfação e as razões que o desviaram de obter uma condição de vida acorde com os anseios de cada um. Tomar consciência da insatisfação existente, identificar a condição de vida desejada e projetar o esforço a realizar e a força de vontade necessária para atingir o objetivo desejado. Comprometer-se com a descoberta da verdade. Daquela única resposta que será válida em qualquer lugar ou tempo, independentemente da natureza da fonte. Lutar para achá-la, mesmo que leve toda a vida. Não permitir que a busca se estagne optando por princípios ou bases que, pelo cansaço ou pela pressa, possam aliviar temporariamente as carências por meio da simpatia, do conformismo, da comodidade, ou que sirvam para alavancar interesses e vontades particulares.

Todas as propostas anteriores falharam porque procuraram apenas ser a solução do sofrimento e não a cura que evitasse seu resurgimento. Sempre procuraram milagres que exorcizassem a dor e a insatisfação. Procuraram líderes, deuses e mestres que idealizaram para usar como intermediários do encanto que transmutava a dor em prazer. As propostas falharam porque foram trabalhar a forma, e não o fundo. Preocuparam-se com a estrutura e se esqueceram do conteúdo e dos que fariam sua continuidade. Quando o responsável pela idéia morria, era a morte também do ideal e da estrutura, pois cada um havia construído para si uma versão diferente da mesma, ninguém entendera verdadeiramente a orientação. Por isso tantas tentativas, tantas opções, tantas linhas alternativas, seja na política, na religião, na espiritualidade ou simplesmente no amor. Todos se esqueceram de que falar um com o outro não é apenas verbalizar, mas compreender-se..."

– Mas Godar – interrompi – existe mesmo uma única verdade? Não é certo que cada pessoa tem a sua verdade e, se não for assim, será que essa única verdade está ao nosso alcance?

O extraterrestre se levantou da mesa e caminhou até uma janela em que havia vários recipientes. Pareciam feitos de acrílico colorido, sendo semelhantes a uma semi-esfera. Sem duvidar, agarrou um deles, de cor amarela, retornou para a mesa, sentou-se à minha frente e olhou para mim dizendo:

– Olhe o que está aqui dentro.

No interior do recipiente havia uma pequena flor, muito semelhante a uma margarida. Sem entender o que o guia pretendia, respondi um pouco inseguro:

– Bom, para mim parece uma flor.

O guia sorriu, afirmando:

– Mesmo aqui, a mais de quatro anos-luz do seu mundo, o conceito de flor é o mesmo. Se você me mostrare a chave que está em sua mochila, continuará sendo conceitualmente, para nós também, uma chave. Seu Sol é conceituado pelos seus cientistas como um astro ou estrela, cuja composição acompanha os conhecimentos que até agora atingiram. Em nosso caso, os conhecimentos que possuímos a respeito das estrelas, seu comportamento e sua composição é mais amplo, mas possui as mesmas bases e os mesmos princípios. Como vê, existem respostas proporcionalmente idênticas para os mesmos fatos. Explicações que, dependendo do grau de informação e descoberta, serão mais completas ou não, mas sempre compostas pelos mesmos conceitos. O oxigênio será oxigênio aqui ou em Órion, e sua composição molecular também. O que pode variar é o nome pelo qual é conhecido, mas seu comportamento, suas características e sua estrutura serão sempre apoiados nas mesmas leis e compreendidos com a mesma lógica e o mesmo entendimento. Duas unidades são e serão sempre duas unidades em qualquer parte do Universo. Não existe uma verdade individual, apenas uma linguagem que faz parte de uma cultura cuja abrangência é regional, temporal e que procura identificar e traduzir, de determinada maneira, uma realidade composta de elementos conceitualmente universalistas. A única coisa que existe é somente uma percepção parcial de um todo e, assim, uma fração de algo que só será verdadeiro quando somado às percepções de um grupo. E, quanto maior o grupo, mais verdadeiro será.

Um povo deve ser consciente de que, em seu estágio evolutivo, sempre estará ampliando sua percepção à medida que o tempo passar. A cada período, seu avanço lhe demonstra o que era válido ou não, o que resultou eficiente, o que correspondeu à realidade e, claro, o que era totalmente falso. A capacidade de descobrir rapidamente os aspectos equivocados ou as percepções falsas está na medida em que o indivíduo ou o grupo estão cientes de que tudo aquilo que possuem é em princípio falso e falho, dada a limitação de sua percepção quanto ao momento evolutivo que vivenciam. Quanto menos rígida seja a postura de qualquer entidade ou grupo diante do que lhe parece real, menos traumáticos serão os choques provocados pelos conflitos gerados em função das descobertas, tanto material quanto espiritualmente, o que facilitará sobremaneira a possibilidade de se reformular rapidamente e sobreviver. Quanto mais agarrada for uma criatura a suas supostas verdades; quanto mais dependente for do que acredita ser real; quanto mais defensiva, cética ou avessa estiver diante de qualquer nova informação, proposta, orientação ou conhecimento, mais difícil será para ela transcender as dificuldades e as exigências de uma adequação à vida ou de compreender o sentido da existência. Mais longe estará de concretizar um futuro produtivo, ameno, próspero, generoso e humano, tornando ainda mais difícil o caminho para seus filhos. Sua relutância e sua oposição dificultarão e obstaculizarão a melhoria de vida, provocarão a miscigenação da verdade com o falso ao procurar adequar as novas idéias sem ter de sacrificar os velhos hábitos, sem abandonar as crenças e sem deixar as cômodas prerrogativas dos vícios, construindo afinal as perigosas meias-verdades, confundindo ainda mais seu cenário de participação e comprometendo o avanço dos seus semelhantes.

 A verdade é única e está presente para quem não se deixe seduzir pelo brilho do poder, pela tranqüilidade do conforto, pela fraqueza do ego, pelo medo de descobrir-se frágil, carente e só, pelo cansaço da oposição, pela tristeza da incompreensão e pela angústia do que está para ser descoberto. Existe para tudo uma resposta única e será alcançada por quem se mantiver fiel ao propósito de sua descoberta.

 Um homem muito especial já afirmou, em seu mundo, em tempos remotos: ... Quem tem olhos para ver, que veja. E essas palavras estão repletas de sabedoria. A verdade em si mesma é óbvia. É tão clara e cristalina quanto a água. Mas para obtê-la e mantê-la há que estar preparado, pois é uma condição, um meio, uma situação diferente daquela à que seu mundo se acostumou. A verdade é uma aventura incrível, porém repleta de perigos. É como aqueles curiosos que se aventuram no fundo do mar, munidos do equipamento necessário. Bem preparados, poderão aproveitar-se de uma vista ímpar, impossível de ser apreciada na superfície. Mas mergulhar de maneira imprópria poderá até comprometer a vida de quem faça a tentativa.

Quanto mais desleixo na preparação, quanto mais desatenção, maior será a espreita do perigo e menor será a possibilidade de que o resultado final da aventura seja positivo. Os que permanecem na superfície e procuram olhar sem se molhar, continuarão a ter uma idéia muito vaga do que existe no fundo. Por mais clara que a água seja, muito pouco do que o mar encerra será visto, apreciado e compreendido. Analogamente, o homem busca interpretar a verdade. De uma imagem tão limitada quanto a percebida na superfície do mar, o ser humano pretende não somente dar um tamanho ao oceano, mas compreender seus mistérios e suas maravilhas, definir o que ele é, como se move, como existe, que leis o governam, que e como são as criaturas que o habitam, achando pretensiosamente que tem capacidade para realizar tal tarefa, principalmente de forma individual.

De igual maneira que o mar, a verdade em si mesma é absoluta e única, pois o Universo como um todo tem a explicação de si mesmo nele. Ou seja, o Universo pode ser explicado a partir do momento em que exista o conhecimento total e a percepção total dos fenômenos que nele ocorrem, inclusive no âmbito espiritual. O mar somente poderá ser conceituado quando for conhecida sua dimensão, sua profundidade, sua composição, seu movimento, sua população e as interrelações que o mantêm. O mar será explicado e compreendido a partir do momento em que todo o relacionado anteriormente seja percebido. E para isso são necessários paciência, determinação, tempo, sacrifício, humildade, vontade, disciplina, perseverança, desprendimento e renúncia. Lembre que somente se pode dizer que alguém sabe o que faz quando conhece todas as opções possíveis de ação."

Procurando acompanhar o raciocínio do extraterrestre, algumas dúvidas me assaltaram enquanto Godar falava. Sua retórica preenchia meus pensamentos, mostrando uma maneira toda nova de ver a vida e o próprio Universo. Porém, sem delongas joguei uma questão que continuava a me incomodar, e sem a qual ficava difícil continuar:

– Godar, tenho algo que me perturba. Está certo que cada coisa no Cosmos possua um mesmo significado. Duas unidades serão duas unidades em qualquer parte da galáxia, mas, e com relação aos sentimentos? Será que se pode estandardizar um sentimento? Será que qualquer ser, por mais evoluído que seja, sente exatamente igual aos outros? Onde fica a individualidade, afinal?

O enorme extraterrestre olhou para mim mostrando em sua mão o copo que momentos atrás me havia sido oferecido para beber. Erguendo-o à minha frente, o ser perguntou:

– Charlie, o que é isso?

Sem entender o propósito da pergunta e lembrando o exemplo da flor, afirmei:

– Para mim é um copo ou algo parecido!

Imediatamente o guia interpelou:

– Correto, é um copo. Porém, de formato específico, feito de um material específico e para funções específicas. Essa resposta que você me ofereceu decorre do conhecimento que possui e da associação que realizou de um conceito vinculado à experiência e ao aprendizado ao longo de sua vida. Se lhe mostro uma peça de arte, qual será sua interpretação e seu sentimento da mesma? Sua forma de interpretá-la estará diretamente vinculada a como as formas e os elementos combinados se associam ou contrastam harmonicamente com seu conceito de estética. O impacto da imagem evocará em seu interior, pelas lembranças e experiências vivenciadas, um sentimento, o qual estará atrelado aos aspectos estéticos conceituais contidos em seu racional. Você não pode sentir sem considerar primeiro o valor intrínseco e representativo que aquele objeto ou ser lhe representa. Não pode haver sentimentos sem haver primeiro um ato de ponderação, pois, se houver um sentimento por impulso, sem uma ponderação racional, será tudo, menos um sentimento. Será um ato emotivo, sem extensão ou conteúdo, pois não pode ter projeção e será inconseqüente. Um sentimento resulta do valor, da importância, do reconhecimento de um significado, da satisfação obtida ou não, do desejo, da vontade, da necessidade, da identificação e do vínculo existente, do espaço que preenche em seu espírito, do prazer ou desgosto que o atinge, enfim, o sentimento é conseqüência da percepção ampla e profunda de uma realidade evidente. O impacto dessa relação é o que faz aflorar o sentimento. Qualquer coisa que se experimente, fruto de reflexos impulsivos, é tão efêmera quanto passageira. Nunca terá profundidade, pois foi fruto de uma simples carência, um estado de total solidão interior e do desespero de valorizar ou significar alguma coisa.

Sentir é um ato mágico, pois contém o poder e a força da criação, pois sentir é também criar. Quando você sente em profundidade, existe em seu interior o surgimento de uma força fantástica, que tanto pode criar, realizar como elevá-lo. Somente a emoção, o surgimento de paixões, podem destruí-lo, pois sua força vai além da razão, do próprio instinto e de qualquer controle. Ser racional não é ser frio, calculista, exato e insensível. Muito pelo contrário, é ter a liberdade de sentir em plenitude e em profundidade. É a condição de respeitar, renunciar, sacrificar-se se necessário, de se expor se preciso, de se ofertar sem medos nem limites, pois tudo está sendo realizado com plena convicção das necessidades em jogo. Sentir, realmente, é um instante em que o ser e o Universo são um. É o momento em que a criatura se utiliza da consciência como ferramenta para abrir seu espírito e chegar à intimidade de qualquer realidade perceptível. Somente é possível sentir, experimentar um sentimento, quando se é consciente. Quando a relação que se mantém externa e internamente com a realidade é profunda, verdadeira e cumpre um objetivo. Vou lhe dar um exemplo interessante. O que é belo para você? Qual é o seu padrão de beleza, Charlie?"

Como acordando de um estranho sonho, a pergunta do guia não me deixou alternativa. Um tanto inseguro, resmunguei algumas palavras, pois como poderia definir meus padrões de beleza? Não entendi se estava se referindo a pessoas, objetos ou a quê. Dessa forma, meio confuso, falei:

– Olhe, não sei como definir e não sei bem ao que você se refere.

Godar respondeu:

– Em alguns lugares do seu mundo, a beleza pode ser um pessoa totalmente tatuada ou repleta de cicatrizes. Em outras partes, alguém bem gordinho, escultural, magro, enfim, os gostos são vários e assim para as demais coisas. Como vocês dizem: "Existe gosto para tudo", não é? A beleza para vocês é quase sempre cultural e está associada a aspectos de caráter formativo. Para nós, a beleza está contida em certos princípios vinculados à harmonia das formas, ao valor, ao significado, à expressividade, à estrutura e à complexidade da obra, enquanto para vocês isso seria tremendamente relativo: o conceito de beleza de uma tribo na selva será totalmente oposto ao mantido em uma cidade moderna, pois a explicação residirá na idéia de ter havido uma evolução nos conceitos estéticos.

A beleza e os sentimentos são universais, pois respondem a um mesmo princípio. No caso da criatura inteligente, ambos são fatores determinantes no próprio processo evolutivo, chegando a ser seletivo. Se não estiverem ordenados e coerentes, servirão de base para que se dê início a um período de caos, segregação, pugna, destruição e segmentação cultural. Em um estado de consciência mais amplo, os sentimentos são regidos pelos mesmos princípios. Os conceitos estéticos também. O que preserva o individualismo enquanto ser é a intensidade em que cada coisa se manifesta, pois será próprio de cada criatura identificar-se mais ou menos com o que surge à sua frente. Somos todos iguais, terrestres ou extraterrestres. Sentimos, amamos, desejamos, evoluímos física e espiritualmente, porém nos estados de consciência que cada um se permite ter. Da mesma forma que para um primitivo a relação espiritual está contida no culto a um animal, diferentes são os estágios a ser percorridos pela criatura pensante em seu caminho pela descoberta do Universo. Portanto, para o homem há muito ainda para ser compreendido. Somente o desapego, a capacidade de permitir que as coisas se revelem em seu momento, em vez de forçá-las, permitirá ao homem progredir e compreender as maravilhas que se encerram em seu interior. A grande maioria dos momentos difíceis de uma sociedade surge em virtude do apego a padrões antigos e obsoletos, tanto de comportamento, de relacionamento, como de conceituação e espiritualidade inadequados. É por meio da entrega, da abertura a novas possibilidades e da renúncia aos preconceitos que a humanidade terá a oportunidade de mudar sem sofrimento para uma vida próspera."

A essa altura dos acontecimentos, minha cabeça já fervia com tanta informação. A explanação de Godar havia construído um panorama diferente daquele que, até o momento, norteava minha conduta e maneira de encarar a vida. Segundo ele, somos todos iguais, assim como tudo tem uma mesma explicação e maneira de ser vista e sentida. Uma mesma linguagem existia no Universo e seria falada somente pelas criaturas que conseguissem chegar a um nível de evolução consciente capaz de compreender seu significado. Éramos diferentes dos extraterrestres porque nem sequer conseguíamos falar a própria linguagem humana entre nós mesmos. O individualismo humano residia na competitividade, na necessidade de ser diferente para ter maneiras diferentes de subsistir, para chamar a atenção e preencher nossa solidão com a ilusão de estar sendo aceito e amado, na necessidade de ser notado, reconhecido ou valorizado, mesmo que para isso fosse necessário ir até os extremos. O desejo de poder era uma simples e tola necessidade de se sobrepor à violência da repressão e conseguir, desesperadamente, ter um pouco de liberdade.

Somos diferentes, não porque nossa natureza nos fez fundamentalmente assim, mas porque a aprendizagem, fruto da experiência, do ensino, da vivência e da violência, de um mundo que ainda não compreendeu seu objetivo de existência, nos obrigou a mergulhar nos guetos que construímos em nossa alma para não sucumbir. E a frágil luz que ilumina nossas vidas, que motiva, mesmo quando tudo parece perdido, que ampara a sensação de abandono alimentando nossos corações, continua a se chamar "esperança".

Por um instante, meu coração sucumbiu ao pensamento. Lágrimas correram pelo meu rosto enquanto pensava no obscurantismo em que meus irmãos de espécie estavam mergulhados. Quantos jovens, quantos seres humanos passaram a vida, e ainda passam, sem compreender o sentido dos seus dias. Transformando cada minuto, cada momento de sua existência, em um contínuo preenchimento de espaço e atividades para simplesmente ter o que fazer. Batalhando dia após dia com o único desejo de sobreviver da melhor forma possível, como se seu prêmio por existir nesse mundo fosse simplesmente se manter vivo. Quanta pobreza interior, quanto desperdício de energia, quantas vidas sem expressão e sem conteúdo.

Finalmente, mais calmo, comentei com Godar:

– Devo aceitar que existe mesmo uma única forma de ver as coisas? Que existe uma única verdade? Uma verdade total e abrangente que contém em si mesma toda e qualquer explicação? Isso é uma realidade? É assim que as coisas são? Será que poderemos chegar a conhecê-la?

Com paciência total e tranqüilidade, Godar retrucou:

– Toda realidade é real à medida que pode ser experimentada. Uma mentira é real, porém não verdade como informação, mas verdadeira como existência e, assim, real como fato. Da mesma maneira um sonho, por mais absurdo que possa parecer, é tão real quanto verdadeiro. Mas sua verdade e sua realidade estão vinculadas ao fato de haver acontecido e ter sido experimentado. Assim, podemos deduzir que existe, no Universo, tanto uma verdade maior ou absoluta quanto uma realidade absoluta. Pelo fato de um ser humano nunca ter visto um peixe, jamais deixou o peixe de existir. Da mesma forma, a realidade universal extrapola qualquer intenção de percepção ou qualquer percepção realizada, pois individualmente sempre será parcial.

Existe uma realidade única, absoluta e universal. Elementos e fatos que fogem a qualquer e de qualquer inteligência, pela simples razão de se encontrarem distantes fisicamente em diferentes pontos do Universo. Mas também localizadas e participantes em inúmeras manifestações de matéria. Visíveis ou invisíveis, esses fatos, esses elementos que configuram o Cosmos existem para ser compreendidos, pois em si mesmos escondem o segredo do Profundo. É como se a criação brincasse de esconde-esconde com o ser pensante, desafiando-o continuamente a descobrir onde se encontra o criador.

Da mesma maneira como existem fatos e elementos que formam e configuram o próprio Cosmos, existe explicação para tudo isso. Isso é a verdade absoluta. Para fatos absolutos, existe uma resposta absoluta. Para uma realidade a ser desvendada, contrapõe-se uma verdade a explicá-la. Seja em qualquer ponto do Cosmos, de uma galáxia ou de um mundo, um átomo será sempre um átomo. Lembre-se de que duas unidades serão sempre duas unidades em qualquer lugar, a única diferença estará nos símbolos com que se identificam as duas unidades. Aquilo que diferencia basicamente quem está evoluindo ou não são aqueles conceitos básicos, os valores formadores da imagem de um horizonte e de uma perspectiva de vida, aplicados no cotidiano e nas relações interpessoais ou com o próprio meio.

A existência do ser pensante se defronta, dentro do seu percurso evolutivo, como já mencionei, com situações a ser entendidas e assimiladas para facilitar ou dificultar seu desenvolvimento. Certas situações unem ou afastam, passam a ser compreendidas e incorporadas com mais ou menos clareza. É aqui que a distorção se verifica e a deformação contrasta. Quando várias pessoas estão investigando um fato, uma realidade, e não coincidem da mesma forma em sua explicação e compreensão, alguma coisa há de errado. Caberá a quem estiver mais atento demonstrar a confusão e o desentendimento, mas isso somente será possível se os demais estiverem aptos a perceber e compreender sua condição imediata, seu compromisso com o resultado e o objetivo proposto a ser alcançado: quando, perante uma mesma situação, cada um oferece uma interpretação diferente, é melhor parar e refletir sobre o lugar que cada um ocupa no ângulo da vida, pois é muito fácil estar totalmente de costas. Para evoluir não pode haver nem existir intransigência, seja qual for sua razão. A vida, para ser realizada, não depende de individualismos, mas de solidariedade.

Em síntese, Charlie, podemos definir três tipos de verdade, pois seu mundo se presta a isso. Uma é a *verdade absoluta* ou a explicação total e completa do porquê da criação e das interações que a preservam. Outra é a verdade que vocês em seu mundo chamam de *verdades individuais*, aquelas individualistas fruto de uma experiência de vida parcial que interpreta tudo e formaliza a conclusão como um dogma irrefutável; essa verdade, além de falsa e deformada, limita-se também no tempo e na dinamicidade das informações. Pois o conhecimento e as informações afluem com grande rapidez e nunca se pára de aprender. O que era conhecido hoje e tido por norma será superado amanhã por uma nova descoberta. Nada nessa existência é rígido ou perpétuo, tudo será substituído, tudo muda e se reformula. É essa condição, fechada, individual, ostracista, egoísta e auto-suficiente de relacionar-se com o Universo que promove o comprometimento de uma continuidade existencial. Ameaçando não somente uma vida presente e futura, mas também a de todas as criaturas que o cercam.

A terceira e mais importante é a que chamamos de *temporária*. Mas esta é fruto de uma sociedade mais avançada, pois implica em todos os seus componentes participem das mesmas informações e conhecimentos. Mesmo que o conhecimento, a compreensão ou a informação não sejam igualmente amplos nas mentes de todos, as noções básicas são comuns, sendo a percepção da verdade e da realidade compartilhada, dividida e complementada por todos os integrantes, passando todos a terem uma visão ampla, mesmo que ainda incompleta em função do momento evolutivo e histórico que o grupo atravessa. Uma condição natural da qual são plenamente conscientes.

Existe pois uma verdade absoluta e total. Distante de qualquer criatura em desenvolvimento, já que possuí-la seria o mesmo que se tornar Deus.

Mas existe aquela temporária ou temporal, que permite a uma sociedade progredir rapidamente na medida em que todos são partícipes e interdependentes dos conhecimentos adquiridos, nunca presos a dogmas ou princípios rígidos, flexibilizando suas mudanças e dinamizando seu desenvolvimento. O individualismo, isto é, a condição de ser um dentro do conjunto, serve como complemento e nunca como obstáculo, pois não existem interesses apenas individuais, mas coletivos. O desenvolvimento do grupo é o objetivo e, como conseqüência, o progresso do ser integrante e integrado ocorrerá. Uma sociedade satisfeita é um indivíduo satisfeito, confiante, seguro e motivado. Uma sociedade dividida em feudos individuais de verdades particulares e unilaterais, cuja realidade existencial obedeça ao único desejo de continuar vivo a qualquer custo, é uma sociedade condenada à destruição, pois todos são competidores e inimigos.

Charlie, temo pelos seus, pois o homem se dá o direito de julgar tudo e qualquer um. Achando-se um especialista em ponderar quem é o quê. Achando que possui o preparo necessário para identificar o que realmente ele precisa para viver melhor, assim como o que é nocivo para sua continuidade. Mas, no marasmo de sua prepotência e na ignorância de sua arrogância, desdenha as reais oportunidades de progredir. Está cego, ofuscado pela luz do seu ego e surdo pelo estrondo do seu individualismo egocêntrico.

Desejamos poder chegar ao seu coração e ao de cada ser humano, para mostrar o caminho do qual se afastaram por estarem tão distraídos, preocupados demais em sobreviver, olhando para dentro de si e se defendendo uns dos outros. Cada homem pode ter a condição de ser verdadeiramente livre. Livre de ser e existir. Livre de amar e ser amado. Livre para aprender e ensinar. Livre para sofrer e ser feliz. Embora parte da culpa do seu presente esteja contido na genética de sua origem, seu mundo facilitou historicamente seu desvio. O caminho mais fácil é sempre aquele providenciado pela corrente, pelo fluxo e pela inércia. Qualquer outro que implique um trabalho maior, um sacrifício, é sempre deixado de lado. Corrigir e mudar é tão difícil quanto perceber o erro, pior ainda quando se nasce dentro dele. Mas o momento chegou. Não podemos continuar como espectadores silenciosos, vendo uma espécie se destruir dia após dia. Em uma agonia cruel e lenta que poderia ser evitada. Sabemos que existem muitos como vocês que podem ser resgatados, orientados e instruídos para retornar a uma forma de vida digna, produtiva e satisfatória. A condição de transcender esse momento está nas mãos de vocês, e de todos aqueles que queiram construir uma nova condição de vida. Precisamos que intermediem esse encontro. Que consigam reunir essas pessoas para que possamos, em conjunto, transmutar sua esperança em realidade."

Concluída a dissertação, o guia levantou e me pediu que o seguisse. Ainda "grogue" por tantas coisas que havia ouvido, levantei-me da cadeira. Meu cérebro fervia e eu estava com uma dor de cabeça infernal. Mal podia articular qualquer pensamento.

Continuamos a caminhar retornando em direção à praça dos bustos, local que me havia deixado com uma grande dúvida pelos rostos esculpidos que faziam parte do enfeite central da fonte.

Chegando perto, emiti um pensamento relacionado à imagem daquele busto de homem similar a humano que se encontrava no topo do grupo de esculturas. Godar imediatamente me olhou, parando de caminhar. De imediato senti que minha curiosidade não estava sendo bem aceita, mas não podia mais ficar na dúvida. Forçando, parti para o questionamento direto.

– Godar – perguntei. – Quem é esse homem que mereceu ser colocado na praça que vimos ao chegar? Junto com aquelas outras esculturas na fonte? Ele é humano? Da Terra?

O guia permaneceu em silêncio e, sem responder, continuou a caminhar em direção a um prédio enorme por trás dos edifícios defronte à praça dos bustos. E eu, meio chateado pelo silêncio, continuei a caminhar, seguindo (ou tentando) os passos do meu cicerone.

Finalmente chegamos às portas de um gigantesco edifício. Era uma construção retangular com os cantos curvos. Colunatas saíam dos lados formando um arco até o topo do prédio que dava a impressão de ter uns 20 andares. Enormes portas de mais de 5 metros se abriram à nossa passagem, deixando ver um salão imenso, que pelo espaço dava a idéia de um ginásio de esportes.

À minha frente, havia divãs colocados em fileira. Calculo que deveriam ser em torno de uns vinte. Todos de formato anatômico e com uma espécie de cúpula, na altura da cabeceira, que parecia feita de acrílico vermelho-escuro, e o divã de um plástico acolchoado. Cada divã estava suspenso no ar a uma altura de 1,5 metro, flutuando por cima de uma grade luminosa que estava fixa no piso do salão. Em frente a cada divã, havia uma parede com uma tela rente de uns 4 por 2 metros. O pé-direito do salão seria de uns 15 metros, com uma largura de pelo menos 30 metros. Outros seres semelhantes a Godar caminhavam de um lugar para outro com estranhos instrumentos que checavam ao lado de cada divã. Nesse momento fiquei com medo.

Godar me levou ao lado de um dos divãs e pediu para me deitar. Meu medo começou a crescer. Naquele instante, senti-me totalmente indefeso. Não sabia se devia correr ou ficar. Nada estava ocorrendo contra minha vontade, pois minha concordância tinha sido sempre solicitada, mas mesmo assim, naquele momento, tive medo.

Percebendo meu receio, o guia comentou que, deitando, eu poderia me recompor da dor de cabeça que me afligia e, depois, poderia retornar para a Terra. Nada devia temer, pois só o que queriam fazer era restabelecer o desgaste operado em meu organismo pela viagem e por tudo o que havia acontecido.

As palavras de Godar mais ou menos aliviaram minha ansiedade, mas a dor de cabeça estava muito forte. Cansado por toda essa aventura, acedi e deitei.

O divã cedeu ao meu peso, abaixando um pouco. Parecia que estava em um colchão de ar. Era extremamente confortável e, me ajeitando, reclinei a cabeça. E nesse instante vi que, na tela à minha frente, uma imagem começava a aparecer, mas de repente perdi a consciência.

Repentinamente acordei abrindo os olhos em um pulo, levantando meu corpo e sentando no divã. Godar estava do meu lado e tudo parecia estar em perfeita calma. Sentia-me bem e disposto. A dor de cabeça havia passado totalmente.

Nesse momento, olhei pela primeira vez para meu relógio e constatei que eram passadas seis horas desde que havia chegado pelo *Xendra* à cidade. Assustado, levantei pensando que todos os meus amigos e meu irmão estariam preocupados comigo e, a essa altura, teriam retornado para Lima largando-me no meio do deserto.

Godar me fez um sinal para segui-lo, mas quem corria dessa vez era eu. No caminho, comecei a organizar-me para o caso de que todos tivessem retornado a Lima. Já considerava a possibilidade de chegar até a casa de dona Maruja em Papa León XIII, que não distava muito de onde estávamos realizando os contatos, e de lá procurar um ônibus ou aguardar o dia chegar.

Enquanto me dirigia ao mesmo lugar por onde havia ingressado na cidade, Godar parou exatamente no ponto onde me havia recebido na chegada. Aflito por retornar, olhei para ele e agradeci rapidamente tudo o que dele havia aprendido, prometendo que faria bom uso de cada palavra que havia ouvido.

Godar sorriu e ergueu a mão direita, ato que retornei esboçando um triste sorriso, pois não sabia quando ou em que momento voltaria a ter essa oportunidade. Por trás de mim, o portal dimensional se abriu e, pegando minha mochila com firmeza, dei o primeiro passo para o interior.

Novamente a névoa brilhante me envolveu. Um mal-estar geral tomou conta de mim. A sensação de um estranho ar frio, da pele queimando, combinados com um incômodo enjôo atrapalhavam meus pensamentos. Mas, em segundos, já estava no topo da montanha em Chilca, exatamente no lugar onde tudo havia começado. Era de noite, razão pela qual procurei imediatamente minha lanterna. Ligada, olhei preocupado para meu relógio quando constatei algo que me deixou baqueado, fazendo minhas pernas amolecerem. Fraco pelo susto, sentei na areia.

Embora houvessem passado mais de seis horas, conforme conferi no momento ao lado de Godar, o marcador do calendário do meu relógio mostrava uma diferença de 15 dias da data em que havia ingressado no *Xendra*. Em outras palavras, eu havia permanecido 15 dias e seis horas em Alfa Centauro, somente que apenas seis horas em estado consciente. O restante do tempo, estive totalmente inconsciente, mas por quê?

Automaticamente, levei minha mão até o rosto e conferi que minha barba (embora naquela época apenas um projeto) estava um tanto crescida.

A essa altura, minha preocupação se concentrava em como retornar a Lima tão tarde e como sair do meio do deserto, motivos mais que suficientes para me levantar rapidamente.

Conforme iniciava a descida, lembrei que não tinha razão para me preocupar, pois os próprios extraterrestres deveriam ter avisado aos meus companheiros de minha permanência em Alfa do Centauro. Portanto, era até provável que estivessem à minha espera. Ou então, não sendo assim, dona Maruja ia ter um hóspede inesperado para acolher essa noite.

Contornando a montanha, divisei de longe as luzes das lanternas e dos veículos no local onde costumeiramente nos reuníamos. Para meu alívio, teria jeito de voltar para Lima confortavelmente.

Mais calmo, continuei a descer sem muito esforço. Aquele rosto esculpido na fonte da praça dos bustos não me deixava sossegado. Quem seria?

Facilitado pela distração das lembranças, cheguei minutos depois até os veículos estacionados.

Feliz de encontrar a todos, reparei que ninguém dava a mínima importância para minha presença. Perplexo por tanto pouco-caso, cheguei perto do meu irmão, que localizei a poucos metros de mim, e perguntei como souberam o dia certo para vir ao meu encontro. Meu irmão me olhou com um ar de quem não estava entendendo nada, retrucando:

– Como, vir ao seu encontro? Não faz mais de 15 ou 20 minutos que você subiu na montanha. De que está falando?

Nesse instante chegou minha irmã Rose, agitada:

– E aí? O que aconteceu? Por acaso desistiu do encontro com Godar? Você está bem? Por que voltou tão rápido?

Aí foi que não entendi mais nada. Achando que havia ficado doido de vez, procurei confirmar se era o dia e hora da data em que havia, teoricamente, entrado no *Xendra*, resposta que foi totalmente afirmativa. Fazia cerca de 30 minutos que todos havíamos chegado até a Mina.

Era loucura demais. Eu passara 15 dias e seis horas em outro mundo, sendo que havia sido devolvido 15 dias, cinco horas e 45 minutos antes. Se o que conseguia entender era correto, nesse exato momento estava coexistindo simultaneamente em dois lugares ao mesmo tempo, pois havia realizado uma viagem no tempo. Eu estava retornando ao meu passado. Embora tivessem transcorrido apenas 15 minutos cronologicamente na Terra desde o instante da minha viagem, eu estava 15 dias, cinco horas e 45 minutos mais velho.

Este seria um tempo que jamais recuperaria – ao contrário, pois muitas outras loucuras como essa estavam ainda por vir. E os dias que se seguiram só alimentavam a minha curiosidade sobre a escultura da praça dos bustos. Sem sabê-lo, em breve cruzaria com informações sobre esse personagem e saberia, bem mais adiante, o que havia ocorrido nesses 15 dias. Tudo isso seria apenas mais uma doidice para a incrível aventura em que minha vida já havia se transformado.

Capítulo XIV

O que é a Espiritualidade?

No retorno a Lima, contei a meus irmãos a incrível viagem para Apu e as conversas que mantive com Godar. Sixto e Rose não escondiam sua satisfação, insistindo em que relatasse todos os detalhes. Embora tivesse comentado os aspectos de minha estada na cidade de Ilumen, em Apu, omiti propositalmente todos os detalhes relativos à praça dos bustos. Não porque desejasse fazer algum mistério, mas porque pressentia que de alguma maneira meu futuro estaria ligado pessoalmente a essa informação. As evasivas de Godar a respeito, de alguma forma, significavam algo importante, já que, se não fosse assim, nunca teria me deixado ver a escultura e ficar com a dúvida. Eu intuía, bem no fundo da alma, que em breve esse mistério seria revelado, mas que sua descoberta acarretaria uma grave conseqüência.

Com tudo isso, quem teve alguma dificuldade em digerir essa aventura foi, obviamente, meu pai. Carlos não se conformava com tudo isso, e realmente não podia culpá-lo. Até para mim era bastante difícil de aceitar. Em alguns momentos, detinha-me em qualquer canto para pensar e rever se realmente tudo aquilo havia sido real.

Os dias das últimas semanas de julho passaram sem grandes contatos em campo. Pelo menos, sem ocorrências tão expressivas como algumas já comentadas. Dessa forma, aproveitei para rever toda a nossa experiência, organizando as mensagens recebidas por assunto.

Naqueles dias, coincidiu de conversarmos com um jovem bem interessante e simpático que passou a freqüentar o Instituto. Esse novo amigo, chamado Gerardo Brandes, participava da Grande Fraternidade Universal. Uma entidade de ensino fundada em Caracas, Venezuela, em 1948, pelo dr. Serge Raynaud de La Ferrière, que operava no Peru já havia alguns anos. Essa organização internacional, voltada para a Hatha-Yoga, estava publicamente representada no país pela Ordem do Aquarius, da qual Gerardo era instrutor.

Dentre muitas das conversas com esse inteligente e inesquecível amigo, a quem devemos muito, uma em especial provocou algumas dúvidas e acirradas discussões. O assunto em debate estava voltado ao conceito "espiritualidade". Um conceito verdadeiramente polêmico, já que oferecia uma variedade de enfoques e pontos de vista para análise.

Em vista disso, procurei Godar por meio da comunicação para auxiliar minha bem confusa mente, pois as longas horas de intercâmbio filosófico com Gerardo haviam despertado um grande número de dúvidas a respeito do assunto, considerando essencial para o nosso trabalho saná-las de maneira objetiva.

Naquela noite, após o massacre filosófico perpetrado por Gerardo, fui para a sala da minha casa onde, sentado no piso, relaxei o melhor que pude e chamei mentalmente por Godar. Sem demora, meu guia extraterrestre respondeu da maneira usual, proporcionando a via de comunicação para iniciar o intercâmbio.

– Sim, Godar – manifestou o guia.

– Godar, a partir de agora, de toda essa experiência que estamos enfrentado, poderemos começar a ter uma percepção mais clara e profunda da vida, do mundo e do Universo. Porém, que tipo de questionamento objetivo e sistemático estamos realizando para permitir o acesso a uma visão mais ampla? – perguntei.

– Será que em algum momento de sua vida você parou, por um instante, para rever a história do seu mundo, buscando entender o instante em que se desviaram do curso natural do desenvolvimento criativo e construtivo? Até onde forjaram seus ideais? Até que ponto as percepções do seu mundo lhes chegam incompletas e dissorcidas? – retrucou.

– E nós? Afinal, o que somos? O que podemos considerar-nos? O resultado de uma visão irreal, incompleta e tendenciosa? Uma caricatura bizarra do que deveria ser em verdade a vida? O homem jamais parou para refletir e analisar suas experiências de vida, considerando desnecessária uma revisão profunda de suas bases e objetivos, preferindo o fácil, o banal, aquilo que justificasse o porquê de tudo sem esforço. Por que tudo isso? Por que sermos tão cegos? – retornei perturbado.

– Parece incrível – respondeu Godar – que os paradigmas, esses imperceptíveis filtros presentes em cada criatura inteligente, cumpram um papel tão dramático, perigoso e até seletivo ao longo da vida. Mais difícil resulta aceitar que, embora o homem se considere suficientemente inteligente, seja perigosamente indefeso e vulnerável diante desses mecanismos, que a todo momento interferem influenciando a forma como percebe e interpreta o mundo. O mais preocupante é que suas opiniões e tomadas de decisão não são o resultado de algo livremente elaborado ou trabalhado, mas a decorrência de uma ação interdependente e cheia de pressupostos, preconceitos e, logicamente, dos paradigmas.

Ao longo de todas as épocas, os paradigmas têm feito parte de cada momento da evolução inteletiva do homem, filtrando e orientando a interpretação do mundo visível, aquele palpável e concreto, e do invisível, aquele sensível e interior que os afeta e toca. Através das idades, caminhando entre fome, pestes, guerras, sacrifícios e descobertas, a concepção do porquê da vida e do seu papel no cenário universal aparece perfilando-se confusa e contraditória. Quando inquiridos a respeito de por que existem, diversas respostas brotam apelando aos mais diferentes argumentos. Alguns um tanto prosaicos, outros mais místicos ou religiosos, e há até aqueles um tanto românticos. A razão de estar aqui e agora faz parte de uma incômoda pergunta que se perde no turbilhão do cotidiano e em um emaranhado de problemas e preocupações que, forçosamente, os obrigam a encontrar respostas simplistas e rápidas que, infelizmente, a longo prazo não satisfazem ninguém, deixando lacunas ainda piores de vazio e frustração. Nessa condição, só resta buscar um outro mistério, algo que substitua a ansiedade provocada pela obsessiva incógnita de justificar os sacrifícios diários, um outro mistério que sirva de ponte para desvendar as grandes questões da vida, e que sugira respostas ou argumentos intermediários, vindo a se transformar, em breve, em um paliativo místico e dogmático.

O cansaço provocado pela contínua e infrutífera procura desembocará finalmente em uma alternativa radical: o retorno ao cruel e insensível materialismo; ou a mística, onde sentir e sonhar é mais gostoso que pensar e justificar.

Recentemente, como já explicara, o homem começa a questionar interiormente qual deve ser sua linha de pensamentos em relação aos conflitos, às incoerências, aos desrespeitos e às frustrações do mundo em que habita; não por uma preocupação para com seu semelhante, mas porque se sente principalmente vítima. Porém, diversas são as propostas que lhe são oferecidas, assim como diferentes são os meios para encontrar as respostas. Um dos grandes pensadores do passado de sua humanidade, chamado Descartes, adepto de uma linha de pensamento racional, foi imortalizado ao popularizar um interessante enunciado: *Cogito, ergo sum*. De maneira simples, diríamos: *Penso, logo existo*. Mas será que pelo fato de alguém conseguir pensar já adquiriu a noção de existência? Provavelmente a frase deveria dizer: *Penso, logo vivo*. Porque o ato de pensar não implica obrigatoriamente ter consciência de existir. Existência refere-se a uma consciência, à capacidade de identificar o papel que a vida representa na conjuntura das forças e variáveis universais, na percepção de estar, ser e obedecer a um propósito em vias de compreensão. Existir é o ato de integrar-se ao sentido da vida, compreendendo ou percebendo o papel que lhe cabe no cenário universal, descobrir o valor e a importância da identidade viva inteligente e sua capacidade de transformação. Existir é pois a capacidade de ver e entender quem somos, para onde vamos e qual é o papel que nos é dado desempenhar dentro da criação.

Em outro campo, o esotérico, alguém no seu passado já disse que o Universo é, em primeiro lugar, mental. Mas será realmente assim? Considero que todo ato ou resposta, em um processo de desenvolvimento consciente, deve ter transitado por uma reflexão, caso contrário não será uma ação inteligente, mas impulsiva e irracional. Porém, ser mental não é ser frio ou indiferente, como já disse e alguns de vocês sugerem, é ser sensível, reflexivo, ponderado e consciente. Um processo reflexivo é a busca da compreensão das limitações que no momento interferem com o desenvolvimento e a percepção clara da realidade que nos cerca. Ser reflexivo ou mental é estar atento aos paradigmas que procuram perturbar uma apreciação profunda das oportunidades que surgem para acharmos o caminho da existência.

A sensibilidade, como forma de perceber as sutis mensagens do Universo, de conferir um valor à vida e a todo o criado, humano ou não, é importante parceira da reflexão, pois, sem ter a capacidade de sentir e valorizar com propriedade, qualquer resultado será nefasto. O fato de pensar ou abstrair-se não são condições suficientes para compreender a importância de existir ou perceber a abrangência de uma vida consciente, da mesma forma que sentir ou intuir não são condições suficientes nem adequadas para configurar uma imagem plena e clara de ser e existir, muito menos de interpretar o sentido da vida.

Já em tempos que se perdem em sua história, a vida em si mesma era o maior mistério de todos. A partir do momento em que o homem passou a ter ciência da sua capacidade criadora, passou a tomar consciência de um trabalho criador alheio, vindo de uma iniciativa alienígena da qual faz parte integral, sendo ele mesmo perfeita prova do exercício desse poder.

 Quando o rudimentar homem primitivo lascou a primeira pedra e a transformou em um instrumento, uma revolução tomou conta desse minúsculo planeta. Uma criatura havia deixado de ser um simples animal para transformar-se em um criador. Nesse preciso instante, foi estabelecida uma relação que varou fronteiras e extrapolou o concreto, incursionando em âmbitos ainda desconhecidos nos dias de hoje. Ao ser capaz de criar e dar forma, mesmo a uma simples pedra bruta, o homem concebeu em plenitude que não estava só. Assim como criara um instrumento, pintara as formas de um animal no interior de uma obscura caverna e dera vida a uma idéia por meio de suas mãos, sua própria existência tivera uma origem semelhante. Alguém ou alguma coisa o fizera, como a tudo aquilo ao seu redor.

 Foi esse lento despertar que, como ato mágico, colocou o homem acima dos animais e lhe permitiu iniciar a construção de uma consciência, demonstrando que não é uma criatura comum e que, indefectivelmente, possui um lugar determinado no cenário cósmico, pois foi colocado ali para seguir um propósito. A idéia da preexistência de um conhecimento ou de uma realidade que encerra os segredos da vida foram cobrando forma e força ao longo do seu despertar. Concepções confusas e conclusões diversificadas foram surgindo na tentativa de achar o caminho dessa compreensão, mas o percurso não era fácil. Cada qual interpretava as mensagens do Universo desenvolvendo uma visão pobre e simplória das profundas razões que justificam a vida em toda a sua concepção. Os paradigmas limitadores desse momento realizaram o trabalho de orientar a decodificação dessas manifestações, embora fosse claro que essas mensagens ou sinais existem para ser interpretados, pois são em si mesmos complexos e sutis. Que dizer então da capacidade de uma jovem mente em desenvolvimento que ainda procurava desvendar os fundamentos básicos da sobrevivência? Os recursos do homem primevo eram escassos, não somente em possibilidades, mas principalmente na condição de comparar e argumentar. Assim, resultava mais simples construir mitos, alavancar lendas e superstições que oferecessem o aparato ideal de interpretação da vida no contexto universal. Porém, além de uma simples percepção de que todo mistério pode ser desvendado, também é sabido que dificilmente a descoberta acontece para todos. Em algum lugar do fantástico Universo, existe um conhecimento de tal poder e capacidade, que reúne em si mesmo a compreensão de qualquer mistério. Podemos aceitar que, localizada em um ponto desse fascinante Cosmos, se encontra a chave que pode desvendar todas as dúvidas. Essa chave pode ser ou não física, mas, de qualquer forma, ela existe em algum determinado lugar e pertence a alguém. Mas nem todos os seres, humanos ou não, possuem a determinação, a coragem, o desprendimento e a força para atingir essa tão ambiciosa meta.

Esse conhecimento *oculto*, fonte inesgotável de respostas, tem sido procurado ao longo dos tempos em seu mundo por místicos, religiosos, filósofos, cientistas e pensadores que buscaram expressar suas conclusões por meio de histórias, mitos, lendas heróicas, teorias e pensamentos, enfim, de várias maneiras, configurando tendências, linhas, orientações, seitas ou religiões que afirmavam ser a síntese única da compreensão desse misterioso conhecimento oculto. Esquecendo, ou não percebendo, que promoviam uma interpretação própria, individual e restrita dos sinais encontrados, por meio de seus paradigmas ou, em outras palavras, de um estado de consciência comprometido apenas com seu momento histórico, com simpatias, anseios, carências, dúvidas, costumes, limitações e necessidades temporais em geral que fundamentaram sua busca. A trilha que deveria levar até essa fonte fantástica de saber escapa continuamente de quem a persegue por ser difícil, complicada e exigente, pois, como possessiva amante, cobra total e absoluta fidelidade. Basta uma leve escorregada, uma distração, um tolo devaneio ou uma singela extrapolação para que aconteça o distanciamento e todo o trabalho se perca. Os perigos que cercam o caminho da verdade espreitam o descuido e a negligência. Um passo mal dado e a conquista de uma vida ficou perdida. A confusão tomará total conta do esforço e o desânimo retardará a retomada. Nessa empreitada, os sinais que permitem identificar o caminho que leva ao paradeiro do saber são tênues, sutis, rápidos e preciosos, formando um mapa em direção a um fabuloso tesouro. E, como tal, repleto de perigos.

De qualquer forma, todos os homens historicamente reconhecem a existência de um conhecimento superior ao que hoje possuem ou que poderão possuir. Todas as criaturas fazem parte de um momento no marco histórico da evolução. São um instante de um longo caminho cujo fim foge ao seu entendimento, mas lhes é proporcionada a oportunidade de continuar, crescer e ampliar a percepção, que obrigatoriamente os levará à compreensão da vida. Sempre e quando saibam reunir as peças do quebra-cabeças que configura o mapa do destino final, pois em não sendo assim passarão a vida rodando em círculos ou morrendo em uma armadilha, sem jamais sequer ter tido a oportunidade de vislumbrar a riqueza oculta do prazer de viver, que aguardava ser descoberta. Iniciar um trabalho de abertura de consciência é algo complicado e difícil, pois envolve atitudes motivadas por objetivos claros, por esforços determinados, persistentes, e uma força de vontade a toda prova.

Dentro desse maravilhoso e incomensurável cenário, temos seres que se movem de um lugar a outro formando parte de um intrincado sistema. E, dentre eles, um ser, a criatura que pensa e que se destaca com a capacidade de exercer um domínio, transformar e manipular. Essa criatura é dotada de uma capacidade especial, pois enxerga mais longe e percebe mais amplamente que qualquer outra. E, além de pensar que vive, procurando aos poucos ser ciente de sua interação com o meio ambiente, tem também em seu interior o surgimento dos sentimentos, bem ao contrário dos animais. Isso quer dizer que, enquanto temos a fraqueza do pensamento em seu estágio de desenvolvimento evolutivo, temos paralelamente a aparição de atividades sensíveis e abstratas que diferenciam ainda mais o homem do animal. Um animal pode articular movimentos, associar elementos, improvisar ferramentas e até sentir gratidão e afeto, mas dificilmente poderá sentir em plenitude o que é estar vivo e exercer o poder de compreender seu mundo interior. O animal tem necessidades físicas e básicas a satisfazer, o homem tem necessidades que vão mais além das básicas.

Quando o homem se liberta das necessidades básicas, intrínsecas à sua condição de ser vivo, descobre as necessidades sutis, típicas de uma criatura sensível e pensante. Não existe maior necessidade que aquela associada à identidade: descobrir quem ou o que somos, para que vivemos, para que sentimos e qual será nosso futuro. Porém, as armadilhas escondidas ao longo do processo do desenvolvimento perturbaram sua percepção e camuflaram a direção a seguir. Uma vez afastado do rumo certo, o resto foi simples conseqüência. Perdido na trilha da evolução e confundido pela demanda de respostas, optou por simplificar seu percurso, renegando as reais oportunidades de esclarecimento e reforçando ainda mais sua ignorância.

Quem é realmente o ser humano? O que ele é? Uma criatura perdida em uma teia de aranha gigantesca da qual não sabe se livrar. Uma criança extraviada em uma noite escura sem poder identificar o caminho de volta para casa. Um curioso descuidado que não soube resguardar sua estrada para conseguir chegar ao seu destino. Essa criatura está perdendo tempo olhando a paisagem no caminho da vida, atrasando seu percurso e valorizando coisas que são meros enfeites que nada representam. Está procurando compensar as dúvidas do seu percurso com experiências e descobertas cujo valor é temporário. É um tolo arrogante que não aceita seus desvios, insistindo em escondê-los, justificá-los ou ignorá-los. Mas também é um ser maravilhoso, dividido em duas realidades e em duas condições de percepção: uma mental ou racional e uma outra mais sensível, delicada e profunda.

Durante milênios, tem cultuado a espiritualidade como alternativa eficiente de fuga para achar paz na atribulada vida que leva e como um conforto que justifique seus sacrifícios e sofrimentos. Mas o que verdadeiramente é espiritualidade? Ou melhor, o que é ser um espiritualista? Segundo uma das filosofias terrestres, espiritualismo é um estado de percepção, uma condição da mente oposta ao materialismo ou a uma concepção material das coisas. Outros, por seu lado, o definem como uma fé moderna concentrada na comunicação com os mortos, que aceita a reencarnação e as manifestações psíquicas, associadas a rituais. Por outro lado, existem aqueles que o definem como a filosofia que aceita a existência do espírito como realidade substancial, negando que tudo seja somente matéria. Embora essas definições sejam as tradicionais que seu povo conhece, podemos ver que o único ponto comum refere-se, especificamente, ao fato simples de acreditar que, independentemente da matéria, existe uma outra realidade cuja substância é totalmente diferente da material e que chamam comumente de *espírito*."

– Mas o que é realmente um *espírito*? – perguntei curioso e confuso.

– Segundo as explicações mais expressivas que temos achado na história humana – continuou Godar – *espírito* é o ser incorpóreo, princípio imaterial, aquela entidade dotada de inteligência superior e, principalmente, da faculdade de compreender e de conhecer. O termo *espírito* tem sua origem nas mitologias das culturas antigas, particularmente entre os povos sumérios e semitas. Porém, mais que um termo que identifica em especial uma entidade, espírito é utilizado comumente como um sinônimo do conceito de alma ou para referir-se a uma força que brota do interior. Para os antigos semitas, o espírito era identificado com a palavra *ruach* e para os gregos, com a palavra *pneumatos*. Os semitas associavam o espírito ao sentido do vento, alento ou sopro, além de força vital ou força impulsora que procede do coração. Para os gregos, essas conceituações são idênticas.

Até os dias de hoje, vocês utilizam esses conceitos quando se referem ao *espírito de luta*, ao *espírito do natal*, ao *espírito de sacrifício*, ao *poder interior*, etc., sempre vinculado a uma força particular e própria que emerge do interior do ser, mas nunca como uma entidade individual ou independente.

De forma geral, inclusive nas religiões, concebe-se o espírito como uma manifestação ou força do caráter pessoal, mas também confundido com o conceito de alma. A religião católica é bom exemplo disso. Em Lucas (23:46), Jesus diz: Pai, em tuas mãos encomendo meu espírito. Aqui observamos uma nítida confusão entre alma e espírito, enquanto em outra passagem bíblica, João (4:24) diz: Deus é espírito, o que contrasta violentamente com Marcos (14:38), em que vemos: O espírito, na verdade, está pronto, mas a carne é fraca; e com Lucas (11:13), que diz: Ora, se vós que sois maus, sabeis dar coisas boas aos vossos filhos, quanto mais o Pai do Céu dará o Espírito Santo aos que o pedirem. A confusão continua ao longo da Bíblia, atribuindo ao espírito faculdades mediúnicas e psicofônicas também.

De qualquer forma, nesses simples exemplos, podemos observar que a Bíblia concebe o espírito em duas formas de manisfestação. Uma como a essência da vida de um ser, sua força vital, ativa, criativa, sensível e perceptiva, e uma outra relativa à alma, como entidade universal individual que abandona o corpo após a morte. Como já comentei, a alma é você verdadeiramente, é seu único e real Eu universal, é sua identidade cósmica. O espírito, pois, como poderá observar, é outra coisa bem diferente.

Quando nos referimos pois ao espiritualismo, caberia refletir profundamente e esclarecer sobre o que estamos falando. Se estamos nos reportando a um espiritualismo espírita, cujo interesse está voltado para a doutrina animista, ou a um espiritualismo que encara a criatura viva como um ser em desenvolvimento, munido de atributos e características próprias do estado em que se encontra, capaz de ampliar ainda mais suas potencialidades durante o caminho da descoberta interior e do seu compromisso com a vida. O espiritualismo está na verdade confuso na mente do homem, pois o conceito sofre a mesma distorção e o mesmo engano que vemos nos textos antigos. Sob a ótica comum da maioria, uma pessoa espiritualizada seria, conforme essa análise, um espírita, um adepto ao conceito animista que busca desvendar os mistérios da alma como entidade imortal. Mas também temos um outro conceito, mais objetivo, que se refere a um ser totalmente voltado para a descoberta interior, procurando achar, identificar e compreender as potencialidades que lhe conferem a distinção de ser íntegro e pensante, capaz de perceber e identificar seu cenário, seu rumo, sua meta final e sua identidade universal.

Em outras palavras, temos o espírita que deve ser aquele que caminha em busca da certeza de uma vida além da vida, da reencarnação, da comunicação com esse plano, procurando, por meio da vivência e da experiência, desvendar os mistérios da vida e da morte. Dados que lhe servirão como fonte de motivação para enfrentar a vida material e como razão que lhe permita aceitar o fim físico, a morte. Mas um verdadeiro espiritualista tem de ser aquele que caminha em busca de saber e compreender por que deve existir uma vida além da vida, qual a razão de ter de buscar essa explicação, por que deve pensar ou sentir, por que deve ser diferente dos animais, por que foi colocado nesse cenário, até onde deverá seguir e qual deve ser o processo que o levará até essas respostas. Esse espiritualista foge do simplismo dogmático, não se conforma em aceitar o mistério como resposta, não pára diante de qualquer impedimento ou limitação, não fraqueja diante dos desafios e não se engana com facilidade.

O espiritualismo em seu mundo surgiu no âmago da mística e da religião, chegando a se estruturar como alternativa de fuga, amparo e resposta para o sofrimento da repressão infringida pelos dominadores. Vindo historicamente a se consolidar como forma de contestação ao frio e severo materialismo, a ponto de negá-lo e aboniná-lo totalmente, virando radicalmente as costas para qualquer consideração. Para ser espiritualista em seu mundo, no sentido geral e trivial, seria necessário renegar a matéria renunciando à tecnologia, aos avanços, ao conforto; procurando retornar a uma vida simples, sem complicações nem exigências, moldada nos padrões do desprendimento. Em síntese, uma volta às origens. Um espiritualista que se preze, na imagem vulgar que comumente observamos entre os seus, dificilmente conjuga os avanços modernos de uma sociedade de consumo a uma vida de retiro. Pelo contrário, quanto mais distante do apego à matéria, melhor, e quanto mais primitiva for sua maneira de viver, mais será considerado espiritualizado no conceito social. Existem clichês que determinam o comportamento-padrão de um espiritualista na Terra, como uma roupa bem simples e sem ostentação, talvez até um pouco malcuidada, suja ou rasgada; cabelo de preferência longo, uma barba comprida e sem recorte; se mulher, um cabelo longo, sem pentear ou sem lavar; uma residência modesta com um ar místico na decoração, uma alimentação própria, diferenciada, sendo que, quanto mais severa, melhor será. O arquétipo estará encerrado com uma vida familiar calma, cheia de filhos e livre de preconceitos, em que a palavra de ordem é o amor. Todas essas menções seriam características que normalmente se atribuiriam a um indivíduo que transcendeu à vida material e ao apego em busca da oportunidade de se aprofundar em si mesmo. Pelo menos, é a imagem que comumente vocês fariam em suas mentes daquele espiritualista convicto. Mas até que ponto ser espiritualista é renegar a matéria? Será que renegar as descobertas, ser inimigo do conforto, é o caminho certo para atingir um estado de consciência mais amplo e vir a compreender a realidade da existência?

Considero importante que você pense até que ponto uma atitude tão radical pode ser, na realidade, apenas uma fuga ao fracasso e à frustração de uma tentativa de adequação ao sistema que não deu certo. Uma desculpa para uma atitude desleixada e irresponsável. Uma forma de se justificar e confortar pela incapacidade de aceitar seu despreparo para a vida. Um protesto silencioso pela presença de um conflito ou contradição interior. Uma forma de agredir o mundo que o agride. Erradamente pensam que o caminho interior começa por negar a matéria, abstrair-se totalmente de toda e qualquer participação com o mundo concreto, fugindo do convívio intelectual e objetivo. Ato que realizam com freqüência em resposta ao inconformismo da violência que o sistema impetra contra todos vocês diariamente. Mas, como podem negar o principal instrumento que possuem para realizar qualquer descoberta, ponto de partida obrigatório para iniciar qualquer processo? Seria o mesmo que deixar de reconhecer que, para aprender, é preciso primeiro ser ignorante, ou que para viver é imprescindível haver nascido. É por meio da matéria que vemos, sentimos, apreciamos ou dimensionamos o Universo; que experimentamos o primeiro instante da vida; que obtemos as primeiras percepções da beleza, o primeiro prazer e a primeira dor; que tomamos consciência de ser e aprendemos a compreender. É por intermédio da vida material, concreta, que podemos adquirir estímulos, sensações e experiências que se tranformarão na bagagem e no ferramental necessário para começar os esboços de qualquer atividade ordenada, destrutiva ou construtiva. A matéria é o ponto de partida obrigatório para as descobertas dos mistérios da vida e, como tal, um lugar que deve ser vasculhado e conhecido em total e absoluta profundidade. Porém, mesmo sendo o ponto de partida das descobertas, pode transformar-se em ponto de início de problemas, deturpações ou confusões, ao não haver uma percepção objetiva ou conhecimentos profundos atentos às armadilhas da ignorância, dos preconceitos e, obviamente, dos paradigmas que, facilmente, podem desviar o rumo do desenvolvimento coerente de uma espécie, conduzindo-a inevitavelmente à sua total e absoluta destruição.

 O atento estudo da natureza tem nos demonstrado que os processos de seleção natural das espécies decorrem, a princípio, das alterações do meio e da rápida adequação dos seres às mudanças. Os mais fortes e aptos sobrevivem, acasalando-se e transmitindo geneticamente suas características aos seus descendentes, perpetuando, dessa forma, sua continuidade como espécie. Caso contrário, uma tardia adequação ou uma perda na qualidade genética tenderá a uma mutação, a uma variante, alterando radicalmente as características da espécie ou simplesmente a extinguindo. Conforme o animal evolui, garante seus dias obedecendo a um poder maior que é seu instinto. Essa força interior comanda seus movimentos, suas escolhas e suas ações, seguindo um impulso natural e poderoso que, de maneira irresistível, o domina. Enquanto esse chamado interior seja seu norte, sua vida dependerá unicamente da capacidade de responder ao chamado. Mas, quando a evolução o levar ao nível da inteligência, em que o instinto deixa espaço para a emoção e o pensamento inicia seus primeiros passos, sua continuidade estará ameaçada. A natureza tem procurado de maneira prudente manter o equilíbrio do ecossistema planetário. A inclemência dos elementos, dos predadores, das doenças e outras tantas variáveis condicionaram o processo seletivo, garantindo a continuidade dos mais fortes e preparados. Porém, a inteligência permitiu eliminar as variáveis tradicionais de seletividade, melhorando a condição de vida, ampliando o ciclo vital, aumentando o número de nascimentos, diminuindo a ação das doenças e, conseqüentemente, das mortes. Por outro lado, iniciou um processo de interferência junto ao meio ambiente, alterando as condições ambientais de sustentação e sobrevida de outras espécies menos desenvolvidas.

A evolução nos demonstrou que a natureza sabe conviver com as alterações profundas e radicais que se operam no ambiente e entre as criaturas, corrigindo de alguma maneira o curso das coisas. A exemplo dos fatores de seleção natural, a inteligência transformou a guerra em um processo seletivo, no qual o ser humano destrói um farto contingente genético de excelente nível, já que os considerados aptos para lutar serão destruídos repentinamente. Os que não foram considerados aptos a servir serão preservados acasalando-se, pois os melhores geneticamente morreram na guerra. As guerras destroem justamente o que há de melhor na juventude humana, afetando paralelamente as estruturas ambientais. De igual forma, a sociedade de consumo estabelece as regras de sobrevivência no contexto urbano, em que as classes mais favorecidas sucumbem diante da massa carente. Pois favoreceu a aparição de um sistema estratificado e desigual, que promove a distinção social, o *status*, o racismo e a segregação. Isso permite a incubação de um perigoso rancor, o surgimento e o fortalecimento da inveja, da tortura pela ansiedade e o desespero dos menos afortunados. É por meio da violência, do roubo, da repressão, da falta de segurança, da restrição de oportunidades e da contínua elevação do custo de vida que a qualidade dos futuros indivíduos será determinada. Socialmente, são as classes de menor ganho, economicamente frágeis, as que proliferam em filhos, pois até a desnutrição estimula o apetite sexual, enquanto os grupos economicamente mais estáveis diminuem o número de filhos. Finalmente, os paradigmas são os fatores de seletividade mais perigosos, pois são eles que determinam a intensidade desses elementos variáveis e a violência de sua ação em cada segmento da atividade humana. Quanto mais imperceptíveis, mais atuantes, e quanto mais individualizados, mais ameaçadores.

Os paradigmas são indiscutivelmente o principal fator de seletividade dentro do processo da evolução inteligente, determinando incondicionalmente o percurso que a espécie seguirá ao longo do seu desenvolvimento, assim como a velocidade em que as transformações deverão acontecer, a favor ou contra.

Embora todos os fatores anteriormente mencionados cumpram uma função seletiva, à diferença da natureza, que utiliza os mecanismos de seletividade para melhorar gradualmente uma espécie ou determinar seu fim por inaptidão, os processos gerados pelo homem apontam diretamente para uma única alternativa final, a indefectível depreciação gradual de si mesmo, afetando injustamente todas as outras formas de vida que o cercam, na Terra e fora dela.

Teoricamente, todo ser inteligente só deveria percorrer um caminho quando sabe de antemão para onde este o levará, ou quando sabe que é a trilha mais curta ou mais correta a seguir para o destino que almeja atingir. Não é unicamente dando o primeiro passo que começa o percurso de uma caminhada até o lugar desejado, mas sabendo previamente que é esse o único ou melhor caminho a percorrer. Dessa forma, iniciar uma descoberta começa pela idéia clara que se tem do que se busca alcançar, assim como dos meios de que se dispõe para tal fim.

Um dos maiores paradigmas do homem é achar que o caminho para a solução de todos os seus problemas está em ser tecnicista, tecnocrata, intelectualista ou materialista, mergulhando diariamente em um sistema de competição no qual, individualmente, procura sobreviver garantindo seu sustento. Ser competitivo é a melhor forma de sobreviver, diz sua filosofia de vida. Por outro lado, os paradigmas da insatisfação, do inconformismo e da solidão levam-no a ser o oposto. A insegurança, o medo ao fracasso, a idade e a falta de oportunidades garantem a sustentação do conflito. Fugindo desesperadamente do sistema, levanta vôo rumo à mística, justificando, por meio do desprendimento, a rejeição aos padrões de ostentação de um mundo materialista no qual, na busca de uma entidade espiritual ou de uma razão divina, procura acabar com a solidão e a falta de amor. É nesse mundo, que parece acolhedor, que obsessivamente buscará a solução de seus problemas, pelo menos os existenciais, pois aqui repousam forças poderosas que, conjuradas, o libertarão da dor, do conflito, da incoerência e do medo do amanhã. Cego pelo pânico diante de um futuro enevoado, confuso pela carência e surdo pelo conflito, acreditará que na simples apelação às forças do além, ou pelo simples fato de sonhar com ideais de um mundo mais humano, tudo se realizará pelo único poder do pensamento e do desejo. Como se o simples desejo, fruto de um *basta* mudo, se transformasse em um conjuro mágico, capaz de promover uma súbita mudança e reverter o quadro.

Os caminhos estão divididos. De um lado *o poder material salva*, do outro, *o poder do além salva*. O paradigma do poder de dominação humana ou divina se transforma no único caminho conhecido para administrar qualquer possível saída. Erroneamente, concebem as transformações por meio de uma dependência sempre alheia à própria força e ação. Procuram desesperadamente um líder, um guru, um messias, um magnata, um político, um espírito ou um extraterrestre para tirá-los da armadilha, quando desprezam continuamente sua própria capacidade. A superação desse impasse repousa na condição de reformularem a maneira como percebem a vida, o mundo, as pessoas, a sobrevivência, a existência e a espiritualidade. É por meio da leitura dos paradigmas que os prendem que podem se libertar e continuar a evoluir coerentemente, seguindo o caminho da realização e da felicidade. Enquanto continuarem a buscar uma vida melhor entre as ferragens de uma estrutura retorcida, que acabou de colidir contra a razão universal do princípio da transformação inteligente, mais distantes estarão de enxergar que o caminho se encontra fora dela. O irônico é estarem tão perto e ao mesmo tempo tão longe. Torpemente, caminham em círculos pela inércia dos paradigmas, aguardando que alguém levante suas cabeças para descobrir um caminho que jaz ao seu lado. Invisível e imperceptível aos olhos dos seus velhos paradigmas.

Ser, enfim, espiritualista não é abandonar o mundo e renegar a matéria ou valorizá-la, ser um opositor ao sistema, um contestador acirrado, um demagogo inveterado, um reacionário convicto, um ressentido social, um anarquista alucinado ou um místico extremo, pois tudo isso seria outro paradigma radical; mas sim buscar continuamente um meio de compreender as relações humanas, as relações do homem com ele mesmo, dele com as leis que ordenam o Universo e conquistar o domínio de sua matéria, entender sua força interior e melhorar suas imperfeições para, finalmente, utilizar seu próprio ser como instrumento e meio para descobrir o que existe por trás dessa realidade chamada matéria. É no movimento contínuo das descobertas, na dinâmica da ação, na agilidade e na elasticidade da compreensão, no fluir do confronto, no exercício do questionamento, na troca de impressões, na partilha de uma experiência e no devaneio das idéias que os paradigmas são vencidos e substituídos.

Não é somente sentindo com o tato ou pela percepção visual, ou por meio dos sentimentos, que se pode compreender o conceito de uma simples mesa, mas associando, identificando e utilizando os processos de racionalização. Os sentimentos e a sensibilidade lhes proporcionarão outros aspectos que não somente os vinculados ao uso ou à utilização, mas aqueles ligados ao valor estético, a simpatia, à estima e à beleza. Uma mesa pode ser idealizada na mente, mas somente por meio da ação concreta é que poderão torná-la substancialmente real e verdadeira. Não é sonhando ou pensando que podem realizar e concretizar uma tarefa, mas procedendo à execução física. Não é desejando que a vida melhore que tudo vai ser diferente, mas realizando uma ação conjunta, organizada e concreta. As transformações que levarão seu mundo a uma condição de vida plena acontecerão pela efetivação de atos concretos, de ações objetivas e físicas, resultado de um ideal arquitetado em bases sólidas, portanto, da realização substancial e material de um projeto. Ser espiritualista é ser uma criatura comprometida com a ação, com a realização, com o conhecimento, com a reflexão crítica e com a busca de uma aprendizagem contínua que permita um novo estado de consciência dinâmico, amplo, claro, livre, puro e profundo. No qual não exista espaço para as incertezas, medos, fraquezas, egoísmos, ciúme ou competição. Deixando o campo livre para as dúvidas sadias, para o autoconhecimento, para a troca, para a compreensão dos sentimentos, para o entendimento da razão, para experimentar a real natureza da vida, da consciência universalista e ser, afinal, feliz.

Espiritualista será a criatura que buscar viver seu momento evolutivo em todos os aspectos, pois estará comprometida com a descoberta do mais apaixonante mistério: a vida. Voltar-se para a descoberta da vida é rumar em busca de um encontro consigo mesmo, uma conquista sem limites e um defrontar-se com a liberdade de ser e estar em plenitude. É intimar-se com o sentido da existência e descobrir a morada do poder criador contido dentro do ser, partilhando do seu poder e força para repousar finalmente sob sua proteção. Existir em liberdade não é mais um segredo nem um mistério para vocês, é um desafio e uma conquista natural do seu processo seletivo. Penetrar no tênue véu desse mundo interior, imaterial e profundo é perceber que a vida como um todo é simplesmente um movimento contínuo e frenético, uma energia de força e poder tremendos que atropela quem não souber acompanhá-la. Mas, quem a descobrir, seguindo harmonicamente seus desígnios, terá a oportunidade de sentir o prazer de estar vivo, de amar e ser parte da obra transformadora.

Viver é sinônimo de espiritualidade, pois quem não conhece o âmago do seu ser não conhecerá a vida. Jamais experimentará o prazer, a felicidade e a paz que desprezou, deixando a oportunidade de sentir o Profundo em seu interior e limitando-se a sobreviver na solidão dos seus dias. Ser espiritualista não é viver na dependência do intelecto, do instinto, da razão, da emoção ou do sentimento, é utilizá-los como veículos intermediários de uma experiência, componentes da chave que abre a porta que os separa da realização. São simples meios que podem levá-los a uma apreciação completa das realidades concretas e sutis, já que afinal são simples e minúsculas frações de um todo maior. Essas ferramentas, corretamente utilizadas, permitem levá-los a uma condição de consciência crescente, livre de regras forjadas ou convencionalizadas, em que o amor não é mais um simples sentimento, mas a própria vida, total e única, integrada aos atos de cada dia.

O destino final desse caminho que estão a trilhar é a paz e a felicidade. Uma paz interior e exterior que será o resultado de um nível de consciência adquirido pela vivência e pela compreensão dos objetivos da existência. Aqui, a felicidade surge transportada pelo amor ao ser, à vida, a um sentido maior e como resultado óbvio. É um amor sublimado que não mais se individualiza, que não mais se fraciona ou se deteriora e que, além de contínuo e constante, é puro e eterno. Para que esse sonho seja iniciado, mesmo formatado, uma radical e profunda revolução interior deve se iniciar entre seus irmãos. Uma reestruturação de base, total e profunda que remodele desde os conceitos mais primários e banais até os mais complexos. Uma condição que reformule a visão atual da realidade existencial e espiritual do homem.

Espiritualidade é sinônimo maior de liberdade. Pois a criatura espiritualizada é um ser livre que percorre seu tempo vital, desvendando o prazer de viver e amar em plenitude. Não pertence mais ao universo dos paradigmas clássicos, já que existe em contínua mutação, permitindo à vida fluir no seu interior na mesma velocidade em que o Cosmos se move. Esse ser existe para aprender a viver na continuidade do seu desenvolvimento, pois pratica exercitando-se na arte de amar à sua natureza, a si mesmo e, por simples extensão, aos outros, pois não há adversários e sim irmãos, companheiros de uma aventura. Sua determinação não encontra fronteiras nem limites, sua vontade é uma só e constante, sua sabedoria é crescente, sua compreensão amplia-se por meio do conhecimento e, finalmente, seus sentimentos purificam-se a cada instante.

Somente poderão amar-se entre vocês mesmos quando conseguirem amar a vida, e somente poderão amar a vida quando adquirirem a capacidade de compreendê-la. E para isso é necessário, como há mais de 2 mil anos alguém já disse, *nascer de novo*. Para viver totalmente, é fundamental renunciar à sobrevivência dentro do horrível engendro que tomou seu lugar. Para poder viver em liberdade, devem entender que não podem deixar de ser quem são, complexas criaturas em desenvolvimento, mas devem vir a compreender o que realmente não são, isto é, escravos de suas fraquezas e tolos cegos privados da visão universal da existência por seu conformismo. Estarão aptos a uma vida melhor quando seu modo de sentir e pensar não venha de uma simples experiência, fruto de fraquezas interiores, ou de um conjunto de normas preestabelecidas convencionalizadas por comodismo, mas da expansão da percepção de desejar ser e existir em um nível de consciência espiritualizado.

Um novo amanhã aguarda para despontar. Uma nova era ameaça timidamente surgir, ensaiando seus primeiros passos. De um mundo em caos ressurgirá a bonança, trazendo a tranqüilidade e a esperança de tempos melhores. Quando a seleção tiver sido realizada, quando os lados da moeda estiverem definidos, um mundo diferente estará para se consumar. Aguarde, Charlie, que ainda há muito para ser dito. Nós nos veremos em breve. Tchau. Godar."

Assim havia terminado a mensagem do guia Godar. Toda essa explanação conseguira ampliar ainda mais meu entendimento sobre a natureza humana. Oferecendo claramente um panorama de caminhos alternativos que, se bem entendidos, poderiam libertar-nos das limitações que obstaculizam nosso desenvolvimento.

Porém, certas palavras me deixaram em dúvida quanto à sua interpretação nessa mensagem. O que significava: "Quando a seleção tiver sido realizada, quando os lados da moeda estiverem definidos, um mundo diferente estará para se consumar"?

Nesse momento, eu estava exausto. O contato esgotara minha mente, pois havia sido longo e detalhado. Embora essas palavras finais fossem misteriosas em extremo, eu não tinha mais cabeça para perguntar. As dúvidas que Gerardo conseguira despertar em mim estavam satisfeitas e concluídas. Amanhã, com certeza, Godar não escaparia de aclarar bem explicadinho esse tão enigmático comentário, assim como esclarecer a respeito do rosto humano na praça dos bustos em Apu.

Capítulo XV

A Largada Final

No dia seguinte, as aulas na faculdade não conseguiam efetivamente distrair minha atenção. Embora o prof. José Antonio del Busto oferecesse, mais uma vez, uma maravilhosa aula de antropologia, aquelas que somente ele sabia fazer, minha mente continuava dispersa. As palavras finais de Godar escondiam alguma coisa, algo que até agora não nos fora revelado.

No intervalo, comentei com Oscar e Pedro, ambos membros do grupo de contato e que também estudavam comigo na Universidade de Lima, a intrigante declaração do guia. Os dois concordaram, já que, em nenhum momento, os guias mencionaram qualquer definição ou projeto de escolha. Seria por demais injusto que, em algum momento, pretendessem escolher a dedo algumas pessoas para beneficiar de alguma forma em detrimento das outras.

Entre acirrados debates, argumentos mil e uma cuidadosa análise, o dia foi passando e a hora de voltar para casa estava chegando.

Naquele dia, lembro que o prof. José del Busto, catedrático de história em várias faculdades e uma verdadeira eminência no seu campo, havia tocado em aula sobre as lendas e mitologias de várias culturas pré-incaicas. Dissertando com propriedade, aludiu à farta presença de entidades que, de alguma forma, vieram e se mostraram para ajudar no desenvolvimento dessas sociedades; como as lendas de Nai-Lamp e Ai-Apaeq entre os mochicas e chimus ao norte do Peru, perto da cidade de Trujillo. Durante sua longa exposição, surgiram comentários relativos à possível interferência extraterrestre ao longo da história da humanidade, mas para o professor Del Busto isso estava fora de cogitação.

Esse assunto havia ativado em mim um grande número de dúvidas a respeito do nosso passado. Recentemente, Sixto e eu lêramos dois livros escritos por Peter Kolosimo chamados *Terra sem tempo* e *Não é terrestre*, ambos da Editora Plaza & Janes de Barcelona, Espanha. Esses livros justificavam, por meio de provas fartamente documentadas, que, em diferentes períodos da evolução humana, seres de origem extraterrestre teriam interferido diretamente no desempenho de diversos grupos humanos, levando-os a níveis de cultura superiores aos que por próprio esforço teriam conseguido no mesmo prazo de tempo. Inclusive a presença extraterrestre seria responsável por eventos de caráter religioso cuja extensão teria servido para fundamentar diversos cultos; entre eles, os que mais evidenciariam essa tese seriam o judaico e o cristão. Esses temas eram bastante intrigantes, razão mais que suficiente para incluí-los como pergunta no próximo contato.

Chegando em casa, procurei jantar cedo para ter tempo de fazer uma boa digestão e uma comunicação sem inconvenientes. Essa noite, tinha coisas importantes demais para saber, e de nenhuma forma desejava ser interrompido, pois somente naquelas últimas palavras que Godar precisaria esclarecer já havia bastante assunto.

Após um merecido banho, dirigi-me para a sala da casa. Fechei as portas, trancando-as por dentro. Sentei no sofá folgadamente arrumando minha prancheta e, sem mais delongas, desliguei as luzes, iniciando um lento relaxamento. Respirando fundo, pausadamente e eliminando os pensamentos que nada tinham a ver com o trabalho, ingressei em um nível ideal de comunicação.

Enquanto segurava com uma mão a prancheta com as folhas de papel para registrar as informações, a outra com a caneta começava a rascunhar. Sem demora o guia se manifestou como sempre:

– Sim, Godar...

– Oi, Godar, ontem você me deixou com algumas dúvidas em relação a seu último comentário. Aquele relativo a uma seleção. Por favor, gostaria de ter isso mais claro, pois não consegui entendê-lo.

– A resposta é bastante simples. Quando a seleção natural ocorrer, aqueles que conseguirem perceber o caminho que a humanidade segue saberão que é hora de deixar o barco, pois está prestes a afundar. O barco não é o mundo, mas somente a sociedade. No futuro, a humanidade estará visivelmente dividida entre os que alimentam o sistema e os que procuram uma condição de vida alternativa mais saudável e mais justa. Os que hoje são uma minoria, amanhã serão uma força tão poderosa que, com pouco esforço, poderão corrigir o rumo do seu desenvolvimento para um período de harmonia.

– Mas, Godar, como ou quando isso vai ocorrer?

– Historicamente, o passado da humanidade tem revelado profecias, premonições de eventos, situações, desastres e grandes mudanças que estariam para acontecer e que se deram. Até nas religiões existem registros relativos aos "sinais dos tempos", frase com que vocês denominam as manifestações que identificam o cumprimento das profecias ou revelações. Agora, embora muitos estejam aguardando por um "julgamento final", por um "fim de mundo" realizado em alguns segundos, existem realmente aqueles que sabem entender a tímida linguagem dos acontecimentos. Existe uma grande quantidade de humanos voltados às profecias. Principalmente àquelas catastróficas que dizem que a humanidade não viverá muito além do ano 2000 ou que nem sequer passará de 2005. Talvez isso afinal seja verdadeiro, mas não pelos motivos que estão pensando. Nós temos condições de apontar o prognóstico de risco para a vida humana. Somente que esses riscos não dependem de uma terceira guerra mundial ou da queda de um corpo celeste colidindo contra a Terra, mas de uma destruição nascida entre os próprios seres humanos.

– Nesse momento em que estamos trocando idéias – continuou –, alguns lugares em seu mundo estão sendo selecionados para novas experiências nucleares. Experiências que não consistem unicamente na detonação de uma bomba, mas no depósito do lixo atômico. São inúmeros os locais definidos nos enormes desertos, nas profundas fendas submarinas e até em lugares próximos à civilização, em que se depositam toneladas de resíduos radiativos, os quais conservarão parte de sua atividade letal por dezenas ou centenas de anos. Uma energia suficientemente perigosa para alterar o presente e o futuro de tudo à sua volta. Entretanto, a tecnologia que vocês hoje manejam é incapaz de aproveitar esses resíduos. Irresponsavelmente, ativam os minérios e continuam ativando, sem conhecer qual é o recurso que interromperá seu perigo, sem perceber que estão contaminando o espaço que habitam.

A radiatividade atualmente, em seu mundo, já se encontra em níveis considerados por vocês mesmos perigosos. Antigamente, a medida que empregavam, chamada cúrio, equivalente à radiação de uma grama de rádio, indicava a existência de um nível de 10 cúrios como total da radiação do planeta. Hoje, os termos de medição somente se referem a megacúrios, isto é, a milhões de cúrios, para medir a contaminação. Suas mais recentes pesquisas nesse campo indicam que, se o nível de radiação continuar aumentando, em menos de 50 anos uma grande parte da vida terrestre estará tão contaminada pela radiação que vai sofrer de doenças e cânceres de diversos tipos. Além da lenta e silenciosa destruição provocada pela radiação, por causa da precipitação radiativa, espalhada pelo solo e pela atmosfera a cada experimento ou acidente, partículas são lançadas ao espaço, combinando seu poder destrutivo com o *efeito estufa*, pois amplia a concentração de calor. A queima diária de combustíveis fósseis também colabora na precipitação ao enviar a *chuva ácida*, para a qual não existe defesa. A combinação do enxofre que é lançado ao ar com outros elementos provoca uma chuva de ácido sulfúrico que destrói a vegetação. Tudo isso, somado aos gases poluentes liberados continuamente pela industrialização desordenada, recrudesce a deterioração das camadas estratosféricas que protegem a vida da radiação ultravioleta.

A radiação solar, cada vez mais intensa pelo desgaste gerado pelo homem nas camadas de proteção, provocará uma degeneração genética em todas as formas de vida da superfície, já que os efeitos dos raios ultravioleta são cumulativos nos organismos, agindo diretamente na estrutura do DNA e modificando o código de informações a que as células normalmente deveriam obedecer. A alteração desse programa genético mudará totalmente o comportamento-padrão das células, gerando assim o envelhecimento precoce, o câncer de pele e as mutações. Os diversos tipos de radiação solar não somente encurtam o ciclo vital do homem, como também, combinados à química de sua alimentação, afetam diretamente seu comportamento, danificando irremediavelmente sua saúde. Tudo isso sem deixar de lembrar que, em alguns países, já se detectam resíduos significativos de urânio 235 e plutônio 239 em peixes, mariscos e moluscos. Além do mercúrio, lançado ao mar pelas indústrias, e aos rios pelo garimpo, que se acumula no organismo humano e animal provocando efeitos terríveis e uma morte horrenda, outros metais pesados são incorporados ao organismo por meio da alimentação.

Além da contaminação química e radiativa, existe a orgânica. As águas empregadas para os cultivos em geral são de origem precária, saturadas de metais pesados e detritos orgânicos que se misturam aos fertilizantes químicos e aos agrotóxicos. Quanto maior a contaminação das fontes de alimento, maior será o risco de quem os consome. Mesmo que os animais sejam elementos intermediários na cadeia alimentar do homem e, portanto, os primeiros consumidores desses alimentos em condição de risco, o próprio homem, ao comer os animais, traz para si a carga acumulada dessas substâncias, inclusive por meio do consumo do leite.

Paralelamente a essa ameaça que toma força a cada dia, destroem suas mais preciosas fontes de vida, como o oxigênio que seu planeta respira. Um gás gerado pelo que vocês chamam de diatomeas, uma espécie de alga-marinha que também conhecem por plânctons. Esses diminutos vegetais que flutuam nos oceanos e que, por sua vez, representam a cadeia alimentar de muitos peixes e mamíferos aquáticos, também estão ameaçados. Pelos nossos cálculos, o oxigênio da Terra poderia estar esgotado totalmente em menos de 1.500 anos se não fosse reposto continuamente mediante a fotossíntese vegetal, processo pelo qual suas plantas elaboram açúcar a partir do dióxido de carbono. Nessa reação, que é produzida na presença do Sol, o vegetal cede oxigênio procedente do dióxido de carbono que absorve como subproduto. Mas ocorre que 70% do oxigênio da Terra não provêm das plantas em terra, e sim das diatomeas nos oceanos.

A cada ano, o ser humano promove a destruição do oxigênio em maior quantidade do que vinha fazendo até agora. Todos os veículos a motor de combustão, aéreos, terrestres e marítimos consomem esse precioso elemento, em especial os aviões, cujo gasto chega a ser absurdo. Somando a esse consumo o das fábricas, calefações, incineradores, veículos, etc., elementos que consideram importantes para seu progresso, dentro de algumas décadas será difícil continuar respirando. Não somente pelo aumento da queima de combustíveis, pelo crescimento da frota de veículos viários, pela industrialização, etc., mas pela contínua redução das matas e pela contínua contaminação dos oceanos. A isso se deve somar o contínuo aumento do gás metano na atmosfera, produzido pelo crescimento das substâncias em decomposição que proliferam em função do número crescente de organismos vivos sobre a superfície do planeta. Esse gás, associado aos demais produzidos industrialmente, colabora para reter a radiação emitida pela Terra, fazendo com que o calor na atmosfera e na superfície aumentem gradativamente.

A continuar assim, o índice de produção-consumo de oxigênio será tremendamente desequilibrado, pendendo de forma negativa, desfavorável e dramática contra a vida que depende desse elemento. O ciclo natural de regeneração é capaz de satisfazer as necessidades de animais e plantas, mas não pode suportar as terríveis sobrecargas e depredações de que está sendo vítima. O calor crescente sobre a superfície provocará graves alterações climáticas, cujas conseqüências atingirão diretamente o homem. As variações da temperatura levarão a mudanças relevantes na composição química, na umidade e na estabilidade do solo das áreas afetadas. Lugares antigamente férteis sofrerão a ação de fortes chuvas, frio intenso, calor extremo ou a erosão provocada pelo aquecimento do ar e as precipitações exageradas. As regiões outrora de cultivo e responsáveis pela alimentação sofrerão o açoite da estiagem. A perda de nutrientes pela diminuição da umidade do solo, pela ação erosiva dos ventos e pela presença de outros fatores derivados tornará difícil o sustento do homem. A queda ou aumento irregular da temperatura em lugares habituados a determinados níveis, sua imprevisível variação e a conseqüente modificação do índice pluvial provocarão, em curto espaço de tempo, irreversíveis alterações na estabilidade da crosta terrestre que, já forçada pelo peso das grandes cidades, pela erosão das chuvas ou pelo deslocamento continental, exigirá uma inevitável acomodação. Lugares onde nunca foi sentido um tremor de terra serão palco de verdadeiros terremotos, assim como de violentos furacões. A natureza, revoltada pela insensibilidade e ignorância humana, exigirá seu preço. E isso já está acontecendo, porém os avisos estão para quem quiser ver.

Não quero dizer com tudo isso que a Terra vai acabar, mas sim que a Terra vai reagir. Seja por meio do clima, da umidade, das temperaturas ou de acomodações telúricas. A Terra, como um enorme organismo, está se preparando para lutar por sua sobrevivência. E isso significa reagir contra seu principal agressor, o homem: sem qualquer piedade, esse planeta se erguerá contra a civilização em uma luta sem quartel. Um princípio maior comanda esse espetáculo. Os cegos, surdos e menos atentos a esses sinais perecerão nas garras de uma besta que foi provocada e que hoje luta para salvar sua vida. Nessa briga, a *Mãe Terra*, como algumas culturas terrestres chamam esse princípio, vai defender seu espaço, seus filhos e sua continuidade, sem levar em consideração para isso se, em meio ao sacrifício, estão juntos inocentes e culpados.

Quem souber falar a linguagem do Universo, saberá entender quando a vida clama, e assim se escolhe entre aqueles que sabem o lugar que lhes cabe. Essa escolha está em um nível de comunicação diferente. Em um campo de percepção distante do comum, pois lida com o direito à felicidade e com o princípio do amor à vida e do respeito às relações de complementaridade."

– Godar, acho tudo isso preocupante. Parece-me catastrófico demais. Será que poderia entender melhor o que você está dizendo? Esse processo vai um pouco ao encontro do "Propósito Superior", mas será que é justo que, a cada situação de mudança, tantos seres tenham de ser sacrificados?

– Charlie, isso faz parte do jogo da vida, faz parte da evolução, da responsabilidade e do risco de atingir a maturidade. Todo processo de desenvolvimento está repleto de riscos que a cada momento nos assediam. Os mais avisados, os mais atentos, os que estão alertas serão os que melhores oportunidades terão. Os distraídos, os preguiçosos e os indiferentes serão os que mais sofrerão, pois jamais se importaram com os demais.

– Não é justo que pessoas boas, de excelentes intenções, sejam sacrificadas por causa desses que colocam tudo a perder. Há pessoas puras, de grande conteúdo, que precisam ter uma oportunidade – afirmei.

– Vocês têm um ditado bastante pertinente para aquilo que você questiona. Diz que "o Inferno está repleto de gente de boas intenções". Infelizmente a intenção pode ser boa, mas, se a realização é pobre, o resultado será prejudicial. Não é só querendo que um filho seja obediente e disciplinado que ele vai aprender, só pelo desejo do pai ou pela punição que receba, mesmo que as intenções sejam as melhores. Os fins não podem justificar os meios, pois para cada situação existe um caminho. Embora vocês digam que "todos os caminhos levam a Roma" (um outro ditado popular), existem os caminhos curtos e os mais longos, até aqueles que fogem totalmente do objetivo. Por isso, as oportunidades são oferecidas a todos por igual. Todos podem agir de comum acordo para realizar algo, sempre e quando o objetivo seja claro e comum. A inteligência é um atributo oferecido para poder elucubrar alternativas de saída, opções de fuga e, principalmente, para recriar as condições de uma melhor forma de viver. A capacidade de pensar é o presente mais fantástico que se pode ofertar a uma criatura, só que em mãos erradas se transforma em uma monstruosa arma de destruição. Tudo, absolutamente tudo que derive da inteligência, por melhor que seja, por mais benefício que aparente, pode ser desviado para fins destrutivos, inclusive contra o próprio responsável pela inteligência. Para achar um lugar, é necessário um mapa e saber algumas coordenadas. Para encontrar alguém, é necessário saber a quem se procura e também algumas coordenadas. E para achar a razão da vida? Da continuidade, da felicidade, quais são as coordenadas e quais as referências? As respostas estão entre vocês mesmos. Basta olhar ao seu redor com outros olhos e sentir, não somente com o coração, mas com um sentimento puro comandado pela nitidez da razão. Uma seleção está para acontecer. Uma transição está sendo deflagrada, a qual definirá o ciclo de vida de sua espécie. Os tempos são aqueles tão anunciados. É o momento da reflexão, da separação e da penitência. O dia do julgamento está próximo e o juiz será o próprio Universo e o promotor, a Terra. As vítimas da irresponsabilidade humana clamam desde os túmulos do tempo. E as potenciais vítimas do futuro não aguardarão para ser atingidas. O tempo das definições está batendo na porta do homem. Mais uma vez, o ciclo se fecha.

– Godar, o que você pretende dizer quando afirma que o ciclo se fecha mais uma vez?

– Historicamente, a Terra já passou por diferentes momentos em que as condições foram similares. Outros povos já chegaram a ter o poder de alterar radicalmente a realidade desse planeta e, da mesma forma, foram julgados por seus desmandos. O poder que mantém a harmonia cósmica sabiamente permite que as condições de redenção aconteçam e que, ciclicamente, essa oportunidade novamente seja dada. A cada certo tempo, situações similares às vividas em tempos remotos voltam a se formar, permitindo que um mundo, uma espécie ou uma raça possa retornar ao seu curso natural de desenvolvimento. É isso que está para acontecer na Terra. Esse planeta não era para ser o que ele é hoje nem ter o tipo de vida que possui. Tudo deveria ser diferente, mas a ignorância comprometeu seu curso. Se tudo tivesse sido como deveria, isto é, se o curso da evolução da Terra tivesse seguido seu caminho normal, somente agora o homem estaria aparecendo sobre a superfície do planeta. Somente agora os povos estariam sendo organizados e as culturas formadas. Porém, o que vemos agora não é mais um fim, mas sim o começo de uma nova condição de vida que está prestes a eclodir.

– Godar, que quer dizer tudo isso? Que realmente houve algum tipo de interferência propositaI em nosso passado? Que depois que órions e apunianos estiveram na Terra em tempos remotos, posteriormente passaram a interferir nas diversas civilizações terrestres? É isso?

– Lembre-se de que, dentro do processo de desenvolvimento evolutivo de toda espécie, o Universo a veste de ferramentas para que possa sobreviver e perpetuar sua espécie. Conforme uma raça evolui, os mecanismos de sobrevivência se sofisticam, sendo continuamente substituídos por novos atributos e novas características, inclusive físicas. A inteligência, a capacidade de pensar é, dentre todas as ferramentas, a mais perigosa, já que envolve todos e tudo o que exista ao seu redor. Como uma insípida lagarta, a criatura em desenvolvimento caminha obedecendo a seus instintos, sem parar para nada, apenas para comer e sobreviver. São reações primitivas, primárias, típicas de um estágio primordial. Porém, chega um instante do processo em que a lagarta está prestes a realizar uma absurda e radical transformação, não somente física, mas também de hábitos. Aqui, a lagarta constrói seu casulo, que tanto pode servir como proteção para essa fantástica metamorfose como de mortalha. Se não soube proteger-se ou se não conseguiu construir seu casulo em um lugar fora da vista dos predadores, jamais será completada essa etapa. Assim, da mesma forma, a criatura em processo de desenvolvimento constrói a civilização. Um casulo que servirá de experiência para iniciar um processo de absoluta transformação. Porém, essa transformação poderá jamais ser completada, na medida em que o casulo acabe por ser seu próprio túmulo. E isso já aconteceu inúmeras vezes, não somente na Terra, como em muitos mundos afora. A lagarta se transforma em borboleta, uma criatura radicalmente diferente daquela inicial. A borboleta é bela, colorida, graciosa e viverá para procriar. Da mesma forma, o ser evolui passando por estágios. No início, abandona sua condição instintiva, animal e primitiva de simples sobrevivência para construir uma cultura e depois uma civilização. A transformação será profunda se esse processo vingar, pois a transição emocional é a metamorfose, isto é, a descoberta interior; os sentimentos, os valores e o caminho para uma consciência são os elementos que constroem o casulo, e o resultado não será uma borboleta, mas uma sociedade bela, majestosa, digna e humana, se completado o processo corretamente. Caso contrário, será a morte. Em breve, poderemos falar mais sobre esse assunto, mas por hoje já é suficiente. Agora você está muito cansado. É melhor parar por aqui.

– Espere, Godar, há uma porção de coisas que você precisa responder ainda. Não corte a comunicação agora. Por favor...

– Aguarde. Logo saberá mais. Tchau...

Sem dar condições de reclamar, o guia encerrou a comunicação. Na verdade, ele tinha razão, eu estava bastante cansado, mas ficar com as dúvidas dessa maneira era cruel demais. De qualquer forma, não adiantava protestar. Outro seria o momento de inquirir o guia e, dessa nova oportunidade, ele não escaparia.

A mensagem de Godar, embora clara em certos aspectos, deixava entrever, nitidamente, a afirmação patente de que, no passado do mundo, a Terra teria enfrentado uma ou várias situações similares à que hoje nossa sociedade padece. Essas colocações me fizeram pensar muito durante alguns dias, até que algo ocorreu.

Na última semana de julho, um jornal local publicou um artigo que me lembrou uma das últimas comunicações de Godar. O texto dizia: "Alguns cientistas estão preocupados com a queima indiscriminada de combustíveis, pois, segundo os especialistas, o ar que respiramos poderá estar comprometido em breve. De acordo com as investigações, até os aviões estão colaborando para a destruição do ar, já que as turbinas provocam a queima de mais de 35 toneladas de oxigênio a cada travessia pelo Oceano Atlântico, sendo que não somente a frota desses aparelhos, como também a potência e o tamanho das turbinas tendem a aumentar anualmente. Fazendo uma projeção, os cientistas acreditam que, nos próximos 20 anos, a frota de aviões tenha quintuplicado com relação à atual em função da demanda internacional. Somando isso ao crescimento geométrico da população, da produção de veículos de transporte e das indústrias, em algumas décadas será difícil continuar respirando. Isso não somente pela queima de combustíveis, mas pelo aumento da destruição das matas e pela crescente contaminação dos oceano".

Tudo isso vinha ao encontro do que Godar havia comentado em contato. Mas até onde o fato de ler esse artigo não faria parte indireta de alguma preparação?

Meditando um pouco, refleti sobre a grande importância de conhecer e saber detalhes atuais nos diferentes segmentos da investigação humana porque, dessa forma, teria argumentos não somente para inquirir meu guia, mas também para, a cada novo conhecimento transmitido por Godar, dispor das informações necessárias para lhes dar consistência e apoio. Assim, decidido a direcionar uma bateria de perguntas a Godar, iniciei um trabalho de preparação. Meu objetivo era conhecer mais sobre o homem, seu passado, a origem de suas religiões e principalmente do Cristianismo.

Durante longos anos, eu havia estudado no Colégio São Luis da congregação marista. Uma escola particular no bairro de Barranco, em Lima, que me permitiu conhecer alguma coisa sobre o catecismo e principalmente sobre Jesus, o Cristo. Esse personagem havia sido sempre para mim uma figura enigmática. E aquele busto na praça da cidade de Ilumen, em Apu, era por demais semelhante às descrições que eram feitas do Nazareno.

Segundo Godar, os seres de Apu em geral, assim como ele, têm uma média de vida de mais ou menos 4,5 mil anos terrestres, podendo chegar aos 5 mil sem grandes dificuldades. Dessa forma, qualquer apuniano com mais de 4 mil anos não somente poderia ter "chutado" as canelas de Abraão nas remotas terras de Canaã, mas também conhecido Moisés, Daniel, Salomão, Davi e Jesus em pessoa. Tudo isso era loucura demais para minha adolescente cabeça, mas também a mais incrível experiência jamais contada.

Nos dias que se seguiram, mergulhei profundamente na biblioteca do meu pai, lendo tudo o que encontrava pela frente, e, não satisfeito com os resultados, aproveitei para bisbilhotar na Biblioteca Municipal de Barranco. Pacientemente, fui investigando sobre as origens das culturas mesopotâmicas, observando que a presença de deuses e entidades celestiais era uma constante. Os antigos povos que haviam fincado raízes nas regiões próximas ao Mediterrâneo associavam seu progresso à ação direta de entidades especiais, seres cuja natureza seria diferente da humana, assim como sua inteligência e sua percepção das coisas. Conforme me aprofundava na pesquisa, uma quantidade de perguntas se formulava em minha cabeça. Parecia que agora tudo ficava mais claro para compreender, e que parte das incertezas dos arqueólogos se resolvia a cada passo da leitura.

No fim de alguns dias, um quadro havia tomado forma na minha mente. A visão do passado do mundo repentinamente sofrera uma tremenda transformação, e o que parecia não ter nexo ou ligação surpreendentemente se encaixava.

Foi um período bastante profundo de reflexão e investigação que consegui partilhar com meu pai, que me ajudou muito a desvendar e entender algumas coisas. As relações entre Sixto e meu pai haviam se esfriado demais em função das atitudes radicais que meu irmão tomara contra o Instituto, e assim eu era o único elo de ligação que mantinha meu pai informado. Eu não podia ser tão insensível, pois tudo o que éramos e sabíamos devíamos a dom Carlos, que, bem ou mal, havia preparado nosso caminho.

Para minha total frustração, as comunicações nesse período não procuravam mais responder diretamente a qualquer pergunta nossa. Os guias extraterrestres haviam ingressado em um esquema de charadas conosco. Evadindo-se continuamente de toda indicação, os contatos psicográficos limitavam-se a marcar novas saídas a campo, insistindo apenas em que continuássemos a investigar. Isso, para meu desespero, só fazia crescer mais minha curiosidade a cada dia. Sonhava com a oportunidade de ter Godar novamente à minha frente, porque, dessa vez, não o largaria sem ter todas as minhas perguntas respondidas.

O mês de agosto chegou com uma nova experiência bastante significativa. Embora a presença de naves fosse constante, sua descida não havia ocorrido mais desde aquela em que a proposta de continuar havia sido feita. O máximo que havíamos tido, depois disso, limitava-se apenas a longa distância, como na fase Gimbra (das portas *Xendra*).

Meu irmão Sixto havia recebido uma nova convocação para as dunas de Chilca, a ser realizada no dia 3 de agosto, um sábado. Nessa saída, um pequeno grupo de apenas cinco pessoas havia sido escolhido para comparecer.

Intrigados pela formalidade do convite, optamos por não comentar nada a respeito dessa saída com ninguém. Mesmo que inquiridos sobre a data, respondíamos tratar-se de uma simples saída de rotina. No fundo, sabíamos que esse encontro seria diferente, mas não atinávamos sua finalidade. Talvez fôssemos levados para seus mundos novamente, ou algum dos guias viria ao nosso encontro. Fosse como fosse, já percebíamos que alguma coisa mudaria daqui para a frente, mas o quê?

Assim, o sábado chegou. Como de costume, nosso pequeno grupo se dirigiu até a Mina, onde, dispostos em círculo, iniciamos a comunicação para solicitar novas instruções. Mito, em um grito eufórico, chamou nossa atenção para a presença de duas naves a baixa altitude, ambas se aproximando em direção à Mina.

Como impulsionados por uma mola, todos ficamos de pé olhando para o silencioso deslocamento das naves. Nesse momento, meu irmão, em contato com Oxalc, recebia a instrução de separar-nos em pares e seguir diferentes direções. Sem demora, formamos os grupos. Sixto ficou com Mito, Paco com Juan e eu fiquei só.

Com as direções estabelecidas, partimos nos desejando boa sorte. Embora estivéssemos nervosos, sabíamos que nada havia a temer e que o que fosse acontecer seria para incrementar nossa preparação.

A direção que me tocou seguir foi a mesma que utilizei na ocasião do *Xendra* que me levou a Apu. Um pouco apreensivo, fui subindo vagarosamente a montanha. De onde me encontrava, dava para perceber a direção que meus companheiros seguiam. Mesmo tudo escuro pelo manto da noite, as lanternas evidenciavam a presença humana nessas montanhas que, como pequenos vagalumes, se perdiam entre o acidentado terreno.

Finalmente cheguei ao topo da montanha, exatamente no lugar onde Godar abrira a porta dimensional para viajarmos até Apu. Ali, sentei um pouco para recuperar o fôlego, enquanto olhava ao meu redor. Nesse instante, observei que as duas naves que compareceram à prática voltavam a se movimentar. Uma correu em direção ao local que meu irmão havia escolhido, sendo que a segunda nave iniciava sua descida na pequena várzea formada a poucos quilômetros de onde eu me encontrava.

Extremamente curioso, observei que o formato da nave, conforme baixava, era diferente das anteriores avistadas por nós. Esse objeto era formado por uma base cônica segmentada, parecendo anéis de tamanhos menores remontados um em cima do outro. No centro, uma espécie de torre cilíndrica se erguia ostentando algumas janelas iluminadas, acabando em uma cúpula com luzes que corriam seqüencialmente nas bordas. Enquanto a nave se aproximava do solo, um cilindro de diâmetro bastante inferior ao do corpo da nave, com um movimento de giro, se projetava para fora da parte inferior do objeto. Pensei no início que fosse o trem de pouso, mas, conforme saía para fora, parecia com um elevador que estivesse sendo ejetado. Silenciosamente, a nave pousou sem tocar totalmente o solo. Suspensa no ar, parecia utilizar o cilindro como plataforma. As luzes externas mantinham-se ligadas, assim como as seqüenciais, mas tudo no mais perfeito silêncio.

Aquilo era um espetáculo maravilhoso. Sentia pena que meus companheiros não estivessem comigo para presenciar tão belo objeto, fruto de uma tecnologia tão avançada.

Nesse momento percebi a voz de Godar entre meus pensamentos, indicando que me dirigisse à nave pousada. Por um momento hesitei, por me encontrar só, mas, respirando fundo, iniciei a descida até a várzea.

Conforme ia chegando perto da nave, parecia que um torpor tomava conta de mim a cada passo. A imagem da nave ficava entrecortada, nebulosa e uma sensação de cansaço debilitava meu corpo. Minha consciência ia perdendo a noção das coisas na aproximação, a tal ponto que cheguei com grande dificuldade até o elevador em forma de cilindro que saía da parte inferior da nave. Ao chegar, uma espécie de porta surgiu quando correu a parede do cilindro, iluminando seu interior e indicando claramente a existência de um convite para ingressar. Sem ter qualquer controle do meu corpo a essa altura, vítima de um cansaço esquisito, precipitei-me para o interior, ficando totalmente inconsciente.

Enquanto vivenciava, longe de todos, essa inesquecível e desagradável situação, Sixto e Mito haviam observado, durante sua caminhada, um forte resplendor por trás de um morro. Curiosos com o fenômeno, dirigiram-se rapidamente para lá a fim de investigar. Ali, para sua surpresa, defrontaram-se com a presença de uma nave também pousada em terra. Empolgados pela vista, optaram por descer rapidamente a ladeira para observar o disco mais de perto, pois o mesmo se encontrava a pouco mais de 60 metros.

Sem se aperceberem de qualquer outra presença durante a descida, foram subitamente surpreendidos e interceptados por um ser de quase 2 metros de altura, vestindo um macacão com blusão, bem semelhante à roupa de esquiador, botas de cano longo e um cinto largo. Seu cabelo era de um loiro quase branco, fino, liso e comprido até os ombros. O ser permanecia imóvel olhando para os dois que, um tanto impressionados pela surpresa, não sabiam o que fazer.

O extraterrestre fez uns movimentos com a mão direita, levantando a palma da mão e mostrando-a à frente. Ambos sentiram mentalmente que deviam relaxar e não temer, pois ele não lhes faria qualquer mal.

Pouco depois, o ser se comunicou telepaticamente com ambos, dizendo que teríamos de trocar o local das próximas saídas, pelo menos por algum tempo. A Mina deveria ser substituída como ponto de atividades por um outro lugar mais afastado e de difícil acesso, pois a preparação que estávamos seguindo ingressaria em uma nova etapa. Por outro lado, os guias achavam que já era necessário que tivéssemos a oportunidade de conhecer lugares secretos, onde se encontrava guardada grande parte da história da humanidade. Uma história jamais distorcida pelo homem ao longo dos tempos pela ação do interesse, da luta pelo poder, pelo dogma ou por qualquer outra mesquinharia. Uma história fiel aos momentos do despertar, aos erros e acertos; às visitas dos "deuses", à aprendizagem por meio deles, enfim, àquela história jamais contada. Nesse caso, seria um lugar em particular onde se achavam conhecimentos e registros preservados ao longo dos tempos. Guardados em mãos de criaturas especialmente preparadas para esse fim que, por séculos, se mantiveram como guardiãs de uma verdade esquecida.

O extraterrestre indicou que o próximo encontro seria realizado em um lugar chamado MARCAHUASI, localizado em um ponto da Cordilheira dos Andes centrais, próximo à cidade de Lima. Tornou a insistir que essa nova experiência seria muito importante para o nosso futuro, enfatizando que utilizássemos a comunicação para solicitar maiores detalhes. Por outro lado, comentou que a Mina havia sido escolhida em primeiro lugar por se encontrar próxima de uma base submarina no litoral do Oceano Pacífico, além de o local reunir condições "especiais".

A criatura finalizou afirmando que, dessa vez, eles não subiriam ao interior da nave pousada à sua frente, e que o objetivo desse encontro era preparar-nos para o que estaria por vir no futuro. Segundo o guia, muitas coisas estavam sendo colocadas em nossas mentes sem percebermos. Informações, conhecimentos e um ferramental especial lentamente seriam fixados em nosso inconsciente para vir à tona somente no momento em que estivéssemos aptos e que fosse realmente necessário. Assim, o ser acenou com a mão e se retirou em direção à nave. Sixto e Mito, como congelados, permaneciam fixos olhando a nave desaparecer no espaço. Em breves segundos, tudo já havia passado. E, ainda absortos, iniciaram seu retorno até o local de reunião.

Enquanto meu irmão voltava de seu encontro, eu passava a ter consciência de onde estava. À minha frente, a nave na qual momentos antes eu ingressara estava levantando vôo. Conforme o objeto subia, meu corpo e minha mente voltavam à carga total. Era como se a nave tivesse me controlado totalmente, a ponto de ingressar em um torpor semelhante a um transe hipnótico e ser submetido a algum tipo de trabalho, mas o quê? Não lembrava absolutamente de nada, a não ser de alguns *flashes* que vinham à minha mente, mas nada claro. Algumas cenas um tanto confusas surgiam entre meus pensamentos do trajeto até chegar à nave. Sabia também que havia ingressado no interior, por isso algumas imagens enevoadas me assaltavam. De certa forma, sentia que haviam me impressionado por algum motivo.

Dentre elas, a visão de um rosto humano estava quase fixa nos detalhes. A imagem aparecera em algum momento no interior da nave, mas não sabia ao certo em que circunstâncias surgira. Porém, o rosto de um homem alto, de cabelo castanho-claro quase loiro e comprido, barba e bigode recortados com elegância e olhos claros, cujo olhar penetrava até o interior da alma, mantinha-se vivo entre minhas obscuras lembranças. Esse rosto, que não sei como ou de que forma havia aparecido durante minha nebulosa estada na nave, assemelhava-se demais com a peculiar escultura da praça dos bustos em Apu que tanto havia atraído minha atenção. Mas seria "Ele"? Que havia ocorrido comigo? Que fizeram comigo? Por que tudo isso?

Passariam ainda alguns anos para que eu encontrasse a resposta. Tudo tinha um motivo, mais tarde o entenderia.

Um pouco melhor e mais controlado, iniciei meu retorno ao ponto de encontro. Com bastante dificuldade, tentava colocar meus pensamentos em ordem, mas um incômodo mal-estar, que me tomava por completo, interferia na tentativa.

Ao chegar ao ponto de reunião, já me sentia melhor. Meu irmão comentava eufórico sobre a mensagem que o extraterrestre havia transmitido. Paco e Juan, também emocionados, afirmaram ter visto a nave do ser ir embora, razão pela qual voltaram bem antes, supondo que alguma coisa havia acontecido. Eu, ainda "abobado", comentei a desagradável experiência que havia enfrentado, sem entender ao certo o objetivo de tudo isso. Paco e Juan mencionaram que algo muito similar ocorrera com eles, mas que em nenhum momento haviam visto ou observado qualquer nave pousada próxima deles, a não ser a projeção de um guia a pouca distância, mas sem lembrar qualquer coisa ou ter recebido qualquer mensagem.

Dessa forma, entre relatos, determinamos aproveitar a semana para definir, em comunicação, os detalhes dessa nova experiência a que havíamos sido convidados e, principalmente, para descobrir onde ficava Marcahuasi.

As férias da faculdade, para nossa sorte, já haviam começado e isso era razão mais que suficiente para pensarmos, como era de costume, em organizar algum novo acampamento. Empolgados com a recente experiência, Sixto consultou Oxalc, seu guia habitual de contato, que, além de confirmar a ida até Marcahuasi para o dia 19 de agosto, marcou as coordenadas para realizar ali um acampamento de vários dias; porém, o mesmo seria extremamente especial e somente alguns poucos poderiam ir.

Segundo o guia, apenas pessoas previamente escolhidas poderiam viajar, já que essa experiência seria a prova final do processo de treinamento. Isso mexeu com todos nós, pois o tom, além de sério, era bastante solene. A idéia que ficava parecia indicar que essa experiência seria o fim de uma etapa e, provavelmente, o início de uma outra completamente diferente. Havia mistério demais por trás de todas as mensagens. Os guias consultados nada revelavam que nos permitisse prever o que nos aguardava.

A comunicação de Oxalc marcava a segunda-feira, 19 de agosto de 1974, como data para a chegada ao local previsto. Nossas pesquisas revelaram que o mesmo era um platô localizado a 90 quilômetros da capital Lima, em direção à cordilheira central dos Andes. Esse lugar, situado a nada menos que 4.200 metros acima do nível do mar, recebia o nome de Marcahuasi, que em dialeto quíchua significa Casa de dois pisos ou Casa do povo, pois, em tempos pré-incaicos, fora o lugar de residência de uma antiga e misteriosa cultura chamada masma.

Esse lugar foi inicialmente mencionado pelo mundialmente renomado arqueólogo peruano dr. Julio C. Tello, em suas anotações e seus trabalhos de exploração. Também constam antigas menções desse platô nos relatos e nas crônicas espanholas de don Pedro Cieza de León que, entre várias coisas, fala sobre os mitos dos índios huallas e huanchos, ambos antigos habitantes dessas regiões nos tempos pré-incaicos, e da presença dos apus ou guamanes, espíritos das montanhas que cuidavam dos mortos, assim como de homens brancos e loiros que viveram na cordilheira antes da chegada dos conquistadores. Mas, afinal, o platô foi tornado conhecido em 1952 pelo respeitado e famoso arqueólogo peruano dr. Daniel Ruzo que, profundamente interessado pelas culturas americanas, investigava o paradeiro de uma remota cultura que existira em tempos anteriores aos incas e que, sem motivos, desaparecera bruscamente.

Para sua sorte, no dia 16 de fevereiro de 1952, o sr. Enrique Dammert, um dos seus mais próximos amigos e que conhecia seu trabalho de investigação sobre as culturas proto-históricas da América, chegou em sua casa levando uma fantástica ampliação fotográfica. Tratava-se de uma rocha esculpida na qual se podia apreciar perfeitamente uma cabeça humana. Essa escultura, localizada no platô de Marcahuasi, era chamada de *Peca Gasha*, que significa "Cabeça da Passagem" ou "Cabeça do Inca" pelos anciãos de um pequeno povoado denominado São Pedro de Casta, um vilarejo a 3.200 metros acima do nível do mar, situado a poucos quilômetros do local e em plena cordilheira central.

Nessa época, Daniel Ruzo investigava o Morro São Cristóvão, na cidade de Lima, no qual havia encontrado várias esculturas pré-históricas cujas características se assemelhavam às da foto. Sem perder tempo, Ruzo viajou em agosto do mesmo ano em direção a um vale, hoje conhecido como Vale de Santa Eulália ou Masma, habitado antigamente pelos índios huancas até a chegada dos conquistadores espanhóis.

Quando chegou ao local, Ruzo deparou-se com uma enorme rocha talhada, uma incrível cidade com 12 açudes artificiais e uma vastíssima rede de canais destinados à colheita de água pluvial e à sua ordenada distribuição para consumo. Alguns desses canais ainda estavam em funcionamento, assim como um canal central subterrâneo, lavrado no interior do platô. Além dessa fantástica demonstração de uma sofisticada engenharia hidráulica, Ruzo defrontou-se com construções ciclópicas que lembravam as obras incas. Além de residências de vários andares, torres de observação, fortalezas, templos e altares orientados em direção aos quatro pontos cardeais, o arqueólogo observou a presença de uma quantidade enorme de esculturas em pedra.

Sistematicamente, Ruzo passou a registrar a localização dessas esculturas líticas, observando que sua distribuição não era a esmo. Após alguns meses, o arqueólogo se defrontou com um achado que seria um dos mais polêmicos. Na parte mais distante do platô, Ruzo descobriu uma escultura de pedra semelhante a um hipopótamo sentado sobre suas patas traseiras. Imediatamente, a imagem lhe trouxe à lembrança a figura da deusa Thueris, a deusa egípcia cuja forma é a de um hipopótamo. Mas o que teriam a ver os masmas com os egípcios?

Ruzo, acampado no platô desde o início de suas investigações, procurava desvendar tão absurdo mistério, e decidiu aproveitar a noite e dar uma volta para pensar melhor. Munido de uma lanterna, caminhava meditando no mistério que o platô encerrava. Entre pensamentos, sua lanterna iluminou algumas formas na rocha, observando que a sombra projetada criava formas definidas. Isso foi demais para ele. De maneira meticulosa, Ruzo descobriu que as esculturas não somente ofereciam a beleza e o enigma de sua forma, mas que, no entardecer ou sob uma luz de lanterna durante a noite, mudavam seus aspectos. Em alguns casos, os rostos envelheciam com o deslocamento das sombras, em outros rejuvenesciam, outras entidades surgiam parecendo dançar com o movimento da luz, enfim, uma cultura havia criado uma obra fantástica no topo de uma montanha abandonada em meio à Cordilheira dos Andes e, subitamente, havia desaparecido, mas por quê?

Daniel Ruzo permaneceu em Marcahuasi até o ano de 1960, quando teve de encerrar seus trabalhos de investigação por motivos de saúde. A essa cultura, Ruzo chamou de civilização masma, em função do nome indígena do vale. De acordo com suas pesquisas, o platô de Marcahuasi foi formado por uma intrusão vulcânica que provocou o afloramento de milhões de metros cúbicos de pórfiro diorítico branco, projetando uma superfície homogênea de 3 mil metros quadrados que, com o tempo, se fragmentou. Segundo os especialistas consultados, as rochas brancas desse tipo levariam um tempo médio de 10 mil anos para escurecer, o que dataria as esculturas automaticamente.

O dr. Daniel Ruzo escreveu um livro com o título *A história fantástica de um descobrimento*, no qual narra os detalhes de sua incrível descoberta, aventando a hipótese de que a civilização de Marcahuasi teria uma antiguidade superior à de qualquer outra na América, podendo ter mantido algum tipo de relação com a cultura egípcia.

Toda essa informação nos permitiu conhecer o lugar que nos aguardava e que, para variar, não deixava de ser tão fantástico quanto nossas próprias aventuras.

Os dias que se seguiram às pesquisas foram difíceis, pois teríamos de definir quem afinal participaria dessa derradeira oportunidade. Todos fizemos contato com nossos respectivos guias, procurando obter uma relação definitiva dos que viajariam.

Finalmente, após cansativas análises, chegamos a um consenso e ficou definido que Eduardo, Paco, David, Oscar, Sixto e eu iríamos na viagem, ficando pendentes Juan, Mito, Kuqui e alguns outros, pois precisariam confirmar sua disponibilidade.

Nas comunicações que realizamos durante esses dias, os guias se referiam a Marcahuasi como um lugar antigo conhecido pelo nome de "Altar dos Deuses" e que, ao longo da nossa viagem, acharíamos no caminho dois agricultores aos quais deveríamos pedir orientação utilizando esse nome. Dessa forma, poderíamos chegar rapidamente e sem percalços, já que nos assinalariam a direção correta a seguir.

Cabe destacar que as estradas da cordilheira estão bem longe da imaginação de qualquer um, pois, além de não haver qualquer proteção lateral, são caminhos que contornam as montanhas a grande altitude, pelas quais transitam diariamente caminhões e ônibus em uma largura que mal acompanha a largura de um carro, além de não conhecer sequer o que é asfalto.

Assim, no dia 19 de agosto, às 8h, Eduardo chegou na porta da minha casa com seu velho sedã Chevrolet de quatro portas. Nessa hora já tínhamos a confirmação de que Eduardo, Paco, David, Oscar, Sixto e eu seríamos os únicos a viajar; os demais, por diferentes razões, estavam com dificuldade de participar. Outros, que não estavam convocados, vieram para se despedir. Entre abraços e desejos de boa sorte, todos estávamos tomados por um mesmo sentimento de solidariedade, pois a conquista que pudéssemos realizar seria a conquista de todos. Tínhamos a responsabilidade de representar todos os nossos companheiros, pois não éramos seis, éramos todos e cada um que, ao longo de todo esse tempo, havia trabalhado irmanado, unido na conquista de um ideal. Era por todos eles e por nós mesmos que estávamos a caminho de mais uma aventura, da qual não haveria mais retorno.

Capítulo XVI

Marcahuasi: "O Altar dos Deuses"

*D*epois de colocar nossas mochilas no porta-malas do carro e ajeitar os recipientes plásticos que utilizaríamos para levar a água até o topo do platô, desfechamos a despedida. Dessa vez, eu levava uma pequena filmadora de 8 mm carregada com apenas um filme. O objetivo seria registrar ao máximo os momentos mais importantes da aventura, tendo assim um documento para mostrar a todos aqueles companheiros que, nesse momento, nos acompanhavam apenas com o espírito. Por outro lado, Eduardo também havia se equipado com uma máquina fotográfica, comentando que, dessa vez, os guias não escapariam de ser fotografados.

Eram 10h quando Eduardo acelerou em direção à rodovia que nos levaria ao nosso destino. Estávamos eufóricos e deixávamos transparecer toda a emoção que nos tomava.

Entre as inúmeras especulações que fizéramos, somente em uma única coisa éramos coincidentes: o que fosse acontecer nesse lugar marcaria nossas vidas até o fim.

Para chegar até o Vale de Santa Eulália, o vale no qual a montanha se encontra, precisaríamos percorrer uma distância, em linha reta, de pelo menos 90 quilômetros, mas na Cordilheira dos Andes alguns escassos quilômetros podem levar até uma hora ou mais, pois a estrada margeia a montanha em um ziguezague em contínua ascensão.

A rodovia que sai de Lima em direção à cordilheira central passa pelas localidades de Vitarte, Chaclacayo, Chosica, Ricardo Palma e depois há o desvio para o Vale de Santa Eulália. Uma vez nesse vale, o caminho nos levará a um novo desvio em direção a Huinco, onde existe uma central hidrelétrica, passando posteriormente pela ponte de Autisha rumo ao povoado de São Pedro de Casta, ponto final do trajeto motorizado.

Durante as primeiras horas de estrada, nesse caso asfaltada, não houve qualquer problema. Mas, chegando aos primeiros quilômetros do vale, tivemos a percepção do que nos aguardava. Montanha de um lado, do outro um desfiladeiro que a cada metro percorrido aumentava sua profundidade, sem qualquer proteção lateral, e um caminho de terra batida e cascalho, tão estreito que o sedã de Eduardo parecia tomar toda a largura da estrada, seriam uma constante. Além disso, a cada momento precisávamos procurar um beco, um promontório de terra na beirada do abismo, ou recuar até achar alguma saída para ceder espaço aos caminhões carregados que transportavam legumes e verduras em direção a Lima, sem esquecer também os enormes ônibus que todo o tempo surgiam em cada curva.

Dessa forma, não faltaram as vezes em que o carro escorregou deixando um pneu fora da estrada, e tínhamos de sair para fazer peso e recolocá-lo novamente no caminho. Mas o maior incômodo foi que, a cada subida, o carro sofria pelo esforço e pela variação do ar, começando a aquecer o radiador continuamente.

As paradas para esfriar o carro foram sendo mais freqüentes conforme a subida se fazia mais íngreme. Bastava levantar o capô para que o carro se transformasse em uma nuvem de vapor.

E assim, com bastante trabalho, conseguimos chegar até as proximidades da ponte Autisha, onde tivemos de parar diante de uma inesperada bifurcação sem qualquer sinalização, e não sabíamos mais portanto em que direção seguir.

Aproveitando o descanso para mais uma vez resfriar o motor do carro, saímos à procura de alguma informação que nos orientasse. A essa altura, a água nos bujões plásticos estava quase no fim, e, para conseguir mais, seria necessário chegar ao povoado de São Pedro de Casta. Mas nesse momento estávamos no meio do nada e a hora já se encontrava bem avançada. Faltavam pouco mais de duas horas para começar a escurecer e nós nem tínhamos idéia de quanto faltava ainda para chegar.

Enquanto discutíamos o que fazer, dois camponeses de aspecto bem humilde vinham pela estrada em nossa direção. Oscar, sem pensar duas vezes, saiu a seu encontro perguntando qual era o caminho que levaria até a montanha conhecida por Altar dos Deuses. O mais velho dos camponeses indicou a estrada à nossa esquerda, respondendo (em um castelhano muitíssimo mal falado) que dificilmente conseguiríamos chegar com a luz do dia.

Olhando a cena, Sixto lembrou naquele momento da comunicação dos extraterrestres em que se mencionava a presença de dois agricultores no caminho e que, quando inquiridos, nos indicariam o caminho a seguir. Feliz pela confirmação, afirmou que tudo isso já estava fazendo parte da experiência, razão pela qual não devíamos nos preocupar. Os guias deviam ter previsto esse atraso, a julgar pela presença dos dois camponeses justo no momento em que a continuidade da viagem sofria a falta de uma melhor orientação.

Assim, mais tranqüilos, aceitamos que seria imprudente continuar a viagem durante a noite, pelo perigo do caminho e pelo trânsito de veículos maiores. Animados pela confirmação e confiantes de que estávamos no caminho certo, arrancamos com a velocidade que o terreno nos permitia, à procura de um beco em alguma curva da estrada em que pudéssemos estacionar o carro e passar a noite.

A busca não demorou muito. Algumas horas depois, justo quando o astro-rei se escondia por trás das montanhas, localizamos um canto ideal. O beco encontrava-se exatamente em uma curva, de modo que estacionamos o carro com a frente para a montanha e a traseira para um abismo de uns 200 metros de queda livre. O abismo, que separava as duas montanhas, era o corte provocado pelo Rio Carhuayumac, o mesmo que margeia a montanha de Marcahuasi. Estávamos a essa altura bem em baixo de São Pedro de Casta, mas isso só descobriríamos no dia seguinte.

Retirados os cobertores do porta-malas, ajeitamo-nos da melhor forma possível. Eduardo, eu e Sixto estávamos na frente do carro, Oscar, Paco e David atrás. Embora um pouco incômodos pela posição, o cansaço do dia se fez presente, fazendo com que o sono tomasse conta do grupo.

Durante a noite, fui acordado por uma estranha sensação. Preocupado, procurei dar uma boa olhada ao nosso redor. A noite estava totalmente preta. No momento em que dei uma olhada na parte traseira do carro, observei a presença de uma luz meio amarelada a pouca distância. Durante alguns minutos, olhei atentamente para conseguir identificá-la, concluindo que se trataria de uma pessoa carregando uma lanterna. Preocupado com as desconhecidas intenções de quem estivesse portando a luz, acordei o resto do grupo. Imediatamente, todos nos debruçamos nas janelas para identificar aquela misteriosa luz que devia encontrar-se a uns 50 metros do carro, bem por trás, mas isso somente seria possível se aquela luz estivesse na montanha em frente, já que tínhamos um abismo no meio. Para nosso espanto, a luz começou a se aproximar lentamente. Parecia flutuar no espaço vindo calmamente em nossa direção. Era como se existisse uma ponte unindo as montanhas por cima do precipício. Nesse momento minha curiosidade transbordava, e eu pedia licença a todos, pois o que queria era sair para ver aquilo de perto. Todos se opuseram imediatamente. Receosos, insistiram em que ninguém abandonasse o interior do carro.

A luz, flutuando no espaço, chegou a nada menos que 1 metro do veículo, passando a contornar vagarosamente pelo lado do motorista. Ali deu para perceber que era simplesmente uma luz, sem qualquer pessoa que a estivesse levando. Uma luz que emanava de alguma coisa que podia flutuar no ar. Aquilo tinha de ser fruto de uma tecnologia mais avançada, mas o que era?

Lentamente a luz foi se afastando, retomando o curso original pelo qual havia chegado. Calmamente, atravessou o precipício como suspensa por uma ponte e desapareceu diante de nossos atônitos olhares. Tudo isso demorara talvez quase uma hora no total. Estávamos agora bem acordados e ninguém desejava dormir.

As horas foram passando e, mesmo que as especulações fossem interessantes a respeito da origem desse objeto, o cansaço nos rendeu mais uma vez. Deviam ter transcorrido algumas horas, quando novamente fui acordado pela mesma sensação. Dessa vez meu despertar não foi tão calmo, pois consegui identificar sem demora a causa. Bem do lado do motorista, que dava para a estrada, a uns 10 metros, uma estranha forma escura se mexia. Na hora pensei que se tratava de alguma pessoa, razão pela qual novamente acordei o grupo. Sobressaltados, meus companheiros olharam em direção à estrada, percebendo uma criatura de forma estranha. Seu corpo parecia humanóide, mas a cabeça se assemelhava a algo que mais lembrava um espanador. A entidade parecia investir contra o carro, mantendo uma distância mínima de escassos metros. Minutos depois, mais duas outras entidades se juntaram realizando uma insólita dança, investindo contra nós. Assustados com o espetáculo, apelamos à comunicação para saber como proceder e conhecer a natureza do que estava ocorrendo. Vários de nós recebemos simultaneamente a indicação de que não deveríamos temer, pois aquelas manifestações estavam apenas tentando impressionar.

Segundo as mensagens, aquela região estava sob uma forte concentração de energia eletromagnética, o que havia permitido uma coexistência de dois níveis dimensionais de realidade. A nossa e uma outra completamente diferente. O que estávamos presenciando eram as criaturas nativas de um outro mundo ou de uma outra dimensão. Essas criaturas, bem mais primitivas, também não deviam estar entendendo nada do que estava ocorrendo com elas, motivo mais que lógico para compreender sua atitude. Informaram também que aquela luz vista por todos nós tinha sido uma *kanepa*, uma sonda enviada por eles para ver como estávamos. E, completada a recepção da mensagem, comunicamos o conteúdo ao grupo, que ainda permanecia na vigília.

Tudo isso parecia doidice, mas estava ali, bem na nossa frente e acontecendo. Se alguém me contasse algo similar seria difícil de aceitar, não tendo presenciado algo assim: "Mas como conseguirei relatar tudo isso para o meu pai? Será que vai acreditar em mim?"

Algumas horas se passaram e repentinamente as criaturas se desvaneceram no ar. Faltava menos de uma hora para clarear e mal havíamos conseguido dormir. Nesse momento, uma estranha esfera de luz surgiu do fundo do abismo. Essa massa esférica que flutuava no ar devia ter alguns metros de diâmetro, sendo completamente diferente da *kanepa* anteriormente avistada. A esfera ficou sobre a estrada a poucos metros do carro, flutuando em nossa direção. Curioso com a forma, apontei o feixe de luz da minha lanterna em sua direção. A esfera imediatamente correu de lado. Novamente repeti a manobra desfechando a luz sobre a esfera e a mesma voltou a correr de lado. Por várias vezes realizei esse ato sendo seguido pelos demais e, em todas as oportunidades, a esfera fugiu da luz. O amanhecer já despontava e o Sol começava a iluminar o céu. A esfera de luz, estática agora no ar, se desvanecia um pouco a cada segundo que o Sol crescia. Em minutos, não havia mais nada. Somente as montanhas iluminadas pelo nascer do dia, os camponeses que iniciavam a madrugada percorrendo o caminho da lavoura e o trinar dos pássaros anunciando o começo de mais um dia. Tudo havia acabado, ficando retido em nossa mente como um sonho ruim, como um pesadelo esquisito que não sabíamos ao certo quão real fora ou quão perigoso podia ter sido.

Vestindo os ponchos, saímos do carro para esticar as pernas, enfrentando o frio da madrugada ao som de comentários que não poderiam ser diferentes. E entre especulações, durante o parco café da manhã (algumas frutas, mel, bolachas e um pouco de água), só confirmávamos a realidade de estarmos em uma incrível experiência.

Mais calmos e relaxados, continuamos a viagem. Dessa vez, o frio seria nosso melhor aliado, pois evitaria que o carro se aquecesse rapidamente. Algumas horas depois, estávamos chegando a nosso local de desembarque, São Pedro de Casta. Um povoado típico da Cordilheira dos Andes, construído sobre os restos de um antigo assentamento pré-incaico, munido hoje de pequenas ruelas empedradas, as sacadas que ainda lembram os tempos da colonização espanhola, as pequenas casas feitas de pedra e adobe (uma mistura de barro e palha que tradicionalmente têm se mantido ao longo dos séculos por oferecer uma boa resistência ao frio), cobertas de telhados de "ichu" (um arbusto típico dos Andes) e de chapas de zinco, a precária escola, a sede do município e a igrejinha, preservando seu típico estilo colonial. Tudo ao redor de uma praça central. Essa novelesca cidadezinha se encontra em uma rochosa saliência da montanha, projetada para o vale, formando um enorme triângulo, tendo em dois lados um assustador abismo de mais de 300 metros de queda livre.

Sobre os telhados dessas humildes casas, suportados por troncos de eucalipto, a carne secava ao sol. Esse costume remonta às primeiras culturas da América, pois o charque, ou carne-seca, era seu principal sustento. A população, de uma cor cobre bronzeada e olhos pretos levemente amendoados, mal fala o castelhano. O quíchua é a língua que há séculos é falada na região e, mesmo após a cristianização, foi precariamente trocada pelo castelhano, uma variante do espanhol, pois o Peru foi colonizado por homens de Castilha, ou castelhanos, cujo dialeto era levemente diferente.

Nesse pitoresco lugar deveríamos abandonar o carro, pois não havia mais estradas. Daqui para a frente, o lombo das mulas carregaria nossa bagagem, e nossos pés seriam o único transporte até o topo do platô, uma viagem que levaria pelo menos umas quatro horas se não houvesse problemas.

Largando o carro na praça, partimos à procura de quem nos alugasse algumas mulas. Algum tempo depois da tradicional pechincha, conseguimos dois animais e um guia de apenas 9 anos. O maior problema não eram as mochilas, mas os bujões com água, já que no platô a água não é potável e o período era de seca. Portanto, a única água de que disporíamos para o nosso consumo seria a carregada pelas mulas.

Eduardo conseguiu estacionar o carro no pátio da igreja e, com as mulas carregadas, Sixto iniciou a subida. Nós ainda concluíamos algumas compras no povoado, para em seguida procurar alcançá-los. Antes de sair, nosso pequeno guia nos havia dado algumas referências para identificar a trilha certa em caso de nos perdermos, porém procuraria ir devagar para mostrar o caminho. No topo do platô, ainda restava o antigo abrigo utilizado pelo dr. Daniel Ruzo, e esse seria nosso local de acampamento. Assim, eu e os demais carregávamos as mochilas com os apetrechos básicos, enquanto as mulas levavam o mais pesado, a água e as latarias.

Lentamente a subida se fazia sentir, não somente pelo esforço, mas principalmente pelo ar cada vez mais rarefeito. Estávamos saindo de 3.200 metros para chegar ao topo do platô a 4.200 metros, sendo que o percurso seria de uns 15 a 18 quilômetros de subida íngreme. Apesar de nossa jovem idade naquela época, Sixto não conseguiu acompanhar o ritmo de José, nosso pequeno guia, ficando logo para trás.

Em um determinado momento, José e as mulas iniciaram uma subida por um trecho escarpado e bastante acidentado, sendo acompanhados a distância por meu irmão. Nessa subida, uma das mulas perdeu o equilíbrio e soltou as amarras da bagagem, fazendo-as rolar precipício abaixo. Apavorado, Sixto correu procurando salvar alguma coisa, mas sem sucesso. Nossas peças mais preciosas haviam descido alguns metros encosta abaixo e a única maneira de resgatá-las seria descer até onde a bagagem se encontrava pendurada.

Com muita coragem e determinação, meu irmão se arrastou quase uns 20 metros pela encosta. Essa inclinação acabava a pouco mais de 30 metros de onde a mula soltara a carga, para em seguida vir uma queda livre de quase 400 metros até o rio. Ao todo, Sixto realizou umas seis viagens até a borda do abismo, conseguindo salvar grande parte do suprimento de água, ao custo de inúmeros espinhos espetados no corpo. Para sua infelicidade, eu e os demais havíamos errado a bifurcação que levaria até onde ele se encontrava e, até descobrirmos que estávamos fora do caminho, levaria algumas horas.

Percebendo a demora e que José, nosso guia, havia avançado perdendo-se de vista, meu irmão colocou parte da bagagem resgatada no ombro. Exausto pelo salvamento e pela subida, o peso de toda aquela bagagem parecia multiplicar-se mil vezes. O ar rarefeito e o cansaço dificultavam terrivelmente qualquer esforço. As pulsações aceleradas pareciam retumbar em seus ouvidos, mas mesmo assim, suando a ponto de não enxergar, Sixto conseguiu seu feito. Várias viagens depois de ter trazido as tralhas abandonadas pelas mulas, dolorido pelas cordas que haviam lhe cortado as mãos, além das bolhas geradas pela fricção e pelo peso, chegou finalmente até o albergue com as últimas coisas, tombando quase desmaiado.

Enquanto a odisséia de meu irmão se perpetrava, eu e o resto do grupo nos encontrávamos perdidos. Gritávamos o mais alto possível chamando por Sixto, mas ninguém respondia. Somente o eco retornava como uma resposta irônica ao nosso desespero. Preocupados, optamos por retornar todo o caminho novamente e procurar aquela bifurcação que encontráramos, mas havia alguns problemas. Na tentativa de achar o caminho, Oscar e eu escaláramos parte da montanha, subindo várias dezenas de metros acima do resto, e, para retornar, não teríamos a mesma facilidade. Isso posto, Paco, David e Eduardo, que ainda estavam na trilha, retornariam por ela, sendo que Oscar e eu procuraríamos acompanhá-los no possível por cima. E assim foi feito. Mais uma hora depois, percebemos que nossos companheiros haviam achado a bifurcação e passado a seguir a opção que desprezáramos, cruzando logo depois com o pequeno José e as mulas totalmente descarregadas. Inquirido sobre meu irmão, o garoto informou que ele se encontrava descansando no local combinado, aguardando-nos. Assim, mais tranqüilos, continuamos a subida.

O incrível Oscar, durante suas tentativas, conseguira achar uma maneira de subir ainda mais, enquanto os demais já estavam a caminho pela rota certa. Tentando encontrar um caminho alternativo, eu havia me distanciado de Oscar, ingressando em um beco sem saída. Desesperado e cansado, procurei subir por um encosta bastante difícil para fugir do beco e ir em direção a Oscar. Arrastando-me e suportando o peso da mochila, que a essa altura parecia ter uma tonelada de coisas em seu interior, procurava me ajudar segurando nos pequenos arbustos entre as rochas ou nas saliências. Em um súbito descuido, faltando poucos mais de 1 metro para chegar até a curva da trilha que nos levaria ao local de acampamento, um arbusto cedeu a meu peso e eu despenquei.

Naquele instante, comecei a rolar pela encosta. Sabia que tinha poucos segundos antes de ser lançado para o despenhadeiro do qual não haveria mais retorno. Nesses segundos ouvia os gritos de meus companheiros preenchendo o silêncio do vale. Apavorado, buscava me agarrar no que surgia na passagem enquanto descia. Em um ato desesperado, gritei a todo pulmão o nome do meu guia sideral, reverberando entre as montanhas com uma acústica macabra. No ato, como comandado por uma força sobre-humana, minhas mãos se fincaram em um grande arbusto. A tensão da estirada fez com que meus músculos se distendessem, provocando uma intensa dor, além de as pedras terem rasgado parte das minhas roupas e aberto alguns ferimentos. Mas, de repente, e por milagre, eu havia parado de rolar. Não conseguia acreditar. Meus olhos estavam virados para o céu e meus braços estirados, agarrados no arbusto. Tinha medo de olhar onde estava. Temia não poder suportar a altura, pois sabia que devia estar perto demais do despenhadeiro. Lentamente, o som de minha agitada respiração deu espaço a ouvir os gritos de meus companheiros que, aos berros, pediam para que tivesse calma. Pouco a pouco minha força voltava. Parecia que tinha levado uma carga de energia e, sem perceber, a dor estava se acalmando. Lentamente fui me mexendo sem soltar meu "salva-vidas". Em um grande esforço, arrastei-me puxando com as mãos para firmar meu corpo e ver onde estava. Um leve ardor se fez sentir quando movimentei os dedos. Minhas mãos estavam sangrando. Na rolada morro abaixo, eu havia cortado as mãos na procura de onde me sustentar. Mas não sentia dor. Com prudência, consegui olhar ao meu redor. Em um instante senti minhas pernas amolecerem e um calafrio percorreu todo o meu corpo. Estava a menos de 2 metros do despenhadeiro, uma queda livre onde, se tivesse caído, era provável que nem meu corpo fosse achado.

Tombado sobre a mochila, queria grudar na montanha. Meu pavor tinha de ser controlado, senão jamais sairia desse lugar. Enquanto combatia silenciosamente meu medo, ouvi próxima a voz de Oscar. Esse som tão familiar me fez levantar a vista. Com a corda, Oscar havia conseguido chegar bem perto de mim e pedia aos berros para que a segurasse. Não precisou falar duas vezes. Uma vez ao meu alcance, grudei na corda no ato e, sem voltar a vista, consegui subir até a trilha com certa dificuldade.

Quando cheguei ao lado dos rapazes foi uma festa, mal podia ficar parado sobre as pernas, sentia-me mole. Olhando para tudo o que havia rolado, a distância parecia tão curta até o abismo. Mas para mim havia parecido uma eternidade.

Mais calmo, pude ver que meus ferimentos eram superficiais e que nada sério teria a tratar. E, enquanto descansávamos, David se aproximou dizendo que havia avistado o albergue e que Sixto estava lá arrumando nossas tralhas.

Embora ainda me sentisse estranho, o que não era para menos, já que praticamente havia nascido de novo, uma sensação difícil de descrever tomara conta de mim. Parecia que uma ligação, um vínculo invisível havia se firmado entre mim e Godar. No momento do grito, quando rolava sem controle, uma força invisível passara a comandar meus movimentos e uma espécie de simbiose havia ocorrido. Precisava relaxar um pouco para compreender tudo isso, e ainda faltava um longo trecho para chegar. Com o tempo, eu conseguiria desvendar essa e muitas outras coisas, vindo a incorporar mensagens e sinais até esse momento ininteligíveis.

No momento em que procurávamos levantar-nos e seguir, fomos abordados por um camponês que havia ouvido nossos gritos. Esse homem simples se preocupara com estranhos em um lugar tão abandonado, deixara de lado seus afazeres e viera, cruzando uma montanha, em auxílio de gente que jamais conhecera. Essa maravilhosa criatura completou nosso trajeto, vindo a colaborar com o transporte dos apetrechos.

Quase meia hora depois, aportávamos no local do acampamento. Sixto ainda brigava com os espinhos espetados no corpo, de modo que retirei rapidamente o estojo de pronto-socorro. Uma pinça se transformou na melhor medicação, pois, enquanto retirava os espinhos de meu irmão, me preparava para remover o cascalho que tinha enterrado nos cortes.

Aos poucos, fomos arrumando a bagunça da viagem. Com calma, inspecionamos a velha cabana do dr. Ruzo que, embora não chegasse a ser um hotel de sequer "meia estrela", para nós se transformara em um palácio.

Sem perder mais tempo, fomos organizando e distribuindo os sacos de dormir, as mochilas e principalmente a água e os alimentos. Faltava pouco para que o Sol começasse seu labor diário de sumir entre as montanhas; assim, rapidamente me dispus a preparar um sopa bem quente, pois a temperatura despencava vertiginosamente.

O velho abrigo do dr. Ruzo ficava em uma quebrada abaixo do topo do platô, a pouco menos de 50 metros da famosa *Peca Gasha* ou "Cabeça do Inca". A vista de onde estávamos era simplesmente fantástica. Podíamos observar perfeitamente a esfera solar, bem vermelha, enterrando-se no horizonte, mas esse horizonte era o mar. Isso mesmo. Estávamos a 4.200 metros em plena cordilheira e a mais de 90 quilômetros do litoral e, mesmo assim, podíamos ver o pôr-do-sol no mar. Era um espetáculo incrível. As cores no céu, que invadiam as esparsas nuvens e contagiavam as montanhas, o silêncio quebrado apenas pelo vento entre as rochas e pelo som de nossa respiração, nos transportavam ao paraíso de um mundo natural quase intocado. Parecia que estávamos em comunhão com o firmamento. Distantes da civilização, a sós e perdidos entre as vastas montanhas que pareciam ser o teto do mundo, tínhamos a impressão de ter ingressado no útero do Universo. Sentíamos participantes de uma proteção somente comparada àquela materna. Nesse instante, todos em silêncio olhávamos o dia findar e a noite timidamente marcar sua presença, para oferecer-nos a oportunidade de agradecer à criação por estarmos ainda vivos e ter a graça de sermos conscientes disso.

Como "cozinheiro-mor" de todos os acampamentos, avisei que a sopa estava pronta. Como urubus sobre a carniça, meus companheiros caíram famintos sobre mim: o frio se fazia sentir severo e impiedoso, não poupando seu castigo, e a sopa precisava ser consumida logo porque esfriaria rapidamente. Um pedaço de pão, sobrevivente de nossa difícil jornada, completava o banquete.

A conversa durante o jantar, inevitavelmente, recaiu sobre a sacrificada viagem e sobre os percalços dessa aventura. Se os guias achavam que um tipo de teste era necessário para provarmos nossa determinação, a nota até o momento só podia ser 10, pelo menos. E, entre piadas e brincadeiras pelos sustos da empreitada, dávamos vazão a toda a tensão contida durante esses dias.

Em meio à conversa, Paco chamou nossa atenção rasgando a noite com um grito de surpresa. Um objeto luminoso se deslocava por entre um céu pregado de estrelas. A princípio, pensamos tratar-se de um satélite, pela distância, mas a luz começou a manobrar em uma trajetória sinuosa e aumentar sua aproximação. Velozmente o objeto fez vários giros sobre seu próprio eixo, traçando uma curva para retornar em nossa direção. Segundos depois, dava para ver claramente que a luz era emitida por um objeto de forma discoidal, repleto de pequenas luzes laterais, formando quase uma seqüência em três níveis. A nave estabilizou seus movimentos, permanecendo suspensa no ar a menos de 100 metros do grupo. Aquilo era um espetáculo maravilhoso. Por alguns minutos, o disco nos deu o prazer de comtemplá-lo, vindo a deslocar-se logo em um movimento acelerado para se perder em direção noroeste. Essa simples manifestação já havia bastado para compensar toda e qualquer dificuldade, pois significava que esse era o lugar indicado por eles e que tudo permanecia sob controle.

O grupo estava exausto, e realizar uma comunicação com os guias seria literalmente impossível. O que precisávamos era de um bom descanso e uma noite de sono profundo. Assim, sem nenhum parecer contra, recolhemos nossas coisas e fomos dormir. Amanhã seria um longo dia, pois exploraríamos o platô e eu procuraria filmar alguma coisa, já que, com tudo o que havia ocorrido, só conseguira filmar o povoado à nossa chegada. Por sorte, a filmadora estava com Eduardo, porque, se estivesse comigo, na queda, não teria sobrado nada.

Sem demora, ingressamos no abrigo estendendo uma lona plástica no piso de terra, para depois esticar os sacos de dormir. Mortos de cansaço, conseguimos nos ajeitar e finalmente mergulhar em um sono de pedra.

Algumas horas haviam transcorrido quando fui acordado por um som que me lembrava, nitidamente, um cachorro fuçando no lixo. A insistência do barulho passou a incomodar-me bastante, porque eu estava bem ao lado da porta e o lixo havia ficado na entrada. Embora tivéssemos acondicionado o lixo em sacos plásticos fechados, seria fácil para qualquer animal rasgá-los.

Morto de sono e com o corpo dolorido, decidi levantar para espantar o animal e evitar que espalhasse todo o nosso lixo, aproveitando para colocá-lo em um outro lugar, bem fora do seu alcance. Bastou levantar para sentir o frio penetrar em meus ossos. No ato, catei meu poncho e meu gorro de lã para enfrentar o terrível frio da cordilheira.

Sem querer, meus movimentos e a luz da lanterna acordaram alguns dos rapazes que, sobressaltados, perguntavam o que estava ocorrendo. Explicado o problema e sem a mínima vontade de perder o calor do seu abrigo, voltaram a dormir, deixando para mim a tarefa. No momento em que me preparava para abrir a velha porta de madeira, o barulho parecia mais o de um animal cavando ao lado do abrigo, o que me deixou chateado: imaginei que os sacos de lixo, a essa altura, já haviam se transformado em história antiga e que teria de juntar tudo antes de voltar a dormir.

Resignado a enfrentar o frio, abri a porta empunhando minha lanterna em direção ao possível local de onde vinha o barulho. Com muito cuidado fui olhando, já que na cordilheira ainda existem animais selvagens. O som havia cessado e tudo parecia calmo. Lentamente fui saindo, olhando em direção aos sacos de lixo que, para minha total surpresa, estavam intactos. Um calafrio percorreu minha espinha. Alguma coisa estava ocorrendo de estranho. Sem demora passei o alerta aos demais, que de imediato se levantaram. Nesse instante, uma chama de fogo, semelhante a uma tocha, apareceu flutuando no ar a poucos metros do abrigo. Preocupados, pensando se tratar de algum camponês, demos voz de alerta e pedimos identificação. A chama continuava se deslocando suavemente pelo ar, sem produzir nenhum barulho. Com as lanternas em punho, aproximamo-nos para descobrir o responsável por tudo isso, caminhando todos juntos a passos lentos. Os feixes de luz das lanternas tocaram o fulgor da chama, mas ao seu redor não havia absolutamente nada. Era uma chama de fogo flutuando no ar sem nenhuma origem aparente. O susto foi então maior ao perceber uma bruma compacta ao lado que, lentamente, assumia uma forma estranha. A essa altura, começamos a recuar em direção ao abrigo. O som do animal começava novamente em um tom crescente e agressivo. Rapidamente entramos no abrigo, trancando a porta de madeira com tudo que podíamos. Bem em tempo, pois um objeto pesado colidiu com força contra a porta por fora, repetindo várias vezes o ataque. Assustados, lançamo-nos contra a porta para fazer peso com nossos próprios corpos, conseguindo amenizar o impacto e mantendo a porta no lugar. Por vários minutos, essa estranha força arremeteu furiosamente contra a porta, vindo depois a bater de igual maneira nas paredes, para logo desaparecer. Ao todo, devia ter decorrido quase uma hora. Estávamos apavorados.

Lentamente, o medo deu espaço ao sono e, sem perceber, adormecemos. De madrugada, os primeiros raios do Sol penetrando pelas frestas da velha cabana anunciaram um novo dia. Preguiçosamente nos retorcíamos, procurando ativar a circulação e acordar. Mais conscientes, retiramos toda a bagagem que jazia contra a porta.

Ao sair, que impressionante surpresa. A parte externa da porta estava totalmente arranhada. Dava a idéia de que um urso, ou algum enorme animal, tinha tentado arrebentá-la. Mas na cordilheira não existem ursos ou qualquer coisa similar. De fato, alguma criatura havia deixado as marcas de sua presença, mas que tipo de criatura?

Durante a manhã, o tema de discussão obviamente era toda a incrível aventura dessa noite. O café-da-manhã, composto de cereal, leite, pão, mel e algumas frutas, corria entre as conversas. A incrível paisagem que nos rodeava e a expectativa do que ainda viria alimentavam nosso entusiasmo, associado a uma enorme curiosidade. A poucos metros do abrigo, a escultura lítica de 25 metros de altura da "Cabeça do Inca" completava o exotismo do clima.

Após a refeição, decidimos realizar uma comunicação para saber a respeito de todo o ocorrido durante a noite e saber o que aguardar para esse dia. Sem demora, dispusemo-nos cada um no melhor lugar possível e entramos em comunicação.

Ao final de quase uma hora, a síntese das mensagens indicava claramente que tudo o que sucedera fizera parte de um teste. Uma prova para avaliar nossa determinação, confiança, convicção, vontade e objetividade. Porque, segundo os guias, os ataques, as provações, os perigos, as decepções e as dificuldades que nos aguardavam pelo mundo afora seriam enormes e constantes ao longo dessa empreitada. Essa experiência seria um laboratório do que deveríamos enfrentar em um futuro bem próximo. E, realmente, como estavam certos...

Mais descansados e tranqüilos, passamos a realizar um passeio pelas redondezas, aproveitando para identificar as famosas esculturas líticas de Marcahuasi. Perambular por entre aqueles rochedos era uma sensação única. As rochas de cores claras, cinzentas e avermelhadas contrastavam com um céu azul e sem nuvens. O som do vento misturava-se com o retumbar de nossos passos e o sibilar ofegante de nossa respiração. As megaesculturas dessa paragem, iluminadas pelo forte sol dos Andes, pareciam trazer ao presente um tempo mágico e mítico, criando uma atmosfera de mistério na qual em cada canto podia-se aguardar uma surpresa. Enquanto subíamos pelas escarpas em direção aos restos das construções pré-incaicas, cada um de nós refletia em silêncio sobre o futuro.

Os restos de um passado, hoje perdido nas trevas do tempo, contracenavam com a revolução futurística que nossa presença representava. Duas épocas estavam ali presentes. Um momento da cultura humana que superou sua limitação e a hostilidade da cordilheira, suportando as dificuldades dos elementos; e nós, que passaríamos a enfrentar a hostilidade dos homens e a dificuldade de não sermos compreendidos. Embora separados por séculos dos homens que aqui viveram e morreram, estávamos unidos em um mesmo desejo: aprender a viver em paz e em harmonia com o Universo.

Quantos pensamentos nos atropelavam a cada passo. Quanta beleza e quanta paz se respirava nesse lugar. Parecia que estávamos em um santuário. O silêncio exerce uma pressão solene, convidando a não quebrá-lo.

Era maravilhoso sentir-se parte desse lugar. Era como ter a sensação de ser capaz de tocar o céu com as mãos e respirar um ar ainda virgem.

 E assim, o dia transcorreu entre caminhadas e pequenas descobertas: um dromedário esculpido em uma rocha, um sapo, uma foca, um hipopótamo, um leão africano, um homem com turbante, um frade, um homem deitado, até que o dia findou. O céu, contrastando o vermelho do pôr-do-sol com o amarelo e azul-anil que ainda lutavam para sumir, mostrava as primeiras estrelas, enquanto o mar no horizonte tragava lentamente o magnífico círculo vermelho. A composição que apreciávamos nos fazia sentir pequenos. Calados, meditávamos a respeito de quanto tempo ainda o mundo disporia para contemplar tão majestoso espetáculo.

 Assim, as estrelas passaram a nos acompanhar. A Via Láctea mostrava-se soberana no céu, fazendo alarde de sua magnificência e preenchendo o espaço como um manto branco. David chamou nossa atenção para uma nave que percorria o firmamento. Eram 21h30 e o jantar estava sendo interrompido pela passagem de um objeto que se aproximava. Uma esfera que girava sobre seu eixo horizontalmente foi chegando cada vez mais perto. Seu tamanho era relativamente menor que o de outras naves: algo em torno de 9 a 10 metros de diâmetro. Seu movimento foi linear e reto em direção ao local em que nos encontrávamos, traçando uma curva por cima de todos nós e seguindo em direção às montanhas. Parecia que seu único objetivo havia sido dar uma chegada para nos cumprimentar e fugir depois. Passados alguns minutos, um outro objeto, bem similar ao anterior, apareceu em direção oposta, fugindo a grande velocidade em um vôo quase rasante por cima das montanhas, sem tentar qualquer aproximação. Um tanto mais satisfeitos pelas novas visitas, pois comprovavam a presença de nossos guias extraterrestres, nos dispusemos a arrumar as coisas para dormir. Dessa vez, o lixo ficaria em um lugar inacessível para evitar sermos acordados, podendo descansar sem incômodos. O dia mais importante ainda seria o seguinte, de acordo com as comunicações, mas essa noite seria utilizada como uma iniciação. Segundo os guias, durante a noite estaria sendo completada toda uma fase da preparação e, para que isso ocorresse sem interferências, deitaríamos mais cedo.

 No interior do abrigo, acomodamo-nos de tal forma que as mochilas e a bagagem mais pesada ficaram contra a porta. Se alguma outra "coisa" nos visitasse essa noite, desde já estaríamos preparados. Concluída a arrumação, esticamos os sacos de dormir e, cobertos com os ponchos, realizamos um gostoso relaxamento. Respirando fundo, pausadamente e autodirigidos, fomos iniciando um mergulho a estados mais profundos da mente.

Alguns minutos passados, acordei bruscamente e me vi fora do abrigo. Sixto, David, Oscar, Paco e eu estávamos todos de pé nos olhando espantados em frente do que parecia ser a entrada de uma caverna. O único que faltava era Eduardo. Sem compreender o que estava ocorrendo, observamos que ainda era de noite e todos estávamos com os agasalhos, o que nos fez pensar em termos sido transportados via *Xendra* até esse local. Tremendamente curiosos com o que presenciávamos, vimos que o interior da caverna estava iluminado por uma luz fosforescente esverdeada. Em uma vista geral ao nosso redor, não conseguíamos identificar se a montanha em que nos encontrávamos era Marcahuasi, mas, de qualquer forma, tudo isso devia estar fazendo parte da experiência.

Movidos pela curiosidade pelo que nos aguardava, fomos ingressando vagarosamente no interior da caverna. Uma forte luz verde emanava do teto de rocha, parecendo uma enorme quantidade de vagalumes dispostos sobre o teto. Depois de um tempo, calculo quase uma hora, o corredor de pedra deu espaço a um salão enorme lavrado na rocha. A galeria havia terminado em uma câmara de aproximadamente 6 metros de altura por várias dezenas de comprimento. O salão parecia ser extenso e nas paredes apareciam umas prateleiras enormes, todas de pedra talhada, que se encontravam dispostas de forma ordenada, dando a idéia de um enorme depósito.

Sem saber bem o que fazer, dirigi-me até uma das prateleiras mais próximas, para ver de perto o que era tudo aquilo que se achava estocado, formando fileiras e blocos dispostos simetricamente. Chegando perto, pude observar que se tratava de pranchas de um metal dourado bem fino, medindo uns 40 por 20 centímetros, tendo de um único lado gravados alguns hieróglifos ou ideogramas e alguns cristais fixados. Seu peso devia estar próximo de 1 quilo ou talvez menos.

Todas as pranchas pareciam ser feitas do mesmo tipo de metal e tamanho, variando apenas na composição dos desenhos e nos tipos de cristais. Pelos meus vagos cálculos, devia haver milhares dessas pranchas estocadas na caverna. Mas o que era tudo aquilo?

Repentinamente, um homem apareceu do nosso lado. Era uma figura exótica, diferente e cativante. Parecia retirada de um livro medieval ou das lendas do rei Artur e os cavaleiros da Távola Redonda. Se tivesse de imaginar a figura do mítico mago Merlin, acho que esse ancião seria a perfeita descrição. Estávamos um tanto nervosos e o curioso personagem percebeu a tensão, limitando-se apenas a observar-nos. Não sabíamos o que fazer.

O ancião trajava uma espécie de toga ou túnica tecida em um material semelhante ao linho. Parecia uma peça vestida ao estilo de um quimono japonês, com um cinto largo de um material que não consegui identificar.

Seus pés calçavam uma espécie de sandália muito similar às romanas do período cristão. No ar, percebia-se um odor de flores e um som semelhante ao provocado por um sistema de ar-condicionado em funcionamento, quase imperceptível. O ancião olhava para nós sem pronunciar ou articular palavra alguma. Seu olhar era penetrante, porém de uma ternura sem palavras. Seus longos cabelos e sua barba proeminente, de um branco prateado, formavam uma combinação estranha com um corpo quase perfeitamente atlético que em nada denunciava sua possível idade. Era como olhar para um tradicional Papai Noel sem a típica barriga dos contos. As longas mangas largas não escondiam as mãos de dedos longos e finos, naquele momento juntas. Esse ser era humano literalmente em todos os aspectos e, aparentemente, nada o identificava como sendo de origem extraterrestre.

Uma voz, retumbante como um relâmpago, surgiu quebrando o quase total silêncio, dizendo:

– Não se assustem, estou aqui para guiá-los nessa viagem. Meu nome é JOAKM, sou o guardião desse lugar.

Aquelas palavras ecoaram profundamente na alma de cada um de nós, mexendo com a pouca coragem que ainda restava. O estrondo dessa afirmação parecia abrir algo em nosso interior, misturando medo, respeito, curiosidade e algo familiar em tudo aquilo. Era como reencontrar alguém conhecido. Como rever um velho e perdido amigo. Todos esses sentimentos teriam seu porquê revelado bem mais adiante.

Agora, uma aventura diferente se iniciava. Até onde nos levaria?

Capítulo XVII

Os Povos Escolhidos

Impressionados e assustados com as afirmações do ancião, nós nos mantínhamos sempre próximos um do outro. Pelas vivências anteriores, ao longo de todos esses meses, havíamos aprendido a dominar um pouco mais nossa ansiedade e nossos medos, mas cada experiência acabava sendo diferente da outra e não resultava em uma tarefa tão fácil assim se acostumar.

Muito tímidos e com um respeito até solene, perguntamos ao ancião Joakm onde nos encontrávamos e o que significavam suas palavras e essas pranchas. Ao que ele respondeu:

– Esse lugar está longe do platô de Marcahuasi, mas se encontra entre os picos da Cordilheira dos Andes peruanos. Aqui jaz o conhecimento esquecido do passado do mundo. Estão aqui os registros das humanidades que dominaram esse planeta há milhares de anos, sua história, seus acertos, conquistas e erros. Nessas pranchas, encontra-se registrada a história jamais contada do homem. Uma história que remonta aos inícios do planeta, quando a vida começava seus primeiros movimentos. Sou, como vocês, um servo de um propósito maior. Minha existência está devotada a um trabalho que tem por objetivo o futuro. Um futuro em que possamos conviver em paz com o homem da superfície e em que todo o conhecimento, aqui guardado, possa ser oferecido em benefício comum.

– Mas onde nós estamos, Joakm? É essa uma caverna, uma base subterrânea, o quê? De onde você é? – interrogou Oscar.

– Realmente vocês se encontram em um lugar especial. Podemos considerá-lo uma base, onde a sociedade intraterrena desenvolve um trabalho conjunto com a Confederação de Mundos da Galáxia. Eu sou terrestre em termos. A origem de minha raça nesse mundo remonta a tempos em que o proto-homem era apenas um simples hominóide.[6] A esse período, alguns na superfície denominam de Atlante. Nesses tempos, uma sociedade mais avançada de origem extraterrestre, ainda não confederada, chegou ao planeta Terra com a intenção de transformá-lo no seu lar. Porém, topou com os sobreviventes de outras colônias extraterrestres que, em tempos ainda mais remotos, chegaram à Terra. Nosso povo tentou ajudá-los e os incorporou à nossa sociedade, mas, com o tempo, meu povo deixou de lado certos princípios básicos que devem primar sempre e, de maneira irresponsável, tentou alterar o rumo da natureza. Nossos cientistas, desejando melhorar as características do planeta, perpetraram ações que modificariam a órbita da Terra. Porém, o jovem e instável planeta não estava preparado para tão radical intervenção, vindo a reagir com total fúria contra nós. Embora tivéssemos condições de prever, com relativa antecedência, o que estaria para ocorrer, a violenta reação do planeta e a queda provocada de uma das luas da Terra transformou o meio ambiente em um terrível inferno, destruindo grande parte da vida que existia sobre a superfície e abalando irremediavelmente nossa condição de cultura. Demoramos milhares de anos para conseguir novamente nos reestruturar. Nossa tecnologia havia perdido sua força; nossa raça, sua capacidade de reprodução, e pouco a pouco éramos cada vez menos e mais frágeis. Com o tempo, fomos percebendo que estaríamos fadados a desaparecer se não tomássemos alguma medida; assim, mais uma vez, alteramos o rumo da natureza. Por idéia de um cientista chamado LUZBEL, escolhemos alguns hominóides e iniciamos um processo de investigação genética, com o único propósito de transformá-los em seres compatíveis biologicamente conosco e uma futura força de trabalho, ao mesmo tempo que procuraríamos aproveitar sua condição de fertilidade para nossa perpetuação. Com o tempo, essa intervenção resultou na aparição de um mutante ideal. Essa primeira criatura, que gerou o que denominamos de RAÇA AZUL, havia sido criada com uma capacidade e estrutura física extraordinárias. Suas características lhe outorgavam uma fantástica resistência à intempérie, aos climas quentes, ao castigo dos raios solares, ao assédio de parasitas e às doenças, com uma inteligência apenas suficiente para ser dependente de nossos desejos. Treinados a nos obedecer, pois seríamos seu único sustento, transformaram-se em excelentes escravos, sempre dispostos a servir. Porém, um dia, conseguiram descobrir que não éramos tão poderosos e muito menos imortais, percebendo também que, além de

---

6. HOMINÓIDE: É o nome dos primeiros primatas superiores que evoluíram dos antropóides como os Australopitecus, contemporâneos do Homo habilis. Embora eretos, não eram hominídeos nem homens.

serem um produto da nossa necessidade, continuamente experimentávamos com suas vidas. Isso resultou em uma condição de perigo iminente contra nossa sociedade, e tivemos de expulsá-los de nossa presença de imediato, pois correríamos tremendo risco, já que, a essa altura, nos superavam em grande quantidade.

Ao longo dos tempos, nós nos tornamos ainda mais soberbos e arrogantes, tentando interferir inúmeras vezes com essas criaturas para resgatá-las para o escravagismo. Até que a Confederação de Mundos interferiu. Não era possível que se cometessem tantas arbitrariedades contra criaturas indefesas, produto de um experimento egoísta. Assim, uma missão, comandada por SNT-KMRA, foi enviada à Terra para colocar as coisas em ordem. Com a presença dos confederados, nosso povo compreendeu os erros que cometeu alterando o destino desse mundo e decidiu, como pena, permanecer aqui e colaborar ao lado da Confederação para o resgate do desenvolvimento humano, pois parte desse caos é de nossa total responsabilidade. Assim, sou um terrestre como vocês, embora fosse melhor dizer intraterrestre. Atualmente somos poucos, em vista de que grande parte retornou ao nosso mundo de origem. São poucas as cidades ou bases espalhadas pela Terra. Hoje, quase todos os nossos centros estão divididos com os grupos da Confederação em missão na Terra, sendo que a esse trabalho conjunto chamamos de o GRANDE PLANO. Vocês vieram para esse lugar porque serão parte desse processo. Estamos preparando pessoas como vocês para que se tornem os intermediários entre o fim de um mundo e o despertar de outro totalmente novo. Sua preparação os levará a conhecer outros lugares como esse, localizados em outras partes do mundo. Assim como seus guias que os orientam, nós também estaremos por perto para auxiliar seu trabalho quando for necessário."

Ao terminar seu relato, o ancião nos deixara embasbacados. Cada um de nós se olhava sem saber o que responder. Minha cabeça girava a mil por hora, lembrando algumas mensagens recebidas que esboçavam alguma coisa a respeito e, principalmente, da pesquisa que eu vinha desenvolvendo já algum tempo.

Tentando ficar mais calmo, depois de respirar bem fundo, balbuciei algumas palavras ininteligíveis. Não conseguia elaborar algo plausível. A emoção ainda mandava.

O ancião olhou direto para mim, após os sons que conseguira emitir na tentativa de perguntar. Com um pouco de esforço, consegui:

– Sua afirmação me faz lembrar de trechos que, há algum tempo, venho investigando e que não tenho conseguido entender claramente. Sua história é bastante interessante se comparada aos textos sobre a criação que algumas religiões sustentam. Principalmente se considerar um texto apócrifo raro chamado de *Evangelho cátaro do pseudo-João* no qual Jesus afirma para o apóstolo João que foi o Demônio, Satanás, quem fez o homem na Terra, e não Deus. Quer dizer que foram vocês que criaram o homem? E como fica o conto do pecado e tudo isso?

O ancião olhou para mim com calma, vindo a sentar-se em uma saliência na rocha. Todos nós, ainda detidos em nossos lugares, começávamos a relaxar. O velho Joakm continuou seu relato dizendo:

– Quando desenvolvemos a Raça Azul, tudo parecia correr como planejado. Na verdade, nossa sociedade havia vindo do espaço e tínhamos criado um proto-homem. Estávamos tomando em nossas mãos um poder enorme, pois criáramos um ser com capacidade de receber uma alma e, com isso, incursionáramos em um âmbito de leis universais extremamente perigoso. Nosso castigo não seria somente material, mas também atrelado às leis invisíveis que regem o Cosmos. Entre nós, um chamado SATANAEL, com alguns seguidores, cometeram o erro de dar condições a esses seres primitivos de tomar consciência de sua identidade e de poder aproveitar de algumas vantagens de nossa tecnologia para si. Nós estávamos em desvantagem numérica e a possibilidade de sermos dizimados por esses seres era fácil demais. Assim, nós os expulsamos de nossas cidades, lançando-os de volta ao mundo do qual os havíamos extraído. Seu pecado havia sido apenas começar a descobrir que éramos mais limitados do que eles. Mas isso não chegou a tanto. Durante séculos procuramos reatar a relação de submissão, o que conseguimos com alguns grupos. Porém, dessa vez com uma maior distância entre nós. Muitas de suas religiões ainda preservam, deformadamente, os fatos que deram origem ao homem, assim como sua continuidade.

– Mas, Joakm, e a intervenção de Deus quando levou o profeta Henoc, Elias e quando apareceu a Jacó, Moisés, Ezequiel e a tantos outros? Quem foi que apareceu para eles? – perguntei.

– Observe que, segundo as religiões cristã e judaica, houve no céu uma disputa entre as diferentes hierarquias celestiais, o que fez com que anjos, agora demônios, viessem à Terra. Isso é correto se entendermos que foi uma guerra no espaço o que provocou nossa chegada ao sistema solar. Os astecas acreditavam que, a cada pôr-do-sol, os deuses travavam cruentas batalhas no céu, assim como os egípcios e outros povos mesopotâmicos. Tudo isso não é, pois, apenas uma lenda, mas a história desfigurada de fatos reais. Ao perdermos nosso lar, tivemos de vagar até a Terra, e aqui, recomeçar. Dentre os livros sagrados que relatam detalhadamente tudo isso, há vários. Inclusive sobre o que aconteceu a seguir – refutou Joakm.

– Tudo isso que você está me contando – eu disse – está maravilhosamente mencionado no texto apócrifo *Cátaro do pseudo-João*, até como o próprio profeta Henoc foi enganado pelo Demônio fazendo-o pensar que era Deus. Como você afirmou, dentre os livros religiosos existentes, vejo que o *Livro de Henoc* acaba tendo um conteúdo extraordinário. Não é a toa que os judeus e os cristãos o colocaram fora do cânon. Pelo que eu sei, Henoc era um profeta anterior ao dilúvio universal, filho de Jered e descendente direto de Set, o terceiro filho de Adão e Eva. Henoc foi pai de Matusalém, avô de Lamec e bisavô de Noé, vindo a desaparecer depois porque Deus, ou sei lá quem, talvez o Demônio, o arrebatou (Gên. 5:24). Seu livro, embora mencionado de maneira quase imperceptível no Novo Testamento entre as linhas das Epístolas de Judas Tadeu (1:14-16), lembro que também foi comentado por São Clemente de Alexandria, que foi mestre de Orígenes, e por Santo Agostinho em seu trabalho *A cidade de Deus*. Nas pesquisas que realizei, constatei que em 350 d.C. o livro de Henoc foi desvinculado definitivamente do Gênesis católico porque o consideraram herético, embora tenham preservado textualmente no Velho e no Novo Testamento um total de 57 versículos. Segundo recordo, os judeus mencionam a existência do livro nos textos do *Pirkah de Midrash*, sendo que no capítulo 8 é narrado, com detalhes, como Henoc ensinou os cálculos e as ciências a Noé antes de o dilúvio acontecer, mencionando também que o texto de Henoc foi guardado na cidade de Kirjath-Sepher ou "Cidade dos Escritos", mais tarde conhecida por Debir. No conteúdo, Henoc faz referência a várias coisas que eu gostaria que me explicasse, Joakm. Por exemplo: menciona que quem veio para a Terra foi um anjo chamado de SEMJASA com mais 200 outros; também afirma que Deus já teria um ELEITO para vir à Terra, o que não justificaria mais a necessidade de um dilúvio, pois o compromisso da redenção estava fixado; e que não existe um único Deus, mas várias hierarquias. Como é tudo isso? – interroguei, tentando aclarar minhas dúvidas.

– Verdadeiramente ocorreu que depois do processo de gerar o homem, o mesmo evoluiu. Com o passar do tempo, nossa sociedade também se dividiu em facções, algumas delas violentas e outras indiferentes. Dessa forma, alguns de nossos irmãos foram banidos de nossas cidades por sua prepotência e por suas idéias, acabando por formar grupos ou tribos que, ao longo do tempo, se misturaram com os primitivos. Um desses foi SEMJASA, que, com mais outros tantos, tentaram utilizar-se dos humanos para formar exércitos contra nós. Tanto que acabaram por sucumbir à censura que nesse momento a Confederação de Mundos realizava para instaurar a ordem na Terra. Nesse caso, utilizaram-se de Henoc que, como humano, mediaria sua punição mostrando que seu erro não havia sido tão terrível. Ao longo da história, nós, ao lado da Confederação de Mundos, temos procurado interferir no desenvolvimento da humanidade, na tentativa de fazer com que o homem enverede por um caminho de desenvolvimento correto e coerente. Somente com o tempo percebemos mudanças em nós mesmos, ocasionadas pela ação do meio ambiente em nossa estrutura biológica. O que, por extensão, afeta também aos humanos, pois vocês são geneticamente similares a nós, embora menos suscetíveis à ação prejudicial do ambiente.

Após a chegada de SNT-KMRA, optamos por habitar em grandes cavernas artificialmente construídas para proteger-nos das ameaças da superfície, assim como da ação destrutiva da energia solar, a cada dia mais violenta. A química de nossa alimentação, associada à energia solar junto com nossa estrutura orgânica, passou a prejudicar totalmente nossa vida, provocando a diminuição de nosso ciclo vital, a predisposição a doenças e a alteração de nosso animismo, sendo vocês humanos também afetados em menor grau pelo nexo genético que existe entre nós.

Assim, todas as aparições históricas são marcas de nossa intervenção. O dilúvio existiu, mas de forma local, quando a Terra era completamente diferente e orbitava em uma trajetória também diferente ao redor do Sol. Milhares de anos separam todos esses eventos. Dilúvios houve para diversos povos. O Huno Pachacuti dos incas, o Naui-Atl dos astecas, a lenda de Manu dos indianos, de Deucalião e Pirra dos gregos e até o de Ziusudra e Gilgamesh dos sumérios, todos ocorridos com o propósito de uma purificação conforme as lendas, sendo que, na verdade, os mesmos foram naturais, jamais provocados por nós.

O projeto de enviar um ELEITO estava sendo elaborado há muito tempo. O MESSIAS tão aguardado, não somente por judeus, mas por tantas outras religiões, era essa promessa. Por meio de um ser escolhido, mais humano, mais homem, mais carne, seria possível mostrar a vocês o grande pulo que poderiam dar como sociedade se engajados em princípios mais elevados.

Um dos problemas que enfrentamos foi o incômodo politeísmo reinante no passado. Tantos deuses jamais permitiriam que chegássemos a um ponto comum, por isso foi necessário estruturar um plano que permitisse extrair um grupo e utilizá-lo como projeto experimental. Assim, escolhemos dentro do grupo de estudo já existente uma família. Se vocês lembram, a primeira civilização mais desenvolvida culturalmente sobre a Terra foi a dos sumérios, que na verdade resultaram em nosso primeiro projeto de desenvolvimento dirigido, mas perdemos o controle da situação quando passaram a incorporar deuses e credos dos povos submetidos, o que dividiu a orientação. Dessa forma, somente poderíamos trabalhar melhor tendo um grupo essencialmente monoteísta, e que a qualquer custo se mantivesse assim, pois não colocaria a orientação direta em perigo nem permitiria interferências externas. Foi dessa forma que escolhemos dentre as famílias sumérias a de TARÉ, pai de Abraão. Foi com Taré que falamos e o mandamos sair de Ur, capital dos sumérios, e, depois, fizemos a seleção em vista de como todos haviam tomado essa comunicação com "deus". Posteriormente, foi uma questão de ver se uma nova hibridagem, realizada com Sara, esposa de Abraão, serviria para melhorar o processo de desenvolvimento e orientação, tencionando gerar um grupo capaz de impressionar o restante do mundo se desse certo. Seria importante também preparar o cenário em que o ELEITO teria de desenvolver-se; para tanto, diversas pessoas foram contatadas e geradas para manter esse projeto vivo e ativo, além de perpetrar mudanças que viessem a favorecer a parte final do experimento.

Foi assim que Ana, mãe de Samuel, também foi escolhida, pois Samuel seria responsável por grandes mudanças históricas que, ao longo do tempo, permitiriam realizar experiências paralelas e medir resultados. Aquela escultura que você viu em Apu é daquele que realmente identificou. Ele é parte de todo esse projeto, mas continua sendo especial, pois vive o presente no aguardo de que se cumpra o que foi escrito. Ele veio como o ELEITO que há de escolher, como mensageiro da necessidade de uma mudança de consciência, porém não veio a falar para sua época, mas com vistas ao futuro. Ele veio deixar uma charada que vararia o tempo e as distâncias, para ser reconhecida e compreendida somente por aqueles que ele procura achar. Sua vida e sua obra são um mapa. Suas palavras, um enigma. Quem souber ouvir que ouça, quem souber ver que veja.

Hoje, 2 mil anos depois, enfrentamos novamente com o homem o mesmo problema. Embora na Antiguidade o exagerado politeísmo fosse a dificuldade mais complexa, hoje enfrentamos um *politeísmo espiritual* que barra novamente uma comunicação mais clara. A interferência provocada pelo "bojo" esotérico desvirtua radicalmente nossa mensagem, por isso vocês estão aqui agora.

Bem, nada mais tenho a lhes dizer agora, a não ser que muito ainda lhes será revelado. Tudo a seu tempo. Quando o tempo é chegado os frutos amadurecem, não adianta forçar algo que tem de ser natural. Agora voltem, pois o dia já vai clarear. Haverá o momento em que voltaremos a nos encontrar e em que o *livro daqueles que se vestem de branco* chegará como suporte para suas realizações. Não um documento nem apenas palavras, mas um sinal contido nas entranhas de um discurso e nas entrelinhas de uma mensagem. Permaneçam atentos àqueles que chegarem perto de vocês."

Ditas essas palavras, o ancião Joakm deu meia-volta e se dirigiu para o interior da caverna. A luz do ambiente começou a piscar como se estivesse sofrendo um curto-circuito e, de repente, ficou tudo escuro. Uma horrível sensação tomou conta de nós, como se puxados por um redemoinho de ar. Assustado, debati-me violentamente, e, quando percebi, estava no interior do abrigo com os demais. Todos havíamos acordado ao mesmo tempo e sem pensar duas vezes, em uníssono, nos perguntávamos se cada um se lembrava da caverna e do ancião. Todos nós lembrávamos de tudo e, inclusive, das palavras de Joakm. Cada detalhe do local, os movimentos, a cena, a luz, enfim, todos nós estivéramos lá, menos Eduardo.

Quando mais calmos e dispostos a nos levantar, reparamos que todas as coisas que havíamos colocado contra a porta, para proteger a mesma de qualquer visita indesejada, haviam sido retiradas e postas de lado, ou seja, a porta estava literalmente aberta. Mas quem havia feito isso?

Estávamos perturbados e confusos. Que havia sido tudo aquilo? Um sonho, um *Xendra*, imaginação, uma viagem astral, ou o quê?

Ao certo não conseguíamos explicar o fenômeno, mas de uma coisa tínhamos certeza: estivemos lá, em algum lugar perdido entre as montanhas da cordilheira. Como? Não sei, mas aquilo havia sido real. Tempos depois, saberíamos que Eduardo não fora conosco porque, embora disposto sempre a colaborar, sua vida particular não lhe permitiria continuar nesse trabalho. Suas responsabilidades profissionais e familiares, em breve, o afastariam do nosso convívio definitivamente.

Nesse dia deveríamos voltar para Lima, mas antes precisávamos registrar tudo nas fotos e, pelo menos, filmar alguma coisa. Assim, aproveitando os primeiros raios de Sol, arrumamos nossa bagagem para descer por volta do meio-dia, tendo o restante do tempo para acabar de registrar a paisagem. Dessa forma, separei-me do grupo para ir em direção ao desfiladeiro pelo qual entramos no vale, para ter acesso à vista do povoado de São Pedro de Casta e filmá-lo do alto.

Chegando até a borda do alcantilado, comecei a filmar. Eduardo estava bastante abaixo de mim, tendo o povoado de São Pedro de Casta como fundo. Com esse visual, aproveitei para registrar sua imagem e a de um falcão em pleno vôo. No embalo, registrei também alguns aquedutos e as enormes montanhas fincadas à minha frente, lembrando, enquanto olhava, do ancião da caverna. Repentinamente, observei pela lente da filmadora que, no desfiladeiro em frente, um enorme objeto lenticular começava a assomar lentamente. De imediato, surpreendido pela imagem, larguei a filmadora correndo em direção ao grupo, gritando a todo pulmão que havia uma nave vindo em nossa direção. Eduardo tentou correr ao mesmo tempo, mas, pela idade e pela falta de ar, já que estava por volta dos seus 40 e alguma coisa, ficou bem longe para trás. Subindo apressadamente na parte alta, onde permaneciam imutáveis as antigas construções masmas, consegui avistar o objeto. E, bem próximo ao ponto em que me encontrava, percebi uma enorme área plana.

A nave, perfeitamente lenticular, com uma protuberância a modo de cúpula no topo, era de um prateado cor de alumínio da metade para cima e de uma cor quase preto-fosco da metade para baixo. O objeto, medindo uns 25 a 30 metros de diâmetro, foi se aproximando sem emitir qualquer som. Estava delirante, pois era a primeira vez que observava uma nave em pleno dia. Enquanto o objeto manobrava para pousar, somente me restava contemplá-lo. Infelizmente, os outros haviam se afastado demais para poder avistar a nave, não podendo presenciar o encontro.

O disco ficou suspenso no ar a pouca altitude do chão, sendo que uma escotilha se abriu. Do interior, um homem de aproximadamente 1,80 metro, loiro, cabelo penteado para atrás, vestindo um macacão típico da tripulação extraterrestre, assomou para fora. Lentamente desceu a rampa, detendo-se quase no fim. Levantando a mão direita e mostrando a palma da mão, acenou. De imediato ouvi mentalmente:

– Não tenha medo, vim para lhes trazer uma mensagem, a você e aos seus. Sou ASHTAR SHERAN. Quando retornarem à sua cidade, os meios de comunicação se abrirão para que contem ao mundo o que está ocorrendo aqui. Não temam mais, estaremos sempre apoiando seu trabalho, enquanto ele for honesto e em prol da humanidade. Retornem ao mundo e narrem o que vivenciaram conosco ao longo de todos esses meses, pois esse será o início de um novo despertar para o seu mundo. Lembrem sempre que, enquanto forem fiéis aos princípios universais, estaremos ao seu lado trabalhando para que a raça humana acorde do pesadelo que construiu.

Dito isso, o ser retornou ao interior da nave, fechando a escotilha e deslocando-se rapidamente em direção ao espaço. Estava totalmente atônito. Impressionado pelo episódio, não sabia ao certo o que havia ocorrido. Era fantástico. Dava-me a impressão de estar em um paradoxo entre a realidade e a ficção. Mesmo nessa insegurança, comentei o ocorrido com meus companheiros, e um ataque de dúvida e medo percorreu nossas mentes. Não nos sentíamos preparados para falar abertamente de tudo isso. Um tanto amedrontados pelo que poderia ocorrer, concluímos as filmagens e reiniciamos a viagem de volta.

Embora estivéssemos felizes por tudo o que havíamos passado, pressentíamos que isso seria o início de uma vida repleta de desafios, de contínuas provações e de constantes decepções. Um mundo cético, frio, impiedoso e destrutivo nos aguardava. Um mundo que não perdoaria qualquer erro, por mais humano que fosse. Um mundo disposto a não mudar, preguiçoso, acomodado, preocupado com soluções fáceis, com imediatismos de mínimo esforço, nos crucificaria sem remorso diante de qualquer escorregada, mais ainda se não soubéssemos dar aquilo que ansiosamente desejavam. Somente o tempo seria, a partir de agora, o nosso melhor mestre. E "eles" sabiam muito bem disso. Nosso verdadeiro treinamento estava apenas começando.

Retornando para Lima, após um percurso menos acidentado, já que dessa vez enfrentamos apenas a falta de combustível em meio ao trajeto, chegamos na minha casa depois de algumas cansativas horas de viagem e de um longuíssimo "papo", encontrando uma tremenda surpresa. Meu pai, dias atrás, havia se encontrado com um redator do jornal *El Comércio* com o qual discutira, intensamente, o assunto extraterrestre. Sem qualquer pudor na conversa, havia sido mencionada toda a aventura de contatos pelos quais vínhamos passando nesses últimos meses, incluindo a viagem a Marcahuasi. A história despertara tanto interesse no jornalista que no dia de nossa chegada ele se encontrava em casa.

Enquanto largávamos as mochilas no meio da entrada de casa, sendo recebidos pela Mochi e por minha irmã Rose, o jornalista nos assaltou com uma bateria enorme de perguntas, sendo que, de imediato, ficamos sem qualquer ação. Como em uma imagem mental, relembramos então as últimas palavras do guia extraterrestre, compreendendo que esse seria o momento de falar, e assim o fizemos.

Munido de toda a história de nossas experiências, o jornal publicou, em um suplemento dominical, parte dos fatos de modo um tanto sensacionalista, alterando algumas informações de forma grosseira, o que acarretou nossa total indignação. Porém, mesmo com os fatos alterados, outros jornais se interessaram pelo assunto, motivo pelo qual foram ao nosso encontro.

Dentre os diversos órgãos de comunicação que nos procuraram nos dias que se seguiram à publicação, a Agência de Notícias E.F.E. nos visitou, realizando um interrogatório profundo e sério.

Tremendamente impressionados, a agência E.F.E. emitiu uma pequena nota a vários jornais espanhóis e europeus que dizia:

"Cinco membros do Instituto Peruano de Relações Interplanetárias mantiveram contato com um óvni procedente de Ganímedes, o maior dos satélites naturais de Júpiter, revelou ontem à E.F.E. o presidente de dita instituição, sr. Carlos Paz Garcia.

Os integrantes do I.P.R.I. partiram na segunda-feira da semana passada para Marcahuasi, altiplano situado a 90 quilômetros de Lima e a uma altitude de 4.200 metros, permanecendo ali até a quinta-feira, 22 de agosto, trazendo importante material de gravação e fotos, assegurou Paz Garcia. Esse material está sendo analisado atualmente pelos membros do I.P.R.I.

Paz Garcia assinalou que o grupo indicado vem mantendo contato com os extraterrestres há oito meses."

Essa notícia, publicada em vários jornais estrangeiros, deixou perplexo um grande público internacional. É provável, no entanto, que muitas pessoas ao redor do mundo não tenham dado a mínima atenção ao assunto, incluindo, aqui, pessoas que se dizem pesquisadores sérios desses assuntos. Mas uma pessoa em particular, cuja vida estava próxima de mudar totalmente, ficou tremendamente impressionada. Sem sequer imaginar a importância do papel que estaria a representar em toda essa trama, um jovem jornalista espanhol de nome Juan José Benítez López, correspondente do jornal *La Gaceta del Norte* da cidade de Bilbao, Espanha, ficara profundamente perturbado pela notícia.

Retornando recentemente de cobrir os conflitos do Oriente Médio desde o *front* israelense para seu jornal, Benítez sentia, desde muitos anos, um grande interesse pelo assunto óvni, embora se considerasse um cético quanto aos contatos programados.

A notícia procedente do Peru vinha quebrar todos os esquemas convencionais de experiências desse tipo – pensava Benítez – e a única forma de saber ao certo o que estava se passando era estar no lugar dos fatos. Assim, poucas horas após a notícia se estender pelo mundo afora, o jornal *La Gaceta del Norte* decidiu enviá-lo ao Peru para desvendar o mistério.

A vida de Benítez, depois dessa viagem, jamais voltaria a ser a mesma. Nem a dele, nem a nossa, nem o mundo seria o mesmo, nunca mais.

Capítulo XVIII

O Encontro Extraterrestre de J. J. Benítez

Empolgado pela notícia de que no Peru estariam sendo realizados contatos próximos com extraterrestres, Benítez tinha um único objetivo em mente: investigar e recolher uma informação de primeira mão, direta. Durante seu vôo rumo à capital peruana, meditava profundamente sobre a pluralidade da vida no Universo e sobre a importância desse tipo de experiência. Se realmente a notícia fosse verdadeira, uma nova era estava se iniciando em nosso mundo e ele seria o primeiro a dar a mensagem.

No dia 26 de agosto de 1974, J. J. Benítez chegou à cidade de Lima, encontrando-se com o representante da Agência E.F.E. de notícias e seguindo para minha residência. Em um velho táxi tomado no centro da cidade, Benítez chegou à porta de casa exatamente em uma segunda-feira, quando estávamos por realizar uma palestra narrando em detalhes os sucessos de Marcahuasi e o objetivo dos contatos.

Apresentado um pouco às pressas, pois a palestra estava por começar, Benítez se dirigiu ao interior do salão para ouvir, atentamente, durante algumas horas, todos os eventos que nos levaram até o platô de Marcahuasi e, é claro, sobre a incumbência dada por ASHTAR SHERAN em pessoa de abrir totalmente nossa vivência ao mundo para, de forma despretensiosa, oferecer, aos que assim o desejem, a oportunidade de aprender o que essas sociedades mais avançadas têm a nos mostrar, como cultura e como experiência de vida de uma raça em desenvolvimento.

Durante a palestra, deixamos claro que os extraterrestres são, acima de tudo, uma humanidade como a nossa, com a única diferença de que, em função do seu avanço, conseguiram transcender as dificuldades básicas de toda sociedade, chegando a um nível de satisfação plena das necessidades primárias, como alimento, conforto, proteção, reconhecimento e trabalho. E onde a competição interpessoal não existe como motivador para o progresso individual, nem a luta pelo poder como estimulador eterno da procura da auto-realização.

Tudo isso soava estonteante para J. J. Benítez. No fim da palestra, aproximou-se de nós timidamente, perguntando se poderia retornar no dia seguinte com um gravador para registrar nossos depoimentos. Sem qualquer reserva ou restrição, concordamos em atendê-lo, e no dia seguinte, de manhã bem cedo, ele já estava batendo à nossa porta.

Ávido por conhecer todos os detalhes de nossas experiências, o jornalista espanhol passou a realizar, sistematicamente, uma bateria de perguntas.

O primeiro a ser entrevistado foi meu pai. Inquirido pelo jornalista, papai passou a narrar as origens do Instituto e seus primeiros anos na investigação do fenômeno óvni. Durante longas horas, ambos discorreram sobre as dificuldades que enfrenta um trabalho dessa envergadura e a falta de atenção que existe por parte das autoridades, pelo menos abertamente. Após detalhar a evolução do I.P.R.I., meu pai fez a narrativa de como nossas experiências se iniciaram. Em seguida, com uma base mais clara e fundamentada, Benítez dirigiu seu interrogatório ao nosso amedrontado grupo de contatados.

"Por que somente vocês foram beneficiados com o contato com esses seres extraterrestres, sendo que existem pessoas que poderíamos chamar de mais qualificadas para esse intercâmbio no mundo e que, acredito, gostariam de conversar com os alienígenas também?", inquiriu Benítez objetivamente.

Charlie: "Bem, na verdade, conforme os guias nos informaram, esse trabalho de contato faz parte de um projeto desenvolvido há mais de 100 anos, que eles denominaram de Projeto Rama ou, como nós definimos, Missão Rama. Agora, esse projeto faz parte de um outro ainda maior que, segundo eles, teria mais de 4 mil anos terrestres de existência.

Por outro lado, nós não somos o único grupo com o qual eles contatam, existem outros tantos colocados estrategicamente em diversas partes do mundo, sendo que já tentaram contatar-se com personalidades que poderíamos chamar de qualificadas, mas concluíram que essas pessoas estão visadas demais por interesses políticos, institucionais, econômicos ou até religiosos, o que limita totalmente qualquer relação livre e qualquer intercâmbio. O que os guias têm a oferecer ao mundo implicaria na obrigatoriedade de uma reformulação sócio-política e ideológica que nem todos estão a fim de assumir. Sua simples presença em nosso meio representa uma afronta à pluralidade religiosa do mundo, assim como um risco iminente às diferentes tendências políticas. Sua cultura, mesmo extraterrestre, possui sistemas de consumo, produção, um suporte de estrutura social, uma realidade de cunho filosófico, uma estrutura econômica, de distribuição de renda, benefícios e responsabilidades típicas de qualquer organização, mas de fato, totalmente diferente do que praticamos nesse mundo hoje. Manter um contato com esses seres representa uma nova tendência, um movimento alternativo de reestruturação em todos os níveis em que o homem se move. Embora seja tênue a percepção de que nossa cultura está falida, parece provável que o homem ainda não esteja pronto para admiti-lo. Dessa forma, nossa função se restringe a apenas localizar aqueles que desejem aprender e conhecer essa nova realidade, preparando-os para, algum dia, colocá-la em prática no nosso mundo. Porém, não a mesma realidade desses seres, mas aquela construída pela compreensão do significado da vida e da descoberta de nossa identidade cósmica. Isto é, o nosso próprio modelo de sociedade fruto da troca com esses seres."

Benítez: "Há quanto tempo esses seres nos visitam?"

Sixto: "Olhe, segundo eles nos têm informado, os primeiros grupos extraterrestres chegaram ao planeta Terra há mais de 250 milhões de anos. Porém, foram dois grupos totalmente diferentes que, mais tarde, vieram a disputar violentamente a posse do planeta, provocando sua destruição. Tempo depois, por volta de 80 milhões de anos atrás, veio um segundo grupo, cujos sobreviventes permaneceram até hoje, embora consideravelmente diminuídos em número, e limitados em função de uma catástrofe que ocorreu na Terra há 65 milhões de anos, provocada pela queda de um grande corpo celeste. Hoje, após acompanhar a evolução e o desenvolvimento da humanidade e depois de diferentes tentativas de interferência, os extraterrestres com os quais contatamos, aliados a esses remanescentes das antigas colônias, aguardaram o tempo em que o homem terrestre pudesse compreender que existem mundos habitados no espaço e que esses seres não são deuses ou anjos, mas uma civilização como a nossa, em pleno e total desenvolvimento. Isso permitiria, em princípio, a possibilidade de um relacionamento mais próximo e racional, mas ocorre que o homem se cercou de tantos interesses que limitou totalmente a liberdade desse intercâmbio."

Benítez: "Mas, um momento. Essas sociedades com as quais contatam têm mais de 250 milhões de anos de existência? Como isso é possível? Seriam um absurdo de avanço tecnológico, considerando seu tempo de vida como espécie."

Charlie: "Realmente você tem razão. Mas ocorre que aqueles que chegaram até o nosso sistema solar eram apenas sobreviventes. Pelo que sabemos, sua sociedade entrou, por diversas vezes, em processos de destruição e reversão cultural. Sendo que aqueles que nos visitam hoje são o produto de um novo momento na evolução de sua espécie, inclusive fisicamente diferentes de seus primeiros ancestrais."

Benítez: "Bom, que tipo de interferências esses seres provocaram na Terra ao longo do tempo?".

Oscar: "Bem, ao longo de milhares de anos, os seres extraterrestres influenciaram o rumo genético do planeta, assim como o desenvolvimento de inúmeras culturas. Inclusive as raças em nosso planeta são conseqüência de sua intervenção. Caso não tivessem interferido, é provável que a Terra tivesse outro tipo de criaturas inteligentes. Fossem mamíferos ou até répteis. Se os dinossauros não tivessem desaparecido pela queda de um asteróide ou lua no Caribe há 65 milhões de anos, provocado por um tolo acidente, seriam os répteis a espécie dominante do planeta e, se não tivessem criado a Raça Azul, é bem provável que somente hoje algum tipo de *homem* estivesse surgindo na superfície desse mundo".

Benítez: "Você quer dizer que a queda de asteróide ou dessa lua contra a Terra foi um acidente provocado pelos extraterrestres? E o que significa a *Raça Azul*?".

David: "Realmente houve uma tentativa por parte de um grupo extraterrestre em alterar as características ambientais do planeta Terra. Nessa tentativa, provocaram uma perigosa alteração no campo eletromagnético da Terra, permitindo que uma segunda lua, na verdade um asteróide capturado, se precipitasse contra a superfície do planeta. Embora conseguissem prever a queda, não tiveram tempo hábil para tomar todas as medidas, conseguindo fugir para lugares relativamente mais seguros, porém sem o benefício de toda a sua tecnologia disponível. Ao cair, o objeto provocou uma terrível seqüência de terremotos e maremotos que modificaram a superfície do planeta, além de colocar em atividade quase a totalidade dos vulcões existentes. O volume de partículas lançadas ao espaço e o teor de enxofre aumentado na composição do ar, somado a outros gases, contaminou o ambiente, forçando a precipitação de uma chuva incrivelmente ácida, que provocou a morte de plantas e animais, principalmente dos dinossauros. Esses gigantescos animais, afetados pela contaminação do ar, pela mudança brusca do clima, pelos terremotos e pela perda rápida do alimento, em pouco tempo desapareceram. Os poucos sobreviventes extraterrestres tiveram de lutar com um mundo transformado em um verdadeiro inferno, pois os animais famintos, o ambiente alterado e contaminado, destruíram qualquer esperança de solução imediata.

Ao longo de milhares de anos e com uma melhor estabilidade ambiental, os remanescentes alienígenas procuraram abrigo no subsolo da terra ou em alguns lugares no fundo do mar. Assim, após algum tempo, a radiação do Sol, combinada com as alterações da atmosfera, havia permitido mudar estruturalmente a genética extraterrestre, provocando uma gradual mutação e uma quase total esterilidade.

Cada vez mais fracos fisicamente e em número sempre menor, foram obrigados a procurar uma alternativa diferenciada de sobrevivência. Sem grandes perspectivas de futuro, passaram a pesquisar a fauna terrestre à procura de uma criatura cuja estrutura genética fosse compatível com a deles ou que, de alguma maneira, pudesse ser geneticamente modificada.

Após anos de investigação e experiências, conseguiram achar e desenvolver uma criatura que permitiria chegar aos resultados esperados. Dessa forma, inseridos alguns gens extraterrestres na combinação do DNA da criatura, instalados nos gânglios responsáveis pela formação e multiplicação dos neurônios cerebrais, somado às mudanças físicas provocadas, conseguiram produzir vagarosamente um proto-homem.

Uma entidade de características fantásticas havia sido criada, com o objetivo de ser utilizada como força de trabalho. A essa raça, artificialmente desenvolvida, é que chamamos de Raça Azul. A essa altura, os extraterrestres já haviam iniciado a utilização genética dessas criaturas a seu favor, conseguindo lentamente resgatar e restabelecer sua fertilidade, mas nunca na mesma proporção em que esses seres criados se reproduziam. Com o tempo, a Raça Azul percebeu a dominação a que estava sendo submetida e tomou consciência de que sua vida tinha um valor relativo, pois eram sacrificáveis sempre que fosse a favor de seus progenitores. Com o decorrer, o medo pela morte estimulou uma crescente instabilidade comportamental nos proto-homens e a subseqüente ameaça à quebra do controle. A possibilidade de uma rebelião descontrolada e da destruição das instalações extraterrestres, em função de sua grande força e número, passou a preocupar sobremaneira.

Antes de que a tecnologia e as fraquezas de seus *senhores* pudessem ser descobertas, os extraterrestres os expulsaram, afastando-os das proximidades das cidades intraterrestres e, conseqüentemente, de sua dependência."

Benítez: "Isso que vocês me estão colocando é incrível, pois alteraria todos os conceitos antropológicos".

Charlie: "Pelo contrário. Além de explicar racionalmente o fim dos dinossauros, daria mais luz a várias perguntas sem respostas, que a nossa antropologia não conseguiu decifrar até hoje. A aparição do primeiro homem, ou hominídeo, se deu concomitantemente com a presença de mais três grupos de hominóides. Esse homem primitivo conviveu com outros seres eretos que não eram homens em um mesmo período. A árvore genealógica desses hominóides até que seria fácil de ser rastreada, porém nada explica a súbita aparição de uma criatura totalmente diferenciada em um cenário tremendamente fechado.

O interessante é que todas essas criaturas foram contemporâneas em uma mesma região e em nenhuma outra parte da Terra. As regiões da Tanzânia, da Etiópia, da Uganda e do Quênia, na África, são literalmente o berço antropológico da humanidade. Em nenhuma outra parte de todo o planeta se deu a aparição simultânea dessas criaturas.

Além do mais, as informações bíblicas dizem que o provável lugar onde existia o Éden, ou o paraíso de Adão e Eva, geograficamente estava localizado na península arábica, bem ao lado da África, isto é, ao lado do Quênia. Uma incrível coincidência."

Benítez: "E como fica a religião com tudo isso que vocês colocam? Os evangelhos? Quer dizer que eles intervieram em todas as culturas do mundo?".

Charlie: "Olhe, as religiões surgiram na verdade da consciência florescente e das dúvidas geradas pelo enigma da origem de tudo o que existe. No instante de o homem pintar a primeira imagem em uma caverna, ficou claro para ele que, assim como viera a reproduzir algo, criar uma imagem, ele também fora criado. É lógico que a religião é um passo, uma etapa na busca de uma consciência universalista, o duro é ficar preso a ela, isto é, dogmatizado, dependente e fanatizado.

Como já mencionamos, o passado da Terra está repleto de momentos da passagem de seres extraterrestres. Sendo que cada um desses deixou marcas e lendas.

Quando a Confederação de Mundos chegou para colocar ordem nesse planeta, utilizou-se de seres humanos para colaborar nessa empreitada. É claro que os homens pensaram que estavam recebendo ajuda de deuses que haviam ouvido suas lamentações, e portanto agora estariam dispostos a ajudá-los.

Você pode ver que nas narrativas contidas na doutrina secreta do *Mahabharata*, por exemplo, um poema épico hindu composto por nada menos que 100 mil versos, o que equivale a ser oito vezes mais extenso que a *Ilíada* e a *Odisséia* de Homero juntas, é contada a história do divino Arjuna, um príncipe que travaria uma incrível batalha contra os Asuras, ou demônios, vindo a precisar, para esse fim, da ajuda do poderoso senhor dos céus chamado de Indra. Dessa aliança, Arjuna obteria uma poderosa arma, os Vimanas, engenhos capazes de viajar pelo espaço e mergulhar no interior dos abismos submarinos onde supostamente se escondiam os Asuras. Algo muito similar a isso você encontra nas lendas e mitos egípcios e até nas religiões cristã e judaica também. Agora, isso não é tudo: nos textos de Henoc, um profeta anterior ao dilúvio universal, os anjos ao comando de Semjasa pedem ao profeta para que intermedie uma negociação com Deus. Em uma outra passagem do livro apócrifo de Henoc, existe o relato de uma viagem espacial que também é mencionada no evangelho cátaro do pseudo-João, em que se afirma que a Terra possui uma órbita de apenas 364 dias e não de 365 dias. Isso coincide com o calendário do "Livro dos Jubileus" achado em Qumram, escrito pela seita dos essênios, no qual consta que essa seita se regia por um calendário de 364 dias, distribuídos em 12 meses de 30 dias cada, com a inclusão de mais um dia intercalado a cada trimestre. Tudo isso perfazia um trimestre de 13 semanas exatas e um ano de 52 semanas, sendo que o número 52 coincide com o calendário maia chamado de "Conta Longa" de 18.980 dias ou de 52 anos. O que é muito curioso, pois os maias tinham dois calendários habituais; um que era chamado de "HAAB" de 360 dias mais cinco, e o outro chamado de "TZOLKIN", de apenas 260 dias. O calendário chamado de "Conta Longa" representava o período de destruição, ou seja, a cada 52 anos os maias aguardavam um "fim de mundo" que, se não se concretizava em um lapso de cinco anos, iniciava uma nova espera de mais 52 anos para outro provável fim de mundo.

Nosso passado, Benítez, é um quebra-cabeças de fatos e eventos vinculados à presença extraterrestre. Infelizmente a ignorância transformou esses seres em totens, deuses, anjos e demônios. A religião como a que temos em nosso mundo é nada mais do que o obscurantismo que ameaça historicamente nosso despertar, pois esconde a verdade e a distorce para continuar o exercício do seu poder, dominando os mais ignorantes e os mais necessitados de esperança."

Durante os dias que se sucederam, Benítez entrevistou mais de 30 pessoas. Todas elas componentes dos grupos de contato e participantes ativos das experiências. Todas as perguntas estavam direcionadas no sentido de desvendar a origem desses seres, de onde vieram, como eram fisicamente, como eram suas naves, seus mundos, suas sociedades, seu conceito de Deus, se comiam, dormiam e qual a mensagem que traziam.

Dentre todas as respostas, uma em particular deixou Benítez profundamente preocupado e ela se reportava ao seguinte:

"Uma terrível definição de graves proporções assolará a Terra em breve, eles sabem disso e têm muita pressa em nos ajudar."

Essa afirmação deixara Benítez estupefato, razão pela qual passei a esclarecer-lhe o seguinte:

Charlie: "Como já mencionamos, os extraterrestres estão preocupados com o tratamento que estamos dando ao meio ambiente, informando-nos que em breve o planeta se voltará contra o homem, ameaçando sua continuação por meio da fúria dos elementos, agindo de forma totalmente descontrolada. Porém, existe um outro perigo para o qual os extraterrestres são enfáticos em alertar e que está diretamente ligado a dois fatores: à estabilidade econômica do mundo e aos problemas dos conflitos religiosos e raciais.

Segundo os extraterrestres, em breve o mundo enfrentará a maior quebra econômica de sua história. Uma recessão provocada pela dependência total de insumos escassos que, continuamente, se tornarão cada vez mais inacessíveis, ao mesmo tempo em que a extrema tecnificação provocará o desemprego. Uma sociedade de livre concorrência como a nossa, totalmente competitiva para sobreviver, não poupará nações inteiras, que sucumbirão ao desenvolvimento acirrado de novas tecnologias em detrimento da mão-de-obra. Uma redução obrigatória nas estruturas industriais será necessária para torná-las mais competitivas, sacrificando cada vez mais o contingente humano, sempre crescente.

O pluripartidarismo ideológico, direcionado mais para ser trampolim para a realização de ambições pessoais e como promotor de poder, continuará a colaborar para dividir e fomentar a violência. Em vez de preocupados verdadeiramente com as genuínas necessidades de quem representam, obstaculizarão sobremaneira a viabilização de soluções. A demagogia, a busca camuflada da autopromoção, a sedução para a conquista de suas ambições, a apologia do *samaritanismo*, as alianças políticas e as promessas nunca realizadas interferirão na rapidez e na efetivação de saídas alternativas a favor do homem.

A quebra da estabilidade política das nações do bloco comunista, a falta de uma organização mais produtiva e voltada para uma indústria auto-suficiente de qualidade, a precária distribuição de alimentos e a má preparação de seu contingente profissional promoverão uma desagregação social total, estimulando um êxodo aos países europeus tidos como ricos e estáveis, inflacionando a disponibilidade de mão-de-obra e diminuindo o nível de renda da população, além de iniciar um terrível período de extrema violência urbana e de afetar totalmente a segurança social. Isso acrescido pelo racismo e pelo ressurgimento do Fascismo e do Nazismo na Europa e América. As migrações árabes, africanas, latinas e dos países castigados por problemas sociais, econômicos ou por conflitos políticos e étnicos afetarão gradualmente a economia e a estabilidade social das nações-alvo. Além do mais, os países árabes, carregados de um ressentimento contra o Ocidente, aguardarão o momento da fraqueza das estruturas que o reprimiam para deflagrar, com raiva, um golpe certeiro e destrutivo. Sempre considerados por eles mesmos como um povo perseguido, aguardam o instante da revanche. Uma condição de oportunidade em que seu despeito consiga carregar todo o ódio arregimentado por séculos de colonialismo e repressão. O mundo se horrorizará pela frieza desses carrascos que, em seu desejo de vingança, não pouparão ninguém.

O mundo, em breve, sentirá o açoite de ter cultuado por séculos o individualismo, em vez de ter procurado a unificação. O preço do sectarismo é o isolamento, o afastamento e a solidão. Assim, o homem construiu uma realidade própria, independente da verdadeira, para poder justificar seus atos, suas decisões, suas escolhas e seus juízos. O comodismo de uma ficção cobrará seu preço. Enganar é possível, mas por quanto tempo? A mentira da vida humana está para ser cobrada, e o homem será seu próprio carrasco. Como dizia a Bíblia: *olho por olho e dente por dente*. O homem receberá exatamente aquilo que semeou, a intolerância, o desrespeito, o egoísmo e o abandono. Somente conseguirão sobreviver a esse caos aqueles que, conscientes de que a vida pode ser vivida com amor, independentemente de qualquer limitação, venham a construir um lugar, uma estrutura capaz de reunir os que procuram libertar-se desse destino."

Benítez: "Quando ocorrerá tudo isso?".

Charlie: "É difícil dizer, mas é bem provável, segundo nos indicam, que esse processo demore uma média de 30 a 40 anos para consumar-se desde o início dos primeiros sinais. Em vista disso, poderíamos considerar que os 26 anos faltantes até a virada do século e os próximos dez anos serão decisivos para o futuro da humanidade".

Todas essas respostas deixavam nosso interlocutor perturbado e, verdadeiramente, não era à toa. O volume de informação que recebia, além de fantástico, mostrava uma visão da realidade humana desvestida de atenuantes. Embora as pessoas convivam com uma realidade diária mostrada nas notícias, na mendicidade, nas dificuldades enfrentadas no dia-a-dia, estas jamais são trazidas para si. Sempre a violência ocorre com os outros. As pessoas fogem de tomar consciência do mundo, pois tornaria a vida ainda mais difícil de ser vivida, mais triste, mais deprimente, e a perspectiva do futuro, tremendamente angustiante. Assimilar simplesmente essa avalanche de relatos e experiências, sem por um momento questionar, era impossível.

E por aqueles dias, dois amigos, Tiberio Petro León e Ernesto Aisa, ambos membros do Instituto, comentaram com Benítez a respeito das famosas pedras gravadas de Ocucaje, uma localidade ao sul de Lima no departamento de Ica. As pedras, rochas de basalto com desenhos em baixo-relevo, descobertas na Fazenda de Ocucaje e pesquisadas pelo dr. Xavier Cabrera Darquea, um insigne estudioso, evocavam cenas extremamente curiosas. Como fotos de um estranho passado, as pedras mostravam um povo de configuração física diferente que misturava dinossauros, observação de estrelas com telescópios, veículos voadores e transplantes de coração com tarefas domésticas.

Esses dois fantásticos, e sempre recordados amigos, convidaram Benítez, Sixto e a mim para viajarmos juntos e visitarmos o museu que encerra uma fantástica coleção de 11 mil pedras trabalhadas achadas pelo dr. Cabrera que, segundo ele, narram a história de um povo que em tempos pré-históricos veio de outros mundos e habitou a Terra. A simples menção disso havia deixado Benítez arrepiado, pois fazia poucas horas que comentáramos algo similar.

Durante a viagem, a conversa versou sobre todos os detalhes de nossa incrível aventura. Nosso visitante espanhol não deixava de se surpreender com a naturalidade de nossas respostas, vindo a inquirir sobre tudo o que tinha direito. A viagem toda, tanto na ida como na volta, Benítez deixou patente seu ceticismo de uma maneira sempre honesta, procurando, de forma séria, entender cada resposta.

Entre conversas diversas, surgiu a questão sobre a pessoa de Jesus. Um tema bastante delicado, mas ao mesmo tempo empolgante. Benítez, curioso com esse assunto, perguntou-nos se, dentre os diálogos mantidos com os guias, havia surgido alguma informação sobre a natureza dessa personalidade, sendo que lhe retornamos a seguinte resposta:

"Realmente temos perguntado a respeito de Jesus e a resposta foi bastante contundente. Segundo os guias, Jesus seria parte de um projeto cuja origem está atrelada ao futuro da humanidade. Essa criatura não seria 100% humana, apenas 25%, sendo produto de uma inseminação artificial, ou seja, um mestiço. Esse ser ou criatura que impactou o mundo veio a desempenhar uma tarefa fantástica que poucos ainda têm conseguido perceber e entender. Praticamente quase toda a sua pregação foi distorcida, já que acabou servindo a interesses particulares. Na verdade, a disseminação do Cristianismo não se deveu a Jesus, mas a Paulo de Tarso, um homem que acreditou ser vítima de uma revelação quando a caminho para Damasco.

Paulo havia sido co-responsável pelo assassínio do apóstolo Estêvão e perseguidor dos cristãos. A caminho de Damasco, Paulo sofreu uma severa insolação, sendo atendido por Ananias, chefe do grupo cristão de Damasco, que lhe disse ter sido salvo por Jesus. Liberto do seu sentimento de culpa por participar do martírio e da morte de Estevão, lançou-se a evangelizar como penitência do seu crime, sem jamais ter conhecido Jesus e com as informações cedidas apenas por Ananias. A única vez que Paulo falou com algum dos apóstolos de Jesus foi quando procurou Pedro em Jerusalém para perguntar se os novos cristãos não judeus precisavam ser circuncidados. O encontro foi terrivelmente violento segundo contam as crônicas, pois Pedro cobrou a Paulo sobre a sua autoridade para falar em nome de Jesus, já que jamais o conhecera, pois até o nome lhe havia mudado, chamando-o de o *Christo* ou *Jesuscristo*, um termo vinculado à mitologia grega, sendo que os apóstolos o conheciam simplesmente por *Rabi*. Além do mais, Pedro considerava que o Cristianismo devia permanecer apenas entre os judeus, sendo que por meio de Paulo estava se expandindo para fora da Palestina. O resultado da briga foi o afastamento total de Paulo do contato com os apóstolos originais e a conseqüente independência de sua prédica, não se importando em preservar a integridade de qualquer ensinamento. Assim, o Cristianismo e a imagem de Jesus chegaram ao mundo latino por meio de uma pessoa que, além de jamais conhecer Jesus, mudou seu nome e reformulou sua mensagem.

O Jesus que o mundo conhece é o Christo de Paulo, e não o verdadeiro. Mas o verdadeiro Jesus de 2 mil anos atrás prometeu retornar e assim o fará. No final dos tempos, quando as escrituras se revelarem, essa criatura virá cumprir a razão de sua existência. E, como deve lembrar, ele jamais morreu. Portanto, está em algum lugar aguardando o momento do seu retorno.

Jesus deixou, no pouco que restou de seus ensinamentos, uma mensagem cifrada. Um texto codificado para ser descoberto, pois estava endereçado, principalmente, ao futuro. Ele veio em um tempo em que sua presença teria maior facilidade de impactar, e quando tocar o mundo era apenas mexer com Roma. Jesus não é um desconhecido para nós. Também não é Deus, mas um enviado que está a cumprir uma missão da qual todos fazemos parte. O tempo está chegando, basta ver nas escrituras."

Benítez: "Mas, se Jesus é em parte extraterrestre, ele de alguma forma tinha consciência disso?".

Charlie: "Perfeitamente. Os textos do Novo Testamento relatam, em sua maioria, a vida de Jesus no início de sua atividade pública. Os detalhes relativos à sua família são vistos de forma mais minuciosa apenas por Lucas, e mais superficialmente por Mateus. A infância de Jesus é um enorme enigma, pois, embora se fale bastante disso nos textos apócrifos, quase todos eles foram escritos por volta dos séculos II e IV d.C., isto é, séculos depois de sua morte. Os erros existentes nesse textos são absurdos, pois atentam inclusive contra os costumes típicos da época e da própria religião judaica. Se você fizer uma análise detalhada dos evangelhos do Novo Testamento, conseguirá perceber que existem erros ainda mais incríveis, não somente no aspecto histórico dos fatos, mas principalmente entre os relatos dos próprios apóstolos. Por exemplo, deverá recordar que o apóstolo mais jovem era João, portanto quem acabou vivendo mais tempo e quem deveria ter as lembranças melhor gravadas. Se der uma lida nos evangelhos de Marcos, Mateus e Lucas sobre como Jesus convocou os primeiros dois apóstolos, especificamente Pedro e André, verá que a versão de João é completamente diferente dos outros. Agora, se pressupomos que os apóstolos ficaram praticamente quase três anos da vida pública de Jesus juntos, será possível que em nenhum momento se detiveram para comentar a respeito de sua própria história? Outro aspecto importante é que Marcos narra um total de oito parábolas, Mateus um total de 20, Lucas um total de 27 e João, o discípulo mais querido, nenhuma; por quê? Além do mais, existem desacordos nos nomes dos famosos 12 apóstolos originais. Até o famoso texto apócrifo, chamado de o *Livro de Henoc*, fala do *Escolhido*. Isso significa que, antes do dilúvio universal, Deus já havia determinado a vinda de um Messias. Mas como isso era possível se Deus regenerou a raça humana cobrindo a Terra de água? Qual seria então seu papel? Enfim, diria que, para discutir sobre esse assunto, muito ainda temos de investigar. Mas de uma coisa estamos plenamente convencidos: Jesus não morreu, ele vive e retornará, não como Deus, mas como o *filho do homem*, o exemplo do que todos nós podemos vir a ser um dia."

Todas essas respostas se aglutinavam na mente de Benítez, fazendo crescer ainda mais seu ceticismo, e não era para menos. Um grupo de garotos, traçando uma nova visão do mundo interpretada por meio de uma experiência interplanetária, era loucura demais. Entre suas divagações, a possibilidade de uma trama não estava descartada, mas, até aquele instante, nada desabonava nem contradizia qualquer informação.

No retorno a Lima, no dia 1º de setembro de 1974, após uma ausência de dois dias depois da visita ao dr. Cabrera, Benítez chegou para nós antes de se despedir para se dirigir ao seu hotel, dizendo:

– Tudo o que tenho ouvido nessas semanas é realmente assustador e impressionante. Daqui a alguns dias deverei retornar para a Espanha e, logicamente, expor ao meu editor tudo o que tenho ouvido de vocês. Embora o que vocês comentam seja algo fantástico e nos leve a muita reflexão, é difícil de ser aceito. Até agora não tenho nenhuma prova de que isso seja verdade a não ser seus relatos, mas, se vocês desejam impressionar o mundo, isso não será suficiente. Retornando à Espanha não levarei comigo nada que seja sólido e definitivo. Se "eles", os extraterrestres, acham que eu, na minha condição de jornalista, posso ser útil ao trabalho que vocês desenvolvem, gostaria de participar de um encontro físico. Se para vocês é tão fácil encontrar-se com eles, por que não ir junto?

Em silêncio ouvimos atentamente cada palavra, penetrando em nosso interior e provocando um arrepio. Sabíamos interiormente que um dia seríamos desafiados pelo mundo. Que um dia seríamos colocados à prova e agora estava sendo esse terrível momento.

Sem duvidar, respirei fundo e respondi:

– Olhe, Benítez, isso não depende de nós, mas está bem. Se você considera necessária uma prova, realizaremos a consulta. Não somos nós que determinamos quando e como, até agora têm sido sempre os guias. Seu pedido será levado até eles e o mais rápido possível daremos a resposta.

Essa afirmação deixou o jornalista sem qualquer comentário. Entrando no carro, afastou-se em direção a seu hotel. Sixto e eu nos olhamos em silêncio, pois sabíamos que esse seria um grande desafio e que agora nossa intimidade com os guias seria testada.

No dia seguinte, 2 de setembro, depois de uma noite preocupada com a solicitação de Benítez e muito maldormida, eu decidi fazer uma comunicação e conversar com os guias. Percebia no meu íntimo que agora era o momento que eles, os guias extraterrestres, haviam aguardado, e era em parte para isso que nos haviam preparado durante todos esses meses. Bastante inseguro pela responsabilidade do que essa comunicação representava, procurei relaxar o máximo possível e, respirando fundo, iniciei a recepção da mensagem que começava assim:

"Sim, Qulba.

Pergunta: Vai haver contato no sábado?

Sim.

Contato: dia sábado 7.

Hora: 19h30 no local.

Hora do contato: às 21h.

Pessoas: Eduardo, Mito, Sixto, Carlos, Juan José [Benítez], Berta, Lilian, Ana Maria, Paco e aqueles que considerem aptos, não mais de três."

Essa comunicação vinha assinada pelo guia Qulba, que raramente se comunicava comigo, mas havia sido responsável por inúmeras experiências em campo. O usual teria sido que o guia Godar fosse o responsável pela mensagem, já que era meu orientador habitual. A fluidez dessa mensagem me deixou chocado, pois nunca haviam vindo com tanta força. Assim, com a mensagem na mão, fui até meu irmão.

Quando Sixto viu a comunicação ficou preocupado, perguntando se já tinha parado para pensar no que ocorreria se aquilo fosse uma interferência de minha mente. Um pouco inseguro, respondi que essa mensagem em particular havia chegado de uma forma pouco usual, o que me dava a certeza de que não era fruto de qualquer interferência. Sixto, bastante nervoso, não quis tomar partido, questionando totalmente a condição de levar adiante a convocação.

Triste, e ao mesmo tempo bastante inseguro, não sabia o que fazer. A idéia de levar um jornalista a uma experiência em campo distava bem longe de qualquer encontro marcado com gente que não tinha nada a perder. Nesse caso, se a experiência desse em nada, o que menos podíamos esperar era nossa total destruição. Benítez, frustrado por não ter uma prova concreta, informaria ao mundo que éramos uma fraude e que não passávamos de loucos alucinados. Toda essa elucubração estava me deixando neurótico, assim fui fazer uma consulta ao meu pai.

Narrando a situação, obviamente Carlos, meu experiente pai, ficou também preocupado pela responsabilidade da experiência, alertando-me mais uma vez dos riscos do convite, enfocando diretamente a reputação do Instituto e a sua própria. Dessa forma, minha insegurança e meu desespero só conseguiam aumentar, sem encontrar qualquer apoio. Ninguém do grupo se atrevia a realizar uma comunicação, por medo de se comprometer ou de que o peso da responsabilidade afetasse a recepção. De todos recebi a sugestão de dizer a Benítez que não seria possível qualquer encontro, e assim evadir-nos do compromisso e evitar um dano maior.

Profundamente perturbado, sentindo que estávamos traindo o compromisso que havíamos assumido com os extraterrestres, decidi isolar-me de todos os "palpiteiros" e meditar, saindo de casa apressadamente em direção a um pequeno parque não muito longe dali. Sentado em um muro, já de noite, contemplava o mar na distância das trevas, e o som do bater de suas ondas conseguia aliviar minha atormentada mente. Um balanço de todos aqueles meses de contato foi realizado lentamente. A imagem de tantas experiências passou em segundos pelos meus pensamentos. Cada palavra dita pelos guias, cada mensagem, cada linha voltava à minha memória, além de todos os momentos e situações pelas quais passamos. Mais calmo, relaxei, procurando um pouco de paz.

Repentinamente, Qulba surge furtivo entre meus pensamentos, transmitindo uma sensação intensa de paz e dizendo:

"Sim, Qulba, calma, Charlie. Não duvide, confie. Sabemos o que isso representa para o futuro do projeto e portanto estamos acompanhando tudo o que está ocorrendo. Nada tema, não se sintas só porque os outros têm medo e duvidam. Esse é o momento de colocar em prática tudo o que você tem aprendido conosco. Vá em frente que estaremos ao seu lado."

Chocado com o incentivo, retruquei mentalmente que esse encorajamento, se acatado, traria gravíssimas conseqüências, sendo que essa atitude acarretaria, literalmente, minha total execração por parte do grupo e do meu pai, além de dar motivos para fazê-los crer que estaria motivado por um arrebato de protagonismo, vaidade, irresponsabilidade ou até de loucura para passar por cima de todos. Ninguém pensaria em razões transcendentais ou mesmo me dariam qualquer apoio. Estaria totalmente só contra o mundo se fosse em frente, arcando sozinho com toda e qualquer culpa. Seria vista como uma ação unilateral, individual e parcial, como uma afronta séria a todos, dando margem a uma condenação imediata, sem apelação. Não podia pensar mais nesse instante. Um pânico profundo havia tomado conta de mim.

Novamente Qulba penetrava sorrateiro, insistindo:

"Nada tema, pois estamos com você. Durante meses nos dedicamos a prepará-los para esse derradeiro momento. Apenas confie. Temos dado inumeráveis provas de nossas intenções. Você não pode voltar atrás agora. O futuro do seu mundo está agora com vocês. Você não está só agora, nunca mais estará. Reflita, medite e confie. Até breve."

Enquanto Qulba se afastava de mim, eu ainda duvidava de tudo, mas bem dentro de mim sentia uma certeza crescente de que nunca mais estaria só, estivesse onde estivesse. E, enquanto respirava fundo para conter algumas lágrimas, fiz minha opção. Eu tinha certeza de minha relação com os extraterrestres, e dessa forma fui direto à minha casa para pegar o telefone e ligar ao hotel de Benítez.

Completando a ligação, o hotel informou que o jornalista não se encontrava naquele momento, assim deixei o recado de entrar em contato comigo urgente.

Em vista de que outras pessoas haviam sido convocadas, passei a informá-las da data marcada para a experiência. A princípio todas aceitaram, com exceção de Ana Maria. E, dentre os três a serem convidados por nós, convoquei a Ernesto Aisa e Tiberio Petro Leon, mas ambos recusaram o convite.

No dia seguinte, todos sabiam de minhas intenções. Parecia que o mundo havia caído sobre mim. De todos ouvia comentários e críticas, quase sempre radicais e insolentes. Fui chamado desde irresponsável até louco, desde arrogante até presunçoso. Parecia que me contaminara de uma moléstia contagiosa e mortal, pois, em breves segundos, não havia mais ninguém por perto.

Nesse mesmo dia Benítez ligou para minha casa, recebendo o recado de que sua proposta havia sido aceita e que deveria participar de uma experiência com a data já marcada. Alucinado pela resposta, precipitou-se rapidamente à nossa casa para saber em detalhes sobre o convite. No momento em que chegou, disse-lhe o seguinte:

– Olhe, Benítez, não pedimos para que você acredite em tudo isso, mas aguarde até o sábado, 7 de setembro. Na realidade, não sabemos bem ao certo o que vai acontecer, mas tenho plena certeza de que haverá uma confirmação física e objetiva. Recomendamos que chegue aqui por volta das 16h, pois teremos de viajar de carro.

Ao que ele respondeu:

– Essa data é a do meu aniversário!

Convicto, respondi:

– Então se prepare para um presente que jamais esquecerá.

Benítez tomou de mim a folha de papel escrita em que constava a mensagem recebida por Qulba. Ao lado, ainda fiz um pequeno esboço de como deveria ser o rosto do guia. Embora a data tivesse chamado a atenção do jornalista, não detectei nenhum espanto. A notícia em si não despertara qualquer emoção aparente, e, com essa atitude, despediu-se para só aparecer no sábado de tarde.

Devo confessar que, durante os dias que antecederam a saída para Chilca, continuei a ouvir todo tipo de comentários, até de ser responsabilizado e punido por qualquer fracasso que chegasse a comprometer qualquer pessoa, até legalmente se necessário. Não foi fácil ver como o mundo, outrora amigo, era nesse momento meu inimigo. A preocupação de alguns companheiros em serem relacionados comigo se alguma coisa não saísse bem deixara-os furiosos. Por alguns momentos, imaginei o que Jesus devia ter sentido quando foi negado por seus apóstolos. Embora a comparação não seja digna, pois sou uma simples criatura, e meus companheiros não são seguidores nem estão em nível diferente do meu, imaginava qual seria meu futuro inferno se a comprovação não ocorresse. Será que até meu irmão e meu pai me negariam?

Assim, foram se passando os dias. Não via a hora de acabar logo com toda essa agonia. A dor e a constante agressão para obrigar-me a desistir começava a minar minha confiança. A essa altura, sentia-me ressentido. Embora tivesse alguma insegurança provocada pelos insistentes comentários daqueles que morriam de medo, procurava me manter firme, convicto e resoluto de ir em frente. Eu não podia responder pelos outros, apenas por mim, de minha experiência, do meu contato e da minha ligação com os guias, da qual tinha plena certeza. Embora as palavras dos outros abalassem minha determinação pela insistência, alguma coisa dentro de mim me obrigava a confiar nas palavras de Qulba. Era como uma voz interior, uma presença que me fortalecia frente a qualquer esmorecimento. E, nessa briga de "cabo-de-guerra", finalmente chegou o dia.

Durante toda a semana Benítez não havia aparecido na minha casa. Posteriormente, soubemos que seu ceticismo o levara a distanciar-se para evitar qualquer sugestão ou "preparação" e que discutira a respeito com Ernesto e Tiberio, ambos também céticos com relação ao contato e que, mesmo convidados, optaram por não comparecer.

Mito, Paco, David e Eduardo, todos instrutores e contatados, eram os únicos que haviam aceitado vir comigo, Juan e os demais não teriam condições de participar, porque não acreditavam que o contato se daria. Sixto, mesmo novamente convidado por mim, não aceitou juntar-se a nós, pois temia ser comprometido, situação que me deixou extremamente triste, já que em toda essa aventura seria a primeira saída a campo que não realizaríamos juntos. Parecia que uma ligação mágica e invisível deixava de existir para cada um continuar seu rumo, independentemente. Mais tarde entenderia o porquê disso, mas agora sentia que algo me faltava.

Eram 15h30 do dia 7 de setembro de 1974. Benítez acabara de chegar em um táxi, encontrando-se com Berta, uma dona de casa, e Lilian, aeromoça de uma linha aérea internacional, também convidadas a participar do contato. Eduardo, Paco, Mito e David, como convidados, estariam comigo para mais uma aventura, que poderia significar o fim ou o começo de uma nova fase para todos nós.

Com todo o pessoal já presente, insisti uma última vez com Sixto que, sem condições de diálogo, se afastou. Doído pela falta de apoio, respirei fundo, despedindo-me dos que não acompanhavam nossa viagem e partimos, divididos em dois veículos. Um dirigido por mim com Paco, Mito e David. No outro, Eduardo, Lilian, Berta e J. J. Benítez.

Para tristeza de Benítez, o frio dos desertos do litoral peruano é forte e a época era de inverno. Ele chegara trajando um jeans, um camisa fina e uma malha de lã também fina, além da máquina fotográfica. Ao perceber seu lamentável erro, era tarde demais para emendá-lo, pois já estávamos a caminho. Seu humor, alterado pelo que supunha seria uma enorme desculpa, ficava pior só de imaginar o frio que teria de enfrentar. Entre conversas com Eduardo, o mesmo de Marcahuasi, Benítez conseguiu distrair seu incômodo durante a hora e meia que durou a viagem pela rodovia

Panamericana Sul, embora procurasse insistentemente qualquer indício de uma fraude.

A naturalidade com que Eduardo respondia ao questionamento do jornalista foi tanta que, sendo sempre enfático de que, se os guias se haviam comprometido a oferecer uma prova, ela seria dada, fez com que Benítez desistisse do seu interrogatório. Nesse momento, a melancolia de fazer aniversário em um país distante, longe dos seus seres queridos, o fez mergulhar na lembrança de sua distante família, o que agravou ainda mais seu mau humor.

– Chegamos. Estaremos no local em breves minutos – comentou Eduardo, quebrando a concentração de todos no carro.

Desviando-se da rodovia, ingressava em uma trilha lavrada na areia em direção aos morros de Chilca. Eram 18h.

Poucos quilômetros à frente, no interior de uma várzea, detivemos os carros. A partir dali seguiríamos a pé. Abandonados os veículos, para desgosto do jornalista que agora enfrentava o inclemente frio, seguimos penetrando no vale em direção aos morros. Esperando que a noitada não revelasse fenômeno algum, o jornalista largou sua máquina fotográfica no carro sem qualquer contemplação.

Para Benítez, aquilo era um espetáculo à parte. Via ao seu redor um terreno árido, desolado, perdido entre dunas de areia onde o vento frio do entardecer castigava seu corpo sem proteção. Caminhando ao lado de Eduardo, perguntou curioso o porquê de utilizar esse lugar, ao que ele lhe respondeu:

– Bom, esse lugar especificamente foi escolhido em uma antiga experiência de Charlie, bem no começo, quando iniciava suas primeiras comunicações. Essa região foi utilizada na primeira experiência do grupo a que o guia Oxalc os convocou em fevereiro. Esse lugar coincide com uma rota de passagem de naves que, habitualmente, se dirigem para uma base submarina localizada ao sul do país. Os guias nos explicaram que, para facilitar as experiências físicas, escolhem lugares coincidentes com suas rotas ou com seus centros de atividade. Segundo eles, Chilca reúne bem essas condições. Além do mais, por ser uma região distante da civilização, impede a interferência de curiosos ou de qualquer outro transtorno.

Lentamente, a escuridão tomava conta da paisagem. E uma densa camada de nevoeiro, uma cortina pesada e impenetrável se estendia no céu. As lanternas lentamente se acendiam mostrando um caminho sem qualquer vegetação. Apenas areia, rochas e terra por todo lado destacavam a pobreza de um litoral sem chuvas.

Benítez não se agüentava de frio. Seus pensamentos se dirigiam para o fim do que considerava uma armação. Mal falava, pois seu ceticismo o levara a um mau humor amargo. Contando as horas, os minutos e os segundos para retornar e enquanto seguia o grupo liderado por mim e Eduardo, perguntou para Paco sobre o local ao qual nos dirigíamos. Paco respondeu que somente pararíamos ao chegar na Mina. Um lugar especial utilizado para os contatos mais próximos pelas suas características. Benítez ficou calado, sem perguntar mais.

Quase uma meia hora depois, estávamos na famosa Mina. Benítez, sem um mínimo de paciência, interpelou:

– E agora, o que vamos fazer? – em um tom irritado e demonstrando seu inconformismo.

– Agora vamos aguardar. Vocês procurem um lugar para sentar enquanto esperamos novas instruções – respondeu Eduardo.

A noite estava congelante e Benítez pulava de um lado para outro para se manter aquecido. O teto baixo de nuvens não permitia a observação de qualquer estrela e isso me preocupou. Acompanhado por Paco e Eduardo, realizei uma comunicação solicitando instruções, ao que me foi respondido que aguardasse, às 21h15 os guias se fariam presentes. Sem duvidar, informei aos presentes que o contato ocorreria nesse horário e que, depois, retornaríamos.

Sentados no solo árido e pedregoso, ficamos conversando sobre diferentes assuntos. O jornalista, chateado, mantinha-se distante, pulando de um lado a outro para suportar o frio. Sem outra alternativa que aguardar até o horário combinado, Benítez resmungava inconformado por seu sofrimento e pela loucura de estar em um lugar tão abandonado. Procurando esquecer seu drama, Juan José Benítez buscou conversar com Eduardo.

A essa altura, eu estava bastante perturbado. Meus pensamentos obsessivamente não me deixavam abandonar a possibilidade de sair dali sem ter ocorrido nada. Preocupado, observava o rosto de cada pessoa ali presente, imaginando que feição tomaria em um retorno frustrado. E eu, como me sentiria?

As horas, os minutos e os segundos pareciam intermináveis. A noite, completamente fechada, fazia escafeder-se qualquer esperança de ver alguma coisa e, a cada instante, meu coração acelerava à aproximação das 21h15.

Eduardo aproximou-se de mim comentando sua frustração em Marcahuasi, ao que, sem conseguir me controlar, ri em um desabafo nervoso. Sentia-me intranqüilo e totalmente ansioso, a responsabilidade pesava muito e não conseguia me aliviar. As fotos que Eduardo havia tentado bater das naves não haviam saído, apenas as primeiras da nossa subida. A partir do instante da chegada das naves, todas as fotos, sem exceção, haviam se velado, restando apenas algumas poucas. Meu amigo não se conformava com a perda, pois teria sido um excelente registro. Pelo menos o filme seria uma confirmação, mas somente saberíamos disso quando retornasse do exterior, onde estava sendo revelado.

Enquanto a raiva de Benítez crescia com o frio e o desgosto, meu nervosismo atropelava minha serenidade. A doce Lilian, uma amiga da qual lembro com muito carinho, assim como de Berta, aproximou-se de mim. Eduardo e eu ficamos de pé, ingressando em uma conversa sobre a situação política do Chile, que naquele momento enfrentava problemas com Pinochet.

Repentinamente, Lilian deu um grito. Todos de imediato olhamos para cima. Eram as 21h15 pontualmente. Benítez aproximou-se de nós rapidamente, também olhando para cima, e ali, bem dentro do colchão de nuvens, surgia um disco luminoso.

Era um objeto em forma de disco que emergia lentamente do interior das nuvens, completamente iluminado por uma luz branca intensa, sem comparação. Benítez estava mudo, assim como todos os demais. Eu experimentava uma alegria que transbordava em lágrimas que não podia conter. Um pouco afastado do grupo, procurava disfarçar minha emoção. Eles estavam ali, a menos de 200 ou 300 metros de nós, atendendo a uma comunicação que tive coragem de levar adiante. Verdadeiramente, jamais estaria só, em nenhuma parte do Universo.

O enorme objeto iluminado parecia permanecer fixo no ar e sua forte luz branca se propagava, difundindo-se entre as nuvens, formando uma espécie de aura além do círculo iluminado.

Observei a todos os presentes nesse momento e pude ver que, atordoado, Benítez olhava em todas as direções procurando algum foco de luz que se responsabilizasse pelo efeito.

Em total silêncio, o objeto luminoso começou a mover-se, ao mesmo tempo que, intermitentemente, alterava a intensidade de sua luz. A nave não se encontrava sobre nossa vertical, mas na diagonal, havendo aparecido às nossas costas. Sem qualquer razão aparente, na presença de todos, do centro do disco saiu um feixe de luz branca muito potente que se projetou até o solo, durante apenas alguns segundos.

Aos poucos, recuperados do primeiro impacto, o grupo começou a comentar o que estava vendo, alguns a pleno pulmão. Quase um minuto depois esse disco luminoso, de um tamanho bem próximo ao de uma lua cheia, foi subindo lentamente, perdendo-se entre as nuvens e desaparecendo.

Poucos segundos depois, novamente o disco voltou a aparecer quase no mesmo lugar, mas com uma diferença. Havia um objeto menor, também iluminado, que orbitava e desenvolvia movimentos erráticos ao redor do disco maior. Era um *show* impressionante.

As senhoras gritavam euforicamente: "São dois, são dois, olhe aí". E, realmente, dessa vez eram dois objetos.

Minutos após seu aparecimento, o disco luminoso repetiu a intermitência de sua luz. Parecia que se movia. Algumas das pessoas presentes comentavam: "Parece que nos está fazendo sinais!". E aquela, realmente, foi a impressão de todos. Até do cético Benítez.

Assim, minutos depois de ter aparecido, o disco com sua *Kanepa* desapareceram mais uma vez entre as nuvens, sempre em perfeito silêncio. O céu continuava encoberto e a noite se fazia presente com sua total escuridão. O chiado dos morcegos preenchia o silêncio, enquanto o grupo relaxava.

A calma foi quebrada mais uma vez, quando o pessoal do grupo localizou o disco iluminado em uma terceira posição, emergindo novamente dentre as nuvens. O grupo estava delirando e eu não cabia em mim de tão contente.

Nesse momento, minha mente recebeu uma força, potente como um raio. Era Qulba que penetrava entre meus pensamentos, dizendo:

"Lembre-se de que sempre estaremos apoiando o trabalho de quem, com honestidade e humildade, procura uma vida digna para si e para os seus. Não apareceremos mais, nossa missão está cumprida. Agora podem retornar."

Meu coração disparou a mil por segundo. Minha emoção era tanta que não tinha forma de articular qualquer palavra. Com grande dificuldade, comentei com todos que a experiência estava concluída, revelando parte da comunicação que acabara de receber.

Nesse momento o disco se perdeu entre as nuvens definitivamente, não retornando mais. Todos se encontravam em silêncio observando a luz sumir entre o colchão de nuvens. Como congelados, o olhar de todos ainda permanecia capturado, preso naquela direção. O grupo demorou alguns minutos para reagir e a pergunta dos visitantes foi unânime:

– O que foi tudo isso? Eram naves extraterrestres?

Mais calmo e agora plenamente convencido da responsabilidade que tudo isso representava, respondi:

– Os guias comunicaram que realmente tivemos dois objetos. Mas ambos foram incapacitados de descer mais porque o colchão de nuvens estava muito baixo. O que fizeram, foi para cumprir com o propósito dessa experiência e ratificar não somente o contato como o compromisso que firmaram conosco.

Benítez, inconformado com a resposta, perguntou:

– Mas, não entendo. Por que você afirma que não puderam descer mais?

– Por duas simples razões: a primeira, porque o colchão de nuvens está muito baixo e sua presença, a pouca altitude, poderia chamar a atenção de pessoas que, embora longe daqui, seriam atraídas pela forte luz dos discos. E a segunda: porque vocês ainda não estão preparados para esse tipo de contato – respondi.

Esse comentário estava dirigido, obviamente, para os convidados, especialmente para Benítez.

A experiência havia sido um sucesso total dentro de seus objetivos. Mas o mais importante de tudo era que a situação havia me permitido ter plena certeza de que, mesmo algumas vezes contra o que todos possam dizer, a certeza do contato e a intimidade que se forma, mantida de maneira objetiva e clara, é sem dúvida algo fundamental para agir corretamente. Quem deverá ter sempre a última palavra em tudo isso não seremos jamais nós mesmos, mas os próprios guias. São e serão os juízes de nossa conduta, a partir do momento em que nos colocamos em suas mãos para aprender. Essa seria uma incrível lição de vida que eu jamais esqueceria, pois me serviria novamente no futuro. Um futuro que dependeria unicamente dessa maravilhosa relação.

Extremamente cansado pela tensão de todos esses agoniantes dias de espera, passei do lado de Benítez junto com Eduardo e, em um jeito debochado, comentei:

– É uma pena, hoje foi um dia um tanto monótono, muito simples como tantos outros. Na realidade, não ocorreu nada de especial. Eles, os guias, se limitaram apenas a apresentar-se. Infelizmente foi uma observação elementar demais para meu gosto...

Benítez não conseguia parar de pensar. Embora tudo não tivesse tomado mais do que seis ou sete minutos, seriam os minutos mais incríveis na vida de J. J. Benítez, pois, a contar desse dia,, sua vida jamais seria a mesma e o resultado disso não se faria esperar.

Entre comentários e risadas, fomos abandonando a lendária Mina. A incrível aventura ficava para trás, enquanto um novo horizonte se abria para mim.

Capítulo XIX

A Fase Solar

*D*ias depois, Benítez retornou à Espanha com a fantástica experiência ocorrida "a tiracolo". Durante semanas, a já desaparecida *Gaceta del Norte* publicou, em página inteira, todos os detalhes da fabulosa experiência vivida pelo jornalista e a história de como tudo começou.

Nesse mesmo ano, já em fins de 1974, a Editora Plaza & Janes de Barcelona, interessada no lançamento do livro de J. J. Benítez sobre as pedras gravadas do dr. Cabrera, convidou-o a escrever um livro sobre toda a sua experiência vivida conosco no Peru. Interessado, o jornalista entrou em contato telefônico com nosso grupo para consultar se, por nossa parte, haveria algum inconveniente em realizar o livro e comercializá-lo, sendo que nossa resposta foi de total desprendimento quanto a participar de qualquer direito, cedendo total liberdade a J. J. Benítez para a composição do trabalho.

Assim, em 1975, foi lançado o livro *ÓVNIs: SOS à humanidade*, narrando em detalhes toda a aventura do jornalista espanhol no Peru e detalhando, passo a passo, a experiência que mudaria eternamente sua vida. O lançamento desse livro, primeiro na Espanha e depois na América, tornou nosso grupo mundialmente conhecido, mas para nós, internamente, muita coisa também havia mudado.

Em janeiro de 1975, Benítez retornou a Lima encontrando um panorama completamente diferente. Após sua volta à Espanha, a onda de interessados em participar dos grupos de contato se multiplicara. Centenas de pessoas, no Peru e na Espanha, nos procuravam delirantes por uma oportunidade de chegar ao contato. Em face dessa demanda, fizemos uma reunião entre todos os que, naquela ocasião, faziam parte do Projeto Rama, a fim de determinar se estaríamos dispostos a abrir grupos e treinar novas pessoas para o contato. Para minha surpresa, a maioria foi contra. Segundo meu irmão, não seria possível orientar pessoas, pois não tínhamos qualquer estrutura, nem mesmo um método de trabalho disponível. Naquele momento, concordei plenamente. De fato, nossas limitações eram evidentes. Seria necessário conversar com os guias para estruturar um programa de trabalho básico que permitisse a todo interessado iniciar um processo semelhante ao nosso.

Durante as semanas seguintes, chegavam cartas em grande quantidade vindas de diversas cidades da Espanha. Pessoas fluíam pelas portas do I.P.R.I., sedentas de informação sobre as experiências e implorando o contato. Diariamente se avolumavam os pedidos, as insistências, as solicitações. Até curas miraculosas nos eram requeridas por parte de desenganados ou doentes terminais. Mas nosso grupo permanecia estanque, impermeável diante do que ocorria.

Foi no decorrer dessa tensão que uma reunião foi o estopim de graves mudanças. Durante uma sessão, alguns dos rapazes passaram a sugerir a viabilidade de manter-nos totalmente retraídos. O grupo assumiria uma condição hermética, sectária, em que a possibilidade de abrir a oportunidade a outros se transformaria em uma meta a longo prazo. Insatisfeito pelos termos da sugestão, deixei claro que o objetivo dos guias para conosco havia sido orientado na intenção de que nossa experiência servisse de ponta para uma empreitada mundial. Éramos os primeiros do que deveria ser um contingente humano crescente. Se não possuíamos um método de trabalho agora, teríamos de trabalhar para desenvolvê-lo, mas jamais pensar em isolar-nos. Isso seria uma atitude covarde e cômoda. Nossa atual preocupação deveria visar objetivamente a uma análise de todo o nosso processo e, assim, organizar um esquema que permitisse às pessoas que assim o desejassem iniciar-se nessa aventura em busca da descoberta de uma vida alternativa. Todos tinham o direito de tentar, e não poderíamos ser nós quem os impedisse.

Entre argumentações e posturas pessoais que evidenciavam a existência de temores, inseguranças e algumas demonstrações de prepotência e autoritarismo, a reunião acabou tumultuada. Todos saímos insatisfeitos e frustrados. A animosidade criada incubaria o gérmen do divisionismo. A contínua evidência de algumas pessoas no grupo, sua constante requisição diante do público, começava a incomodar alguns que se sentiam menosprezados ou diminuídos.

A pressão provocada pela avalanche de pessoas que batiam às portas do I.P.R.I. só foi aumentando. Por volta de novembro de 1974, a situação era tal que não dava mais para segurar.

Uma reunião convocada em função da visita de pessoas de outros países foi a gota d'água. A insistência de nos mantermos conservadores, de instaurarmos uma censura e de não permitir que apenas duas ou três pessoas fossem os porta-vozes do grupo, evitando que apenas sua imagem continuamente aparecesse em público, foi o colapso. O grupo se configurava como um tribunal, delimitando cada ação, cada palavra, sendo que surgiam, claramente, líderes que pretendiam se firmar como as autoridades que administrariam, daqui para a frente, o nosso destino. Até antigas "pseudomensagens" começavam a ser interpretadas para justificar o sectarismo e indicar as lideranças. Para minha tristeza, não estávamos sabendo enfrentar a mais dura de todas as experiências, a de sermos fiéis a um compromisso. Ninguém parava para avaliar o investimento que os guias haviam realizado conosco ao longo de tantos meses. O único que agora interessava era sermos o menos vulneráveis possíveis, resguardar-nos ao máximo, não assumir qualquer compromisso com ninguém e pedir permissão ao grupo para responder ao público.

A situação completou sua pane total quando um ataque perpetrado por um jornalista local envolveu as autoridades policiais. O jornalista em questão, cético e sensacionalista, tinha entre seus familiares sua mãe que, tremendamente interessada em nossas experiências, insistia em procurar-nos.

Pressupondo que nos aproveitaríamos dessa busca desesperada para nossa ganância, investiu doentiamente em uma campanha caluniosa e desmoralizadora contra o grupo, atingindo especificamente meu pai, meu irmão e eu. Durante semanas, seu jornal publicou mentiras deslavadas sobre nossas pessoas, agredindo a integridade de cada um e nos ridicularizando indolentemente. A violência da agressão chegou a tal ponto que as autoridades se viram envolvidas.

O embaraço de ser procurado pela polícia foi horrível. Embora tudo terminasse em um processo judicial a nosso favor, com a posterior publicação no jornal do desmentido público, o estrago estava feito. O grupo mais do que nunca se fechou.

Durante esse convulsionado período procurei, por meio do contato, apoio e orientação. Os guias eram enfáticos em lembrar-me os objetivos e definir as prioridades. Persistentemente, eu incomodava o grupo com a finalidade de conseguir uma abertura. O clímax definitivo da ruptura se deu em duas fases. Em uma última reunião com todos os integrantes, foram manifestadas claramente as lideranças que pugnavam dentro do grupo. Sixto e eu não estávamos de acordo em ter líderes, razão pela qual a estrutura se dividiu em dois. Nesse mal-estar, as saídas de campo haviam parado. O grupo estava dividido, fragmentado, e tudo ao nosso redor parecia desalentador.

Preocupado com nosso futuro, estruturei gradualmente alguns rudimentos de um processo que auxiliasse o trabalho de orientação de pessoas novas. Era necessário renovar-nos, pois a insegurança havia fincado base entre todos, e somente retomando o contato, a comunicação e revendo nossas diretivas poderíamos continuar. Sixto concordou parcialmente comigo, em vista de que considerava prematuro abrir grupos. Havíamos sobrado poucos e teríamos de nos estruturar melhor. Diante desse argumento, me dobrei. Realmente existia gente demais aguardando. Para poder prestar uma boa assistência e orientar os primeiros passos, precisaríamos ser, pelo menos, vários.

As reuniões continuavam semanalmente. Era difícil enfrentar e administrar a demanda de um público que via em nós uma fórmula mágica para os conflitos do mundo e, pior ainda, desiludir a procura daqueles que realmente demonstravam um incrível potencial para trabalhar a favor do nosso futuro. Mas, mesmo assim, eu continuava trabalhando, arquitetando um método, uma linha, uma forma que pudesse ser aplicada junto aos que nos procuravam.

Porém, um segundo fator, com o qual não contava, modificou o rumo de todo o nosso trabalho. Foi a intromissão de conflitos estruturais entre Sixto e eu.

Durante o decorrer da recepção das mensagens, a utilização de termos extremamente místicos e religiosos me incomodava sobremaneira. Se, futuramente, pretendíamos chegar ao público e oferecer uma via de reflexão totalmente ampliada e livre, para identificar nossas limitações e superá-las, devíamos, como obrigação, ser extremamente cuidadosos na linguagem a empregar. Além de manipular conceitos claros que viessem a auxiliar a reflexão, deveríamos evitar qualquer elemento de confusão, pois daria a idéia de que os extraterrestres estavam aqui endossando linhas, orientações, escolas ou religiões. Nossa atitude deveria ser responsável a ponto de evitar que a nossa formação, em qualquer nível, interferisse na apresentação dos fatos. Jamais deveríamos permitir que certas colocações, fruto de nossa formação, simpatia ou preferência, viessem a ser passadas ou sugeridas como ditas por um extraterrestre. Um termo mal empregado durante uma palestra, uma reunião ou uma explanação, poderia, automaticamente, indicar que, para participar do contato, as pessoas deveriam aceitar passivamente determinados pressupostos, tidos como obrigatórios para engajar-se. Se fosse assim, adeptos de certas linhas ou religiões precisariam renunciar a seus credos para ser aceitos pelos extraterrestres, coisa que não é verdade. Dessa forma, um mal-entendido, conflitos e desentendimentos seriam responsáveis por uma seleção injusta e por uma aproximação tendenciosa que em nada acrescentaria ao trabalho, bem ao contrário, pois colaboraria para confundir e dividir ainda mais. Jamais deveríamos permitir que, por um erro nosso, em uma única colocação, pessoas fossem prejudicadas e afastadas do processo de desenvolvimento e do contato. Sermos conscientes era uma responsabilidade da qual tínhamos sido depositários, e um compromisso que não podíamos trair.

Esse desentendimento provocou um distanciamento entre Sixto e eu, consumado posteriormente pela pressão exercida por pessoas mal-intencionadas e pela manipulação de ortodoxismos moralistas que buscavam mais justificar atitudes e beneficiar lideranças. Para completar o quadro, o surgimento de problemas de relacionamento familiar e desavenças sobre determinadas atitudes se somaram às contínuas censuras à postura exageradamente mística do grupo, a suas colocações e ritualismos, as quais serviram, de forma mais que suficiente, como justificativas para que Sixto e seu grupo me colocassem de lado. Era submeter-me a uma condição da qual discordava absolutamente ou sair, não somente do grupo, mas também de casa. Assim, chateado e desapontado pela situação, iniciei um período de reflexão.

Meus antigos companheiros, agora divididos, estruturaram esquemas próprios de trabalho. Cada um fechado e restrito. Nuclearizados, mantinham-se voltados apenas ao seu próprio contexto, deixando para trás toda e qualquer solicitação de orientação. Em vista disso, agora frustrado pelo que eu considerava uma atitude injusta para com o esforço dos guias, para com os objetivos que nos levaram até aqui e para com todas as pessoas que tinham o direito de desenvolver-se, realizei uma comunicação consultando com os guias se, conforme suas considerações, seria possível iniciar algumas pessoas no contato. A resposta retornou deixando para mim a escolha.

Intranqüilo com a responsabilidade, meditei durante alguns dias sobre a melhor forma de agir e, sem olhar para trás, assumi a formação do primeiro grupo e o início de minha total independência, inclusive familiar.

Nas semanas que se seguiram, novos grupos foram abertos, estruturando para tal um esquema de atividades de diversos itens básicos a ser preenchidos. Esses tópicos, elaborados para servir de formação e nivelamento, permitiriam uma seleção natural entre os integrantes, assim como um preâmbulo para a comunicação.

Essa atitude incomodou sobremaneira a todos os demais que, infelizmente, consideraram minha proposta de trabalho e abertura de grupos como um desaforo e uma provocação, fruto apenas de uma tremenda vaidade e de um egocentrismo exacerbado. Mesmo incompreendido nas razões, não esmoreci, pois meu único objetivo era que a todos chegasse essa oportunidade, e da melhor forma possível. Preferia errar tentando do que jamais falhar por nunca ter me exposto, privando, a quem o desejasse, de crescer e colaborar na construção de um novo mundo.

Em janeiro de 1975, J. J. Benítez retornou ao Peru e encontrou esse triste quadro. Os integrantes do que havia sido um grupo coeso estavam agora divididos. Enquanto alguns permaneciam reclusos em seus becos, trabalhando timidamente, eu brigava por dar às pessoas um caminho.

Durante a estada de Benítez, dessa vez acompanhado pelo jornalista Fernando Mugica, foram convidados para uma experiência com o grupo de Sixto. Essa saída, marcada antes da chegada dos jornalistas espanhóis, foi também apoiada pela presença de alguns objetos, porém, sem a mesma aproximação vivenciada no dia 7 de setembro de 1974. Apenas luzes distantes se fizeram presentes.

Em seu retorno a Espanha, J. J. Benítez escreveu o livro *100.000 km tras los ovnis*, posteriormente lançado pela Editora Plaza & Janes. Nesse documento, o jornalista comenta e não esconde sua decepção ao retornar ao Peru, encontrando um panorama desalentador minado por radicalismos oriundos dos próprios iniciadores. A narrativa desse segundo livro de Benítez também apresenta um quadro histórico sobre os grupos que se formaram à raiz do primeiro livro, tanto em seu país como no Peru. O impacto provocado pelos relatos do primeiro livro sobre as nossas experiências fez surgirem grupos que seguiram nosso exemplo, tentando também por conta própria o contato. Benítez narra com detalhes, inclusive, suas próprias tentativas de contato telepático com os extraterrestres e suas frustradas saídas a campo, além de incríveis "coincidências" decorrentes das comunicações que realizara.

O ano de 1975 resultou importante em vários sentidos. Os grupos formados por mim proliferaram, e eu tive de participar de até três reuniões diárias. É claro que grande parte desses grupos estava constituída por curiosos, mas, dentre eles, algumas pessoas começaram a destacar-se.

Personalidades de diferentes idades, formação e atividade profissional ingressaram no processo de contato, integrando-se totalmente no propósito do trabalho. O jovem Rodolfo Aramayo Diez de Medina, sua mãe Caroli, José Souza, Sixto Wong, Federico B. Lacca, Carlos Oré, A. Guazziotti e tantos mais assumiram logo a condição de instrutores, vindo a colaborar com a formação de novos grupos. A essa altura, os guias haviam identificado essa etapa com o que chamaram de "Fase Solar" ou "Fase de Irradiação" (também denominada XOLAR).

Porém, um desconfortável contraste havia em tudo isso, e ele residia em retornar para a Mina sempre na companhia de outras pessoas, agora parte dos novos grupos. Cada vez que chegava ao local, a lembrança de tantos momentos ao lado dos meus "antigos" companheiros abalava meu íntimo. Mesmo que apoiados pela presença objetiva dos guias por meio de suas naves, dos *Xendras* ou das projeções, não conseguia afastar a melancolia da separação. As lembranças de todos os momentos de nossa incrível aventura, cujo desfecho atual era absurdo, não me deixavam em paz. Considerava infantil demais nos preocupar conosco, pensando no que os guias haviam nos oferecido. Era mesquinho omitir-se do mundo por medo de errar ou de ser malhado. O amor que aprendêramos a ter pela vida e por tudo o que existe deveria impulsionar-nos para transcender o medo ou a incerteza. A comunicação seria a melhor arma de defesa para ir em frente. Essa contradição me deprimia e minguava toda a alegria gerada pelo desenvolvimento dos novos grupos.

Em Lima, falava-se de mim como um separatista e cismático, que por vaidade ou prepotência havia sido banido da presença do antigo grupo inicial. Os boatos sobre minha pessoa cresciam na mesma proporção em que aumentavam os grupos, contribuindo para fazer aumentar também minha tristeza. Até de "Mago Negro" fui chamado, inclusive de pertencer ao "lado escuro" e de ser o mal em pessoa. Tudo isso era demais para mim.

Quanta mentira. Nunca havia jamais desejado liderança acima de ninguém, apenas procurado oferecer o pouco que tinha para dar. Assim, com a preocupação de organizar melhor o trabalho, solicitei aos guias a estruturação de um programa que normatizasse a preparação dos grupos e facilitasse seu desenvolvimento, procurando maximizar o tempo dispensado e, ao longo, evitasse a centralização do poder ou qualquer tipo de liderança. Novas mensagens seguiram-se indicando alternativas que, pouco depois, foram aplicadas. Porém, os guias deixaram claro que seria fundamental a formação de uma equipe de instrutores. Uma equipe que viesse a coordenar a formação dos grupos, promovesse a expansão da mensagem de reflexão e mudança e que, progressivamente, consolidasse um centro de irradiação e apoio ao mundo, eliminando destaques pessoais, atitudes paternalistas ou quaisquer lideranças autocráticas, vindo a oferecer apenas uma perspectiva igualitária de desenvolvimento.

Assim posto, assim foi feito. Os meses que se seguiram foram devotados à formação desse primeiro CONSELHO DE TERRA, como foi denominado. O conselho seria formado por 12 instrutores, com o propósito de gerir o destino do trabalho, permitindo a eliminação de eventuais lideranças. Não havendo "estrelas" nem "gurus", não haveria disputas nem personalismos, pelo menos era essa a idéia. Uma vez realizado esse trabalho, Charlie seria somente mais um. Um entre tantos, um entre todos procurando crescer sempre mais por meio de todos e de cada um.

Embora o trabalho estivesse correndo bem em resultados, eu, afinal, continuava a não me sentir satisfeito. O distanciamento, gerado por diferenças tolas e humanas, me perturbava cada vez mais. Quantas vezes me pegava elucubrando se de alguma forma eu não estava errado. Se não havia me preocupado demais com idiotices insignificantes. Esse pesado drama de consciência, por sorte, não contava com o apoio dos guias, pois sua colaboração era constante e sempre presente. Mesmo que eles não incentivassem atitudes, iniciativas ou emitissem qualquer opinião a respeito, sua colaboração transparecia uma total concordância. E, em uma de tantas saídas a campo com os novos grupos, ocorreu algo que deveria mudar meu futuro e o de todo esse projeto.

Como de costume, um total de 30 pessoas, todas elas procedentes de vários grupos novos, haviam sido convocadas para Chilca onde participariam de mais uma experiência. O trabalho estava sendo coordenado por Rodolfo e por mim, objetivando que todos os presentes realizassem as práticas de autocontrole, embora contássemos com mais alguns instrutores presentes.

Dentro das orientações de praxe, Rodolfo instruía o grupo nos afazeres para garantir os objetivos da experiência, além de mostrar aos demais instrutores os procedimentos habituais. Eu me limitava a observar e corrigir as eventuais dificuldades. Em um desses momentos, enquanto o grupo realizava um relaxamento, ouvi que Godar me chamava mentalmente. Estimulado a responder, o guia solicitou que me levantasse e caminhasse em direção a uma várzea estreita que afunilava a menos de 100 metros de onde estávamos. Sem questionar, deixei Rodolfo no trabalho e segui na direção indicada.

Curioso pela instrução, dirigi-me calmamente por entre as encostas da montanha, armado apenas por uma lanterna. O vento do deserto castigava impiedosamente com um terrível frio. Sem demora, consegui me afastar o suficiente, a ponto de contornar a montanha e deixar de ver o local onde o grupo se achava trabalhando. Durante o percurso, insisti reiteradamente em saber o que Godar tencionava, mas um silêncio total pairava em minha mente.

Finalmente cheguei até uma área relativamente plana, onde ouvi mentalmente para deter-me. Sem demora, aproveitei para dar uma boa olhada ao meu redor, achando uma confortável rocha do lado para poder sentar. O envolvimento de tudo o que nesse momento ocorria fez meu peito se apertar. Uma terrível sensação de solidão tomou conta de mim. Uma terrível saudade de tantos momentos ao lado daqueles com quem iniciamos tudo isso apertou meu coração. Emocionado pelo terrível contraste, imagens de tantos momentos, alegrias e dificuldades desfilaram entre meus pensamentos e, agora, eu estava aqui, em meio a um deserto e só.

Enquanto curtia uma terrível depressão, Godar se manifestou dizendo:

– Lembre-se: você não está só, nem jamais estará. Cada criatura tem seu momento e seu ritmo, e em nada adianta querer acelerar o que somente o tempo pode remediar. Agora seu compromisto é outro, amanhã será diferente, e conforme o tempo caminhe novas exigências existirão para que sua preparação seja realizada a ponto de concluir satisfatoriamente cada missão. Não mergulhe no desespero nem na dor, tudo faz parte de um processo de amadurecimento que tem sua hora de vingar. Se você está certo ou errado, o tempo revelará a resposta. Apenas busque ser coerente, no propósito e nas ações, sendo objetivo com aquilo que espera de si mesmo e dos demais. Busque promover o questionamento em tudo e ser exemplo de uma procura construtiva.

Aquelas palavras chegaram reconfortantes para meu abatido ânimo que, a essa altura dos acontecimentos, precisava de uma boa injeção de motivação. Enquanto me ajeitava na pedra, uma luz começou a formar-se na minha frente a escassos metros. Aquela manifestação, eu já conhecia de outras saídas. Era um *Xendra* que se abria vagarosamente realizando um sugestivo convite a atravessá-lo. Poucos segundos passaram e o "portal dimensional" se encontrava plenamente formado. Sua luz, quase azulada e sem irradiação, fazia um contraste curioso diante daquele cenário desértico. Mentalmente, Godar confirmou o convite. Ele me aguardava do outro lado.

Respirando fundo, levantei-me da rocha que me dera seu apoio e, caminhando sem duvidar, ingressei na luz.

Novamente as terríveis sensações de dor, ardor, tontura e enjôo tomaram conta de mim. Embora a passagem dimensional seja uma aventura fantástica, é também uma experiência um tanto desagradável.

Alguns segundos se passaram quando consegui sair da luz. Com pressa de abandonar essa incômoda passagem, lancei-me para fora, sentindo uma terrível pressão no peito, a ponto de cair no chão quase sem respiração. De imediato, voltei a sentir um líquido quente escorrendo pelo meu nariz, o que me fez tomar meu lenço do bolso para limpar a hemorragia nasal que apenas começava.

Recuperado aos poucos, reparei que estava novamente em Ilumen, a cidade de Apu em Alfa do Centauro que já visitara anteriormente, e Godar, meu guia e orientador, me aguardava a pouco mais de 50 metros de onde me encontrava.

Vestindo dessa vez um macacão, ornado por um cinto largo com uma fivela metálica com uma espécie de cristal no centro, além das clássicas botas de cano longo feitas de um material brilhante parecido com uma lâmina de bronze, Godar acenava para que eu fosse ao seu encontro.

Ainda sob os efeitos da viagem, levantei-me procurando acostumar minha respiração. Graças à atmosfera do lugar, como da outra vez, a hemorragia nasal parou segundos depois de iniciada. Assim, recoloquei o lenço no bolso e fui até seu encontro.

Essa viagem estava ocorrendo em um momento importante para mim. Era como se toda a depressão provocada pelas discordâncias familiares e pela incompreensão de meus companheiros tivesse ficado perdida na Terra. Nesse momento me sentia feliz, satisfeito e, principalmente, apoiado entre amigos.

Chegando ao lado de Godar, este me pediu que o acompanhasse. É lógico que comentei com ele a alegria que representava para mim estar nesse momento em Ilumen, mas, curioso ou desconcertado, lhe perguntei o motivo dessa viagem.

Godar me respondeu:

– A situação que se gerou entre vocês [se referindo à divisão entre nossos grupos] será de grande importância para nossos propósitos, pois desejamos acompanhar a evolução de seus trabalhos e, por meio disso, compreender como o ser humano aproveita para si as oportunidades de um desenvolvimento. Da mesma forma, poderemos avaliar o grau de desvio, alienação, deturpação e fantasia dos envolvidos, tanto de um lado como do outro, percebendo quem se identifica com o que, e como os valores, paradigmas e outros fatores formativos interferem com o processo de reformulação. Vocês serão para nós uma oportunidade única, extremamente interessante de controle, que nos permitirá avaliar os fatores de estímulo ao desenvolvimento, quais os mecanismos que promovem a auto-reflexão e quais as variáveis que determinam a realização de um trabalho de reformulação interior. Os grupos gerados por vocês e pelos métodos aplicados de trabalho nos oferecerão a condição de observar o grau de insatisfação do ser humano, a potência de sua força de vontade, os elementos que interferem para uma correta avaliação de sua condição, assim como compreender até onde são capazes de aventurar-se para desvendar suas próprias vidas. O objetivo de trazê-lo até aqui é o de prepará-lo para um novo estágio, uma nova situação que surgirá em breve. Embora você esteja apto para as experiências de contato, não está pronto para enfrentar seu mundo, mas isso não será agora, porém mais adiante.

Enquanto caminhava com Godar pelas amplas ruas de Ilumen, não conseguia entender a extensão de suas palavras, mas percebia que toda essa aventura estava apenas começando.

Durante quase 12 dias fiquei na cidade extraterrestre com Godar, realizando praticamente um *city-tour*, e dessa vez quase plenamente consciente, pois permaneci dormindo pouquíssimo tempo. Nessa oportunidade, o guia me levou para conhecer todas as principais dependências da cidade, mostrando como sua civilização funciona. As relações de produção e consumo, sua organização social, seus processos administrativos, sua distribuição de trabalhos, atividades e responsabilidades, assim como os princípios de sua organização. Godar desejava que compreendesse claramente tudo isso já que, segundo ele, um dia toda essa informação seria importante para o futuro desse trabalho.

Embora não contasse com mais de 21 anos na época, certas coisas não conseguia digerir tão facilmente, mas, no geral, acreditei que havia entendido o "espírito da coisa".

Entre tantas explicações, ditas durante essas quase duas semanas na cidade, Godar insistiu em que eu não me preocupasse com o divisionismo que existia entre os elementos antigos com que iniciáramos o contato. Segundo ele, cada um deveria ser responsável pelo caminho que havia escolhido, já que, tanto uns como outros, estávamos sendo objeto de estudo para que afinal um resultado fosse conseguido, e esse resultado seria o melhor indicador de quem conseguiu chegar satisfatoriamente a uma estrutura harmônica e produtiva, onde pessoas teriam conseguido achar um sentido claro, profundo e construtivo para viver. Em síntese, o apoio dos guias ao trabalho, sua presença, o crescimento gradual de uma estrutura forte, coesa e eficiente, a satisfação dos seus participantes manifesta em um contínuo crescimento interior e uma ação concreta, na realização e construção de uma nova sociedade, seriam os indicadores de fracasso ou êxito do nosso trabalho.

Sem mais o que dizer, Godar me acompanhou até o lugar de costume para se despedir. Um *Xendra* foi aberto a poucos metros de mim, marcando o momento do meu retorno para a Terra. Por um momento, minha mente balançou. Será que desejava voltar? Será que gostaria de enfrentar o mundo e meus próprios amigos em uma empreitada talvez solitária e incompreendida?

Godar percebeu minhas dúvidas e afirmou:

– Você deseja não voltar? Prefere permanecer entre nós definitivamente?

Por um momento, hesitei. A tentação de ficar em definitivo nesse lugar maravilhoso era enorme, mas meus pensamentos trouxeram a lembrança de tantos rostos de pessoas. Rostos anônimos de criaturas sem esperança, rostos de seres queridos ignorantes do seu futuro, rostos de criaturas massacradas diariamente pela repressão de um mundo indolente, severo e cruel. Quantas pessoas poderiam construir para si um mundo melhor? Quantos seres humanos, se orientados, poderiam transformar esse frio presente em uma cálida recepção para um futuro digno? Quantas pessoas agonizavam na esperança de ter um caminho para a vida?

Seria eu capaz de permanecer nesse paraíso extraterrestre sem me importar com todos esses rostos atropelando minha mente e invadindo meus sonhos? Não, toda essa fantástica experiência havia me ensinado a compreender que, havendo uma mente e um coração existindo, há esperança. A esperança de realizar dias melhores. Minha consciência jamais teria paz, sabendo que eu poderia ter colaborado para reunir toda essa esperança em uma única direção. Meu lugar jamais seria a 4,5 anos-luz da Terra. Mesmo imperfeito, como uma obra inacabada, alguém tinha de fazer algo.

Olhando para Godar com ternura e uma profunda gratidão, virei-me para o portal de luz. Não sabia se algum dia tornaria a vê-lo. Respirando fundo, ainda dei uma última olhada para meu amigo extraterrestre, percebendo um sorriso leve e assentindo com a cabeça. Um profundo suspiro aliviou minha tensão e, sem pensar, ingressei na luz.

Após as manifestações de incômodo pelo transporte, saí na escuridão da noite nas areias de Chilca. Embora tivesse passado 12 dias em Alfa do Centauro, não carregava qualquer preocupação, pois meu retorno se daria novamente na mesma relação de tempo que na anterior viagem, quando fiquei 15 dias e somente havia me ausentado por 15 minutos. Nesse caso, foram apenas 12 minutos.

Respirando fundo e procurando relaxar para aliviar o impacto do retorno, caminhei em direção ao local em que o grupo se encontrava trabalhando. Duas semanas em Alfa do Centauro me haviam colocado em outra sintonia. Agora, precisava retornar mentalmente, pois havia muito por aprender.

Rodolfo me notou estranho e diferente. Naquela época, eu não tinha propriamente uma grande barba, mas era óbvio que estava um tanto crescida. Como estava muito frio e era noite, nos protegíamos com capuzes e gorros, o que permitiu disfarçar um pouco meu estado. Não tinha interesse em chamar a atenção para o que me havia ocorrido, pois teria de explicar o porquê; assim, permaneci a distância do grupo enquanto Rodolfo terminava com os exercícios.

O grupo estava em círculo meditando quando percebi um escorpião do deserto se aproximando em sua direção. O artrópode se encontrava com a cauda levantada e em trajetória direta contra uma pessoa. De imediato, chamei Rodolfo e alguns outros instrutores que também se encontravam presentes, pedindo-lhes que observassem o animal. Com a lanterna, acompanhamos a trajetória do escorpião sem incomodá-lo. Chegando a 1 metro de uma pessoa, o medonho animal parou, abaixou a cauda e ficou totalmente paralisado. Concluídos os exercícios, pedimos que o grupo se levantasse com calma, incluindo a pessoa que estava mais próxima do animal, que por mais de 20 minutos havia se mantido totalmente quieto, convidando-os a observá-lo. Quando o grupo rodeou o escorpião, este levantou o ferrão e reiniciou sua viagem, como se nada tivesse acontecido.

Com a curiosa exibição, o grupo retornou aos veículos narrando suas diferentes experiências, além da beleza das naves que haviam comparecido ao encontro. Eu, em silêncio, permanecia ainda digerindo minha estada em Apu. Segundo Godar, uma nova etapa estaria para surgir, mas quando?

Assim, retornamos a Lima. Durante as semanas seguintes realizei algumas saídas com Rodolfo e mais alguns grupos, contando sempre com a presença de naves e algumas outras manifestações. O "Conselho de Terra" já havia se formado, composto por pessoas que eu considerava maduras o suficiente. Entre elas, José Sousa, Guazziotti, o próprio Rodolfo e Caroli, sua mãe, seriam os expoentes de maior relevância. Um guia de práticas e um estatuto normativo haviam sido estruturados para facilitar o trabalho de orientação aos grupos e auxiliar o processo de comunicação. Tudo parecia definido, tranqüilo e, pelo menos, organizado.

Juan Acervo e seu grupo trabalhavam reclusos e fechados em suas pautas. Algumas vezes ainda nos encontrávamos para trocar algumas idéias, mas sem pensar em qualquer integração. Da mesma forma Sixto iniciava a abertura de mais um grupo, seguindo uma linha própria. Às vezes, convidava meu irmão e alguns dos meus antigos parceiros de experiência para oferecer palestras ou mesmo realizar bate-papos com os grupos novos. Eu não era refratário às idéias dos outros, por isso procurava que todos tivessem a oportunidade de trocar pontos de vista, mesmo que diferentes. Parecia que tudo estava conforme os guias haviam previsto, um processo de expansão se havia iniciado.

Naqueles dias, embora Godar tivesse me explicado que a ruptura entre o grupo antigo fosse necessária para permitir o surgimento de linhas alternativas de desenvolvimento, continuava sentindo dentro de mim alguma coisa que me incomodava. Não sabia ao certo o que era, mas parecia uma inquietação que me motivava a me afastar de tudo e de todos. O relacionamento com meus pais também havia esfriado por problemas diversos, nos quais se envolviam minha irmã Rose, de quem fui advogado em inúmeros aspectos típicos de sua adolescência diante dos meus ciumentos pai e irmão, e outros também meus. Assim, situações e atitudes que considerava injustas, autoritárias, radicais e/ou parciais, haviam promovido meu afastamento de casa, levando-me a morar só.

Um dia como tantos, saí da agência de propaganda em que trabalhava em Lima e optei por caminhar. Toda essa bagunça familiar, todo esse separatismo haviam promovido a necessidade de uma avaliação naquele dia, em vista de algumas informações que acabara de receber. A Embaixada do Brasil ficava a um quarteirão da agência e era passagem obrigatória em minha caminhada.

No trajeto, observei que na entrada da embaixada havia um anúncio, relativo a vagas para bolsistas que desejassem estudar no Brasil. Por total curiosidade, entrei para saber mais a respeito. Uma simpática recepcionista me atendeu, informando que a inscrição se encerraria no dia seguinte e que, para participar, seria obrigatório apresentar uma longa documentação. Dentre as vagas abertas, havia a de Psicologia, matéria na qual me havia matriculado nos estudos gerais da Universidade de Lima. Ao todo, havia apenas cinco vagas, sendo uma delas na Universidade de São Paulo, cidade onde morava minha tia Rosa, irmã do meu pai e que, coincidentemente, passava férias com sua filha – minha prima Pamela – nesse momento em Lima, aproveitando para visitar também sua irmã Virgínia e sua mãe, minha avó.

Sem saber por quê, retirei a relação de documentos necessários e os formulários de inscrição. De novo na rua caí em mim, pensando: "Como vou conseguir toda essa documentação em apenas um dia? E como vou para um outro país que nem sequer conheço e muito menos seu idioma?".

Enquanto dava os primeiros passos, olhei para o céu. Detive-me e pensei:

"Godar, se é isso que vocês querem, então vocês me ajudarão para que seja."

Assim, parei um táxi e fui direto para a casa dos meus pais. Extremamente agitado e em uma corrida contra o tempo, consegui levantar várias certidões e atestados que minha mãe guardava, mas mesmo assim algumas faltavam. De imediato fui para a casa de minha tia Virgínia, pois sua irmã, minha tia Rosa, se encontrava de visita nesse momento. Antes de mais nada, precisava saber se, no caso de obter a bolsa, minha tia Rosa aceitaria me ter em sua casa, já que minha família jamais teria condições econômicas de sustentar-me no exterior.

Chegando na casa da tia Virgínia, consegui achar a todos presentes naquele momento e, principalmente, contar o que pretendia à minha adorada avó e, é claro, à tia Rosa. Pamela, minha prima e filha única da tia Rosa, ficou empolgada com a idéia e colaborou para que minha tia aceitasse. Dona Virgínia mãe, minha avó, se comprometeu a me dar a passagem de avião e, afinal, depois de algumas negociações, tia Rosa deu sua aprovação.

Agora, precisava correr atrás do que faltava. Chamei meu fantástico amigo Rodolfo por telefone, um amigo incondicional como existem poucos, que se prontificou a me dar todo seu apoio, e assim, juntos, fomos de lugar para lugar coletando os documentos que faltavam. Era impressionante observar como todos os cartórios e registros colaboravam maravilhosamente para emitir os documentos de imediato. Ninguém criou qualquer problema e em nenhum lugar emperrou, todos pareciam movidos por uma força de colaboração incrível. Assim, faltando apenas alguns minutos para fechar o expediente da Embaixada do Brasil no dia seguinte, cheguei com toda a documentação para realizar minha inscrição. Agora o problema estava com os guias. Havia somente cinco vagas para o curso de Psicologia, sendo apenas uma para São Paulo. O número de postulantes era enorme: mesmo que conseguisse um segundo ou terceiro lugar no quadro de méritos, todos desejavam a vaga para São Paulo e, sendo escolhida para outro, automaticamente eu estaria fora, pois era em São Paulo que residia minha tia Rosa.

Tudo isso ocorria em finais de novembro de 1975. Sem ter qualquer idéia do que seria essa nova aventura em minha vida, permaneci aguardando o resultado. Nelly, uma grande criatura e inesquecível amiga, professora de dança da escola de cadetes da Marinha, esteve sempre presente para dar seu apoio e lembrar-me que, se a viagem se consumasse, seria um desafio do qual eu jamais deveria desistir.

Enquanto a avaliação se processava na Embaixada do Brasil, alguma coisa me fazia crer que a viagem ocorreria, razão pela qual procurei preparar a todos os instrutores de forma que a minha ausência não fosse obstáculo para a continuidade dos trabalhos. O "Conselho" formado deveria organizar suas atividades de maneira a gerenciar a abertura de novos grupos e administrar o trabalho dos existentes; porém, meus pressentimentos de que não seria bem assim estariam para confirmar-se futuramente. Mas, independentemente disso, nesse momento, sentia que dava fim à imagem do Charlie o "dissidente", aquele que apontavam como rebelde. Sem mim por perto, sem minha pessoa para polemizar, o trabalho poderia continuar, pois o contato já estava mais que comprovado. Nessa nova condição de trabalho, não haveria lugar para personalismos nem protagonismos, pois eu não estaria por perto para "disputar" fama, poder ou autoridade, como alguns afirmavam. Apenas o resultado real do que fosse feito guiaria os passos e o destino de todos os que ficavam daqui para a frente. E nisso eu confiava plenamente.

Em dezembro o resultado foi comunicado e o primeiro lugar era meu. Podia escolher uma das cinco vagas em qualquer das universidades que desejasse para estudar Psicologia. A Universidade de São Paulo, no Brasil, seria meu próximo destino.

No dia que recebi a notificação, olhei para o céu por meio da janela da casa de minha tia Virgínia. Sabia que era esse o momento do início de uma nova etapa a que Godar se referira no contato de Chilca. Em breve viajaria a um outro país, com costumes e idioma diferentes. Estaria completamente só para começar tudo de novo. Não teria nenhum dos meus amigos para me ajudar nem qualquer testemunha de nossos feitos. J. J. Benítez era um total desconhecido para essa nova terra e eu, uma pessoa sem passado ou presente, apenas com um futuro totalmente desconhecido.

A razão transcendental que me levava a viajar, aquela que seguia os desígnios dos extraterrestres, ainda era desconhecida para mim. Levaria alguns longos anos para compreender profundamente o sentido de tudo isso, e a relevante importância que toda essa aventura teria para o futuro de nosso trabalho e para minha formação como ser humano.

Uma nova terra, uma nova vida, uma nova humanidade e um novo Charlie estariam para surgir, fruto de uma aprendizagem que só essa nova experiência seria capaz de conseguir.

E assim, após uma maravilhosa festa de despedida realizada por todos os grupos e instrutores em fevereiro de 1976, aproveitando para comemorar também meu aniversário, nascia uma etapa diferente de desenvolvimento e trabalho na história de minha vida. A cidade de São Paulo se transformaria na sede de uma experiência jamais sonhada ou imaginada por qualquer escritor de ficção, pois seria aqui onde a ficção e a realidade passariam a confundir-se. Nessa cidade, aprenderia a entender o valor de um ser humano, a importância da palavra amizade, o que representa verdadeiramente amar e ser integralmente um homem.

Capítulo XX

Brasil: O Grande Laboratório

No dia 19 de fevereiro de 1976, uma quinta-feira, depois de minha primeira experiência de voar em um avião consumar-se, desembarcava no Aeroporto Internacional de Viracopos em São Paulo. Embora o correto tivesse sido aterrissar em Congonhas, no centro da cidade, um atraso na conexão e troca de avião em Brasília fizeram necessária a substituição.

Meu tio Leon, chileno em sua origem e esposo de minha tia Rosa, foi ao meu encontro acompanhado de um peruano, natural de Arequipa, chamado José Quino Paredes, melhor conhecido por "Pepe", um outro estudante conveniado que havia conhecido durante o processo seletivo na Embaixada do Brasil em Lima, e que conseguira vaga em arquitetura na Universidade Mackenzie. Por estar também só e sem parentes na cidade, eu lhe havia indicado meus tios como suporte para suas necessidades e dúvidas, sendo que havia conseguido fazer grande amizade com meu tio Leon.

Bastante nervoso pela aventura e sem falar absolutamente nada de português, chegava pisando em uma terra estranha que ao longo do tempo se tornaria a pátria de uma nova vida.

Após o desembaraço de praxe, rumamos em direção à cidade de São Paulo pela rodovia. Enquanto conversávamos, meu tio gritou pela presença de uma forte luz no céu, que acabou dividida em dois objetos luminosos que se deslocavam rapidamente em direção às nuvens. Impressionado pela observação, comentei que poderiam ser duas naves extraterrestres, ao que ele não soube me responder. Parecia que "eles" me davam as boas-vindas, pensava, enquanto "Pepe" e meu tio Leon discutiam sobre a observação.

Horas depois estávamos chegando ao centro da cosmopolita e megalópole de São Paulo. Como era enorme! Sentia-me tão provinciano diante do monstro de asfalto e concreto que me assustava seu tamanho. Na chegada, minha tia Rosa e Pamela não se encontravam, ainda estavam de viagem retornando da Argentina. Assim, em um maravilhoso apartamento na Alameda Franca, esquina com a agitada Avenida 9 de Julho, depositei minha bagagem.

Aquela noite foi terrível, pois sonhava como se ainda estivesse em Lima. Durante o sonho, arquitetava coisas para realizar no dia seguinte, sendo que ao acordar estava longe de tudo aquilo que poderia verdadeiramente consumar. Durante algumas semanas saí com "Pepe" para percorrer a cidade e aprender a localizar-me. A gentil Luciane e sua mãe, amigas de minha prima Pamela e de minha tia, colaboraram para nosso auxílio. No dia 8 de março de 1976 começaram minhas aulas no Instituto de Psicologia da Universidade de São Paulo, tendo por primeira atividade aula de estatística em português. Foi a coisa mais terrível que eu poderia ter enfrentado. Estar defronte de um professor, vê-lo falar e escrever no quadro-negro e não entender absolutamente nada foi aterrorizante. Mas não há nada que a força de vontade e uma boa dose de determinação não resolvam, assim as primeiras semanas na faculdade foram uma incrível aventura e um total desafio.

Naqueles dias, estava tão preocupado em aprender rapidamente o português que não havia pensado em formar um grupo nem comentar nada a respeito de contatos extraterrestres. Pamela, minha prima, quando de sua estada em Lima, havia começado a namorar Rodolfo Aramayo, meu grande companheiro, situação que lhe havia permitido participar de várias saídas a campo e observar, em inúmeras oportunidades, algumas naves extraterrestres.

Pamela possuía uma turminha de amigos que se reuniam na lanchonete "Lareiras", na rua Pamplona, nos Jardins, e da qual Luciane também fazia parte. Um dia, sem poder conter-se, Pamela contou para seus amigos Paolo, Marco Antônio ou "Pitoco", Diego, Rui, "Bacalhau" e Luciane as atividades de contato que desenvolvíamos no Peru e das experiências que havíamos realizado com os extraterrestres.

A turminha, logicamente, não aceitou facilmente o que Pamela lhes contara, e assim, um dia, ao retornar da faculdade, encontrei todos esses garotos reunidos na sala de casa. Inquirido para contar sobre o trabalho com os guias extraterrestres, vi a oportunidade de formar o primeiro grupo.

Todos eram garotos cuja idade flutuava entre 15 e 18 anos. Eram gente sadia e de boa índole. Um público excelente para iniciar qualquer trabalho, assim que, pouco a pouco, fui lhes mostrando tudo aquilo que havíamos desenvolvido no Peru.

Passaram poucas semanas quando fomos à primeira saída de campo. Eu havia recebido as referências e, como não conhecia a geografia do estado de São Paulo, foram eles que decifraram a mensagem. O local era a remota praia de Juquehy na região norte, entre Bertioga e São Sebastião. O problema seria como chegar até o lugar. "Bacalhau" conseguiu um carro, um velho Landau, que se prestava para a viagem.

Munidos de uma grande vontade e de uma pureza rara nos dias de hoje, fomos até a praia. A viagem foi horrível, pois nessa época não havia estradas, apenas trilhas de terra batida. Chegando ao lugar, fomos tomados por uma incômoda chuva, o que nos fez procurar proteção em um velho abrigo para canoas. Ali, olhando de frente para o mar, recebi a mensagem de que em cinco minutos a chuva pararia e que uma nave chegaria para confirmar nosso primeiro contato em terras brasileiras. E assim foi: cinco minutos passados, a chuva parou por completo e um objeto discoidal emergiu do mar, alguns quilômetros à nossa frente. Foi um espetáculo maravilhoso. Todos estavam frios, congelados, sem saber o que fazer. Suas vidas jamais seriam as mesmas desse dia em diante, um mundo diferente se abria à sua frente, uma realidade tão absurda quanto a própria vida.

Durante as semanas seguintes, o grupo começou a desenvolver a comunicação, o que permitiu novas saídas a campo e um crescente de experiências. Meu português melhorava pouco a pouco. O contínuo relacionamento com o grupo e os estudos na faculdade me obrigavam a realizar esforços desesperados para ser entendido, conseguindo me fazer sair do lamentável "portunhol".

Um dia, conversando com alguns colegas do curso de Psicologia, toquei no assunto do contato extraterrestre, levantando uma enorme polêmica. Tânia e Claudio me convidaram para um almoço, no qual conheci Carlos, marido de Tânia, um engenheiro muito interessado por essas coisas. Tânia e Carlos haviam passado por uma estranha experiência em uma viagem de carro voltando a São Paulo, pois haviam perdido a noção do tempo durante um percurso de vários quilômetros. Isto é, haviam entrado em uma determinada direção e, sem saber como, teriam saído em uma outra completamente diferente sem ter realizado, em nenhum momento, qualquer retorno.

Aos poucos, outras pessoas passaram a formar parte do grupo. Tânia, Carlos, Claudio, Milton, Fernando Eugênio e Jaime foram incorporados.

Foi por meio de Jaime que conheci o renomado pesquisador e pioneiro brasileiro no campo da investigação do fenômeno óvni, o professor Flávio Pereira, vindo a participar, reiteradas vezes, como convidado do seu programa de televisão na TV Gazeta, chamado "Inteligência". O público de São Paulo tomou conhecimento de nossa existência por meio dos programas e em palestras que o prof. Flávio Pereira promoveu na rua Banibas, 480, próxima à praça Panamericana. Tudo isso se deu aos poucos, mas, de repente, havia centenas de pessoas querendo participar de grupos e de contatos. Mais uma vez, até doentes terminais ou pessoas acometidas de problemas de saúde passaram a procurar-nos com a intenção de que intermediássemos uma cura por meio dos extraterrestres. Em uma ocasião, chegaram para o prof. Flávio informações de que eu teria realizado curas milagrosas em Campinas (coisa que jamais foi verdade), tal era o delírio por coisas estranhas.

Com uma estrutura frágil, já que tudo era muito recente, embora existisse um programa de trabalho, o mesmo que deixara no Peru, os rapazes passaram a formar grupos. Novos elementos se destacaram no contexto, vindo a integrar-se. Fernando "loiro", Eliane, Estela, Luiz Tadashi, "Joãozinho", Jovino, Luiz "loiro", Domênico, Eleonora, Joel, Beth, Nilson, os gêmeos Eduardo e Roberto, Persília, Djair, Priscila, Dante, Susana, Mozart, Cristina, Rodolfo e muitos outros.

Repentinamente, estávamos com mais de 300 pessoas trabalhando e grupos formados, porém uma coisa faltava. Todos estavam aguardando o contato, vivendo em função do contato, correndo e agindo por causa da experiência e apenas isso. O contato e a experiência em campo eram quase que o único fator de atividade e o motivador que articulava todo o trabalho.

Em fins de 1976, Rodolfo Aramayo veio ao Brasil. Seu objetivo era informar-me que o "Conselho de Terra" estava totalmente desestruturado e que a disputa pelo poder era total. O caos entre os grupos refletia totalmente a condição dos instrutores, uma postura voltada ao individualismo e ao autoritarismo. Surpreendido pelo relatório, solicitei a Rodolfo que conversasse com meu irmão Sixto, pois o mesmo já se encontrava trabalhando com alguns grupos. Após voltar a Lima, no Peru, Rodolfo solicitou a Sixto para que passasse a coordenar o trabalho dos nossos grupos, apoiados no manual de práticas que deixara e com o suporte de alguns jovens, estes, do grupo de Rodolfo, aptos a colaborar.

Mesmo assim, entrei também em contato com Sixto por telefone e solicitei seu total apoio, reforçando a solicitação de Rodolfo. Sua resposta foi totalmente cordial, vindo a aliar mais adiante seu trabalho ao que Rodolfo desenvolvia. Mas, aqui, a coisa estava sendo bem diferente.

Chocado pelos problemas no Peru, comecei a observar que nossas experiências também começavam a limitar-se sem entender o porquê. A presença extraterrestre estava sendo cada vez mais distante e os contatos de terceiro tipo praticamente haviam deixado de acontecer. Em 1978 retornei ao Peru em visita, observando que até lá as experiências também estavam começando a rarear. Além de confirmar que a imagem de Charlie continuava tal e qual a havia deixado em 1976: a de um dissidente. Os rancores e a competição não haviam minguado com o tempo, ao contrário, apenas se haviam solidificado.

Logo após retornar ao Brasil, triste e desencantado com o Peru, optei por uma independência total e um isolamento definitivo. Não estava a fim de competir e muito menos provar qualquer coisa. Assim, começou uma fase conturbada e difícil para mim.

Em uma saída de campo em Serra Negra, interior de São Paulo, perdi o controle e explodi. Não compreendia o que estava ocorrendo comigo, o que estava acontecendo com os guias, mas, repentinamente, me senti abandonado e só. Todo o poder que eu supunha ter havia desaparecido.

O contínuo trato com as pessoas e sua constante bajulação me haviam feito perder o contato com a realidade. Sentia-me poderoso, um "guru", um escolhido e um enviado para salvar a humanidade. O mundo à minha volta me havia feito cair em uma terrível armadilha da qual teria de sair sozinho.

Repentinamente os grupos entraram em crise, a falta de fenômenos começou a gerar atritos e o meu "poder" de atrair extraterrestres não surtia mais efeito. Sentia-me abandonado e desprestigiado. Que havia acontecido? Parecia que a magia de tudo isso se havia perdido.

Reconhecer que me havia perdido em mim mesmo era duro demais para aceitar e preferia responsabilizar o mundo pelo meu fracasso. Semanas difíceis se sucederam. Não podia compreender o que estava errado, quando fugira aos meus compromissos e qual era o caminho de volta. Durante meses me retraí na intenção de vascular dentro de mim e nas pessoas o que estava errado, e por fim descobri que a origem de tudo era apenas eu. Um ser humano mesquinho e prepotente que quis transformar-se em um messias, quando o resgate se encontra dentro de todos nós, de cada um de nós.

Esse momento foi duro, horrível e solitário. Havia cometido o maior pecado de todos, a soberba, a vaidade, a petulância. Havia fugido ao compromisso de servir para transformar-me em centro de salvação. Havia trocado a esperança de evoluir a um mundo melhor por um templo à minha pessoa. Foram poucos os amigos que souberam compreender que eu também estava aprendendo. Que eu também me encontrava em um processo de desenvolvimento e que, pela primeira vez, estava crescendo na direção correta.

Consciente dos meus erros, reiniciei o trabalho resgatando o tempo perdido e procurando trazer de volta aqueles aos quais decepcionara. Ser considerado um ser perfeito estava longe dos meus atributos, agora inclusive mais claros, mas muitos haviam pensado que ser perfeito fosse uma regra para mim, e seu engano havia custado caro para ambos os lados.

Foi durante esse período, pouco antes de encerrar minhas atividades, que uns amigos, inocentemente, decidiram fazer uma brincadeira que complicaria ainda mais minha vida. Esses amigos, espertos fotógrafos, haviam realizado algumas trucagens fotográficas com a intenção de testar-me e ver se conseguiria identificar uma fraude. Assim, por meio de técnicas fotográficas engenhosamente elaboradas, haviam produzido um grupo de *slides* de uma nave extraterrestre sobrevoando a cidade de São Paulo à noite. Para mim, haviam afirmado que, sabendo da passagem de uma nave extraterrestre via comunicação, haviam conseguido realizar as fotos facilmente. Aquelas fotos ficaram comigo durante um tempo, com o objetivo de analisá-las com calma. Inclusive um dos autores das fotos foi comigo até a residência do renomado pesquisador e investigador prof. Flávio Pereira, onde, com o desejo de saber sua opinião a respeito, mostramos as fotos e comentamos sobre sua realização, sem mencionar os envolvidos. O prof. Flávio ficou impressionado e comentou que gostaria de ter uma cópia, ao que respondi que se possível a enviaria. Como aquelas fotos eram verdadeiramente impressionantes, dupliquei-as para mim, devolvendo logo depois os originais a seus donos.

Alguns meses depois, um conhecido de um integrante do grupo, chamado Dante, profundamente interessado por meu trabalho de grupos e de contatos, que por sua vez tinha amizade com alguns jornalistas de uma conceituada revista de São Paulo, marcou uma entrevista para falar a respeito do meu trabalho. Convite que aceitei sem restrições. Segundo me informaram, os jornalistas haviam ficado impressionados pelos relatos que lhes haviam chegado e, em contato telefônico com os mesmos para marcar o dia da entrevista, solicitaram-me que levasse algumas fotos de óvnis para ilustrar a matéria, ao que não hesitei em levar algumas fotos que considerava boas e impressionantes – entre elas, aquelas trucadas.

Depois da longa entrevista, apresentei algumas fotos conforme tinham solicitado. Os jornalistas se impressionaram principalmente com as fotos trucadas, perguntando-me logo de imediato sobre sua origem. Para os jornalistas repeti apenas a história que me fora contada, pois era a única informação de que dispunha.

Sem saber e para minha surpresa, a revista somente publicou o artigo alguns meses depois de realizada nossa entrevista, sendo que os jornalistas responsáveis pelo artigo haviam levado as fotos para o prof. Allen Hynek, famoso cientista e pesquisador norte-americano que nessa oportunidade se encontrava no Rio de Janeiro, participando de um encontro internacional de investigadores do fenômeno óvni. O artigo afirmava que tanto Hynek como a famosa investigadora carioca, dona Irene Granchi, olharam as fotos cuidadosamente e deram suas opiniões, as quais constavam nas manchetes da matéria.

Afinal, o artigo somente tratava de forma sensacionalista sobre as fotos, sendo que, no embalo da empolgação dos jornalistas, eu mesmo havia acabado envolvido como co-autor das mesmas. Chateado pelo tom do artigo, não imaginava o que me aguardava.

Quando os autores das fotos viram a matéria foi um deus-nos-acuda, pois as informações que correram foram desencontradas. Algumas pessoas vinculadas aos autores da trucagem, sem a mínima culpa de nada, é claro, entenderam de forma errada a situação. O pensamento geral foi, logicamente, que eu teria utilizado propositalmente as fotos. Até os pesquisadores que souberam do fato acharam que eu mesmo havia aproveitado a trucagem a meu favor. Se minhas atividades envolvessem qualquer tipo de vínculo econômico, isto é, se por qualquer motivo eu cobrasse algum dinheiro por meu tempo, estariam certos em pensar assim, mas jamais qualquer trabalho que realizei na formação de grupos e trabalho com grupos envolveu um único centavo de ninguém. Mesmo tendo centenas de seguidores jamais aceitei, repito, um único centavo ou qualquer doação de ninguém. Até podendo ter explorado fanáticos, nunca o fiz, nem aqui no Brasil e muito menos no exterior, mesmo que fosse por necessidade. Dessa forma, não teria e nunca tive qualquer razão para promover-me, pois em nenhum momento meu trabalho esteve associado a qualquer financiamento, interesse mesquinho ou econômico. Se meu problema fosse promoção, auto-afirmação, fama ou sei lá o quê, nunca precisei correr atrás de prestígio, pois sempre fui procurado por haver dado provas concretas do meu contato. Maior fama do que aquela de ter levado um jornalista a um encontro com um disco voador, impossível. Quando passei por necessidades, trabalhei honestamente para me manter. Hoje, profissionalmente sou reconhecido, tenho minha família, meus amigos e estou feliz por ter uma vida útil e profícua.

Mesmo assim, o peso da desinformação e o escárnio de muitos ditos *pesquisadores* caiu sobre mim com um rigor que não poupou oportunidades nem qualquer argumento pejorativo. Nunca me foi dada a oportunidade da defesa, nem de mostrar minha inocência. Isso fez com que eu me fechasse de vez para o mundo. Os "pesquisadores" jamais sequer investigaram profundamente nosso trabalho, apenas rotulavam, sem ter colhido qualquer depoimento das inúmeras testemunhas de nossos contatos. Limitaram-se sempre a toldar-nos com adjetivos alheios à realidade de nossa fenomenologia, sem ter devotado, honestamente, sequer um momento para conhecer de perto nossas atividades. Sempre resultou fácil pesquisar a distância e menosprezar, pois o que tínhamos a oferecer sempre foi de graça.

Dessa forma, desfiz todos os grupos e parei totalmente com tudo, pois passei a entender que o objetivo de ter vindo ao Brasil era exatamente compreender o mundo do qual faço parte, seus perigos, suas armadilhas, sua forma silenciosa de agir e como estende seus tentáculos para destruir toda forma de reformulação na primeira oportunidade. Curiosamente, no Peru, meu irmão Sixto havia dado por finalizada a Missão Rama sob seu comando e desintegrado também seus grupos, indo morar em uma comunidade em Bella Unión, na província de Caraveli, em Arequipa, bem ao sul de Lima, com toda sua família.

Durante quase três anos parei completamente o contato, pois optei por fazer uma profunda avaliação de todo o processo e de mim mesmo, além de voltar-me totalmente para meus estudos na faculdade. Concluí que o desenvolvimento não está no contato, mas na capacidade de compreender a vida e estruturar-se para poder usufruir dela da melhor forma possível. O contato nos dava a oportunidade de confirmar que é possível chegar a realizar uma sociedade utópica. Uma sociedade onde a miséria interior que o ser humano carrega por tantos séculos de mesquinharia pode ser superada.

Mas, assim mesmo, muitas dúvidas surgiam, perguntas se aglomeravam na procura de respostas. Eu havia vivenciado uma experiência como jamais ninguém pudera imaginar, mas tudo isso de nada me havia servido em meu enfrentamento com a sedução do mundo. Havia caído em sua teia inocentemente sem perceber suas intenções. O fascínio do poder havia desviado meu caminho e distraído meu entendimento. Na ingenuidade de sentir-me um herói com poderes mágicos para salvar, comparava minha vida às sagas mitológicas. Que tolo eu havia sido todo esse tempo!

Entre diversos pensamentos e neuróticas maquinações, resistia a pensar na possibilidade de que, de repente, eu poderia não ter passado de um brinquedo em mãos dos extraterrestres, de uma simples cobaia de pesquisa, e que seu único e real interesse em nós poderia estar exatamente em nos considerarem tão-somente como bichos de experimentação. Por que não?

Entre tantas idéias, até imaginava se meus erros haviam sido previstos pelos extraterrestres, ou se tudo não passava de uma improvisação por parte deles para medir respostas a dados estímulos. Será realmente que só existia o contato para que fôssemos estudados?

Enquanto o peso das dúvidas, e de ver longe tudo aquilo que um dia me foi tão importante, aumentava pela falta de respostas, tranquei meu curso de Psicologia na Universidade de São Paulo. A difícil situação econômica e política no Peru jamais deixara a meus pais a condição de me ajudar economicamente, portanto tinha de obter recursos por minha conta. Fazendo uso de minhas habilidades em desenho e artes plásticas, conseguia elaborar ilustrações comerciais e vendê-las como *free-lancer*, mas o retorno era pequeno; assim, clandestinamente fui obrigado a trabalhar em horário comercial, o que me impedia de freqüentar a escola durante o dia. A possibilidade de ganhar uma segunda bolsa de estudos me permitiu ingressar na Escola de Comunicações e Artes da Universidade de São Paulo, vindo agora a cursar Propaganda à noite.

Durante semanas, relutei em reiniciar o contato para esclarecer todas as minhas dúvidas. Haviam se passado anos desde minha última comunicação. Sentira-me vítima de mim mesmo e do mundo, totalmente despreparado para enfrentá-lo.

Protelando e protelando, determinei-me a recomeçar. Para tanto, convoquei alguns dos antigos instrutores com os quais mantinha ainda uma longa amizade, propondo o restabelecimento de um grupo para a retomada do contato. O objetivo seria formar um GRUPO BASE, que serviria para satisfazer a demanda de respostas e, caso o contato fosse adiante, como projeto experimental para estruturar uma nova forma de trabalho, extensiva para futuros grupos.

Por diferenças de opinião quanto à forma de iniciar o trabalho, não conseguimos unanimidade na proposta. As experiências de outros tempos minavam totalmente qualquer tentativa presente. Os altos e baixos ocorridos no começo de tudo interfeririam sobremaneira na tomada de qualquer decisão.

Ciente de que dificilmente chegaríamos a algum acordo, abandonei a idéia de retomar o trabalho com pessoas vinculadas ao passado. Planejando melhor o próximo passo, convidei algumas pessoas do meu círculo de amigos para me ajudar a reiniciar o contato. E assim foi feito, montando um pequeno grupo com Luiz "loiro" (o único ex-contatado), Luiz Marcio e Paiva, vindo a incorporar mais adiante Helena, Beth, Renato, Marcolina e Carlos Manuel.

Após várias tentativas, Godar voltou a manifestar-se. A insegurança que eu sentia era absurda. Não tinha a mínima certeza de que o que recebia era verdadeiramente uma mensagem. Era pois necessário confirmar. Após várias tentativas, algumas frustradas, Godar me convocou para uma derradeira experiência de comprovação. As pessoas que estavam comigo, embora algumas com um histórico de mensagens já de algum tempo, não conseguiram participar da saída por diferentes motivos. O único que tinha experiência, Luiz "loiro", antigo instrutor, havia sido transferido para Curitiba a trabalho e me abandonado totalmente. Assim, tive de ir só.

Extremamente cético de que o contato tivesse sido retomado, sentia-me crítico em todos os sentidos, mantendo uma atitude impaciente e completamente arredia. Ao chegar ao local combinado, em uma região perdida da Serra do Mar, internei-me entre estreitas e acidentadas trilhas de terra. A noite estava coberta, úmida, fria e sem possibilidades de qualquer avistamento. Meu desânimo crescia a cada segundo enquanto olhava para o relógio. Nesse espírito, chegou a hora marcada. Uma luz azulada começou a se formar à minha frente, lembrando tantos *Xendras* de tempos passados. Minha emoção era tanta que parecia que era a primeira vez. Não conseguia me acalmar. Estava tomado por um sentimento indescritível, achava que ia ficar por ali mesmo. Do interior saiu Godar, vestido com um macacão, típica vestimenta de trabalho, com a mão direita erguida.

Não podia acreditar no que estava vendo. Eu achava que jamais voltariam a falar comigo depois de tantos problemas, de tanta irresponsabilidade e molecagem. Mas estavam aí, novamente próximos de mim.

Procurando me acalmar e respirando bem fundo, encarei o extraterrestre. Não era necessário falar tudo o que queria, Godar sabia muito bem o que eu pensava e quais eram minhas dúvidas. Durante vários minutos estabelecemos uma longa conversa, marcando uma data para que fosse realizado um novo encontro, sendo que nessa oportunidade outras coisas seriam esclarecidas.

No geral, Godar me explicou que era necessário tudo aquilo pelo que havia passado. Eles jamais poderiam me dar a condição de vivenciar meu próprio mundo, perceber a necessidade de trabalhar, lutar pelo meu sustento, entender o porquê de estudar em uma faculdade, o porquê de procurar e submeter-me a um emprego, a importância de ser consciente e saber o que se quer, o valor cósmico de toda essa luta, de sentir a sedução do materialismo, de descobrir as armadilhas da vaidade e de vir a entender o que se passa no interior de um ser humano que está exposto a tudo isso diariamente. Essa experiência somente poderia ser minha, tendo de ser realizada por mim mesmo. Nenhuma viagem a outro mundo teria condições de colocar toda essa vivência em minha mente e gerar essa experiência de vida, a não ser que viesse a passar por ela. Não era a condição de sentir-me cobaia, mas de descobrir a realidade do mundo passando por ele para finalmente compreendê-lo.

Godar foi claro em afirmar que quem se afastou não foram eles – apenas eu, cego pela vaidade e pela prepotência. Assim, eles permaneceram somente no aguardo. Na expectativa de um retorno, de um resgate de consciência. Para mostrar um caminho a outros é necessário saber por que esse outro caminho é uma alternativa. Somente é possível dar quando se tem, falar quando se sabe e guiar quando foi achado e conhecido um caminho. Mas para identificar tudo isso, é básico descobrir onde estamos pisando e do que somos verdadeiramente capazes. E essa descoberta nem sempre revela coisas boas de nós mesmos, mas é justamente a parte frágil de nosso interior que precisa ser conhecida, compreendida e superada.

Após alguns contatos com Godar e compreendendo melhor todo o processo, elaboramos em conjunto um plano de desenvolvimento e identificação de pessoas úteis ao propósito de construir, na prática, um mundo melhor. A esse projeto, denominamos de PLANO PILOTO. Esse projeto trabalharia com as pessoas de maneira diferente de tudo o que havíamos realizado até o momento. O contato seria encarado como uma ferramenta e não como o objetivo. O objetivo maior seria especificamente a conquista de um estado de consciência mais amplo e de uma percepção mais clara da razão de viver, com metas definidas a curto, médio e longo prazos.

A idéia era evidente, mas para trabalhar com pessoas e mostrar-lhes a necessidade de seguir um processo de reformulação, onde seus paradigmas teriam de ser trabalhados para descobrir as armadilhas do sistema, a influência dos processos formativos, a ação direta ou indireta dos condicionamentos sociais e culturais, a interferência silenciosa e sorrateira de nossas carências e da manipulação a que somos submetidos para sermos aceitos socialmente, uma estrutura de trabalho bem planejada e funcional teria de ser experimentada. Dessa forma, o PLANO PILOTO deveria ser iniciado com um grupo que se prestasse à condição de experimento e que permitisse sua aplicação para medir resultados.

Foi assim que surgiu o GRUPO BASE, formado por Luiz Marcio, Marcia, Antonio, Sonia Maria, Maria Helena e Marcus. Esse grupo trabalhou por vários anos em um processo que demonstrou grande avanço e enorme resultado. Pela primeira vez pessoas conseguiam uma harmonia interna equilibrada e um trabalho em equipe funcional, mas ainda havia alguma dependência para com o instrutor. Por isso, o grupo foi motivado a aprender a trabalhar sem a tutela de qualquer instrutor ou elemento externo, passando a organizar suas atividades por si mesmo e desenvolvendo um plano de metas. Isso resultou na configuração de um projeto de trabalho em que as atividades foram divididas de forma natural e prática, assim como todas as responsabilidades. O grupo era autônomo nas suas decisões, no exercício do seu trabalho e no prazo para a obtenção de resultados. Esse modelo, fruto do esforço e trabalho dessa maravilhosa equipe, foi empregado para a formação e o desenvolvimento de novos grupos, vindo a sofrer contínuas alterações em função de detectar algumas limitações. Na verdade, o PLANO PILOTO não era nem é um programa estanque ou rígido: bem ao contrário, é um plano de trabalho dinâmico e mutável, adaptável a qualquer condição, situação ou grupo.

Dessa forma, foi formado o GRUPO 1, um segundo grupo experimental composto por Alda, Eduardo, Meives, Marcia, Lie, Diego, Zé Carlos ou "Sanchão", Vera, Dana e Pat. Mais tarde, esse mesmo grupo sofreu alterações e uma severa redução, restando apenas Vera, "Sanchão", Diego (do primeiro grupo de 1976), Pat, Alda e Maria Helena (do Grupo Base), que foi chamado de GRUPO 2.

Com o tempo, novos grupos foram formados dentro do projeto do PLANO PILOTO em São Paulo e fora, como em Jundiaí, Campinas, Cotia, Americana e em outros estados como Rio de Janeiro (capital), Rio Grande do Sul (Montenegro, Porto Alegre, Ibirubá e Passo Fundo), Bahia (Salvador) e Rondônia (Cacoal).

Hoje, sou o único sobrevivente daquele grupo que no dia 7 de fevereiro de 1974 participou do primeiro contato, assim como daquele grupo que em 7 de setembro levou J. J. Benítez ao seu encontro com os discos voadores. Todos os demais, inclusive meu irmão, se desvincularam do processo por diferentes motivos. Alguns criaram movimentos alternativos de grupos livres, em que as pessoas eram e são reunidas pela iniciativa de algum amigo ou conhecido, estruturando um trabalho experimental, porém independente. Outros, desapareceram, caíram em desgraça ou, como no caso do meu irmão, deram por encerrado seu processo RAMA para dedicar-se a dar palestras ou cursos internacionais, deixando para os que os seguiam novas propostas de trabalho, como as que denominaram de "MISSÃO HUMANIDADE", "GRUPO RAHMA", "GRUPO AURON", "MISSÃO RAMA SOLAR" e até "MISSÃO RAMA HUMANIDADE". Todas elas, propostas eminentemente filosóficas, místicas e esotéricas, estruturadas ao arbítrio de gostos particulares ou dos grupos formados, tendo, em alguns casos, plena liberdade de trabalho, mas, em quase todos, nenhum nexo com as propostas iniciais do contato, embora em casos particulares continuem sendo utilizados os esquemas deixados pelos grupos do Peru, chamados de "24 PRÁTICAS". Alguns desses grupos, tanto do meu irmão como de outros ex-instrutores dos grupos dele, se encontram distribuídos por alguns países, cada um seguindo um ordenamento particular em uma condição mais mística em alguns casos, mais filosófica em outros, e até totalmente própria e particular. O preço do desenvolvimento é infelizmente esse, a fragmentação pelo desconhecimento ou incompreensão dos objetivos, e pela liberdade de interpretação provocada pela falta de um trabalho de nivelamento formativo e conceitual. Se o objetivo dos extraterrestres fosse o desenvolvimento individual, para que formar grupos? Para que preparar pessoas para difundir a experiência? É lógico pensar que a única forma de progredir é quando intercambiamos, quando trocamos e refletimos sobre o que observamos, sentimos e obtivemos. Apenas uma pessoa ou um grupo, com quem dividiria sua experiência e com quem partilharia dos seus acertos e erros? Obviamente, somente com aqueles que também se encontram no mesmo processo, com seus iguais, porque são os únicos que serão referência. A única maneira de desenvolver-se é quando aprendemos mutuamente de cada ação realizada, feliz ou funesta. Da mesma forma que, analogamente, somente é possível sobreviver em uma selva mantendo-se juntos, para cada um perceber o que a distração do outro omite.

Mas o processo RAMA – PLANO PILOTO evoluiu e se desvinculou do seu passado comum com os grupos do meu irmão, vindo a criar a organização denominada de Projeto Sunesis. Antigos grupos brasileiros e estrangeiros estão reintegrando-se ao trabalho e retomando o rumo de seus objetivos. São centenas de pessoas no Brasil que fazem parte do PROJETO SUNESIS, além de outros grupos em países como Espanha, Estados Unidos, Canadá, Peru, Austrália e Costa Rica. Todos dentro de um plano especial de trabalho, uma experiência que está dando certo, pois está permitindo às pessoas resgatar sua humanidade, realizar conquistas, obter uma formação mais ampla sobre os fundamentos da vida, participar de fenômenos que confirmam que não estamos sós, vivenciar resultados dentro das propostas e a possibilidade de visualizar a construção de um futuro, pois eliminou, em grande parte, os problemas que antigamente obstruíam a possibilidade de um desenvolvimento eficiente, permitindo, claramente, a construção, em breve, de um futuro melhor.

Capítulo XXI

O Objetivo Final

Voltando meus olhos para as montanhas da solitária Serra da Mantiqueira, imagino quantos outros novos instrutores se formarão em breve. Quantos conseguirão agüentar o tranco de superar a sedução de sentir-se um escolhido, e virão a realizar sua tarefa de intermediários entre o mundo de hoje e o mundo de amanhã. Imagino quantas vezes ainda retornarei a esse lugar com novas pessoas, com outros rostos que amanhã serão acompanhados por aqueles que os seguirem.

A cada dia crescemos mais. Pessoas do mundo todo nos procuram inquirindo sem dar quartel. A curiosidade do mundo mais uma vez se volta em nossa direção, desejando saber quem somos. E a resposta é simples. Tão simples quanto profunda.

Somos pois uma organização com uma origem inteiramente diferente de quaisquer outras que existem. Não quer dizer com isso que sejamos os melhores, de jeito nenhum. Cada uma existe para servir a um propósito e para ser opção. RAMA é apenas mais um caminho, mas, ao mesmo tempo, como os guias extraterrestres já nos disseram, o prenúncio da conjunção de dois grandes eventos: a formação e aparição do NOVO HOMEM e o advento de uma NOVA ERA.

O ex-PROJETO RAMA, hoje Projeto Sunesis, pretende ser uma oportunidade, uma alternativa livre de reformulação de conhecimentos, uma fonte ilimitada de descobertas interiores e exteriores. É um plano elaborado por seres inteligentes cujo objetivo é preparar a criatura humana para uma integração cósmica e a formulação de critérios práticos de análise que a levem a uma compreensão maior de como viver corretamente a vida. Sem laços com tendências nem âncoras que a prendam, pois permite um trabalho amplo e irrestrito de análise do conhecimento em todos os campos da imaginação, assim como o encontro com uma espiritualidade profunda, real e verdadeira. Isso quer dizer que procura colocar o ser humano em uma relação harmônica com as diversas realidades, vindo a participar do conjunto de maneira integrada e complementar.

O contato com seres extraterrestres abre uma porta ao desconhecido que está para ser descoberto. Proporciona-nos a oportunidade de abandonar as superstições e as lendas para encarar os fatos que nos cercam. É o encontro com uma realidade fantástica, um defrontar-se com as mais profundas interrogações do homem e desvendar o infinito, pulando violentamente eras na transição do processo evolutivo para chegar a descobrir o verdadeiro EU interior e encarar um sentido pela vida mais profundo, digno e universal. É o vôo magistral de um Fernão Capelo Gaivota, descobrindo o prazer da vida por meio de si mesmo e de suas potencialidades.

Porém, isso não está para ser oferecido indiscriminadamente a qualquer um. O encontro com o conhecimento está reservado para aqueles que não tenham o medo da descoberta, para os aventureiros do desconhecido e aos amantes da verdade. A revelação é uma dádiva que está bem próxima de todos, mas nem sempre se pode vê-la. Pois permanece invisível aos olhos dos desatentos e daqueles que caminham sem olhar para a frente.

Somos um novo momento na relação do homem com o Universo. A quebra total com os arquétipos de um mundo obsoleto, o rompimento com as correntes do dogmatismo. Somos o questionamento, uma forma pela qual poderemos estreitar nossos laços conosco mesmos e com nossos semelhantes (terrestres ou não), assim como uma maneira de vir a compreender a vida, a morte e o papel para o qual foi destinada nossa existência. Estamos para ser uma forma de sentir e conhecer a extensão de um poder maior que ocupa todos os cantos do Cosmos, tão próximo de nós como jamais antes sonháramos. Esse é o momento em que a criatura inteligente, o ser que pensa, passa a ser em vez de estar. É o momento da maturidade, da descoberta interior, da razão, da espiritualidade pura e não forjada, da intuição criteriosa e sadia, da aventura inesgotável para onde a imaginação perde para a realidade.

Somos um grupo de pessoas reunidas com a intenção de preparar-nos de maneira sistemática para um relacionamento cultural íntimo com sociedades mais avançadas de origem extraterrestre. E, para conquistar esse objetivo, faremos parte de um processo disciplinado de reformulação de critérios e reestruturação de valores no qual serão maximizadas as possibilidades de identificar as melhores alternativas culturais e sociais que venham a orientar a comunidade humana para a configuração de um novo sistema, organizado, eficiente e harmônico de vida, onde venha a realizar-se o cumprimento integral do propósito real e profundo de sermos enfim "um ser consciente". Essa é a oportunidade oferecida ao homem de vir a compreender o sentido pleno de sua razão de viver e descobrir o papel que representa como criatura atuante no cenário cósmico.

Nosso trabalho procura resgatar a condição de vida de todos nós para superar essa transição cultural em que nos encontramos, facilitando os meios para executar uma reorganização de nossos valores e atributos de ser pensante e sensível e vir a realizar o direito de viver em paz, com segurança e prazer, obtendo o reconhecimento e a auto-estima pelas nossas qualidades. Buscamos estruturar um estado de consciência total e satisfatório para que possamos desenvolver, sem medos, nosso intelecto, nosso espírito e nossa capacidade de amar. Estamos a construir objetivamente um lugar onde possamos viver, realizar-nos, atuar em liberdade e exercer plenamente nossas potencialidades, descobrindo o amor, a amizade, o respeito, a gratidão, a lealdade e reconhecendo a importância da vida mesma em todas as suas formas de expressão.

Para que qualquer pessoa possa concretizar sua mudança e venha a ingressar nesse Universo de realizações, além de ser corajosa e dedicada, deve ter presente a necessidade de haver admitido três elementos fundamentais: a) Ter vontade de mudar, b) Saber pagar o preço da mudança (tempo, trabalho, esforço, sacrifício, recursos e hábitos) e c) Saber concretizar a mudança. A constância de propósito deve ser sempre horizontal, fazer sempre e ter satisfação na busca da mudança. Gostar de procurar a transformação é estar receptivo à mudança. Mas essa busca deve ser sempre livre, natural, desimpedida e estar engajada em um processo neutro, sem compromissos com dogmas ou interesses de qualquer espécie ou natureza.

Para fazer parte desse corpo que estamos construindo, o desejo de descobrir verdadeiramente o prazer da vida deve ser maior que qualquer outra coisa.

Nossa premissa de trabalho é extremamente simples. A verdade não existe fácil para ninguém, não porque seja uma ficção, mas porque para alcançá-la é necessário educar-se. O homem possui apenas uma percepção parcial de tudo, como já mostrei ao longo desse trabalho, e só unindo nossos ângulos de percepção é que conseguiremos ter uma idéia cada vez mais completa da realidade que nos cerca e um conhecimento mais amplo do que nos aguarda e devemos fazer. A felicidade somente pode ser construída quando todos, indistintamente da sua origem, formação ou linha de pensamento, trabalham para isso. Da mesma forma se constrói uma sociedade.

O PROJETO SUNESIS não é dono de nenhuma verdade, de nada que seja definitivo. O que temos a mostrar é o que agora nos parece mais coerente e mais prático, sendo que amanhã poderá ser substituído por uma nova descoberta, por uma outra conclusão ou até por uma nova proposta. Nós não temos nada determinado ou determinante, a não ser o objetivo de errar menos. Nós não temos verdades, apenas perguntas objetivando respostas. Não temos líderes, apenas seres humanos irmanados na construção e realização de um futuro. No qual os seres extraterrestres são apenas amigos, irmãos mais velhos que colaboram por amor à vida e por respeito a quem deseja crescer. Não temos a oferecer uma solução total e final de nossos problemas, mas um caminho.

Nesse trabalho que humildemente oferecemos, buscamos evidenciar que estamos dentro de uma estrutura humana e social deficiente, onde paradigmas participam do desenvolvimento formativo e comportamental de todos nós. Procuramos mostrar a lamentável ausência de critérios coerentes de que o ser humano padece, assim como as falhas nos processos de análise. Buscamos ampliar a percepção dos mecanismos que reforçam nosso individualismo e dar a conhecer os fatores mais comuns de alienação.

O PROJETO SUNESIS é um movimento sem qualquer vínculo econômico, não existindo circulação de dinheiro em hipótese alguma. Existimos como uma proposta que visa a estruturar uma base para o trabalho de reformulação, tanto de parâmetros como de referências e critérios de análise. Questionar os processos convencionais de aprendizagem, assim como os valores convencionalizados. Procuramos refletir sobre as relações culturais que determinam as convenções, para poder evidenciar as falhas que ocorrem no processo formativo psicológico e social do indivíduo, e descobrir o que verdadeiramente existe por trás do universo material. Buscamos ter acesso aos mistérios da vida e da morte, sem ter, para isso, qualquer compromisso doutrinário. Nossa descoberta é própria e livre, pois não existe para provar se somos os melhores, apenas para saber e identificar em que direção devemos nos mover.

Faz parte também do trabalho analisar as distorções de comunicação e interpretação que ocorrem no circuito das relações humanas, para o qual desenvolvemos um sistema de análise e reformulação conceitual que vem a fundamentar uma linguagem única de comunicação e aproximação entre as pessoas. Faz parte, inclusive, um treinamento educativo para obtermos uma condição de consciência crítica e analítica, que auxilie e facilite o trabalho em equipe, vindo a valorizar o intercâmbio interpessoal. Para tudo isso, são oferecidas atividades de trabalho, exercícios que permitem a descoberta de um conhecimento interior perdido ou apenas esquecido, enfim, uma atividade disciplinada levada a sério é desenvolvida para estabelecer as referências de um Código de Ética Universalista, assim como uma linguagem conceitual ampla e única, plenamente identificada com as leis universais e não somente humanas.

Dessa forma objetivamos, com todo esse esforço, fundamentar uma nova cultura, própria e integrada nos propósitos da evolução espiritual, mental e física do homem, consolidando para tanto uma sinergia de intercâmbio com os guias extraterrestres e estendendo nosso trabalho para todos os interessados.

Finalmente, consolidaremos uma COMUNIDADE URBANA, um agrupamento de pessoas lotadas em uma cidade, aptas a desenvolver qualquer atividade social comunitária e capaz de enfrentar qualquer dificuldade em prol de um amanhã digno e promissor. E uma COMUNIDADE RURAL, apta a servir de laboratório e escola para a formação e preparação para uma vida alternativa, rural e agrícola de todos os grupos.

Nosso objetivo maior, portanto, é concretizar as bases de uma nova cultura, totalmente universalista no sentido total da palavra, orientada à melhor forma de compreender a vida, tanto individual como em comunidade, promovendo sua expansão de forma gradativa e visando a resgatar o prazer por estarmos, enfim, vivos.

Para sobreviver e construir o amanhã, devemos nos unir hoje. Uma união tão forte, tão humana quanto o desejo de sermos felizes. Uma união realizada independentemente de bandeiras, rótulos ou institucionalismos, em que o amor à vida e a um futuro melhor seja nosso único denominador. Para você, que teve a paciência de chegar até aqui, desejamos um amanhã promissor, pois existem pessoas, agora, semeando e lavrando uma esperança: que, algum dia, os que estiverem vivos para colher poderão ser, afinal, os novos semeadores de vida. Uma vida de amor, amizade, respeito e confiança construída hoje, com o seu e o nosso esforço, para todos nós e, principalmente, para aqueles que virão depois de nós.

Bibliografia

AMBELAIN, Robert. *El Hombre que Creó a Jesucristo.* México D.F., Ediciones Roca, 1985.
BARKER, Joel A. *Discovering the Future: The Business of Paradigms.* Estados Unidos, Infinity Inc. and Filmedia Inc., 1984.
BENÍTEZ, Juan José. *OVNIs: SOS a la Humanidad.* Barcelona, Plaza & Janes, 1975.
BORGES, Jorge Luis e KODAMA, Maria. *Evangelios Apócrifos.* Buenos Aires, Hyspamerica Ediciones, 1985.
DURRANT, Henry. *O Livro Negro dos Discos Voadores.* Portugal, Editora Ulisseia, 1970.
HUTIN, Serge. *Las Civilizaciones Desconocidas.* Barcelona, Plaza & Janes, 1976.
KAISER, Andreas Faber. *El Libro de Henoch.* Barcelona, Ediciones Obelisco, 1984.
KOLOSIMO, Peter. *No es Terrestre.* Barcelona, Plaza & Janes, 1974.
PAZ G., José Carlos. *Y Conocimos Gente de Otros Mundos.* Lima, Editora Argos, 1988.
PAZ WELLS, Sixto José. *Los Guias Extraterrestres y la Misión Rama.* Lima, Asociación Civil Misión Rama, 1985.
SILVA, Renato Ignácio da. *No Espaço não Estamos Sós.* São Paulo, Editora Cupolo, 1972.